高等职业教育"十四五"规划旅游大类精品教材
编委会

总主编

马 勇　教育部高等学校旅游管理类专业教学指导委员会副主任
　　　　湖北大学旅游发展研究院院长，教授、博士生导师

编　委（排名不分先后）

朱承强	全国旅游职业教育教学指导委员会委员 上海杉达学院管理学院、旅游与酒店管理学院院长，教授
郑耀星	全国旅游职业教育教学指导委员会委员 中国旅游协会理事，福建师范大学教授、博士生导师
王昆欣	全国旅游职业教育教学指导委员会委员 浙江旅游职业学院党委书记，教授
谢　苏	全国旅游职业教育教学指导委员会委员 武汉职业技术学院旅游与航空服务学院名誉院长，教授
狄保荣	全国旅游职业教育教学指导委员会委员 中国旅游协会旅游教育分会副会长，教授
邱　萍	全国旅游职业教育教学指导委员会委员 四川旅游学院旅游发展研究中心主任，教授
郭　沙	全国旅游职业教育教学指导委员会委员 武汉职业技术学院旅游副院长，副教授
罗兹柏	中国旅游未来研究会副会长，重庆旅游发展研究中心主任，教授
徐文苑	天津职业大学旅游管理学院教授
叶娅丽	成都纺织高等专科学校旅游教研室主任，教授
赵利民	深圳信息职业技术学院旅游英语专业教研室主任，教授
刘亚轩	河南牧业经济学院旅游管理系副教授
张树坤	湖北职业技术学院旅游与酒店管理学院院长，副教授
熊鹤群	武汉职业技术学院旅游与航空服务学院党委书记，副教授
韩　鹏	武汉职业技术学院旅游与航空服务学院酒店管理教研室主任，副教授
沈晨仕	湖州职业技术学院人文旅游分院副院长，副教授
褚　倍	浙江旅游职业学院人力资源管理专业带头人，教授
孙东亮	天津青年职业学院旅游专业负责人，副教授
闫立嫒	天津职业大学旅游管理学院旅游系专业带头人，副教授
殷开明	重庆城市管理职业学院副教授
莫志明	重庆城市管理职业学院副教授
蒋永业	武汉职业技术学院旅游与航空服务学院副院长，副教授
温　燕	浙江旅游职业学院休闲专业教研室主任

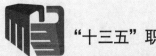 "十三五"职业教育国家规划教材   "十四五"职业教育国家规划教材

 高等职业教育"十四五"规划旅游大类精品教材

现代酒店营销实务（第二版）

曾 琳　朱承强　编著

Marketing in Hospitality Industry (Second Edition)

华中科技大学出版社
http://press.hust.edu.cn
中国·武汉

图书在版编目(CIP)数据

现代酒店营销实务/曾琳,朱承强编著.—2版.—武汉:华中科技大学出版社,2021.8(2025.1重印)
ISBN 978-7-5680-7328-8

Ⅰ.①现… Ⅱ.①曾… ②朱… Ⅲ.①饭店-市场营销 Ⅳ.①F719.2

中国版本图书馆 CIP 数据核字(2021)第 152426 号

现代酒店营销实务(第二版)
曾 琳 朱承强 编著
Xiandai Jiudian Yingxiao Shiwu(Di-er Ban)

策划编辑：李　欢
责任编辑：李家乐
封面设计：原色设计
责任校对：曾　婷
责任监印：周治超

出版发行：华中科技大学出版社(中国·武汉)　　电话：(027)81321913
　　　　　武汉市东湖新技术开发区华工科技园　　邮编：430223
录　　排：华中科技大学惠友文印中心
印　　刷：武汉市籍缘印刷厂
开　　本：787mm×1092mm　1/16
印　　张：19.75
字　　数：473 千字
版　　次：2025 年 1 月第 2 版第 6 次印刷
定　　价：59.80 元

本书若有印装质量问题,请向出版社营销中心调换
全国免费服务热线：400-6679-118　竭诚为您服务
版权所有　侵权必究

内容提要 Abstract

酒店市场营销是酒店专业的核心课程之一,对酒店市场营销课程的学习,既要掌握系统的酒店市场营销理论知识,又要学习和掌握大量的酒店市场营销技术,并知晓市场营销方法和技术在酒店实际运用的案例。本书正是基于这一目的,通过对现代酒店市场营销方法和技术的系统介绍,并结合案例分析和问题讨论,使学习者不仅能够系统地学习现代酒店市场营销的基本理论知识,而且能够掌握和运用现代酒店市场营销的方法和技术。本修订版延续了首版的基本结构和特点,案例丰富,力求提高读者的学习兴趣,为酒店相关专业学生及从业人员、酒店决策者和营销实践者提供指导。

Hotel marketing is one of the core courses of the hotel major. To learn hotel marketing courses, you must not only master systematic hotel marketing theory knowledge, but also learn and master a lot of hotel marketing techniques, understand marketing methods and techniques. This book is based on this purpose. Through a systematic introduction to modern hotel marketing methods and technologies, combined with case analysis and problem discussions, learners can not only systematically learn the basic theoretical knowledge of modern hotel marketing, but also master and apply the methods and techniques of modern hotel marketing. This revised edition continues the basic institutions and characteristics of the first edition, with rich cases, improving maintain readers' interest in learning and provide guidance for students and practitioners of hotel related majors, hotel decision makers and marketing practitioners.

总序 Introduction

伴随着我国社会和经济步入新发展阶段,我国的旅游业也进入转型升级与结构调整的重要时期。旅游业将在推动并形成以国内经济大循环为主体、国际国内双循环相互促进的新发展格局中发挥独特的作用。旅游业的大发展在客观上对我国高等旅游教育和人才培养提出了更高的要求,希望高等旅游教育和人才培养能在促进我国旅游业高质量发展中发挥更大更好的作用。以"职教二十条"的发布和"双高计划"的启动为标志,中国旅游职业教育发展进入新阶段。

这些新局面有力推动着我国旅游职业教育在"十四五"期间迈入发展新阶段,高素质旅游职业经理人和应用型人才的需求将十分旺盛。因此,出版一套把握时代新趋势、面向未来的高品质规划教材便成为我国旅游职业教育和人才培养的迫切需要。

基于此,在教育部高等学校旅游管理类专业教学指导委员会和全国旅游职业教育教学指导委员会的大力支持下,教育部直属的全国重点大学出版社——华中科技大学出版社汇聚了全国近百所旅游职业院校的知名教授、学科专业带头人、一线骨干"双师型"教师和"教练型"名师,以及旅游行业专家等参与本套教材的编撰工作,在成功组编出版了"高等职业教育旅游大类'十三五'规划教材"的基础上,再次联合编撰出版"高等职业教育'十四五'规划旅游大类精品教材"。本套教材从选题策划到成稿出版,从编写团队到出版团队,从主题选择到内容创新,均作出积极的创新和突破,具有以下特点:

一、以"新理念"出版并不断沉淀和改版

"高等职业教育旅游大类'十三五'规划教材"在出版后获得全国数百

所高等学校的选用和良好反响。编委会在教材出版后积极收集院校的一线教学反馈,紧扣行业新变化吸纳新知识点,对教材内容及配套教育资源不断地进行更新升级,并紧密把握我国旅游职业教育人才的最新培养目标,借鉴优质高等职业院校骨干专业建设经验,紧密围绕提高旅游专业学生人文素养、职业道德、职业技能和可持续发展能力,尽可能全面地凸显旅游行业的新动态与新热点,进而形成本套"高等职业教育'十四五'规划旅游大类精品教材",以期助力全国高等职业院校旅游师生在创建"双高"工作中拥有优质规划教材的支持。

二、对标"双高计划"和"金课"进行高水平建设

本套教材积极研判"双高计划"对专业课程的建设要求,对标高职院校"金课"建设,进行内容优化与编撰,以期促进广大旅游院校的教学高质量建设与特色化发展。其中《现代酒店营销实务》《酒店客房服务与管理》《调酒技艺与酒吧运营》等教材获评教育部"十三五"职业教育国家规划教材,或成为国家精品在线开放课程(高职)配套教材。

三、以"名团队"为核心组建编委会

本套教材由教育部高等学校旅游管理类专业教学指导委员会副主任、国家"万人计划"教学名师马勇教授担任总主编,由中国旅游教育界的知名专家学者、骨干"双师型"教师和业界精英人士组成编写团队,他们的教学与实践经验丰富,保证了本套教材兼备理论权威性与应用实务性。

四、全面配套教学资源,打造立体化互动教材

华中科技大学出版社为本套教材建设了内容全面的线上教材课程资源服务平台,在横向资源配套上,提供全系列教学计划书、教学课件、习题库、案例库、参考答案、教学视频等配套教学资源;在纵向资源开发上,构建了覆盖课程开发、习题管理、学生评论、班级管理等集开发、使用、管理、评价于一体的教学生态链,打造了线上线下、课内课外的新形态立体化互动教材。

本套教材的组织策划与编写出版,得到了全国旅游业内专家学者和业界精英的大力支持与积极参与,在此一并表示衷心的感谢!编撰一套高质量的教材是一项十分艰巨的任务,本套教材难免存在一些疏忽与缺失,希望广大读者批评指正,以期在教材修订再版时予以补充、完善。希望这套教材能够满足"十四五"时期旅游职业教育发展的新要求,让我们一起为现代旅游职业教育的新发展而共同努力吧!

总主编

2021 年 7 月

前言 Preface

本教材适应新形势下旅游高素质技术技能和管理服务人才培养与旅游从业人员的实际需要，坚持以"新理念"为引领，通过适时把握我国旅游职业教育人才的最新培养目标，借鉴优质高等职业院校骨干专业建设经验，围绕提高旅游专业学生人文素养、职业道德、职业技能和可持续发展能力，尽可能全面地凸显旅游行业的新动态与新热点。

本修订版延续了首版的基本结构和特点，将营销学基本理论与酒店市场运行规律结合起来，全面、系统地阐述了酒店市场营销的基本原理、方法及其在实践中的应用。采用理论和案例相结合的编写体例，具有理论明晰、案例典型、实用性和可操作性较强的特点。《现代酒店营销实务（第二版）》内容较第一版有如下变化：①酒店市场营销是一门实践性很强的课程，此次修订偏重于应用和实战导向，吸收了国内外最新研究成果，对体系进行了适当的调整，替换掉旧的知识和技能；②紧跟酒店业发展现状和趋势，与时俱进地增加了"互联网酒店营销"章节，如互联网营销、移动营销、新媒体营销等，充实了酒店收益管理等很多新的内容；③适时地分析了近三年的最新且特点鲜明的案例，包括"抗疫"背景下出现的营销案例。部分案例配以案例视频的链接，增强了教材的生动性和实践性，便于提高学习者的学习兴趣和理解层次。

本教材在编写体例和编排形式的设计上，从有利于素质教育和能力培养的角度做了一些尝试。例如，在各章标题之下，列出本章的"学习目标"，便于学员掌握学习的主动权；又如，为了使学员真正理解并灵活运用酒店市场营销的基本理论和方法，在各章节内附有"同步案例"，以便组织学员进行讨论与分析；再如，各章最后都列有"本章小结"，目的是使学员对本章内容有一个完整、系统的理解；紧随其后的"知识训练""能力训练""案例分析"，目的则在于启发学员思考、理解和运用本章"学习目标"中所要求掌握的基本内容。

　　本教材由中国著名旅游教育专家朱承强教授负责统稿与定稿,保证了教材的优良品质。对华中科技大学出版社所给予的关心和支持,特别是策划编辑对本书的编辑出版所做的大量工作表示衷心的感谢。由于作者水平有限,本教材可能存在不妥和疏漏之处,诚望读者不吝指教。

编　者

2021 年 3 月

目录 Contents

第一章 酒店市场营销导论
Chapter 1　Introduction to Hotel Marketing

第一节	酒店市场营销学的范畴　2
	The Category of Hotel Marketing
第二节	酒店市场营销的任务和过程　4
	Tasks and Process of Hotel Marketing
第三节	营销观念在酒店业的应用　8
	The Application of Marketing Concept in Hotel Industry

引　例	来自钟点房的收入　/1
同步案例	营销案例：高级酒店的时髦跨界下午茶　/5
同步案例	不守空房——撤掉"中看不中用"的总统套间　/6
知识链接	斯塔特勒——现代酒店标准的起源　/8
同步案例	香格里拉的营销策略　/11

第二章 酒店市场营销战略
Chapter 2　Hotel Marketing Strategy

第一节	酒店市场营销战略概述　16
	Overview of Hotel Marketing Strategy
第二节	酒店市场营销战略的选择　21
	Choice of Hotel Marketing Strategy
第三节	酒店市场竞争战略分析　25
	Analysis of Hotel Market Competition Strategy

引　例	疫情下旅游业迎来新希望"未来旅行"预售火热　/15
同步案例	青年旅舍实行"双品牌"战略　/19
知识链接	我国经济型酒店的品牌战略选择　/21
同步案例	华美丰大酒店的战略分析与战略选择　/23
同步案例	如家酒店的营销战略研究　/28
同步案例	W酒店的音乐营销塑造品牌个性　/31

第三章 酒店市场营销环境分析
Chapter 3　Analysis of Hotel Marketing Environment

第一节	酒店市场营销环境概述　35
	Overview of Hotel Marketing Environment

引　例	龟兔赛跑新故事　/35
知识链接	"互联网+"遇上酒店，在线营销提高客户黏性　/36

第二节	酒店的宏观营销环境因素 Macro Marketing Environment Factors of Hotels	38	同步案例	2020年新冠疫情给酒店营销环境带来变化 /39	
第三节	酒店的微观营销环境因素 Micro Marketing Environmental Factors of Hotels	43	同步案例	高端度假型酒店市场营销环境分析——以杭州安缦法云酒店为例 /45	
第四节	企业内部环境分析 Analysis of the Internal Environment of the Enterprise	45	同步案例	时代饭店集团瞄准年长雇员 /46	

第四章 酒店市场调研与预测
Chapter 4 Hotel Market Research and Forecast

第一节	酒店市场信息系统 Hotel Market Information System	50	引 例	肯德基采用"神秘顾客"调查法来监督其分店的服务 /50
第二节	酒店市场调研 Hotel Market Research	54	同步案例	网络先行——开业前先建设客户资料库 /51
第三节	酒店市场预测 Hotel Market Forecast	61	同步案例	绍兴开元名都大酒店的客史档案的收集 /53
			知识链接	肯德基的神秘顾客访问制度 /57
			同步案例	威尼斯酒店:由更专业的公司去完成 /59
			同步案例	衡山集团宾客意见调查表 /61
			知识链接	智能酒店系统市场前景与预测分析 /62

第五章 顾客购买行为分析
Chapter 5 Analysis of Customer Purchase Behavior

第一节	酒店顾客购买行为类型 Types of Hotel Customer Purchasing Behavior	70	引 例	丽思·卡尔顿酒店的著名信条 /69
			知识链接	如何看待"90后"消费行为 /71
第二节	酒店顾客购买行为的过程 The Process of Hotel Consumers' Purchasing Behavior	74	同步案例	华住酒店:和消费者谈一场恋爱 /73
			知识链接	香气引得客人来 /75
第三节	影响酒店顾客购买行为的因素 Factors Influencing Hotel Customers' Purchasing Behavior	78	同步案例	酒店设计案例:东南亚酒店的地域文化特征 /78
			知识链接	日内瓦威尔逊总统酒店——拥有全球收费最高的酒店套房 /80
			同步案例	2018年精品酒店消费需求分析 女性与"90后"消费力量不容小觑 /81

第六章　酒店目标市场细分、选择与定位
Chapter 6　The Segmentation, Selection and Positioning of Hotel Target Market

第一节	酒店市场细分 Hotel Market Segmentation	86
第二节	酒店目标市场的选择 Selection of Hotel Target Market	94
第三节	酒店市场定位的方法 Methods of Hotel Market Positioning	99

引　例	细分市场需求：华住发布汉庭优佳品牌对标精准服务　/86
同步案例	酒店市场细分永不停息——来自万豪酒店的启示　/92
同步案例	比青旅高端、比星级酒店有趣，社交型酒店成消费热点　/96
同步案例	亚朵·网易云"睡音乐"IP主题酒店的目标市场细分　/98
同步案例	同星级酒店不一定都是竞争对手　/101

第七章　酒店产品策略
Chapter 7　Hotel Product Strategy

第一节	酒店产品概述 Overview of Hotel Products	105
第二节	酒店产品的生命周期 Life Cycle of Hotel Products	109
第三节	酒店新产品的开发 Development of Hotel New Products	116

引　例	迪士尼探索家酒店成为目的地酒店迭代产品　/104
同步案例	华美达饭店"一个市场、三种产品"　/108
知识链接	酒店生命周期各阶段的传播策略　/112
同步案例	产品创新——以"天天睡好觉"为核心的"加减法"　/115
同步案例	MUJI酒店：一切都是刚刚好　/118
同步案例	四季酒店私人飞机环球美食之旅　/123

第八章　酒店产品价格策略
Chapter 8　Hotel Product Pricing Strategy

第一节	酒店价格概述 Overview of Hotel Price	126
第二节	酒店产品的定价程序 Pricing Procedures of Hotel Products	132
第三节	定价策略的选择 Selection of Pricing Strategy	139

引　例	Michael Vases如何定价　/126
同步案例	星级酒店房价的"高标低卖"　/131
知识链接	疫情期间酒店如何制定房价？　/138
同步案例	营销期刊研究：Airbnb如何影响酒店定价和市场供需？　/142
同步案例	差别定价策略的一个案例分析　/145

第九章 酒店营销渠道策略
Chapter 9 Hotel Marketing Channel Strategy

第一节	酒店营销渠道概述 Overview of Hotel Marketing Channels	150
第二节	酒店中间商的选择 The Choice of Hotel Brokers	153
第三节	酒店营销渠道的设计 Design of Hotel Marketing Channels	157

引 例　珠海步步高大酒店的销售渠道策略　/149
同步案例　希尔顿的营销战役　/154
知识链接　主题酒店营销渠道的设计　/159

第十章 酒店促销策略
Chapter 10 Hotel Promotion Strategy

第一节	酒店促销组合概述 Overview of Hotel Promotion Mix	165
第二节	酒店广告促销 Hotel Advertising Promotion	166
第三节	酒店人员推销 Hotel Staff Promotion	171
第四节	酒店营业推广 Hotel Business Promotion	173

引 例　南京金陵饭店的促销策略　/164
同步案例　麦当劳的五大促销技巧　/170
同步案例　南京古南都饭店总机接线员的促销意识　/173
同步案例　酒店别只顾着低头促销,更要懂得借势营销　/175
知识链接　大数据背景下酒店精准营销策略　/178

第十一章 酒店收益管理方法和技巧
Chapter 11 Methods and Techniques of Hotel Revenue Management

第一节	酒店收益管理的基本概念 Basic Concepts of Hotel Revenue Management	182
第二节	酒店收益管理的主要方法 The Main Methods of Hotel Revenue Management	193
第三节	酒店收益管理的实战技巧 Practical Skills of Hotel Revenue Management	205

引 例　收益管理是21世纪较重要和回报率较高的边缘产业之一　/182
同步案例　卡洛尔太太的理发店　/183
知识链接　疫情影响下的酒店收益管理工作应当何去何从?　/192
同步案例　休布雷公司的定价策略　/195
知识链接　酒店的收益管理系统　/203
同步案例　2020暑期档——红树林酒店收益策略　/203
同步案例　酒店收入新增长点——恒大酒店的花园野餐套餐　/210
知识链接　中国酒店业实施收益管理的趋势　/214

第十二章　酒店市场营销管理
Chapter 12　Hotel Marketing Management

第一节	酒店市场营销计划 Hotel Marketing Plan	218
第二节	酒店市场营销组织 Hotel Marketing Organization	223
第三节	酒店市场营销的实施 The Implementation of Hotel Marketing	230
第四节	酒店市场营销控制 Hotel Marketing Control	234

- **引　例**　美国酒店管理的特别策略　/217
- **同步案例**　知名酒店品牌的"小酒店"　/222
- **同步案例**　麦当劳没有老板　/229
- **同步案例**　酒店市场营销策略实施失败分析　/232
- **同步案例**　美国酒店界对英国酒店市场的营销　/238

第十三章　互联网酒店营销
Chapter 13　Internet Hotel Marketing

第一节	酒店＋互联网营销 Hotel ＋ Internet Marketing	242
第二节	酒店＋移动营销 Hotel ＋ Mobile Marketing	249
第三节	酒店＋新媒体营销 Hotel ＋ New Media Marketing	255

- **引　例**　疫情期间如何利用新媒体做好线上营销？　/241
- **知识链接**　团购网站在线酒店预订的优劣势　/245
- **同步案例**　酒店才是最好的家居卖场　/247
- **知识链接**　上线一个月，微信订房流水从0到20万！　/251
- **同步案例**　与时俱进的喜达屋移动技术　/253
- **同步案例**　和谁一起晚餐，郑州山西乔东家酒店微博营销案例解读　/257
- **同步案例**　酒店短视频"C位出道"指南　/257
- **同步案例**　OTA运营案例——短视频如何打造网红酒店？　/259

第十四章　酒店市场营销创新
Chapter 14　Hotel Marketing Innovation

第一节	跨界营销 Cross-border Marketing	269
第二节	关系营销 Relationship Marketing	276
第三节	绿色营销 Green Marketing	287

- **引　例**　全季跨界营销的尝试　/268
- **同步案例**　酒店、时尚商业的跨界营销　/271
- **同步案例**　IP酒店模式的实践者，亚朵酒店成功跨界　/274
- **同步案例**　56％客人不想和机器人互动,谁来给酒店智能浇一盆冷水？　/279
- **同步案例**　泰国东方酒店的关系营销　/280

知识链接	香格里拉的营销之道 /283
同步案例	酒店营销新招,给一只毛绒兔子做 SPA /286
同步案例	上海取消一次性用品,酒店面临"新危机" /289
同步案例	酒店丢弃的香皂发挥了更大的价值 /291

推荐阅读   294
Recommended

主要参考文献   296
References

第一章
酒店市场营销导论

学习目标

通过本章学习,掌握市场、市场营销和酒店市场营销的概念,了解企业经营观念的演变过程,明确酒店市场营销的任务,熟悉酒店市场营销的过程。

引例:来自钟点房的收入

背景与情境: 某二星级酒店毗邻火车站。该酒店销售人员发现每天来火车站中转换车和等候乘车的旅客数以万计。本着"宁早勿误"的原则,人们总是提前几个小时到站,尤其是远地赶来的旅客等上大半天的情形屡见不鲜。对于花上几百元在酒店住上几小时,大多数人觉得划不来。但是许多人确实需要在上车前有个舒适的环境休息几小时。该酒店的销售人员敏锐地察觉到,这是个可开发的潜在市场。于是他们先试探性地推出钟点房服务,一间标准房一天房价280元,以两小时为一节,价格50元。这一招果然奏效,天天有人来开钟点房,酒店客房出租率一下子提升了近20个百分点,在此基础上,该酒店进一步加大了开发钟点房的力度,一方面在火车站的售票厅、候车室、出站口和车站广场等处设置了醒目的广告,大力宣传钟点房的服务内容和价格,吸引顾客的关注;另一方面改进内部服务管理,特辟钟点服务楼层,增加人手,改善服务。如原来客房的床单、枕巾等用品一天一换,现在改为一客一换;原来一天整理一次房间,现改到一节时段整理一次,客房里都添置了时英钟,服务台还可按照客人的要求及时提醒客人按时进站上车……年终报表显示:钟点房收入占客房总收入的40%左右。

火车站附近的二星级酒店有针对性地分析了其酒店的客源结构,大部分是赶火车的乘客,花费几百元入住等候火车性价比不高,但是开设钟点房服务,正好可以满足这部分乘客的需求,收入自然提高。营销管理的任务是发现需求,不断根据市场需求开发适合市场的新产品,这也是开发性营销。

第一节 酒店市场营销学的范畴

一、市场

最初,人们把市场理解为商品交换的场所。随着社会和经济的发展,市场的概念也在发展,不仅指具体的交易场所,还是所有的卖者和买者实现商品让渡的交换关系的总和,是各种错综复杂的交换关系的总和。市场包括供给和需求两个相互联系、相互制约的方面,是两者的统一体。经济学尤其注重这一市场的概念。从酒店市场营销角度来看,市场的概念与上述两种理解有区别,它只是指某种商品的现实购买者和潜在购买者需求的总和。在这里,市场专指买方,而不包括卖方;专指需求,而不包括供给。从酒店市场营销角度来看,"市场"等同于"需求",西方营销著作中经常交替使用这两个概念。

因此,所谓市场就是指企业产品或服务的现实购买者与潜在购买者需求的总和。它包括三个要素:一是有某种需要的人;二是为满足这种需要而具有的购买能力;三是为满足这种需要而拥有的购买欲望。公式即

市场＝人口＋购买能力＋购买欲望

二、市场营销

市场营销译自英文"marketing"一词。国内外许多人把它误解为推销或其他零散的促销活动。在我国,市场营销只是在1979年改革开放后才引入的。当时,人们对"marketing"有多种译法,如"市场学""行销学""销售学""市场经营"等。目前,人们普遍接受"市场营销"这一译法。其实,"marketing"在英文中有两层意思:一是反映一种经济行为、一种实践活动;二是指一门科学,即以市场营销活动为研究对象的科学。本书中介绍的内容更侧重前面一层意思,即主要介绍酒店的营销活动。

在国际上,"市场营销"在第二次世界大战前,也被等同于"推销",只是从20世纪50年代开始,市场营销才被赋予其真正的含义。到如今,人们普遍接受美国市场营销协会给予市场营销的定义:"市场营销是关于构思货物和劳务的观念、定价、促销和销售渠道的策划与实施过程,即为了实现个人和组织目标而进行的交换过程。"该定义明确指出市场营销是买卖双方为实现各自的目的而进行的交换过程,这一交换过程包括产品、价格、销售渠道和促销四个基本要素。

根据这一定义,我们不难懂得市场营销应该是使买者和卖者(客户与企业)双方都满意的过程。

三、酒店市场营销

前面已经叙述过市场营销的概念,酒店市场营销的概念就是:一种持续不断、有步骤地进行的管理活动。酒店管理人员要在此过程中通过市场调研,不断了解顾客的需求,然后努力地提供适销对路的产品与服务,使顾客满意,使酒店获得利益。

四、酒店市场营销的特点

第一,根据顾客对酒店产品的满意程度的信息反馈去确定顾客不断变化的需求。第二,根据顾客不断变化的需求去设计具有自己特点的酒店服务产品。第三,通过一些营销手段让顾客了解或者知晓本酒店的产品,并能吸引他们来使用酒店产品和接受酒店服务。第四,通过酒店成功的服务向现有顾客提供自己的产品,并同时对潜在顾客产生吸引力,从而使酒店获得收入和利润。第五,不断总结服务中的经验,对自己的发展提出新的课题,进行不断的投资以求更好的发展,同时也要及时发现问题,尽早消除顾客的不满意因素。

酒店营销人员必须不断地与客人进行交流,为他们提供可靠、有效的产品信息,通过酒店广告、宣传小册子等资料来展示酒店产品,使无形的产品有形化,尽力使酒店形象、档次以及产品能带给客人的利益等充分地传达到公众,并使它们与众不同,而且还要真实可信,使顾客能辨认出来,为顾客所熟悉,成为酒店永久的标记。比如,有些酒店以优质、周到的服务为客人所熟悉,而有些酒店则以设施豪华来确立市场形象。

酒店产品还具有不可储存性。酒店产品的不可储存性向营销人员提出了挑战,它要求营销人员将酒店当天未出租的客房、餐座等推销出去。它不像其他行业的商品那样,卖不出去可以储存。酒店产品不但不可储存,而且其需求随着不同季节、每周不同的日期和每天不同的营业时间,存在很大的波动。酒店产品的不可储存性和需求波动性合在一起,给酒店经营带来很大的压力,营销人员必须通过创造性的定价、促销和有计划的营销活动来加强酒店产品的销售。在淡季,酒店广告应强调酒店产品能带给客人的特殊利益,并通过削价等方法来提高产品的使用率。

由于酒店产品的绝大部分属于服务,因此,酒店产品还具有不一致性及质量难以控制的特点。这些特点也给酒店营销增添了很大的困难。酒店服务是由服务人员提供的,他们的素质、知识、技巧和态度各不相同,营销人员为了能使客人对酒店服务产生认可和良好的态度,就必须特别重视对酒店服务人员的培训和激励工作。还可以通过各种检查制度来衡量客人对酒店服务的满意程度,以便减少服务质量不稳定情况的产生。

第二节 酒店市场营销的任务和过程

一、酒店市场营销管理的任务

酒店市场营销管理是指为了实现企业目标,创造、建立和保持与目标市场之间的互利交换关系,而对设计方案进行的分析、策划、执行和控制。酒店市场营销管理的任务,就是为促进企业目标的实现而调节需求水平、时机和性质。简而言之,酒店市场营销管理的任务就是需求管理。

由于需求水平、时间和性质的不同,市场上常常出现以下八种形态的需求(见表1-1)。在不同的需求状态下,市场营销管理的任务有所不同。

表1-1 需求状态、营销管理任务及营销方式

需求状态	营销管理任务	营销方式
否定需求	解释需求	转换性营销
缺乏需求	刺激需求	刺激性营销
潜在需求	发现需求	开发性营销
退却需求	再生需求	再生性营销
波动需求	配合需求	平衡性营销
饱和需求	保持需求	维持性营销
过度需求	减少需求	降低性营销
无益需求	消减需求	抵制性营销

(一)否定需求状态下的转换性营销

否定需求是指可能的消费者对企业提供的商品或服务具有某种否定情绪,他们讨厌这种商品或服务,甚至愿意付出一定的代价来避免它们。但事实上,被消费者否定的商品或服务却能向他们提供一定的利益。消费者之所以存在否定情绪,大多因为对商品或服务缺乏了解,具有某种成见,因此,企业营销管理的任务,就是通过适当的途径,向消费者做出解释,以转换他们的态度,使他们成为企业现实的顾客。这就是转换性营销。

(二)缺乏需求状态下的刺激性营销

缺乏需求(无需求)是指潜在的消费者对企业的商品或服务不感兴趣或漠不关心,并没意识到自己也需要使用这种商品。也有的无需求是因为市场缺乏使用商品的特定环境,比如,在寒冷的冬天,人们很少吃冰淇淋。对于无需求,企业营销管理的任务在于刺激需求,使原来无需求的消费者产生需求;对于缺少消费环境的市场,企业则可以营造出各种适宜的小

环境,以刺激需求;对商品或服务的形式可根据特定地区的环境进行必要的改造,使之适合当地人文或自然环境。这就是刺激性营销。

(三) 潜在需求状态下的开发性营销

潜在需求是指现在的商品或服务不能满足的、隐而不见的需求。潜在需求存在于一切领域,因此这是企业可以不断去发掘的市场。对于潜在市场的需求,企业营销管理的任务是发现需求,不断开发新的产品,努力发掘老产品的新功效。这就是开发性营销。

同步案例 营销案例:高级酒店的时髦跨界下午茶

2017年7月盛夏,上海静安香格里拉大酒店携手国际设计师品牌三宅一生推出跨界艺术下午茶,将艺术与美食撞击出的魔力带到Calypso地中海餐厅酒廊,为上海的时髦食客们带来崭新的时尚体验。

本次"镜中食色"艺术下午茶(见图1-1)创作灵感来源于三宅一生旗下品牌ISSEY MIYAKE(三宅一生)和BAO BAO ISSEY MIYAKE(一生之宝)的"2017秋冬季产品系列"。酒店饼房的创意团队将三宅一生的褶皱与几何设计元素"投射"在镜框之内,与色彩明快、跳跃的当季食材结合,打造出层次丰富的多维视觉效果。静安香格里拉大酒店的招牌甜品以鲜红、亮橙、姜黄三大主题色焕新亮相,组合成为当季最不可错过的艺术美食。

图1-1 "镜中食色"艺术下午茶

(资料来源:http://www.yoka.com/life/hotel/2017/0704/50937101080391.

shtml.）

问题：从营销的角度分析此案例。

分析提示：上海静安香格里拉发掘了市场的潜在需求，通过与时尚品牌跨界合作推出下午茶系列活动，为酒店增加了营业额，同时也扩大了酒店的影响力。

（四）退却需求下的再生性营销

退却需求是指市场对某种商品或服务的需求低于过去的水平，并且正进一步趋向衰退。

同步案例
不守空房——撤掉
"中看不中用"的总统套间

很多退却的需求并不一定是商品落后造成的，大多数退却需求是由时尚的转变、新产品的替代所引起的。但是这些老产品却依然有着新产品无法替代的功能。对于退却需求，企业营销管理的任务是进行再生营销，以促进再生需求。当然再生营销不是简单重复过时的营销行为，而是要根据新的消费特点赋予老产品以新的特征，使传统商品带给消费者以时代感。这就是再生性营销。

（五）波动需求状态下的平衡性营销

波动需求是指需求与供给之间在时间或空间范围上的错位。比如很多旅游设施在旺季人满为患，而到了淡季则生意清淡，人去楼空。对于波动需求，企业营销管理的任务是通过平衡性营销配合需求，使需求与供给之间在时空上的矛盾减至最低程度，从而充分利用资源，降低营运成本。这就是平衡性营销。

（六）饱和需求状态下的维持性营销

饱和需求是指某种商品或服务的目前需求水平和时间等于企业期望的需求水平和时间，这是企业最理想、最满意的一种需求情况。但是在千变万化的市场上，任何饱和需求都不可能永久存在，作为一个企业，对于饱和需求必须根据市场出现的情况随时调整营销策略，进行维持性营销以保持需求的理想状态。这就是维持性营销。

（七）过度需求状态下的降低性营销

过度需求是指需求超过了企业所能或所提供的供给数量。过度需求从表面上看是商品或劳务的供不应求，但实质并不完全如此。比如有些高档餐厅和酒吧，为了保持高雅、悠闲的消费环境就不希望客流量过多。但企业的愿望却不一定为消费者接受，有时这些地方的客流量还是超过了企业的事先计划，从而产生过度需求。对于过度需求，企业应采取减少需求的营销措施，如提高价格，减少服务或增加销售限制等，设法把需求降到理想水平。这就是降低性营销。

（八）无益需求状态下的抵制性营销

无益需求是指消费者对某种事实上有害于个人或社会环境的商品或服务的需求。比如人们对烈性酒、色情服务等的需求都可以归入无益需求，企业营销管理的任务是通过软性反营销措施来削减这类需求。比如发展新的无害或危害程度较小的商品以取代原有的商品或服务，在短期内如果无法停止这类商品供给时，可以通过必要的宣传以控制此类需求的继续发展。这就是抵制性营销。

二、酒店市场营销的过程

现代市场营销观念认为,企业可以通过了解、界定明确的目标市场的需要和欲望以及使顾客达到满意的程度来获得竞争的优势。现代酒店市场营销的过程是受现代营销观念支配的,即酒店市场营销活动以研究和发现旅游市场的需求为开端,市场营销发生于销售之前和之后。现代酒店市场营销发生过程与企业在营销观念支配下的价值创造和传递过程的顺序相对应,它包括分析营销机会、确定目标市场、设计营销战略、策划营销方案、实施营销方案、控制市场营销等阶段(见图1-2)。

图1-2 酒店市场营销过程

（一）分析营销机会

酒店市场营销的第一个环节是全面分析酒店市场营销环境,通过分析酒店所处的宏观环境和微观环境,明确自己的优势与劣势,避开威胁因素,找到有吸引力的市场营销机会。

（二）确定目标市场

通过分析市场机会,可以掌握总体市场需求状况。但是不同的顾客有不同的需求特征,任何一个酒店都不能满足市场上所有客人的需求。因此必须根据顾客的群体特征进行市场细分,选择对本企业最有吸引力并可为之提供有效服务的细分市场作为目标市场。实行目标市场营销,并且在目标市场上确定企业适当的竞争地位。

（三）设计营销战略

在确定目标市场之后,酒店经营者就要为进入这一市场设计营销战略。营销战略主要是进行市场定位,即在这一市场的所有竞争对手中间,确定自己的独特形象,增加自己的独特优势。

酒店营销组合的典型模式是由麦卡锡在1960年提出的4P模型。这个模型假定企业可以调动的营销组合变量有四种:产品(product)、价格(price)、渠道(place)与促销(promotion)。企业通过这四个变量的具体决策,来实现企业的营销目标。而且,企业在确定这四个营销组合因素的实施策略时,还要考虑酒店自身以及环境因素的影响。

（四）策划营销方案

酒店营销战略的实现,必须有具体的营销方案来支持。营销方案涉及营销费用、营销组合和营销资源的分配。营销费用的高低要与营销目标相适应。营销组合就是综合地、动态地把各种营销策略有机地配合运用。在营销方案中,应使各种营销策略具体化。

（五）实施营销方案

一项好的营销策划方案如果得不到正确的实施,就毫无意义。营销方案实施就是把营销方案转变为市场营销行动的过程,包括日复一日、月复一月地有效贯彻市场营销计划的活动。

成功的营销方案实施取决于企业能否将行动方案、组织结构、决策和奖励制度、人力资源和企业文化这五大因素有效地组成一个协调的整体。

（六）控制市场营销

在市场营销方案的实施过程中总会遇到各种意外的情况而使实施行动偏离既定目标，这就要通过市场营销控制来弥补和校正行动与目标之间的差距。市场营销控制主要通过月度计划控制、年度计划控制、盈利能力控制、战略控制等来保证行动与目标的协调一致。

第三节 营销观念在酒店业的应用

一、营销观念对酒店营销的意义

酒店业的兴衰除了受旅游业大环境的影响外，关键还在于其经营观念，这主要取决于：酒店业所经营产品本身的特点，酒店业与其他行业、部门间的依存关系以及酒店市场高度竞争性的特点。

酒店业提供的产品是整体性产品，是由前台、客房、餐饮、娱乐等单项服务产品组合而成，缺少哪一个部门的产品，都难以构成整体的酒店产品。这些部门在酒店业中构成一个相互关联、相互依靠并相互协调的统一体。在这个统一体中，各部门各自进行着垂直的独立经营活动，但它们之间又横向联合成一个水平的统一体，共同为满足宾客需求提供产品或服务。因此，在酒店业的营销工作中必然存在着一个潜在的协调关系，如果出现不协调现象，必然导致酒店产品整体效能无法发挥，使宾客不满意。这个起着协调、平衡作用的核心就是市场的需求、宾客的满足。

此外，酒店业不仅存在着内部结构中的互补关联性，还与社会上多种行业或部门间存在依存关系。在酒店业的发展中，如果没有诸如建筑、制造、轻工、商贸、食品、银行、园林、保险、海关、公安等部门和行业的支持，酒店业就无法经营。因此，酒店业的发展必须以社会经济中众多部门和行业发展为前提，而酒店业的发展又促进了这些相关行业的进一步发展。

酒店需求受宾客的主观评价影响很大，使酒店供求在质量上存在着很大的矛盾和差距。宾客需求主要取决于其个人特质，酒店无法满足千差万别的宾客的需求，因此，要想在供给大于需求的竞争激烈的市场上将宾客吸引到本企业，对酒店经营者而言，就必须更能影响和操纵宾客的需求，这种做法又称为"管理需求"，是酒店业经营工作的一大特点，即通过市场营销工作将酒店供给和需求联系起来。

知识链接 斯塔特勒——现代酒店标准的起源

"现代旅馆之父"斯塔特勒先生依靠自己多年从事酒店业的经验和对市场的敏

锐观察,立志要建造一种"为一般公众能负担的价格之内提供必要的舒适与方便、优质的服务与清洁卫生"的酒店,这个愿望在1908年终得以实现,而且恐怕连斯塔特勒先生自己也不曾想到,正是他完全从公众出发的设计思想让酒店成为现代酒店标准的起源。

斯塔特勒大酒店的创新主要体现如下。

"一间客房一浴室",酒店共有300间房,每间客房里都有单独的浴室,这在美国历史上还是头一家。"一间客房一浴室,一个美元零五十",是他在很久以前就想好的广告词。为了实现这一目标,酒店在建筑设计上有了新的突破。第一次采用两间客房的浴室背靠背相连,各层浴室均设计在同一个位置的办法。所有上下水管道、暖气管道以及电源线路都安装在一个个竖井里。每间浴室的洗脸盆上面的墙上装一面大镜子,遮住竖井在每个房间的出口,便于检修时出入。这一设计为后来多功能的住宅与办公楼普遍采用,这竖井也被称为斯塔特勒竖井。

此外,斯塔特勒大酒店还实现了一间客房有一部电话。电灯开关安在屋门旁边、楼房各层设防火门、门锁与门把手装在一起等都是他的创举。他还亲自制定了《斯塔特勒服务守则》,在经营方面,他提出"对任何酒店来说,取得成功的关键是地点、地点、地点"的原则,而"客人永远是正确的"这句行业名言,也源自斯塔特勒先生。

完全从中产阶级立场出发、众多革命性创造的整体效应使得斯塔特勒大酒店迅速成为当时酒店业的行业标准,凭借着良好的经营业绩,斯塔特勒先生迫使所有竞争对手都不得不效仿他的标准,改革自己的酒店,以确保在激烈的竞争市场中占有一席之地。

二、酒店营销观念的演变过程

(一) 生产观念

生产观念(production concept)也叫生产导向观念,是一种最传统、最古老的企业经营的指导思想。在20世纪20年代以前,由于生产效率不高,许多商品供不应求,处于"卖方市场"。企业经营者认为,消费者可接受任何买得到和买得起的商品。所以,企业的根本任务就是要组织企业的所有资源,集中一切力量扩大生产,增加产量,降低成本,企业能够生产什么就卖什么,企业的中心工作就是搞生产,以产定销。

生产观念是生产力发展水平还不发达的产物。这样的观念,只适用于以下两种情况:①商品生产量不大,产品供不应求,卖方竞争不激烈,买方争购。②产品成本较高,只有提高生产率,降低成本,才能降低销售价格。

(二) 产品观念

产品观念(product concept)也是一种类似于生产观念的古老的企业经营思想,它认为消费者欢迎那些质量高、性能好、特色多的产品,所以企业应致力于提高产品质量,只要产品质量高于同类产品,就不会卖不出去。以这种观点作为经营思想的企业只迷恋自己的产品,不断改进产品质量,而不去研究如何使自己的产品适应不断变化的市场形势,以便更好地满足消费者的需要和愿望,采取故步自封、孤芳自赏的态度,往往会患"营销近视病"。

产品观念依然产生于供不应求的卖方市场,经营者在经营管理中缺乏远见。只看到自己的产品质量好,看不到市场需求在变化。不了解消费者购买产品的真正目的是满足自己的某种需要或解决某一问题。

(三) 推销观念

推销观念(selling concept)产生于资本主义国家由"卖方市场"向"买方市场"的过渡阶段。1920—1945年,随着科学技术的进步,科学管理和大规模生产的推广,产品产量迅速增加,逐渐出现了市场产品供过于求,卖主之间竞争激烈的新形势。许多企业家感到,即使有价廉物美的产品,也未必能卖得出去;企业要在日益激烈的市场竞争中求得生存和发展,就必须重视推销工作。于是,推销观念应运而生。

推销观念认为广大消费者一般不购买非必需的东西,企业若不大力刺激消费者的兴趣和购买欲望,消费者就不会购买其产品。因此企业必须重视和加强推销工作,如建立专门推销机构和网络,大力施展推销技术,千方百计地刺激消费者对企业产品产生兴趣,以扩大销售,提高市场占有率,从而赚取更多的利润,实现企业目标。

(四) 市场营销观念

市场营销(marketing concept)是商品发展史上的全新的经营哲学。20世纪50年代以来,资本主义发达国家的市场尤其是消费市场已经变为真正的供过于求、卖主间竞争激烈、买主处于优势地位的"买方市场"了。它改变了长期以来认为市场销售是社会生产周期终点的看法,提出了市场销售只是生产周期起点的观点。市场营销观念是一种以顾客的需要和欲望为导向的经营哲学,它以买方市场和顾客需要为中心,市场需求什么就生产什么,顾客需要什么就销售什么,即先发现需求,再满足需求。并且,在产品销售出去后,还要了解顾客对产品有什么意见和要求,及时反馈给生产部门,据以改进产品的生产和经营。同时还要为顾客提供各种满足其需要的服务,企业的长期利益是建立在顾客满意的基础之上的。

在实际工作中,"市场营销观念"和"推销观念"很容易混淆,但是推销活动只是营销活动的一个重要组成部分,而且并不是最重要的部分。表1-2对两者做了区分。

表1-2 市场营销观念同推销观念的区别

观 念	起 点	中 心	手 段	目 标
推销观念	企业	产品	推销促销	通过销售获得利润
营销观念	市场	顾客需要	整合营销	通过顾客满意获得利润

(五) 社会营销观念

社会营销观念(social marketing concept)是对市场营销观念的补充和完善。它产生于20世纪70年代西方资本主义出现能源短缺、通货膨胀、失业增加、环境污染严重、消费者保护运动盛行的新形势下,因为市场营销观念回避了消费者需要、消费者利益与长期社会福利之间隐含着冲突的现实。例如,畅销多年的软饮料可口可乐公司为了迎合人们求便利的需要,大大增加了饮用后可丢弃的一次性瓶子,这样固然满足了人们的需要,但造成了很大的浪费,还造成了环境污染。

(六) 大市场营销观念

大市场营销观念(macro marking)是20世纪80年代市场营销战略思想的新发展。近几年来,发达国家生产过剩,本国市场有限,国际市场竞争日益激烈。世界上许多国家的政府干预加强,关税壁垒和贸易保护主义抬头。传统的市场营销观念中的企业可控因素(4PS 及其组合)与外部不可控因素(环境因素)的有关理论已不能适应这种新形势了。菲利普·科特勒在《哈佛商业评论》上发表了《论大市场营销》一文。他指出,企业已不能仅仅消极被动地顺从和适应外部经营环境,而应积极地去影响改变外部经营环境,并提出了"大市场营销观念"这一市场营销的新的战略思想。

科特勒指出,在实行贸易保护主义的市场条件下,企业的市场营销战略除了4P之外,还必须加上两个P,即政治力量(political power)和公共关系(public relations),成为6P,这种战略思想就是大市场营销。大市场营销观念认为企业可以影响其周围的经营环境,而不仅仅必须顺从它和适应它,企业为了满足目标顾客的需要,应采取经济的、心理的、政治的和公共关系等一切手段,来打开和进入某一市场,以创造和改变目标顾客的需要。

同步案例　香格里拉的营销策略

香格里拉集团的目标是成为亚洲地区饭店集团的龙头,使命是成为客人、员工和股东的首选。

(1) 香格里拉的八项指导原则,如图1-3所示。

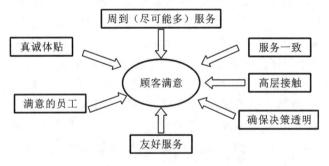

图1-3　香格里拉的八项指导原则

(2) 与航空公司联合,提供入住优惠既能吸引新顾客,也能吸引旧顾客。

(3) 鼓励员工与顾客交流。近距离了解顾客需求,员工工作更放松,员工满意有利于顾客满意,更容易留住旧顾客。

(4) 建立"顾客服务中心",为顾客快速解决问题,让顾客时刻放心,随时为顾客服务,赢得顾客信任。

(5) 提供个性化服务,让顾客找到"家"的感觉,满足顾客心理需要。

香格里拉饭店以实际消费顾客(外部顾客)为核心,采取一系列顾客至上的营销措施。其以内部顾客满意为基础,即首先满足员工工作期望——有良好的工作环境、可实现的工作目标,让员工对企业有强烈的归属感;强调员工的工作态度,保证员工的工作素质,进而保证企业优质的服务。在此基础上,在整体营销活动中,结合外部顾客的需求实施全面的消费前—消费中—消费后的营销措施,最终令顾客满意。香格里拉的这一套营销过程完全体现了营销战略的CS战略。这种营销战略让我们明白,不管是产品还是服务,关注点始终是顾客的需求,顾客需要什么就提供什么。

问题:香格里拉的营销策略体现了什么营销思想?

分析提示:首先,香格里拉始终如一地把顾客满意当成企业经营思想的核心,主要体现的是把顾客需求放在第一位。市场营销观念的含义就是正确掌握顾客市场的需求,然后调整整体营销组织,有效满足消费者的需求,从而实现企业营销的目标。香格里拉的目标市场是针对来消费的所有顾客,采用"顾客至上"的经营理念。

香格里拉的八项指导原则、与航空公司的合作、"顾客服务中心"、个性化(差异化)服务等措施围绕着的中心都是顾客,综合考虑了顾客在住房和服务方面的种种需求,实施全面的营销活动,从而在消费活动上和顾客心理上实现顾客满足,这种做法不但能够吸引新顾客,更能赢得顾客的回头率,企业不但实现了目标利润,更降低了促销的成本,获得了更大的利润,因此,我们今天看到的是一个知名度高、遍布亚洲的香格里拉饭店。

三、营销观念在酒店业中的应用

把市场营销观念运用到酒店业的营销管理中时,往往由于酒店产品的特点,使营销观念很难在企业营销中充分发挥作用。首先,酒店服务是一种过程、一种行为而非有形实物,因此酒店服务很难做到标准化,产品质量难以控制。宾客的消费与酒店员工的生产处于同一时空,宾客的个性、兴趣与服务人员的态度、行为相互交织、相互影响,使服务过程有很大的易变性。尽管酒店各部门岗位制定了精细的管理制度和服务标准,但实际操作起来很难确保服务人员按质量标准将服务传递给宾客。即使员工都能按标准提供服务,也会由于宾客的个人特质不同,而导致其感受不同、满意程度也不同。其次,对酒店需求而言,宾客希望获得的是一个不平凡的、充满神秘感、新奇感的经历。如果强调服务产业化、标准化,势必导致不同目的地的文化、环境趋同,人们无论走到哪里,接触的都是一样的环境、一样的服务,这样必然导致宾客的不满足。

教学互动

互动问题:

以小组为单位,各组选定一组酒店产品,采取小组讨论的方式,内容包括讨论该组酒店产品目前处于哪一种需求状况,分析该种需求状况的特点。

要求:

(1)教师不直接提供上述问题的答案,而引导学生结合本节教学内容就这些问题进行独立思考、自由发表见解,组织课堂讨论。

(2)教师把握好讨论节奏,对学生提出的典型见解进行点评。

内容提要

现代企业的经营理念,经历了生产观念、产品观念、推销观念、市场营销观念、社会营销观念和大市场营销观念六个演变阶段。随着市场从"卖方市场"转向"买方市场",企业的经营理念也从"以产定销"转为"以需定产"。市场营销观念是一种以顾客的需要和欲望为导向的经营哲学,是企业经营思想上的一次根本性变革,它以买方市场和顾客需要为中心,市场需求什么,企业就生产什么;顾客需要什么,企业就销售什么,即先发现需求,再满足需求。

酒店市场营销是为了让目标客人满意,并实现酒店企业经营目标而展开的一系列有计划、有步骤、有组织的活动。它是一个根据客人的需要而展开的产品、价格、销售渠道及促销策划和实施的全过程。酒店市场营销是现代酒店经营的龙头,根据不同的市场需求状况,酒店确定相应的市场营销管理任务。

现代酒店市场营销过程是受现代营销观念支配的,即以研究和发现旅游市场的需求为开端,包括分析营销机会、确定目标市场、设计营销战略、策划营销方案、实施营销方案和控制市场营销六大环节。

核心概念

市场;市场营销;酒店市场营销

重点实务

引导学生了解什么是营销;培养学生的营销职业品质。

知识训练

简答题

1. 营销学的范畴是什么?
2. 运用什么哲学来指导酒店的营销?
3. 酒店营销管理的任务和过程是怎样的?
4. 营销观念是怎么在酒店中运用的?

能力训练

一、理解与评价

由学生进行一分钟自我推销,包括问候,我是谁(包括姓名、来自哪里、个人兴趣特长、对专业的理解和课程学习的认识与期望或介绍家乡特产或旅游风景名胜等等)。每位学生精心写一份一分钟自我推销介绍词,利用课余时间反复演练,做到内容熟练、神情自然。

二、案例分析

香味营销

背景与情境: 喜来登酒店的公关协调员张某向媒体透露,酒店最近确实换上了全新的香氛系统。"以往,客人一走进酒店,闻到的是一种苹果派的味道。苹果派是欧美国家一道家常的饭后甜点,能让人感受到妈妈的味道,也令人联想到酒店所崇尚的简约风尚。不过最近,集团进行了一次大型的问卷调查,发现客人更喜欢雨后清新自然的味道,于是,酒店决定对气味进行一些改变。"

改变香氛的酒店还不只这一家喜来登酒店,喜来登酒店集团一共管理着142家福朋喜来登品牌的酒店,这些酒店分布在全球24个国家。这么多福朋喜来登酒店在同一时间内换上了这种新气味。

福朋喜来登的这款香味有个挺好听的名字,"Pinwheels in the Breeze",中文翻译为"风车味","那种感觉就如同春日里清新舒爽的户外气息"。"风车味"是福朋喜来登酒店的特有气味。喜来登酒店集团旗下有瑞吉、豪华精选、W酒店、威斯汀、艾美国际、喜来登、福朋喜来登等多个品牌,每个酒店都有自己的特有香氛,根据酒店的风格、定位专属定制。

张某说,福朋喜来登酒店的客户群体定位在30—40岁的商务客人,他们崇尚简约,喜欢自由,这款清新自然的"风车味"正合他们意。喜来登酒店旗下另外一个高端品牌威斯汀则采用了一款不同的香味。"在威斯汀酒店的大堂和公共区域,到处弥漫着一股白茶芳香。威斯汀酒店定位于高端商务客,这些商务客人工作紧张、压力非常大,白茶芳香能够帮助他们舒缓压力、放松心情。这种芳香的选择与威斯汀品牌'个性化、直觉灵动、焕发活力'的核心价值观相适应,体现了酒店所崇尚的健康、积极向上的生活方式。"和名称、Logo一样,与众不同的气味正在成为酒店的新标识。

著名营销专家谭小芳老师了解到,人们曾在美国做试验,让一家商店充满香气,而另一家商店没有任何气味,结果是虽然那些在不知不觉中接受试验的人们在两家商店逗留了相同时间,但他们实际的感觉却大不相同。他们感觉在充满香气的商店里只待了一会儿,而在另一家商店里却待了很长时间。这说明宜人的香气使人神清气爽、兴致高昂,乃至忘记了时光在匆匆流逝。

问题:

1. 香味营销体现了市场营销的什么观念?
2. 为什么越来越多的酒店注重香味营销?

第二章
酒店市场营销战略

学习目标

通过本章学习,掌握战略、差异化战略、专业化战略的概念,了解酒店市场营销战略的基本模式和方法,熟悉酒店市场营销战略的环境营销因素及酒店市场营销战略的类型。

引例:疫情下旅游业迎来新希望"未来旅行"预售火热

背景与情境: 2020年1月,一场席卷而来的疫情让全国旅游行业"寒风凛冽"。3月春暖花开,黄山悦榕庄酒店前,玉兰花悄然绽放,疫情期间,酒店还没有迎来客人入住,工作人员手头忙的事儿却不少:酒店粉丝微信群弹出的消息不停闪烁,游客咨询问题不断,工作人员及时回答,晒出的酒店周边景色照片收获了游客们的点赞。疫情让旅游业按下"暂停键",但旅游企业纷纷在逆境中展开自救行动。和黄山悦榕庄酒店一样,多数旅游企业陆续启动预售来回笼资金,这成为旅游业"过冬迎春"的重要举措,行业在危机中正在努力寻求新希望。

酒店面临的市场营销环境千变万化,有很多都是不可预测的,突如其来的疫情让酒店必须在严峻的形势下作出战略调整,以适应市场的巨大变化。随着国内疫情逐渐得到控制,景区陆续有序有限恢复开放,旅游平台近日纷纷开启了大规模的促销活动,在多家旅游平台,预售产品都被摆在了最醒目的位置。在携程平台,酒店、航线、景区纷纷推出4至8折不等的预售价。参照2003年"非典"后旅游业的爆发式增长,此次疫情危机孕育行业转型发展的新转机,酒店应积极应对,做好准备抓住机遇。

(资料来源:http://news.cctv.com/2020/03/17/ARTIYA3gSBW3iOBPSj4lIn88200317.shtml。)

第一节 酒店市场营销战略概述

"战略"(strategy)一词源于军事活动的术语,它是指军事统帅指导战争全局的谋略。在企业管理中正式使用这一概念则源于20世纪60年代的《企业战略论》一书的出版。20世纪70年代,美国企业管理者认识到外部环境对企业生存和发展的重要影响,开始把管理的重心从满足职能领域的有效管理转移到制定和实现企业的总目标和总策略上,使企业适应外界环境的变化并保持稳定发展。如果说管理的职能是决定如何做,即如何以最佳方式完成一项工作,那么战略管理则是企业确定做什么,即确定自己的发展目标和决定一个企业应该做什么。

一、战略的含义

战略是指企业为了求得持续、稳定的发展,在预测和把握企业外部环境和内部条件的基础上,对企业发展的总体目标做出的谋划和根本对策。

战略是企业经营思想的集中体现,是企业发展的根本要求,是企业制订计划和进行经营决策的基础。

(一)战略的特点

战略的特点主要体现在以下几个方面。

1. 长期性

战略是对企业未来较长时期如何生存和发展通盘筹划的结果。它不是企业对外部环境短期振荡所做出的反应,更不是对日常经营活动所做出的反应,它着眼于未来,关注的是企业长远利益,要决定的是企业未来的经营方向和目标。企业战略的目标,是要求从根本上改变企业的面貌,使企业达到一个全新的水平,使企业真正兴旺发达起来。

2. 全局性

战略是以企业的全局为对象,根据企业的总体发展需要而制定的。全局性是战略的最根本的特征,否则,就不能称为战略。一个企业的战略,必须能从总体上制约企业的经营活动,着眼点不是局部利益的得失,而是全局的发展,如果局部利益与全局利益发生冲突,往往要保证全局利益的发展。

3. 稳定性

企业战略与其他战略一样,要求具有稳定性,不能朝令夕改。企业要实现较长时期的战略目标,在制定战略的时候,就要做深入细致的调查研究,客观地估量企业在发展过程中可能出现的各种利弊条件,做出科学的预测,使企业战略建立在既先进又稳定可靠的基础上。

当然,稳定性并不排除战略的应变性,由于企业的外部环境在不断地发生变化,特别是在经营环境发生重大变化之后,企业的战略也需做出必要的调整。

4. 竞争性

企业是在激烈的竞争中求得生存和发展的。战略是企业在激烈的竞争中如何与竞争对手抗衡的行动方案。它与那些单纯为改善企业现状、增强企业效益、提高管理水平为目的的近期方案不同。它所谋求的是改变企业在竞争中的力量对比,在全面分析竞争对手的基础上,扬长避短,发挥优势,不断扩大企业在市场上的占有率,从而使企业在竞争中占据有利地位,不断发展和成长,最终成为胜利者。

(二)酒店企业战略管理的历史进程

战略管理的进程主要经历了四个历史阶段。

第一阶段是从内部职能管理向战略管理过渡的阶段。这一时期,酒店企业管理的主要关注领域是企业内部职能管理,如服务流程设计、标准化与规范化、质量控制等。具有战略性质的管理活动的重点则是对企业规划与计划的控制,这种控制的基本假定是:过去酒店企业经历的事情,在未来一定会重新出现。

第二阶段是20世纪50年代初期开始,进入长期计划阶段,战略管理活动的重点在于预测企业的成长,其主要原因是随着旅游业的兴起,旅游市场一方面呈急剧扩大的趋势,另一方面呈日益复杂化的趋势。并依据这样的基本假定:企业过去所面临的情况必将延续到将来。

第三阶段是由于经营环境的变化,从20世纪60年代后期起,已具备了战略性质的规划取代了企业的长期计划职能。其核心在于,经营者认识到:通过企业过去长期计划的延续性运用来预测未来是远远不够的,企业必须制定有效的经营战略,以适应政治、经济和市场变化的冲击。

第四阶段是20世纪70年代中后期,酒店企业战略管理得到真正意义上的兴起。在这一时期,由于国际性的企业兼并运动的冲击,酒店企业市场开始出现买方市场态势,而且随着高新技术的引进、环境保护的兴起、酒店企业集团化发展的加剧,酒店企业市场环境也越来越复杂化。它所依据的假定是:面对迅速变化的外部环境,过去有一定周期的计划制度已经不能满足应付变革的需要。它克服了计划周期的束缚,改变了重规划不重实施的习惯做法,开始转向制定、评价与实施并重。

二、酒店市场营销战略的重要性

人们往往认为,战略管理是管大事、管方向和目标的,酒店是为旅客提供吃、住、行、游、购、娱的综合性服务企业,每天面对的都是顾客,每天处理的都是具体、琐碎的事务,酒店谈战略管理是小题大做。这是一种误解。其实,任何一个单位、一个企业乃至个人都离不开战略管理。战略管理对酒店同样具有重要作用。具体如下。

第一,有战略目标才会有成功,战略管理是酒店成功的前提。首先要给自己制订一个计划,确定一个奋斗目标,然后脚踏实地地为之努力,把所有的精力和才干都用在上面,这样就离成功不远了。设定明确的目标,是所有成就的出发点。

第二,战略管理有利于员工认清酒店使命,动员大家为实现使命而奋斗。战略管理的作

用不仅在于解决当前的问题,更重要的是着眼于未来,着眼于酒店的使命,引领团队向着未来美好的远景前进。

第三,酒店战略管理把战略目标和当前工作紧密结合,使人产生积极性。制定酒店的发展战略目标,就是要确定发展目标和方向,设计酒店的美好蓝图,并动员员工解放思想、转变观念、坚定信心、同心同德、开拓创新,以坚忍不拔的精神和毅力把目标一步步变为现实,必将极大地调动员工的积极性。

第四,酒店战略管理有利于对酒店发展进行正确的评估、调整和决策。战略管理是考核、评价酒店中、长期经营效果的重要工具。有一家国有酒店公司,由于长期无目标管理,每年亏损几百万元,且越亏越多,经营7年,近亿元的投资缩水60%多,最终被拍卖。这家酒店公司如果实施战略管理,上级主管部门按目标进行测评和监管,对经营早决策,对领导班子早调整,就不至于使国有资产如此大幅减值。

第五,战略管理为日常经营管理提供了方向、目标和灵魂,日常经营管理是为了实现战略目标。二者是纲和目的关系、长远和当前的关系。

三、酒店市场营销战略的内容

酒店市场营销战略包括战略方向、战略目标、战略方针、战略措施四项基本内容。

(一)战略方向

酒店市场营销战略的方向,就是指在企业经营思想的指导下,决定企业的长远发展方向。它是企业领导者对企业未来的构思和设想。其主要内容包括以下几个方面。

1. 确定企业未来的发展方向

它要求酒店企业能在市场调查和预测的基础上,确定自己的客源市场和经营范围。任何企业都应根据市场需求的变化来确定企业未来的发展方向。

2. 确定企业开拓市场的发展方向

企业的市场开发是企业经营至关重要的问题。企业未来的服务对象是谁?主攻的目标市场在哪里?这些问题直接关系到企业经营的成败。确定企业开拓市场的发展方向,目标市场的确定是核心。它要求企业要在客源市场需求分析的基础上,结合自己的特点,确定自己的服务对象、服务标准及基本的营业方针。

3. 确定企业未来的规模和发展水平

任何企业,特别是大型的酒店企业,都要在正确评估自己内部条件和设备的基础上,把握自己企业所具有的一切发展因素,确定企业在相当长的时期内的发展规模和水平。企业的领导者应当确定企业在一个相当长的时期里主要干些什么,达到什么样的规模以及协作和联合的程度,在国内同行中应居于什么地位,是争取国内一流,还是世界一流,等等。

(二)战略目标

企业的战略目标是一个或两个目标为主导的一组相互联系和相互制约的目标体系,其核心是以销售额和利润为主导的战略目标体系。它要求企业在高效率、低成本、不断扩大市场的基础上,以销售额保证润额,两者同步增长。因此,可以说企业的战略目标是实现企业战略的一系列经济指标的总和。

确定企业的战略目标应当注意的问题如下。

1. 研究考虑和预测未来的发展趋势

利用过去和现在的数据,来推断和预测未来的发展需要。

2. 分析企业内部所具有的发展因素

其中包括可运用的发展资金、企业员工的素质,同时也要估计企业的设备情况,检查本企业是否已经具备了实现企业战略目标所具有的条件。

3. 企业的战略目标是一组相互联系和制约的目标系统

它是企业的总目标体系和部门的目标体系的结合,确定战略目标,要使部门目标同总目标系统保持一致,并使部门之间的目标得以协调。

(三)战略方针

企业的战略方针,一般是企业在经营战略上的重点,它是围绕企业为实现战略目标所制定的行为规范和政策性的决策,它涉及企业经营的目的和方法,企业和顾客、员工合作的关系等。战略方针将随着企业内部环境的变化而变化,在不同的时期会采取不同的方针。

企业经营的总方针,通常是由企业的最高领导者来制定的。为了能把总方针落实到具体工作中去,企业各个部门也都有自己的一套方针,称为局部方针。局部方针是以总体方针为基础形成的,是对总方针的扩大化和具体化。

(四)战略措施

企业的战略措施是企业为实现其战略目标,在战略方针的指导下,就企业发展的中短期的、局部的经营问题所采取的各种对策与措施的总称。战略措施是企业战略的重要组成部分,是企业战略的具体体现和实际运用,是确保战略目标实现的有效手段。战略措施的制定,集中体现在一系列企业的经营计划和经营决策制定上。从这一意义上来说,企业的经营计划和经营决策是以企业的战略为基础的,是企业战略的具体化。

同步案例 青年旅舍实行"双品牌"战略

暑假旺季,北京智德国际青年旅舍大堂内,世界各国的游客来来往往,既有青年人,也有家庭组合;7、8月份,这里的床位几乎都爆满,其中八成以上是外国游客。与智德一样,北京远东青年旅舍也一样火爆。这家旅舍不仅拥有100多个普通上下床,还拥有一个可同时接待200多人的二星级酒店,仅2004年8月,客房收入就达到108万元,创下了历史之最。

2001年以前的国有老字号远东饭店几乎到了破产的边缘,正是借助青年旅舍的品牌、客源和网络,依托自身优越的地理位置,并融入本土化特色,饭店才起死回生。2004年营业总收入超过900多万元。

按照国际青年旅舍通行的硬件标准,青年旅舍通常是以4—8个床位的房间为主,房间使用上下两层的大床,并且以床位论价。这是它区别于其他经济型酒店的一个显著特点。然而,近年来,北京新加盟的青年旅舍大都冠以"青年酒店"的称号,酒店不仅提供简易的床位,同时也提供相对高档的二星或三星的标准间。

青年旅舍在经营中发现,这里不仅是年轻背包客的天堂,许多外国家庭和老人也愿意在此居住,甚至一些年轻的商务人士也喜欢这里无拘无束的感觉和开放式的交友空间。这些人大多具有比较强的支付能力,"青年酒店"的概念于是应运而生。

问题:老字号的远东饭店为什么实行"双品牌"战略?

分析提示:本案例中双品牌运作下的青年旅舍定位为"商务客的经济型酒店"和"背包客的家外之家"。连种混合经营的好处是,东方不亮西方亮,扩大了客源渠道,拓展了盈利空间。但是,北京青年旅舍在发展中并没有追求数量上的盲目扩张,而是力求质量、速度的协调统一。一方面依靠有效管理和真诚服务在国内树立青年旅舍的良好品牌,另一方面则依靠公司化运作来扩展服务外延,延伸服务网络。

四、酒店市场营销战略的制定

酒店市场营销战略的制定过程,就是在正确的战略思想指导下,在对企业所面临的特定环境和内部条件进行分析的基础上,确定企业的战略目标、明确企业的经营领域,以及企业对所从事的经营领域采取的经营方针和策略的过程。它一般包括以下几个步骤。

(一)确定企业的使命

这一要素实际上是为了回答战略的核心定位问题,即"我们的企业应该是什么样的企业"。只有那些能够正确认识到自己使命的企业,才能制定出行之有效的战略规划。正如威斯汀酒店在威斯汀酒店公司经营管理宗旨说明书中认为的那样:"酒店公司,在某种意义上像人一样,它的经营管理也需要以某种宗旨为指导。"又如希尔顿酒店集团在希尔顿公司使命书中倡导的:"我们的使命是被确认为世界最好的第一流的酒店组织,持续不断地改进我们的工作,并使为我们的宾客、员工、股东利益服务的事业繁荣昌盛。"

(二)研究经营环境和经营能力

在明确了现代酒店企业的使命之后,就需要进行经营环境和经营能力的分析,分析其现状和未来趋势,以便为进一步确定企业的战略目标收集各种有关的经营信息,为确定营销战略提供必要的资料和依据。

(三)确定战略目标

确定企业营销战略的目标,需要把企业的经营环境和经营能力结合起来,将企业的使命化为一系列具体的经营目标。如击败竞争对手、扩大市场占有率等。企业使命是内在的、永恒的、原则性的,而企业目标则是外在的、阶段性的、具体化的。目标是在企业使命的指导下设定的。

(四)确定战略行动

当企业的使命、战略目标确定以后,就要考虑如何来实现这些目标,使企业由小到大、由弱到强、不断成长发展。

战略行动的确定,要依靠企业全体成员的共同努力。首先,要进行广泛讨论,让企业各级人员畅所欲言,提出自己的见解,使战略行动方案具有群众性、民主性。其次,由企业的智囊团,必要时请一些专家,运用现代科学方法进行系统综合,经过科学论证,提出可行的战略行动方案。最后由企业领导抉择,确定企业的战略行动。

（五）战略的总结、评价与修正

战略是主观思维活动的产物,它在实践中会或多或少地与客观现实产生一些差距。因此,在营销战略的实施过程中,企业必须对营销战略进行总结、评价,并加以修正。企业要密切掌握外部环境和内部环境条件的动向,及时地修正战略不适应的部分,使营销战略始终保持适宜性,保证营销战略对企业经营活动的指导作用。

知识链接
我国经济型酒店的
品牌战略选择

第二节 酒店市场营销战略的选择

酒店企业在开展营销活动时,首先必须明确企业的战略,因为战略管理是企业管理系统的指导方针,是企业创新与发展的路标,也是企业在复杂多变的环境中求得生存的保证。正像战略管理大师 Joel Ross 所言:"没有战略的企业就像一艘没有舵的船,只会在原地转圈;又像个流浪汉到处游荡、无家可归。"

一、酒店市场营销战略的基本模式

根据企业战略的特点,可以将酒店市场营销战略划分为以下四种基本模式。

（一）发展型战略

发展型战略就是对企业经营范围从广度和深度上进行全面渗透和扩大的一种战略模式。具体来讲,有以下三种类型。

1. 市场渗透战略

市场渗透战略指企业利用自己在市场上的优势,扩大经营业务,向纵深发展,在竞争中,把更多的顾客吸引到自己这里来,以提高市场占有率。

2. 产品发展战略

产品发展战略指企业通过扩大经营品种、保证产品质量,以适应市场变化和消费者需要,不断扩大产品销售。

3. 市场开拓战略

企业经营不断发展,而市场却受到很大的限制,因此,必须选择和发展新市场,如建立连锁经营网点、拓展经营渠道等。

（二）稳定型战略

稳定型战略又可具体分为稳定防御战略和先稳定后发展型战略。所谓稳定防御战略,指企业在现有经营条件下,采取以守为攻,以安全经营为宗旨,不冒大风险的一种战略。先稳定后发展战略则是先采取措施扭转内部劣势,伺机而动,在改善内部经营管理的基础上再向外发展。

(三) 紧缩型战略

紧缩型战略指企业采取缩小经营规模,减少企业投入,以谋求摆脱困境的一种战略。企业在经济不景气时期常采用这一战略,但在实行紧缩措施的同时,应加强预测,对经营业务做出调整,积极做好迎接新的增长的准备工作。

(四) 多角化战略

多角化战略是指企业利用现有资源和优势,向不同行业的其他业务发展的营销战略。这种战略的特点是:分散经营风险,具有东方不亮西方亮的特点;把多向开发新产品和多个目标市场有机地结合起来,多方面地、长久地占领市场,提高了企业的应变能力。这种战略的产生是市场扩大化和竞争复杂化的结果,但在给企业创造新机会和提高资源利用率的同时,也给企业带来很大的经营风险。

二、酒店市场营销战略的选择方法

企业经营者可以采用 SWOT 分析法,来确定自己的营销战略。SWOT 分析是在西方广为应用的一种战略分析方法,是指企业内部的优势与劣势(strengths and weaknesses),以及企业外部的机会与威胁(opportunities and threats)。

酒店企业的经营管理活动要受到来自企业内部和外部众多因素的影响。我们把有利于企业经营活动顺利而有成效开展的内部因素称为企业经营的优势(S),如企业优良的组织机构及现代化经营思想、优秀的企业文化及雄厚的企业资源等。反之,把不利于企业经营活动开展的内部因素,如低劣的员工素质、紊乱的管理制度、不称职的管理人员、低品位的企业文化等,称为企业经营的劣势(W)。企业经营机会(O)是指有利于企业开拓市场、有效地开展经营活动的企业外部环境因素,如良好的国家经济政策、高速度增长的市场等。反之,不利于企业开展经营活动的外部环境因素,我们称为企业经营威胁(T),如竞争对手越来越多、竞争对手实力增强、经营的目标市场萎缩等。

因此,SWOT 分析也称经营环境分析,企业经营者通过对经营环境进行系统的、有目的的诊断分析,在明确本企业的优势(S)、劣势(W)、经营机会(O)和威胁(T)的基础上,确定企业的营销战略(见图 2-1)。

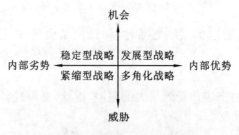

图 2-1　SWOT 战略选择图

如果酒店企业外部有众多机会，内部又具有强大优势，可采用发展型战略；如果外部有机会，而内部条件不佳，宜采用稳定型战略；如外部有威胁，内部状况又不佳，应设法避开威胁，消除劣势，可采用紧缩型战略；而当企业拥有内部优势而外部存在威胁时，宜采用多角化战略分散风险，寻求新的机会。

同步案例 华美丰大酒店的战略分析与战略选择

华美丰大酒店有限公司是由新疆维吾尔自治区旅游服务公司投资建设的企业，酒店于1992年5月建成并正式营业，是国家旅游局（现文化和旅游部）认可的四星级涉外酒店。酒店一开业就获得了巨大的成功。从1992年到1997年，在长达6年的时间里，该酒店一直是当地唯一一家高星级涉外酒店，在市场上处于绝对的垄断地位。然而，顺利的发展环境也使酒店领导者逐渐失去了对市场的敏感性，变得故步自封、安于现状，没有进一步开发市场和酒店的潜力，在战略上也没有做出与时俱进的调整，当竞争环境改变时，华美丰大酒店的处境就变得非常被动。

一、总体战略匹配

1. 优势-机会战略

发挥企业内部优势，利用外部机会。

战略选择：

(1) 以输出管理的方式，对区内中高档酒店连锁，形成规模经济。

(2) 发展当地的经济型酒店连锁品牌。

2. 弱点-机会战略

通过利用外部机会来弥补内部弱点。

战略选择：对酒店进行升级改造，夺回高端市场。

3. 优势-威胁战略

利用企业优势，回避或减少外部威胁。

战略选择：

(1) 整合内部资源，专攻旅游市场。

(2) 在省内其他地区，以输出管理的方式，发展不同档次类型的酒店连锁。

4. 弱点-威胁战略

回避威胁，减少弱点的防御型战略。

战略选择：

(1) 引进新的投资者或战略伙伴，以优势互补的形势共同发展。

(2) 放弃部分亏损的娱乐餐饮项目。

问题：分析华美丰大酒店的战略策略。

分析提示：华美丰的战略选择应该是：针对当地中高端市场，应采用发挥优势、回避威胁的战略；针对中低端市场，应采用发挥优势、利用机会的战略。

（资料来源：蔡璐蔚.华美丰酒店发展和竞争战略分析[D].上海：上海交通大学，2006.）

三、酒店市场营销战略的环境影响因素

对酒店企业而言，营销环境可以分为两种：一种是企业经营的宏观环境，它包括企业所处的政治、经济、文化、技术、自然环境等。这些环境因素对企业经营活动的影响是普遍的，酒店企业作为社会经济活动的一分子，其行为对这类环境的改变几乎不产生影响，因而我们可以视宏观环境为企业经营活动的外生变量，在一定时期内是一个不变的参数。另一种环境与企业经营活动休戚相关，并且企业的经营活动也会影响这种环境，这就是企业经营的微观环境，也称为行业竞争环境，它是企业在进行营销战略选择时，必须着重分析的因素。

目前，企业在分析竞争环境时，普遍采用哈佛大学教授波特的结构分析法。波特认为，一个行业的激烈竞争不是事物的巧合，其根源在于其内在的行业结构，如图2-2所示。

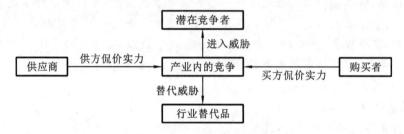

图2-2　产业竞争结构模型

现代企业，面临着五种基本力量的挑战，它们分别是新建企业的进入威胁、替代品的替代威胁、企业产品购买者的讨价还价压力、生产要素供应商的讨价还价压力以及现有企业之间的抗衡。这五种基本力量的强弱及其组合决定了酒店竞争的激烈程度，决定着每一家企业盈利的最终潜力。其中，强度最大的作用力，将决定酒店企业营销战略的形成。

（一）新建企业的进入威胁

在市场容量与经济资源有限的情况下，新企业的出现势必加剧原有企业之间的竞争激烈程度，原有的企业一定要采取相应的对策阻止新企业的顺利进入，以保证自己既得利益不受损失。进入威胁大小取决于进入壁垒的高低，如果酒店市场的进入壁垒高，进入的威胁就小。酒店市场的进入壁垒主要由规模经济、产品差别、资金壁垒、企业转换成本、专业管理经验、政府管制以及市场容量等因素构成。要预见新建企业的进入威胁程度，就需做好上述因素的分析。

（二）替代品威胁

所谓替代品指的是那些与本企业产品具有相似功能的其他产品。如酒店的餐厅与酒店周围的社会餐馆，后者就可以视为前者的替代品。如果替代品的市场价格降低，被替代的产品或服务的需求就会同步下降，除非被替代的产品价格同时下降。

应该指出，替代品威胁不同于企业之间的产品替代，后者属于在同一行业中不同企业提供的产品差别，而替代品通常是指不同行业之间具有相似功能的产品，如酒店的客房与新兴的物业写字楼。替代品可能因为技术进步与创新而出现，也可能因为其他行业的产品功能延伸而产生。因此，替代品的出现通常反映了时代的进步。

（三）购买者压力

在酒店竞争结构的要素组合中，唯有购买者愿意支付的价格水平才能形成企业的收益。因此，购买者的压力直接决定着企业的盈利水平。购买者的砍价能力主要取决于对市场信息了解的充分程度、购买者的收入水平、购买者的消费偏好以及购买产品的数量。

需要指出的是，在现实生活中，购买者并非就是服务或产品的消费者，购买者还可以是消费者的代理商或产品的中间商。在企业经营中，中间商作为一类特殊的购买者，他们的购买主要不是为了消费，而是为了转售或组成各种酒店产品向最终消费者出售，因此，他们更关心企业产品的价格，具有不同于一般购买者的特点。

（四）供应商压力

供应商向企业提供经营活动所需的一切资源，如能源、资金、原材料、食品饮料、易耗品等。因此，供应商讨价还价能力的强弱直接影响着企业经营成本的高低。

一般而言，供应商竞争压力的大小，主要取决于资源的垄断程度、供应商的生产成本、资源的短缺程度、购买者购买数量等。酒店企业为了实现低成本的目的，也必须做好上述因素的分析。

（五）产业内的竞争

影响企业营销环境的最重要因素是产业内竞争，即现有企业间的抗衡。由于各地在酒店企业数量与结构上的不一致，不同地区、不同城市的酒店企业之间的竞争激烈程度是不一样的。酒店企业之间的竞争力分析，是决定酒店企业市场营销战略形成的主要作用力。

总而言之，在行业竞争结构分析中，企业经营者的任务就是通过五种竞争力量的具体分析，明确自己企业所处的微观环境，寻求自己企业的有利地位，制定切行的营销战略，以较好地防御这五种力量的威胁。

第三节 酒店市场竞争战略分析

战略是一种基本观念，表明一个企业在考虑到风险、不确定性和环境的变化时，根据外部环境，特别是竞争对手的行为所确定的发展方向。在产业中处于有利地位的企业，能够更好地应对上节提到的五种竞争压力。

一、酒店市场竞争战略的类型

当选择竞争战略时，企业通常从两个方面评估竞争优势：企业经营成本低于竞争对手；产品具有某种特殊性能，并且能够以高价出售而弥补成本。根据企业参与市场竞争的范围以及企业的竞争优势，战略管理大师迈克尔·波特在《竞争战略》一书中区分了三大通用竞争战略，即成本领先战略、差异化战略和专一化战略（见图2-3），这些也是酒店企业在不同发展时期,面对不同竞争环境所选择实施的三种竞争战略。

图 2-3　三大通用竞争战略

（一）成本领先战略

成本领先战略也称为价格竞争战略。由于企业产品价格的基础是经营成本,因而该战略的核心是努力降低自己产品的成本。要求企业建立起达到有效规模的生产与服务设施,抓紧成本与管理费用的控制,最大限度地减少研究开发、服务、推销、广告方面的成本费用。虽然创造性的设计、产品质量、售后服务及其他方面也不容忽视,但是战略的中心是使成本低于竞争对手。

1. 成本领先战略的竞争优势

成本领先战略的竞争优势主要表现在：企业的低成本地位有利于在强大的买方威胁中保护自己,抵抗竞争对手的价格压力,并使效率居于其次的竞争对手逐渐退出市场,从而使企业处于市场垄断地位;较低的成本与价格水平也可以形成有效的市场进入壁垒,使新进入者举步维艰;在不断致力于将成本降至竞争对手之下的过程中,企业的管理效率也得到了提高。

2. 成本领先战略的经营风险

低成本经营战略可以帮助企业经营进入良性循环。较低的经营成本为有竞争力的价格奠定了基础;有竞争力的价格会扩大企业的市场份额,从而提高企业收益;较高的经济效益使得企业有能力进一步扩大自己的规模,增加自己的服务项目,从而形成新的较低成本,循环往复。

当然,要成功实施这一经营战略,应注意其中暗含的许多条件：第一,企业之间的产品是同质无差别的;第二,在客人心目中,价格比产品差别更重要;第三,企业产品的需求弹性很大,降低价格能够有效刺激需求,从而导致企业产品销量明显地提高;第四,销售量的增加能够弥补因价格下降而给企业带来的利润损失;第五,企业规模的扩大,服务项目的增加能够有效提高企业吸引力,降低产品平均成本。

（二）差异化战略

差异化战略是指将企业提供的产品或服务差别化,形成企业在产业范围中具有的独特品质。它主要是利用需求者对各品牌的信任,以及由此产生的对价格敏感度的下降,使企业避开竞争。企业的产品或服务可以在许多方面实现别具一格,如品牌形象、客户服务、技术特点、产品更新、营销网络等。差异化战略实施的关键在于特色,选择必须有别于竞争对手,并且足以使溢价超过企业追求差异化的成本。

1. 差异化战略的竞争优势

差异化战略的竞争优势主要体现在：

（1）产品的独特性能够带来较高的效益。

（2）顾客的忠诚度使企业避开了竞争。

（3）产品特性及顾客忠诚构成了进入壁垒。

2. 差异化战略的经营风险

差异化战略也会使企业面临下列经营风险：

（1）企业提供的产品特性并不符合顾客期望的价值。

（2）顾客不认可产品性能与价格之差。

（3）竞争者的模仿使差异减少。

如果企业提供的产品或服务的独特性并未给消费者带来期望的价值，消费者将不会为该产品支付高价；如果产品的差别未能降低消费者对价格的敏感度，消费者可能会放弃购买具有特性的产品以节省费用；如果产品创新缺乏必要的制度保护，竞争者的模仿也将使差异减少。

（三）专一化战略

实践告诉人们，在通常情况下，任何一家企业不可能也没有必要为所有消费者提供理想的服务，每家企业只能以其中的一部分人作为自己的接待对象，这些消费者在企业的经营活动中应该占有重要的地位。企业应该正确选择这些特定的消费群体，为他们提供行之有效的各项服务。专一化战略就是上述经营思想的产物。所谓专一化战略，是指企业将自己的经营目标集中在特定的细分市场，并且在这一细分市场上建立起自己的产品差别与价格优势。采用专一化战略的基础，是企业能够以更高的效率、更好的效果，为某一狭窄的顾客对象服务，从而超过在更广范围内的竞争对手。即企业选择一个或一组细分市场，实行成本专一化或差别专一化战略，向此细分市场提供与众不同的服务，目标是在该市场上有较大的占有率。当然，这种战略成败的关键是正确选择企业的目标市场。

1. 专一化战略的竞争优势

企业采用专一化战略的长处是：专一化产品的经营成本低；在目标市场处于领先地位；产品的独特性使替代品的威胁降到最低程度。

专一化服务价格与专一化分工导致的相对较低的成本、较低的价格敏感度，可以给企业带来较高的经营利润；以消费者偏好为基础提供的专一化服务，增加了目标市场顾客的满意度，由忠诚顾客形成的细分市场构成了新进入者的壁垒；针对目标市场设计的专业服务及其经验，使替代品的威胁降到最低水平。

2. 专一化战略的经营风险

企业实施专一化战略同样面临各种风险：市场范围比较狭窄，有吸引力的细分市场不易确定，目标市场的需求特性不明显。

专一化经营使得企业的市场范围缩小，经营风险增大；在与服务面向广泛的市场的竞争者竞争时，企业选择的细分市场必须是有吸引力的，但这通常是不易确定的；被企业选定的目标市场的消费者需求可能会与整个市场上的消费者需求相似,在这种情况下,专一化战略的优势就会丧失。

同步案例 如家酒店的营销战略研究

经济型酒店目前已成为中国酒店行业的全新增长点,在行业内客房平均出租率仅为50%的情况下,如家却能够达到90%以上,而三星级酒店客房空置率相当高,有些甚至达到70%。创立于2002年的如家,在短短几年时间,覆盖了全国100多个城市,发展了547家门店,在经济型酒店中非常具有典型意义,其营销战略的选择是促使其成功的最关键因素。

如家把目标顾客定位为中小企业客户,并为其提供质优价廉的服务。房价介于159~299元,远低于星级酒店,同时为了保证高质量、低价格的服务,剔除了豪华酒店当中的桑拿、KTV、酒吧等设施,装修风格简单温馨,不追求奢华。其所倡导的"五星服务,四星大堂,三星品质,二星价格"深深吸引了大批的消费者。目前如家已拥有150万个会员,且忠诚度极高,会员对总利润的贡献达到了52%。这种对自身的定位方式类似西南航空公司运用蓝海战略进行的战略布局,以较低的成本实现了高额的回报。

如家的情感营销不仅体现在品牌命名,也渗透到每个服务细节。如家就是要让顾客感受到"家"的温馨、整洁与舒适,这种命名容易使消费者产生积极的品牌联想。同时,如家对细节的关注,也让顾客时时感受到被重视与关怀。例如,如家推出的"书适如家"服务,在客房摆放精心挑选的畅销经济管理类书籍,顾客可以随意翻看,如果喜欢还可以购买,如此贴心、周到的服务特别容易获得顾客的认可。再比如,卫生间的毛巾、牙刷等洁具是两种不同的颜色,这使得同时入住的两位顾客能够轻易区分,避免混用。

独特的营销战略使如家获得了前所未有的成功,但同时也应该看到现阶段国内的锦江之星、7天以及国外的速8等竞争对手也在加紧扩张,如家面临的困境和危机不容忽视。

问题:如家的营销战略为什么能获得成功?

分析提示:如家的市场定位精准,与星级酒店错位竞争;如家以情感营销取胜,如家是最接近舒适和温馨的品牌定位,把家的理念成功地传达到了客户心中。

(资料来源:何迪.如家酒店的营销战略研究[J].中外企业家,2009(14).)

二、酒店市场竞争战略的选择

市场竞争战略是酒店企业根据其在市场中的竞争地位而采取的相应战略。根据酒店企业在市场中的竞争地位,可以将企业分为市场主导者、市场挑战者、市场跟随者和市场补缺者四种类型,并有着相应的企业竞争战略。

(一)市场主导者的竞争战略

市场主导者是在酒店市场中处于支配地位的企业,这类企业不仅能控制其他竞争者的行为,而且在营销战略上有较大的自由。市场主导者的营销战略通常有以下三个重点。

1. 开拓市场总需求

如果市场总需求得以扩展,在市场上占据主导地位的企业当然是最大的受益者,这是市场主导者将拓展市场总需求列为营销战略重点的根本原因。拓展途径有三个:开发新的目标市场;延伸现有酒店产品的内涵;增加特定酒店产品的使用次数。

2. 保持现有市场份额

处于市场主导地位的企业,必须时刻防备竞争者的挑战,保护自己的市场份额。防御战略的目标就是减少受制的可能性,削弱挑战者的攻势。其主要防御策略如下。

(1) 阵地防御。即在现有阵地周围建立防线,是防御的基本形式。但是,如果企业将所有力量都投入这种静态防御,很可能会导致最后的失败。如法国当年的"马其诺防线",就说明单纯采用消极的静态防御是绝对不够的,是一种"营销近视症"。

(2) 侧翼防御。即企业在保卫自己阵地的同时,建立某些辅助性基地作为防御阵地,或必要时作为反攻基地。特别注意保卫自己的侧翼,防止对手乘虚而入。

(3) 先发防御。这是一种"先发制人"式的防御,即在竞争者尚未进攻之前,先主动进攻。具体做法是:当竞争者的市场占有率达到某一危险高度时,就对其主动发起进攻,或是对市场上的所有竞争者全面攻击,使人人自危。

(4) 反攻防御。即在企业受到攻击时,反攻入侵者的主要市场阵地,是一种积极的防御策略。

(5) 运动防御。即企业不仅防御目前的阵地,而且扩展到新的市场阵地,作为未来防御和进攻的中心。市场扩展可通过市场扩大化和市场多角化两种方式来实现。

(6) 收缩防御。当企业在所有阵地上全面防御会得不偿失时,应放弃疲软的市场阵地,把力量集中到主要的市场阵地,即采取战略收缩的策略。

3. 扩大市场份额

市场主导者营销战略的第三个重点,是设法扩大市场份额以增加企业利润。增加市场份额不仅可以使企业获得更多的销售利润,而且可以提高企业的投资效益。

(二) 市场挑战者的竞争战略

在市场上处于次要地位的企业,在市场竞争中有两种可供选择的战略:一是争取市场领先地位,向市场主导者挑战,此谓市场挑战者;二是处于次要地位,在"共处"状态下求得企业利润,此谓市场跟随者。

市场挑战者的市场营销战略重点有以下几个方面。

1. 确定挑战对象

市场挑战者面临的首要问题是界定战略目标和对手。大多数挑战者都将扩大市场份额列为主要战略目标。根据这一目标,选择以下挑战对象。

(1) 攻击市场主导者。

这是高风险高吸引力的战略措施。当市场主导者在市场上表现不好时,采取这种战略行动更具有意义。攻击目标要选择客人需求未被充分满足的地方,通过创新产品从主导者手中夺取部分市场份额。

（2）攻击实力相当者。

挑战者也可从实力相当的酒店企业中挑选经营不善或财务困难者作为进攻对象，直接夺取其市场份额。

（3）攻击地方性小企业。

对一些经营不善或财务困难的地方性小企业，可通过收购或兼并的方法，获得其全部市场份额。

总之，战略目标决定于进攻对象，如果以主导者为进攻对象，其目标可能是夺取部分市场份额；如果以小企业为进攻对象，其目标可能是将它们逐出市场。

2. 选择进攻战略

在确定挑战对象后，挑战者还需要考虑选择何种进攻战略。

（1）正面进攻。

集中优势力量攻击对手的市场强项，在产品质量、价格、分销渠道和促销力量上全面压倒对手。所以正面进攻实质是攻守双方力量的全面对比。正面进攻的另一种策略是大量投入研究与开发经费，彻底改进产品，降低成本，进而与对手展开"价格战"，在相持中战胜对手。

（2）侧翼进攻。

集中优势力量攻击对手的市场弱项，如主导者销售力量薄弱的地区或尚未覆盖的细分市场。侧翼进攻是一种有效的进攻方式，最符合现代营销观念：发现需要，满足需要。挑战者可采用"声东击西"的策略，佯攻对手正面，实攻对手侧面或背面。

（3）围堵进攻。

这是利用突然袭击方式，夺取对手大片阵地的一种进攻战略。当挑战者拥有优于对手的资源，并确信围堵计划的完成能打垮对手时，可采用这种战略。

（4）迂回进攻。

这是一种间接的进攻策略，完全避开对手的现有市场，旨在争夺新的市场。如发展与目前产品系列无关的产品，实现产品的多元化；以现有产品进入新的市场，实现市场的多角化；发展新产品、新技术，取代现有产品；开辟新市场等。

（5）游击进攻。

这是适用实力较弱的小企业的一种进攻策略。由于小企业一般无力发动正面或有效的侧翼进攻，只有向大企业占据的某些市场角落发动小型、偷袭式的促销或价格攻势，才能逐渐削弱对手实力和占据某些立足点。

上述五种进攻战略各有所长，挑战者不可能同时运用各种战略，也很难仅依靠某一种战略。通常要设计一套组合策略，通过策略上的相互配合，来保证进攻行动的成功。

（三）市场跟随者的竞争战略

产品模仿可能像产品创新一样有利。因为一种新产品的开创需要花费大量投资才能取得成功，并获得市场主导者地位。而其他从事仿照或改良这种产品的企业，虽然不能取代市场主导者，但它们无需花费大量投资，也可获得很高的利润。这些企业为市场跟随者。市场跟随者与挑战者不同，它不是向市场主导者发动进攻，图谋取而代之，而是跟随在主导者之后自觉地维持共处局面。这种"和平共处"的情况普遍存在。在这种态势下的企业,通常是采取市场跟随策略,即效仿主导者为市场提供类似的产品和服务,因而竞争结构相当稳定。

当然,这并不是说市场跟随就无所谓策略,模仿和跟随也须讲究策略。一方面,跟随者要确保自己不丢掉某些方面已存在的竞争优势,这样才能保住现有市场和进入新市场;另一方面,跟随者常常是挑战者打击的主要目标,要想不被对手打垮,跟随者也必须注意保持相对低廉的制造成本和优质的产品服务。总之,市场跟随者不是亦步亦趋地照搬主导者的一切做法和策略,而是以不引起竞争性报复为前提的企业成长策略。具体做法有以下三种。

(1) 紧密跟随。

在尽可能多的细分市场及营销策略上均效仿市场主导者,但避免侵犯主导者敏感的地带,避免任何直接的冲突。

(2) 有距离跟随。

在市场营销的各主要方面跟随市场主导者,但又与其保持某些距离。这种做法易被主导者接受。

(3) 有选择跟随。

在某些方面紧密跟随主导者,在另一些方面仍保持独立性。这类做法使企业既能学习主导者的长处,又能发挥自身的创造力,有助于培养未来的挑战者。

(四) 市场补缺者的竞争策略

市场补缺者专心关注市场上被大企业忽略的某些细小部分,在这些小市场上通过专业化经营来取得最大限度的收益,也就是在大企业的夹缝中求得生存和发展。市场补缺地位不仅对小企业有意义,而且对某些大企业中的较小部门也有意义。市场利基者占据有利位置的主要战略是专业化营销。

酒店企业的实施专业化营销战略的主要做法有:

(1) 按酒店产品的最终使用者专业化,专门致力于为某类最终使用者服务。

(2) 按顾客规模专业化,关注被那些大企业忽略的客户群体,专门为某一类规模的客户服务。

(3) 按特定顾客专业化,只对一类或某几类主要顾客服务。

(4) 按地理区域专业化,专门为国内外某一地区或地点的顾客服务。

(5) 按服务项目专业化,专门提供某一种或几种其他企业没有的服务项目。

(6) 按分销渠道专业化,专门服务于某一类分销渠道。

在选择有利市场位置时,多重位置比单一位置更能减少风险。所以,市场利基者通常选择两个或两个以上的有利位置,以确保企业的生存和发展。总之,只要善于经营,小的酒店企业也有许多市场机会。

同步案例　W酒店的音乐营销塑造品牌个性

"开音乐会"对于普通酒店来说,或许是一件新奇的事,因为毕竟和日常客房服务有些差距。不过对于万豪旗下的W酒店来说,这个举动倒不让人意外——因为熟悉这家酒店风格的人会知道,定位于生活方式酒店的W,内部的设计装修和一贯面向"潮人"的审美,简直堪称"高级夜店风"。

2018年,W酒店在多个城市进行名为"Wake Up Call(唤醒)"的主题音乐节巡演。"Wake Up Call"(见图2-4)于2016年在美国Scottsdale的W酒店第一次举办,演奏嘉宾包括Mike Posner、CeeLo Green和BebeRexha,并且引发了不小的轰动。

图2-4 Wake Up Call

1988年,W酒店(见图2-5)诞生于美国纽约,它的创立者是喜达屋酒店集团的创始人Barry Sternlicht。酒店门口的立柱、门廊、旋转门、灯红酒绿,乍一看上去像是一个俱乐部——而这恰恰是Barry Sternlicht创立它的初衷,受到欧洲独立经营、颇具设计感的精品酒店启发,他希望把酒店做得设计抢眼,还要有社交和娱乐属性,W酒店的酒吧、大堂等公共区域甚至会定期举办时装秀、演出和派对。

图2-5 W酒店

多年来,W酒店逐步开到了伊斯坦布尔、巴塞罗那、台北、北京、广州以及上海等城市。而它定位的客群始终很明确,是时尚潮流的创造者,喜欢新鲜事物,追求时髦,对设计和音乐有独特的品位。音乐是可以迅速营造社交气氛以及塑造品牌调性的元素。这也就是为什么"音乐""派对文化"成为W酒店品牌个性的重要组成部分。

音乐的魅力在于能打破地域及语言的束缚,成为链接全球宾客的共通语言。"音乐"和"派对文化"成了这家酒店营销和塑造品牌个性的重要方式。

内容提要

战略是经营者对企业发展的总体目标做出的谋划和根本对策,具有长期性、全局性、稳定性、竞争性的特点。战略是企业经营思想的集中表现,规定了企业的发展方向。企业的战略主要包括企业战略方向、战略目标、战略方针以及战略措施。战略方向规定了企业的发展方向;战略目标是企业战略的具体化;战略方针是企业为实现战略目标所制定的政策性决策;战略措施是在战略方针指导下就企业发展中的经营问题采取的各种对策的总称。

根据企业战略行为的各自特点,酒店企业的营销战略可以分为发展型、稳定型、紧缩型和多角化四种战略模式。酒店企业经营者可以通过SWOT分析方法,选择适合本企业的营销战略。在做企业营销战略选择时,必须研究潜在竞争者、行业替代品、供应商、购买者和产业内竞争五种基本竞争压力的影响。

企业竞争战略关心的是企业相对于竞争者而言在市场上的地位。根据成本或性能与竞争对手的比较,可归纳为成本领先、差异化或专一化三大通用竞争战略。酒店企业经营者应根据自己企业在市场中的地位,选择合适的市场竞争战略。

核心概念

战略;发展型战略;稳定型战略;紧缩型战略;多角化战略

重点实务

掌握酒店营销战略的选择方法。

知识训练

一、简答题

1. 什么是战略?它具有什么特点?
2. 企业战略包括哪些基本内容?
3. 企业战略的制定过程分哪几个步骤?
4. 酒店市场营销战略有哪几种基本模式?
5. 什么是SWOT分析法?
6. 在产业竞争结构模型中,有哪五种竞争力量?
7. 酒店企业的竞争战略是如何区分的?

二、讨论题

1. 各种竞争战略分别具有哪些优缺点?
2. 根据企业在市场中的竞争地位,可以将酒店企业分为哪几种?各自的战略重点是什么?

能力训练

一、理解与评价

引导学生了解酒店战略的类型与方法,培养学生掌握实践中酒店战略的选择与运用。

二、案例分析

"袖珍宾馆"的竞争策略

背景与情境:上海南京西路,有座"袖珍宾馆"——海港宾馆。在大饭店、高档宾馆林立的上海,经理们大多为住客率低而犯愁。可在这里,却常常出现10多批客人等在大厅中,争抢客房的情形。生意如此兴隆,奥妙何在?

夜晚,走进海港宾馆的客房,两张席梦思占据着客房的主要位置,与一般宾馆一样,看不出有什么特别之处。可是,当你早晨起床后,轻轻按一下机关,床就会缓缓翘起翻嵌进暗门里,这时,你才会惊讶地发现,一间客房俨然变成一间标准的"经理室"。对生意人来说,既不需要多付房租,又不落身价,花了标准房的钱,派了"套房"的用场。

市场细分的内容之一就是根据消费者的不同需要,投其所好。就说旅游者吧,有身背行囊走天下的学生仔,也有洞房花烛的蜜月夫妻,还有老来相伴的华发翁偶等。并且,随着我国市场经济的发展,商务旅游更是来势汹汹。你要招揽客人进店,就必须了解你的服务对象是哪些人?他们需要什么。如果服务对象是商务旅游者,那么对这些生意人,你就得增加会客室、接待室、小型会议室、写字间等公共活动场所。同时,还应增加新的服务项目,如外文翻译、复印誊写、通信传真、外汇结算等。"袖珍宾馆"的决策者正是根据自己目标市场消费者——商务旅游者的需要,别出心裁地设计了客房的接待两用间,既为客人节省了开支,又提高了自身的经济效益,除了巧妙的客房设计外,"袖珍宾馆"的决策者还广泛调查客人的其他要求。通过调查发现,很多客人为整个上海没有一个寻找合作者而提供企业资料的信息库而大伤脑筋。他们立即与上海旅游学会合作,开办了上海第一个商务信息电脑库,分门别类地储存上海的主要经济信息和各类机构的"花名册"。企业也可以申请在电脑库存中立一个"户头",储入企业简介和合作意向。这项软件服务为商务人士提供了大量合作机会和洽谈线索,大受他们的欢迎。

问题:

1. "袖珍宾馆"成功的奥妙何在?
2. 案例中的成功经验对中小企业参与市场竞争有什么启示?
3. 请说明顾客在入住宾馆时,是如何评价宾馆服务质量的。

第三章
酒店市场营销环境分析

学习目标

通过本章的学习,了解酒店市场营销环境中的要素构成及酒店环境分析的重要性;熟悉酒店营销环境中各种因素及对酒店市场营销活动的影响。

引例:龟兔赛跑新故事

背景与情境:第一次龟兔赛跑乌龟赢了,兔子不服气要求再赛第二次。第二次兔子吸取经验了,一口气跑到终点,兔子赢了。

乌龟很不服气,对兔子说:"咱们再跑一次吧!这次该按着我指定的路线跑。"兔子爽快地同意了!比赛开始后,兔子一马当先,快到终点时,一条河挡住了兔子的去路,兔子过不去了。而乌龟却慢慢爬到河边游了过去,这次乌龟获得了第一。

兔子显然不服气,说:"咱们找一个没水的且我们都能跑的场地比赛!"于是它们都站到了高速路上准备新一轮的比赛。正当准备起跑时,一辆高速卡车急速驶过。结果,卡车把乌龟和兔子都轧死了。

当环境发生变化时,原有的优势、经验可能都没有多大价值了。只有重新审视自己,调整自己,把自己融入周围的环境中,在适应环境的过程中,逐步培养自己的强项,之后再改造环境,才能成为新环境中的强者。

第一节 酒店市场营销环境概述

酒店营销活动成败的关键,在于酒店能否适应不断变化着的市场营销环境。酒店同其他企业一样,是一个受到各种因素影响的开放系统,其营销活动是不断适应环境变化而做出积极反应的动态过程,同时,酒店营销活动本身又可以影响环境的变化过程。这些变化的环境因素既能带给酒店新的市场机会,又能给酒店带来某种威胁。更重要的是,酒店由于与其他行业有极强的依赖性和相关性,对环境的变化非常敏感。因此,酒店必须重视对市场营销环境的分析和研究,并根据市场营销环境的变化制定有效的市场营销战略,抓住机会,扬长避短,从而实现企业预期的经营目标。

一、酒店市场营销环境的含义

酒店市场营销环境可以从不同角度定义。通常人们把酒店外部与营销相关的影响因素,看作酒店的市场营销环境。但从企业经营者的角度看,酒店市场营销环境是指影响酒店与其目标市场进行成功交易的相关因素的总和,包括酒店外部影响因素和内部影响因素,即外部环境和内部环境(见图3-1)。

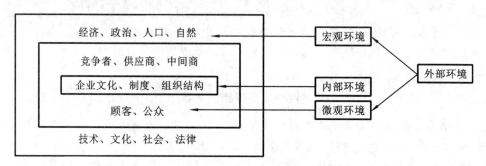

图3-1 酒店市场营销环境

外部环境可分为宏观环境和微观环境,它们是酒店不可控制的因素。宏观环境是指自然资源、人口、经济、文化、技术、政治等因素,它们构成间接影响酒店经营的大环境,同时影响着微观环境中的各种因素。微观环境是指与酒店经营关系密切、直接影响酒店向顾客提供服务能力的诸多因素,包括供应商、顾客市场、中间商、竞争者以及社会公众。宏观环境与微观环境并非并列关系,而是相互影响和相互制约的主从关系。内部环境是指酒店可以控制的因素组合,包括酒店的组织结构、酒店文化和酒店资源。

知识链接 "互联网+"遇上酒店,在线营销提高客户黏性

"互联网+"为酒店行业带来了一种新的发展方向和新的趋势。很多酒店都在致力于通过互联网元素的加入和一些智能化设备的改造,提升产品质量和服务水平,给客人带来一些与众不同的新体验。与其说是"互联网+",倒不如说是"酒店+",酒店业应该思考如何用更开放的心态去拥抱"互联网+",从而探索出更多既能吸引客人又能提升酒店服务质量的产品。

互联网时代,如何培养用户对酒店的黏性,是酒店目前最关注的话题。酒店可以通过互联网和移动互联网把客人更好地连接起来,让客人成为酒店的宣传者。现在,很多酒店都意识到了在线直销渠道的重要性。目前,酒店的在线直销渠道主

要有网站、微博和微信。随着微信的发展,基于微信平台的在线营销体系变得尤为重要。

开元酒店集团从2013年9月正式把微信订阅号升级为微信服务号后,便为客人提供在线预订、互动体验及积分兑换等全方位的服务。"我们每月都会在微信平台上做一些让客人和粉丝们感到惊喜的推广活动。比如赠送免费房券、推出酒店十景区门票优惠套餐,以电子券的形式通过微信朋友圈为酒店及合作商户微信粉丝派发福利礼包,与快的打车及典典养车等公司进行跨界合作,获取打车红包、1元洗车券等,免费提供给粉丝等。"开元酒店集团品牌策划经理傅燕说。这样一来,参加酒店微信服务号活动的新粉丝会越来越多,而酒店的老客人对产品的黏性也越来越强。酒店宣传获得了不错的效果。

"互联网+"酒店真正要做大做强,还需要跳出酒店行业,放眼到整个城市建设,希望政府部门能更多关注智慧城市建设。因为,酒店本身就是城市的一部分,而且一部分酒店还身处城市的核心位置,比如中央CBD区域,那么,如何把"互联网+酒店"纳入城市公共服务、配套设施中去,应是今后需要考虑的问题。

二、酒店市场营销环境的特点

(一) 差异性

环境的差异性不仅表现在不同酒店受不同环境的影响,而且同一种环境因素的变化对不同酒店的影响也不相同。由于外界环境因素对酒店作用的差异性,从而导致酒店采取的营销策略各有不同特点。

(二) 动态性

营销环境不是一成不变、静止的,是处在一个不断变化的过程中的,它是一个动态的概念。因此,酒店的营销活动必须适应环境的变化,不断地调整和修正自己的营销策略,否则,将会失去市场机会。当然,市场营销环境的变化是有快慢大小之分的,有的变化快一些,有的则变化慢一些;有的变化大一些,有的则变化小一些。例如科技、经济等因素的变化相对快而大,因而对酒店营销活动的影响相对短且跳跃性大;而人口、社会文化、自然因素等相对变化较慢较小,对酒店营销活动的影响则相对长而稳定。

(三) 相关性

营销环境不是由一个因素决定的,而是要受一系列相关因素的影响。如酒店的价格不但要受市场供求关系的影响,而且还要受到科学技术的进步和财政税收政策的影响。酒店可以通过调查、评估,得到相关环境信息,但有的就难以预测。例如:近几年,我国较发达地区的居民在食品消费模式上已经发生了很大的变化,即外出用餐和半成品食物的消费支出比例快速增加,社会餐馆和食品服务行业发展迅速。

(四) 目的性

酒店研究营销环境,不是对所有变动的因素都加以分析,而是针对那些对酒店营销活动影响较大的因素进行分析和研究。在此基础上,对这些变化的因素,酒店不但要积极主动地去适应,而且要不断创造和开拓对自己营销有利的环境。

三、酒店对市场营销环境的认识

有很多酒店并没有把环境的变化作为机会,它们忽略或拒绝重要的变化,直到认识到为时已晚,它们的战略、结构、体制和酒店文化发展缓慢和内外失调。对许多营销人员来说,其主要的责任就是分辨对酒店营销有重大影响的环境因素,并迅速做出反应。

由于生产力水平的不断提高和科学技术的进步,当代酒店外部环境的变化速度,远远超过酒店内部因素变化的速度。因此,酒店的生存和发展的能力,越来越取决于其适应外界环境变化的能力。"适者生存"既是自然界演化的法则,也是酒店营销活动的法则,如果酒店不能很好地适应外界环境的变化,则很可能在竞争中失败,从而被市场所淘汰。强调酒店对所处环境的反应和适应,并不意味着酒店对于环境是无能为力或束手无策的,只能消极地、被动地改变自己以适应环境,而是应从积极主动的角度出发,能动地去适应营销环境。也就是说,酒店既可以通过各种不同的方式增强适应环境的能力,避免来自营销环境的威胁,也可以在变化的环境中寻找自己的新机会,并可能在一定的条件下转变环境因素,为酒店创造一个更有利的活动空间,然后再使营销活动与营销环境取得有效的适应。

第二节 酒店的宏观营销环境因素

宏观环境是酒店营销活动的重要外部环境,它对酒店营销活动产生间接的影响,是酒店不可控的因素。宏观环境由一些大范围的社会力量构成。酒店市场营销的宏观环境包括人口环境、社会文化环境、政治法律环境、经济环境、科学技术环境、竞争环境、自然地理环境等。每个酒店都处于这些宏观环境因素的包围之中,不可避免地受到其制约和影响。这些宏观因素和发展趋势为酒店的发展提供了机会,同时也对酒店的生存构成威胁。

一、人口环境

市场是由人、购买欲望、购买能力、余暇时间和健康的身体五要素构成,其中人是构成市场的最重要的基本因素。一个国家或地区的人口环境,包括人口增长趋势、人口的年龄结构、所处家庭周期、地理分布、余暇时间的数量和构成、受教育程度和经济收入等因素直接影响旅游动机和旅游行为,从而间接影响酒店市场的潜在容量。

1. 人口规模

人口数量是决定市场规模和潜量的一个基本要素,它不仅影响基本生活资料需求的变化,同时也影响诸如酒店需求等非基本生活资料需求的变化。

2. 人口年龄结构

人口结构主要包括人口的年龄结构、性别结构、家庭结构、社会结构以及民族结构。本书着重研究人口的年龄结构,这个因素的变化趋势对旅游市场需求有着重要的影响。

青年人容易接受新鲜事物,富有好奇心、冒险精神,喜欢外出和到陌生的地方旅游。他们希望有各种旅游经历。这些人尽管购买力不强,但是人数多、频率高,是一些廉价酒店的主要客源。但单身就职青年参加旅游活动,特别是有一定职务的女性,消费能力较强。

新婚夫妻旅游机会较多,纷纷效仿西方外出度蜜月,所以用于购物的消费支出也较大。

子女幼小的家庭可以随意支配的收入和时间,均有较大的限制,所以出游机会不多。不少酒店、商场为了促销,设有婴儿、幼儿活动室以吸引其父母购物消费。

中年人关心家庭和舒适度,希望有伴和全家同乐,并参与旅游活动。在当今社会,家庭规模和结构随着计划生育政策的实施和人口受教育水平的提高不断地发生着变化——以三口之家为主,还有一些丁克家庭(夫妻婚后不生孩子的家庭)的增加,这些都需要营销人员纳入考虑的因素和关注的对象。国家鼓励三胎的政策也需要列入酒店营销考虑因素,需适当增加适合一家四口、五口的家庭套房。

人口死亡率是与人口有关的,是酒店营销过程中应考虑的又一因素。如某度假景区的客源是以中老年人为主,倘若客源国的人口死亡率降低,对酒店经营是十分有利的;反之,若死亡率增高,客源减少,不利于酒店的经营。

3. 人口的地理分布及区间流动

我们都知道,人口状况对酒店市场营销有着重要的影响,但大多数的市场营销理论是从静态上、非流动性上来研究人口的,如人口的质量、数量和结构,而影响酒店营销的主要是流动的人口状况,即动态人口。

二、经济环境

经济发展水平直接影响酒店的经营与发展。经济因素包括与宏观环境有关的各种变量,主要有国民生产总值、汇率、税率、失业率、通货膨胀率等。

一个地区或国家的经济发展会带动该地区与其他地区间及国际间的商务活动、贸易往来和文娱事业交流的频繁,将给当地酒店业带来更多的客源。例如,20世纪80年代初改革开放政策刚刚出台不久,一些国外企业纷纷在中国投资办厂,对外贸易开始兴起,国外一批知名酒店集团、酒店管理公司相继涌入中国,给当时中国的酒店业带来了生机和活力。

由此可见,经济水平的发展与酒店的兴衰休戚相关。因此,酒店应认真分析,把握经济发展的状况,力图准确地预测市场动向及趋势,及时制定和调整市场营销策略。

同步案例 2020年新冠疫情给酒店营销环境带来变化

2020年的新冠肺炎疫情给酒店业造成了沉重的打击,春节后酒店行业都在盼望市场早日复苏,很多酒店集团和酒店公司的高层也在研究如何来应对疫情带来的市场变化,如何把疫情带来的影响降到最低。

2020年新冠疫情给酒店行业带来如下变化:

1. 酒店行业扩张脚步变缓

很多资本、跨界者、大连锁等放慢了扩张的脚步,资本会更加谨慎地观望酒店

市场的变化和复苏节点。趋利和现实一旦产生断痕,需要一段时间修复。

2. 酒店管理效率比以前变得更加重要

虽然流程管理、制度管理、品质管理等都有很详实的文档,但是没有形成递进式的逻辑关系。所以,酒店未来需要补上这块短板,提高管理效率,让自己的酒店更加具有竞争力,尤其是经历了这次疫情会让很多酒店重视管理的效率。

3. 酒店人才流动和争夺不再是突出难题

由于整个行业发展变缓,人才的矛盾会相对得到缓解,但这只是暂时的,未来酒店人才的争夺仍会是突出矛盾。

4. 拥有资本和现金流的机构迎来整合好时机

因大家都缺现金流,从整体看酒店行业会给拥有资本和现金流的机构带来更好的整合机会。

5. 客人更加理性,更愿意预订"干净"的酒店

通过这次疫情的教育和被动的适应,客人会更加愿意入住干净放心的酒店。这一点很多酒店已经开始行动了,在消毒方面,在布控方面,在客用品方面都在调整和优化。这样一个变化会持续一段时间。所以,需要酒店做好整体的布局,组织好人力和供应链的对接,让客人更愿意预订。

6. 客人更加挑剔酒店的品质、服务和产品

品质是酒店的第一生命力,在经历了 2020 年新冠疫情之后会更加凸显其重要性。也包括服务的变化和产品的优化调整,需要酒店在传播渠道上,在线下渠道上,在自己的会员系统上进行整体的设计和安排。

7. 企事业差旅费用规划会影响酒店的营销方向

很多企事业单位会对出差标准进行重新规定,酒店的营销部门现在就要对自己的协议客户进行梳理,通过各种形式进行充分的沟通。

对于没有变化的企事业,也不要大意,也要保持沟通,便于酒店在整体的业绩把握上做到心里有数,不至于太被动。

8. OTA 会更加具有垄断性

一是 OTA 会更加具有垄断性,保持快速复苏和盈利的多元化;二是 OTA 的流量会稳定增长。需要酒店想清楚,自己酒店的会员怎么办,在坚定不移地做好引流的同时,加大和强化自己店内会员的转化,让付出的渠道佣金价值更大。

(资料来源:https://www.rongdaizhijia.cn/jiudianyingxiao/5903.html。)

三、政治法律环境

政治与法律是影响酒店营销的重要的宏观环境因素。政治因素像一只有形之手,调节着酒店营销活动的方向,法律则为酒店规定经营活动行为准则。政治与法律相互联系,共同对酒店的市场营销活动产生影响和发挥作用。

(一)政治环境

政治环境指酒店市场营销活动的外部政治形势和状况以及国家方针政策的变化对市场

营销活动带来的或可能带来的影响。一个国家的政局稳定与否会给企业营销活动带来重大的影响,不仅会影响经济的发展和民众的购买力,而且对酒店的营销活动也有重大影响。因此,社会是否安定对酒店的市场营销关系很大,特别是在对外营销活动中,一定要考虑东道国政局变动和社会稳定情况可能造成的影响。各个国家在不同时期,根据不同需要颁布一些经济政策,制定经济发展方针,这些方针、政策不仅要影响本国企业的营销活动,而且还要影响外国企业在本国市场的营销活动。

(二) 法律环境

对酒店来说,法律是评判酒店营销活动的准则,只有依法进行各种营销活动,才能受到国家法律的有效保护。因此,酒店开展市场营销活动,必须了解并遵守国家或政府颁布的有关经营、贸易、投资等方面的法律、法规。如果从事国际营销活动,酒店既要遵守本国的法律制度,还要了解和遵守市场国的法律制度及有关的国际法规、国际惯例和准则。这方面因素对国际型酒店的营销活动有深刻影响。

四、技术环境

科学技术是社会生产力的较新的和最活跃的因素,作为营销环境的一部分,技术环境不仅直接影响酒店内部的生产和经营,同时还与其他环境因素相互依赖、相互作用,特别是与经济环境、文化环境的关系更紧密,尤其是新技术革命,给酒店市场营销既造就了机会,又带来了威胁。酒店的机会在于寻找或利用新的技术、满足新的需求,而它面临的威胁则可能有两个方面:一方面,新技术的突然出现,使酒店的现有产品变得陈旧;另一方面,新技术改变了酒店人员原有的价值观。

(一) 新技术引起酒店市场营销策略的变化

新技术给酒店带来巨大的压力,同时也改变了酒店生产经营的内部因素和外部环境,从而引起以下酒店市场营销策略的变化。

1. 产品策略

由于科学技术的迅速发展,新技术应用于新产品开发的周期大大缩短,产品更新换代速度加快。在世界市场的形成和竞争日趋剧烈的今天,开发新产品成了酒店开拓新市场和赖以生存发展的根本条件。因此,要求酒店营销人员不断寻找新市场,预测新技术,时刻注意新技术在产品开发中的应用,从而开发出给消费者带来更多便利的新产品。

2. 分销策略

由于新技术的不断应用,技术环境的不断变化,人们的工作及生活方式发生了重大变化。尤其是国际互联网技术的发展及应用,使得酒店在分销方面发生了革命性的变化,通过互联网可以瞬间将自己的客房销售给世界各个地方的顾客。

3. 价格策略

科学技术的发展及应用,一方面降低了产品成本使价格下降;另一方面使酒店能够通过信息技术,加强信息反馈,正确应用价值规律、供求规律、竞争规律来制定和修改价格策略。

4. 促销策略

科学技术的应用引起促销手段的多样化,尤其是广告媒体的多样化、广告宣传方式的复杂化。如人造卫星成为全球范围内的信息沟通手段。信息沟通的效率、促销组合的效果、促销成本的降低、新的广告手段及方式将成为今后促销研究的主要内容。

（二）新技术引起的酒店经营管理的变化

技术革命是管理改革或管理革命的动力，它向管理提出了新课题、新要求，又为酒店改善经营管理、提高管理效率提供了物质基础。目前许多发达国家酒店在经营管理中都使用了先进的计算机系统，这对于改善企业经营管理、提高企业经营效益起到了很大作用。

五、社会文化环境

每个人都生长在一定的社会文化环境中，并在一定的社会文化环境中生活和工作，其思想和行为必定受到这种社会文化的影响和制约。市场营销学中所说的社会文化因素，一般指在一种社会形态下已经形成的信息、价值、观念、宗教信仰、道德规范、审美观念以及世代相传的风俗习惯等被社会所公认的各种行为规范。酒店的市场营销人员应分析、研究和了解社会文化环境，以针对不同的文化环境制定不同的营销策略。

社会文化所包含的内容很多，下面仅就与酒店营销关系较为密切的社会文化因素进行讨论。

1. 教育水平

教育状况对酒店市场营销活动的影响，可以从以下几个方面加以考虑。

（1）对酒店选择目标市场的影响。

处于不同教育水平的国家或地区，对酒店产品和服务的需求不同。

（2）对酒店产品和服务的影响。

文化不同的国家和地区的消费者，对酒店的设施、装潢、气氛和服务的要求有差异。通常文化素质高的地区或顾客要求酒店典雅华贵，对附加功能也有一定要求。

（3）对酒店市场营销调研的影响。

在受教育程度高的国家和地区，酒店的市场营销调研可在当地雇佣调研人员或委托当地的调研公司/机构完成具体项目，而在受教育程度低的国家和地区，酒店开展调研要有充分的人员准备和适当的方法。

（4）对经销方式的影响。

酒店的产品、服务的设计与提供，要考虑到目标市场的受教育状况。

2. 价值观念

价值观念是人们对社会生活中各种事物的态度、评价和看法。不同的文化背景下，人们的价值观念差别是很大的，而消费者对商品的需求和购买行为深受其价值观念的影响。价值观念在很大程度上决定着人们的生活方式，从而也决定着人们的消费行为。因此，对于不同的价值观念，酒店营销人员应采取不同的策略。例如在一些发达国家，大多数人比较追求生活上的享受，超前消费突出也是司空见惯的事情。东方人将群体、团结放在首位，所以广告宣传往往突出人们对产品的共性认识；而西方人则注重个体和个人的创造精神，所以其产品包装装潢也显示出醒目或标新立异的特点。我国人民重人情，求同步，消费偏于大众化，这些东方人的传统习俗，也对酒店营销产生广泛的影响。

3. 消费习俗

每个人都生长在一定的社会文化环境中,酒店的市场营销人员应分析、研究和了解社会文化环境,以针对不同的文化环境制定不同的营销策略。另外,宗教信仰和风俗习惯等其他社会文化因素也在不同程度上影响着消费者的消费观念和消费行为。

酒店在经营活动中,必须关注宏观环境中存在的各种变化规律以及趋势,及时调整营销战略计划,抓住发展的机会,避开可能的危险和威胁,使酒店在适应环境变化的基础上,得到持续的发展。

第三节 酒店的微观营销环境因素

如果说酒店的宏观环境是不可避免的,那么其微观环境则是难以控制的。酒店的微观营销环境主要由酒店的供应商、营销中间商、顾客、竞争者、公众组成,对酒店营销活动产生直接的影响。

一、供应商

供应商是指向酒店及其竞争者提供生产产品和服务所需资源的企业或个人。供应商对企业营销活动的影响主要表现在:供货的稳定性与及时性、供货的价格变动、供货的质量水平等。各种影响供应商的发展趋势和现状都会深刻地影响企业的营销计划。旅游产品的综合性特点决定企业必须与供应商保持良好的合作关系,在确保货源的基础上,努力降低成本,保证企业的正常运转,从而满足市场的需要。因此,酒店与供应商之间的紧密联系,使供应商对企业营销活动产生最直接的影响和制约力量。

二、营销中间商

营销中间商是协助酒店推广、销售和分配产品服务给最终顾客的企业或个人,包括中间商、市场营销服务机构及金融机构等。

(一) 中间商

中间商是协助酒店寻找顾客或直接与顾客进行交易的商业企业或个人。中间商分两类:代理中间商和经销中间商。代理中间商专门介绍客户或与客户磋商交易合同,但并不拥有产品的持有权。经销中间商,如批发商、零售商,一般先拥有了产品持有权,再售出产品。中间商对酒店产品从生产领域流向消费领域具有极其重要的影响。在与中间商建立合作关系后,要随时了解和掌握其经营活动,并可采取一些激励性合作措施,推动其业务活动的开展,而一旦中间商不能履行其职责或市场环境发生变化时,酒店应及时解除与中间商的关系。

(二) 市场营销服务机构

市场营销服务机构指市场调研公司、广告公司、各种广告媒介及市场营销咨询公司,其协助酒店选择最恰当的市场,并帮助酒店向选定的市场推销产品和服务。一旦酒店决定委托专业公司办理某些事务时,需要谨慎地选择公司,因为各个公司都有自己的特色,所提供的服务内容不同,服务质量不同,价格也不同。酒店还要定期检查市场营销服务机构的工作,倘若发现某个专业公司不能胜任,则须另找其他专业公司来代替。

(三) 金融机构

金融机构包括银行、信贷公司、保险公司以及其他对货物购销提供融资或保险的各种公司。酒店的营销活动会因贷款成本的上升或信贷来源的限制而受到严重的影响。

三、顾客

酒店与供应商和中间商保持密切关系的目的是有效地向目标市场提供产品与服务。酒店的目标市场可以是下列顾客市场中的一种或几种。

酒店顾客的类型有很多种,如度假旅游者、商务旅游者、会议旅游者、体育旅游者等。这些旅游者的要求是不同的,因此,购买和使用酒店服务的方式也不同。酒店营销人员应根据酒店本身的特点来分析本酒店所提供的产品和服务最适合哪一类型的旅游者及哪种购买行为和消费方式。

四、竞争者

每家酒店都要面对各种各样的竞争者。营销观念认为,一个企业要想成功,必须能够比竞争者更好地满足目标市场的需求。营销人员不仅要针对目标顾客的需求适时做出调整,而且还要针对同一市场上竞争者的服务战略来做出相应的调整。酒店必须通过将其产品的形象铭刻在顾客头脑当中的策略来建立起自己的战略优势。

例如,一家大餐馆连锁店可以利用它的大批量购买能力来支撑在全国范围内做广告,并把费用分散到众多的经营单位上去。但是,单独的小餐馆能够对当地的饮食潮流做出快速反应,它们不必担心要在数以千计的餐馆中推行标准化菜单,所以小餐馆更能提供丰富多样的菜品。可见,不管是大企业还是小企业,它们都要努力寻找能形成竞争优势的营销战略,只有这样才能取胜。

从消费者的角度,每个酒店企业在其开展营销活动时,都面临着四种类型的竞争者:

第一是愿望竞争者。指提供不同产品以满足不同消费者需求的竞争者。作为度假酒店,如何吸引更多的旅游消费者前来消费,这就是一种竞争关系。

第二是平行竞争者。指能满足同一消费者需求的不同产品的竞争。例如酒店的客房与商住写字楼竞争商务顾客的住宿办公需要;酒店的娱乐产品与电影院、电视机甚至书籍竞争消费者娱乐和休闲的需求。

第三是产品形式竞争者。指同类旅游产品的不同形式之间的竞争。例如,三星级酒店标准客房与四星级酒店标准客房的竞争,或者同是三星级酒店,标准客房与豪华客房之间的竞争。

第四是品牌竞争者。这个层次是同一产品不同品牌之间的竞争。如假日酒店、希尔顿酒店、万豪酒店之间的竞争。对每个酒店来说,以上四种类型的竞争,完整描述了其竞争环境结构。因此,全面地认识各种层次竞争,有助于看清竞争环境的重要变化。

五、公众

公众就是对一个组织完成其目标的能力有着实际或潜在兴趣或影响的群体。

公众可能有助于增强酒店实现自己目标的能力,也可能有妨碍其实现目标。鉴于公众会对酒店的命运产生巨大的影响,精明的酒店管理者就会采取具体的措施成功地处理与主要公众的关系,而不是去等待。大多数酒店都建立了公共关系部,专门筹划与各类公众的建设性关系。公共关系部门负责收集与酒店有关的公众的意见和态度,发布消息,沟通信息,以建立信誉。如果出现不利于酒店的反面言论,公共关系部门就会成为排解纠纷者。

实际上,对一家酒店来说,如果把公共关系事务完全交给公共关系部门处理,那将是一种错误。酒店的全部雇员,从负责接待一般公众的高级职员到向财界发表讲话的财务副总经理,到走访客户的推销代表都应该参与公共关系的事务。酒店的公众一般包括金融界、媒介、政府机构、公民行动团体、地方公众、一般公众和内部公众等。

同步案例
高端度假型酒店市场
营销环境分析——以
杭州安缦法云酒店为例

第四节 企业内部环境分析

对于任何一个企业来说,企业的外部营销环境是不可避免的客观影响因素,企业必须面对和适应。但是,在同样的客观环境条件下,不同企业的经营和发展状况则差异很大,其中起决定性作用的是企业的自身条件、资源情况以及经营能力等主观因素,这些因素构成了企业的内部营销环境。酒店内部环境的优劣势是相对于竞争对手而言的,表现在资金、技术设备、职工素质、产品市场、管理技能以及企业文化等方面。企业在内部营销环境分析的基础上,充分认识参与竞争的优势和劣势,扬长避短,既要抓住已具备优势所拥有的外部环境机会,又要利用优势寻求更好的发展空间,保证企业的持续性发展。

酒店内部环境的优劣影响每个工作人员的业绩,也影响着每个部门的工作效果,乃至整个企业的营销成果和经济效益。

一、企业的组织结构

企业的组织结构是指企业管理系统和操作系统的具体组织形式,它包括各部门的人员结构、管理者与操作者的责权关系以及人员之间正式和非正式的关系网络。酒店组织结构

是否合理,对企业营销活动的成功影响很大。一方面,以生产为导向和以市场为导向的企业,其组织结构也是不同的。后者的组织结构更有利于企业营销活动的开展。例如规模较大、面临激烈竞争的企业,它的营销部门一般来说规模也较大,且职能齐全,同时,具有灵活性、协调性,能够及时传递和反馈信息和按时完成营销任务,具有较强的营销能力。另一方面,酒店内部各部门之间是否具能够协作默契,决定了企业能否提供满足顾客需求的高质量产品。

二、企业文化

企业文化是表现企业内部生产关系(劳资关系、管理者与被管理者之间的关系)发展的文化。研究企业文化的目的在于建立一个更加适应于企业发展的生产关系,通过增强员工的企业责任感和群体意识等,达到提高生产率和经济效益的目的。一般来说,企业文化包括企业形象、员工面貌、产品、服务艺术等,以及企业的规章制度和奖惩分配条例等。企业文化是近年来日益受到重视的企业内部要素。所谓企业文化,是指企业的管理人员与职工共同拥有的一系列思想观念和企业的管理风貌,包括价值标准、经营哲学、管理制度、思想教育、行为准则、典礼仪式以及企业形象等。企业文化在调动企业员工的积极性、发挥员工的主动创造力、提高企业的凝聚力等方面有重要的作用。良好的企业文化状况可以促使企业员工们努力工作以取得更好的绩效,从而更好地实现企业的目标。

三、企业资源

资源包括人力、物力、财力、管理经验与技术。企业营销战略必须建立在企业所具有的实力上。分析企业内部环境时,只有充分而准确地了解企业的实力,才能制定出具有可行性的营销策略。

总之,环境是酒店赖以生存的客观环境,包括外部和内部环境。企业必须认真分析各种环境因素对酒店市场营销活动的影响状况,充分利用外部环境中的有利机会和条件,发挥一切内部环境因素的主动作用,在内外因素平衡的基础上,寻找企业的最大机会,确定企业营销战略和决策方案,从而实现预期的经营目标。

同步案例 时代饭店集团瞄准年长雇员

1985年,美国的时代饭店集团决定为它的预订中心挑选65岁以上的员工。那时,它的预订中心员工跳槽率为100%,没有人来补充这些严重空缺的岗位。雇佣老年员工可能会解决这个问题。人的寿命长,但退休的年龄却很早。据纽约时报报道,大多数的美国人在63岁之前就离开了工作岗位。一些人退休是为了寻求安逸的生活,而有些人是处于无奈而被迫离开岗位。一项研究表明,25%的退休人员对自己的生活状况并不满意。他们很无聊,他们需要工作。这些人形成了几十万名潜在的劳动力供给,而这恰恰是时代饭店集团要获取的劳动力宝藏。

时代饭店集团最初的努力并不成功,没有人对它的广告感兴趣。经过初步的研究,时代饭店集团发现,大多数的年长者在寻找其他工作时,因为他们的年龄而没有被录用。他们已经彻底放弃了。时代饭店集团开始改变其策略,转而成功地采取单独访问和利用社区公告栏的方法,获得好的结果。现在预订中心有三分之一以上的员工是这些老年人。跳槽率有所下降,懒散和缺席的情况也彻底消失了。时代饭店集团对这些员工的表现非常满意,它甚至还在全国范围内设立了老年人职业介绍所,这些机构不仅是为时代饭店集团自身服务而且也向其他顾主开放。除此之外,这家酒店还任用老年人来做前台、门童、货车司机、服务员、清洁工、销售代表以及部门经理等。

问题:美国的时代饭店为什么要聘用年长雇员?

分析提示:环境让时代饭店集团在传统劳动力市场中很难找到适合预订中心这个关键部门的员工,但时代饭店集团却发现了新的员工资源——老年员工。这些老年员工符合时代饭店的员工需求,而且比一般员工更能胜任预订中心的岗位,跳槽率降低,工作卖力。这个策略符合企业的实际情况,是切实可行且有效的策略。

酒店企业在掌握了自身所处的内外环境基本情况的基础上,利用环境综合分析法,即SWOT法,制定营销战略。SWOT即Strengths、Weaknesses、Opportunities和Threats的首字母缩写,其意为优势、劣势、机会和威胁。优势和劣势分析是内部环境分析的焦点;而机会和威胁的分析是外部环境分析的重点。进行SWOT的综合分析,企业可以挖掘并确定一个或更多的利润机会,这使酒店企业本身所具有的优势和长处得以发挥,有助于发现并确定可能妨碍企业经营和市场目标实现的外部威胁和内部弱点,使企业做到"知己知彼,百战不殆",在市场竞争中立于不败之地。

本章小结

内容提要

酒店营销环境由外部环境和内部环境因素组成。外部环境包括宏观环境和微观环境,内部环境包括企业组织结构、酒店文化和酒店资源。酒店营销人员应及时了解各环境因素的变化趋势,进行环境综合分析,充分发挥自身的优势,把握机会,制定适应环境变化的营销战略,保证企业的持续性发展。

外部环境是酒店不可控制的。宏观环境影响因素包括人口、经济、政治法律和社会文化等。人口环境揭示了人口规模、人口分布和结构等对旅游营销活动的影响;经济环境则从购买力、经济规模以及消费模式等方面加以分析;政治法律环境中政策稳定性及国与国之间的关系对营销活动影响颇深;社会文化环境中分析了教育水平和价值观念等因素对营销活动的影响。酒店营销活动既要适应这些不可控制的因素,又要引导或改善环境中微观因素,增强企业的竞争能力。酒店的微观环境由供应者、营销中介、顾客、竞争者、公众等外部力量构成。这些力量与企业形成协作、竞争、服务、监督的关系,形成酒店的市场营销系统,直接影响和制约着企业服务目标市场的能力。酒店内部环境包括企业组织结构、酒店文化和酒店资源等方面,是企业可以控制的内在主观因素,它所表现的经营实力和营销能力是企业经营成功与否的关键。

> **核心概念**

酒店市场营销环境；供应商；营销中介；中间商

> **重点实务**

根据调研结果进行全面市场环境分析，酒店SWOT分析。

> **知识训练**

一、简答题

1. 什么是酒店市场营销环境？宏观环境和微观环境分别包括哪些影响因素？请举例说明。
2. 简述政府行为与酒店市场营销的关系。
3. 以本地区某酒店为例，分析其所面临的微观环境。
4. 既然我们对宏观环境并无控制的能力，为什么我们还要关注它？
5. 企业研究市场营销环境的重要意义是什么？
6. 简述技术进步给企业带来的机会和威胁。

二、讨论题

1. 以东南亚金融危机为例，请说明经济环境对酒店市场营销的影响。
2. 请说明"人口老龄化"的趋势给酒店营销活动带来什么影响。

> **能力训练**

一、理解与评价

能正确分析酒店行业的宏观市场环境，会运用SWOT分析法分析酒店营销环境。

二、案例分析

希斯酒店营销环境分析

背景与情境：某知名国际酒店管理集团准备向北京某一CBD（中央商务区）的一家新酒店——希斯酒店输出管理。酒店即将开业，新任CEO站在希斯酒店的总统套房里，俯视着车水马龙的东三环，眉头紧蹙。希斯酒店位于北京CBD东部，定位为五星级酒店。距北京火车站10分钟车程，距首都机场30分钟车程，可以满足商务、休闲及会展客人的需要。酒店新装修的234间客房，包括其中的130间套房，均融合了欧洲设计理念，同时配以中式艺术装饰。舒适的客房与套房，面积从45平方米到468平方米不等，每个房间都备有便捷的通信、视听娱乐以及无线宽带网络等设施。餐饮方面有法式餐厅、日式餐厅以及两个中餐厅。目前已招聘员工160人，40%的人有两年以上酒店工作经验。酒店管理专业或相关专业应届大学毕业生占45%。酒店管理团队已组成，其中高管60%来自集团，都具有亚洲酒店管理经验，其中一位副总是CEO多年的搭档。尽管如此，他清楚地意识到，在这样一个商家必争之地经营五星级酒店，竞争相当激烈。目前北京的宏观市场环境充满挑战，在全面施展拳脚之前,CEO一定要先搞清楚酒店的经营环境如何。

(资料来源:田雅琳,等.酒店市场营销实务[M].北京:人民邮电出版社,2010.)

问题:

1.请分析希斯酒店的微观市场营销环境。

2.对希斯酒店进行SWOT分析,简述希斯酒店想要迅速打开市场应采取哪些策略。

第四章 酒店市场调研与预测

学习目标

通过本章学习,了解酒店市场信息、酒店市场信息系统、酒店市场调研的概念,掌握影响酒店市场调研的方法和问卷设计,熟悉酒店预测的内容、步骤及方法。

引例:肯德基采用"神秘顾客"调查法来监督其分店的服务

背景与情境:肯德基遍布全球60多个国家,其连锁店有9900多个。然而,肯德基国际公司在万里之外,又怎么能相信它的下属能"循规蹈矩"呢?一次,上海肯德基有限公司收到3份国际公司寄来的鉴定书,对他们外滩快餐厅的工作质量分3次鉴定评分,分别为83分、85分、88分。公司中外方经理都为之瞠目结舌,这3个分数是怎么评定的?原来,肯德基国际公司雇佣、培训了一批人,让他们佯装顾客,秘密潜入店内进行检查评分。这些"神秘顾客"来无影去无踪,而且没有时间规律,这就使快餐厅的经理、雇员感受到某种压力,丝毫不敢懈怠。

(资料来源:徐井岗.市场调研与预测[M].北京:科学出版社,2004.)

第一节 酒店市场信息系统

一、酒店市场信息的含义

酒店市场信息是反映酒店内外营销环境要素特征及发展变化情况的各种消息、资料、数据、情报等的统称,市场信息具有广泛性、资源性、时效性、连续性、公用性的特点。

(一)市场信息在酒店营销中的作用

市场信息的重要作用贯穿整个酒店营销活动的始终,具体体现在营销活动的四个主要环节中。

1. 市场信息是酒店营销环境分析的目标对象和依据

酒店营销环境分析,实际上是一个根据所掌握的、反映营销环境过去情况的市场信息,去获取新的、反映营销环境现状的市场信息,以对比分析环境的发展变化及趋势的过程。它为营销活动的进一步展开提供必要的信息;而一定量的营销环境信息也是营销环境分析得以顺利进行的保证。

2. 市场信息是酒店市场机会分析的条件

酒店在识别市场机会的价值及其发展变化时,在确定作为酒店营销目标的市场需求时,都必须拥有足够的市场信息的支持才能做出正确的判断。

3. 市场信息是制定酒店营销策略的依据

酒店只有依靠反映营销环境实际发展变化情况的市场信息来制定营销策略,才会有的放矢,切实可行。

4. 市场信息是酒店营销活动具体管理过程的主要根据和重要手段

酒店对其营销活动进行计划、组织和控制的具体管理,主要是根据酒店营销目标、组织结构、自身的优势和弱点、外部环境发展状况等信息,制定营销战略战术,协调各职能机构,再根据营销战略战术执行进展情况的反馈信息,对营销的具体制作发出指令以进行调整。可见,市场信息既是酒店营销管理活动的根据,也是一种营销管理的手段。所以,合理有效地利用市场信息可以提高营销管理的绩效。

(二)酒店市场信息的基本管理方法

市场信息管理操作的基本方法包括信息的收集、分类、分析、编码、数据统计与模型化、传输、排序、检索、存贮等。信息收集是信息管理的基础和前提;信息分类是信息加工、处理的开端;信息分析是解决信息管理质量问题和信息管理本身的关键;信息的编码、统计、图表化和模型化是信息管理的有效方式;信息传输是信息管理的必要步骤;信息排序、存贮、检索是信息管理的必要条件;信息的控制及反馈是提高信息管理水平的重要手段及检验标准。

上述市场信息的基本管理方法是建立和维护市场营销信息管理系统的基本手段。

同步案例 *网络先行——开业前先建设客户资料库*

在纽约,大都会歌剧院的名气恐怕是全世界所有歌剧院同行都难以媲美的,而其巧妙地将自身的客户优势转嫁到下属酒店大都市酒店身上的做法则更是值得称道。然而,事实上大都市酒店为了能赢得开业以后的满堂红,提前好久就已经开始了精心的策划和周密的部署;仅从营建客户网络一点上就可以领略到其良苦用心。

大都市酒店在客户建设上有两个与其他酒店截然不同的做法:

一是在酒店筹建阶段就开始了客户建设工作,而按惯例,连酒店的影子都没看见怎么可能与客户拉关系。大都市酒店也没有什么特异功能,只不过是巧妙地利用了其投资方——大都会歌剧院的影响力而已;自筹建开始,酒店营销人员就开始利用歌剧院的促销渠道逐个地与客户打上了交道。

二是在客户网络建设的过程中没有仅依赖旅游中间商,而是着力于自营网络的建设。当然,对于尚未营业的酒店来说,其成功还在于对两大已有网络的利用,这也不失为一条捷径。

第一个借助的大型网络是美国航空公司的"旅行者数据库"。美国航空公司是酒店的第二大股东,它的资料库中储存着80万人的资料。这部分人平均每人每年要搭乘该公司的飞机达12架次之多,占公司营业额的65%。第二大网络就是歌剧院自己的歌迷资料库,规模更加庞大,足足有1500万人之多。有了如此强大的客户后盾,酒店自然就可以不必仰仗中间商了。

问题:纽约的大都市酒店为什么开业就获得很大的成功?

分析提示:本案例中,大都市酒店在开业之前就做了充分的市场调研,了解客户需求,从而抢占先机,在竞争非常激烈的市场中获得很好的业绩。

二、酒店营销信息系统

每一家酒店必须为其市场营销经理组织市场营销信息流。许多酒店设计市场营销信息系统(Marketing Information System,MIS)以满足对市场营销信息的需要。我们对市场营销信息系统做如下定义:市场营销信息系统由人、机器和程序组成,它为市场营销决策者收集、挑选、分析、评估和分配需要的、及时的和准确的信息。

虽然市场营销信息系统从市场营销经理开始,又终止于市场营销经理,但整个酒店的管理人员都要介入市场营销信息系统当中。首先,它与管理人员在评估信息需要这一层面上发生互动。其次,它通过各种酒店内部记录、市场营销情报活动、市场营销调研过程发掘所需要的信息。信息分析专家对这些信息进行处理使之更符合需要。最后,市场营销信息系统在适当的时间将信息传递给各个管理人员,以保证市场营销计划和控制过程的顺利进行(见图4-1)。

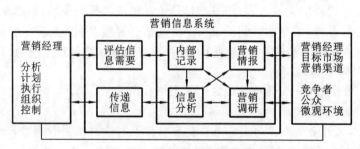

图4-1 酒店市场营销信息系统

(一)内部记录系统

内部记录系统亦称内部会计系统,它是酒店市场营销管理者经常要使用的最基本的信息系统。内部记录系统的主要功能是向市场营销管理人员及时提供有关预订数量、销售额、产品成本、客房出租率、现金余额、应收账款、应付账款等各种反映酒店经营状况的信息。通过对这些信息的分析,市场营销管理人员能够发现市场机会、找出管理中的问题,同时可以比较实际状况与预期水准之间的差异。

（二）市场营销情报系统

市场营销情报系统是指市场营销管理人员用以获得有关酒店外部市场营销环境发展趋势信息的一整套程序和来源。它的任务是利用各种方法收集、监察和提供酒店市场营销环境最新发展的信息。市场营销情报系统与内部记录系统的主要区别在于后者为市场营销管理人员提供事件发生以后的结果数据,而前者为市场营销管理人员提供正在发生和变化中的数据。

（三）市场营销调研系统

上述两个子系统的功能都是收集、传递和报告有关日常的和经常性的情报信息,但是酒店有时还需要经常对市场营销活动中出现的某些特定的问题进行研究。比如酒店希望测定某一产品广告的效果。市场营销调研系统的任务就是系统地、客观地识别、收集、分析和传递有关市场营销活动方面的信息,提出与酒店所面临的特定的市场营销问题有关的研究报告,以帮助营销管理者制定有效的市场营销决策。市场营销调研系统不同于市场营销信息系统,它主要侧重于酒店市场营销活动中某些特定问题的解决。

（四）市场营销分析系统

市场营销分析系统也称市场营销科学管理系统,它通过对复杂现象的统计分析、建立数学模型,帮助市场营销管理人员分析复杂的市场营销问题,做出最佳的市场营销决策。市场营销分析系统由两部分组成:一个是统计库,另一个是模型库。其中统计库的功能是采用各种统计分析技术从大量数据中提取有意义的信息。模型库包含了由管理科学家建立的解决各种市场营销决策问题的数学模型,如新产品销售预测模型、广告预算模型、经营场所选择模型、竞争策略模型、产品定价模型以及最佳市场营销组合模型等。

同步案例 绍兴开元名都大酒店的客史档案的收集

当年,绍兴开元名都大酒店作为一家新开的酒店,如何扩大客源、打响品牌固然重要,而逐步形成酒店的固定客源也是酒店经营的关键。只有这样,绍兴开元名都大酒店才能赢得更多的客户。而要赢得宾客的满意,酒店在对客服务工作中,很重要的一点就是要让宾客有"宾至如归"的感觉,也就是通常所说的个性化、亲情化服务。但是,由于酒店行业的特殊性,绍兴开元名都大酒店每天迎来送往的客人不计其数,而客人的要求和特点又五花八门,要让与宾客直接接触的员工都能够了解宾客的情况,并充分照顾到宾客的个性化要求就有相当的难度。所以,建立一个详细和不断扩展完善的客史档案系统就显得极为重要。所谓客史档案,就是将日常工作中收集到的所有关于客人的信息都进行详细的记录,使之形成一套制度化的系统的规范文本。绍兴开元名都大酒店总经理戴建平早在酒店筹建期就指出酒店客史档案建立的重要性并对此进行落实。

建立客史档案仅是第一步,还应该学会科学管理客史档案,从知彼做到举一反三,留住老客户,挖掘新客户。绍兴开元名都大酒店所建立的客史档案中包含了顾客的基础资料、爱好习惯、消费需求、消费能力等,这也是酒店进行管理、跟踪的重要资料。里兹-卡尔顿公司的霍斯特·舒尔茨说:"服务的最高境界就是要做到使客人有'家的感觉',酒店服务是人的服务。"这就需要我们尽可能地了解客人的喜好并加以记录,充实到客史档案里,并培养出能充分洞察客人心理的优秀服务员,以保证个性化服务的水平。通过客史档案,酒店能随时查询到客人的生日或其他纪念日的情况,就可以以此进行相应的服务和关怀。通过认真分析客户档案,在此基础上有的放矢地开展酒店的对客服务和销售工作,获得顾客的好感,从而产生事半功倍的效果。同时,绍兴开元名都大酒店也可以从宾客日积月累的消费记录中进行各方面的分析,为管理者提供有利的决策依据,使之成为酒店经营决策的财富。

问题:为什么杭州开元名都大酒店建立客史档案能达到事半功倍的效果?

分析提示:有人做过这么一个统计,酒店开发一个新客人的成本是开发一个老客人的成本的6倍,所以留住老客人对酒店来说至关重要。在激烈的市场竞争中,宾客拥有更多的选择空间和权力,只有不断提升酒店自身的服务质量和完善服务设施,才能保持宾客的满意和忠诚。

第二节 酒店市场调研

酒店市场营销调研与预测也被称作酒店市场研究。从时间角度看,酒店市场营销调研着重研究酒店市场现状,酒店市场预测则着重研究酒店市场未来的变化。可是在实际工作中市场调研和预测是分不开的。酒店市场研究的目的在于为酒店经营决策提供依据,而经营决策则是对未来行动计划的选择。市场研究既要以现实条件和情况为基础,又要考虑到酒店未来的发展,两者均不可缺。为了避免决策失误和把握成功的机会,必须把两者有机地结合在一起,但这两类研究又有一定差别,各自有其专门的方法和理论基础。掌握这些理论与方法,对于做好市场研究工作是十分必要的。

一、酒店市场调研的含义

1. 酒店市场调研的概念

酒店市场调研是指运用科学的方法,有针对性地、有计划地、系统地收集整理和分析有关酒店营销活动方面的信息,以了解酒店营销环境与市场状况,为酒店经营决策提供依据的活动。

2. 酒店市场调研的内容

酒店市场营销调研的内容是由酒店市场营销调研的目的所决定的,主要涉及九个方面的内容。

（1）酒店市场环境调查：包括政治与法律环境、经济环境、自然地理环境、社会文化环境等方面的调查。

（2）酒店市场研究：反映酒店市场的大小范围、消费者的购买力、销售渠道的可行性以及消费者的基本情况。

（3）酒店市场占有率研究：明确酒店及其竞争对手的总销售量所占比例。

（4）酒店销售分析研究：用地理区域分布、利润的种类及数量等描述销售的情况。

（5）酒店形象研究：明确消费者对酒店产品的品牌、生命周期、新产品开发的看法和认识。

（6）酒店产品使用研究：描述消费模式。

（7）酒店销售渠道研究：明确流通流程模式、分销商的数量和位置。

（8）酒店价格研究：描述酒店价格变动的范围和频度，以及消费者对所提出的价格变动的可能反应。

（9）酒店广告研究：描述媒介接触行为以及接触某个具体电视或杂志、报纸受众的基本情况。

二、酒店市场调研的程序

为保证酒店市场调研的系统性和准确性，酒店市场营销调研活动应依据一定的科学程序进行。

酒店市场调研的全过程可以分为三个阶段：调研准备阶段、调研实施阶段和调研结果处理阶段，每个阶段又可以分为若干个具体步骤，如图4-2所示。

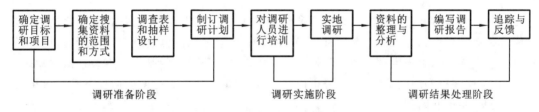

图4-2 酒店市场调研的程序

1. 调研准备阶段

酒店市场调研的准备阶段主要解决调研目的、要求、范围和规模以及调研力量的组织问题，并在此基础上制订一个切实可行的调研计划。这个阶段工作步骤大体如下。

（1）确定调研目标和项目。

调研目标是指为什么要进行调研，调研要了解什么问题，了解这些问题有什么用处等等。调研项目是指调查什么样的对象，应该搜集哪些方面的信息资料。

（2）确定搜集资料的范围和方式。

确定搜集资料的范围，是指确定什么资料，向谁搜集资料，在什么时间、什么地方搜集资料。搜集资料的方式是指通过实地调查取得第一手资料还是搜集第二手资料，是一次性调查还是多次性调查，是普查还是抽查等等。

(3) 调查表和抽样设计。

调查表或问卷设计要符合简明扼要、突出主题和便于统计分析的要求。抽样设计需要解决好抽样方式和样本大小的选择问题。

(4) 制订调研计划。

调研计划是酒店市场调研的行动纲领。它应包括以下内容：摘要、调研目的、调研内容和范围、调研方法、调研步骤、调研人力的安排及如何组织分工、整个调研工作的时间和进度、调研费用预算等等。

2. 调研实施阶段

调研实施阶段的主要任务是组织调研人员按照调研计划的要求，系统地搜集资料和数据，听取被调查者的意见。这个阶段大体可以分为以下几个步骤。

(1) 对调研人员进行培训。

对调研人员进行培训是保证调研质量的一项重要措施。培训的内容主要包括明确调研计划、掌握调研技术、了解同调研目标有关的经济知识与业务技术知识。

(2) 实地调研。

实地调研就是调研人员按计划规定的时间、地点、方法、内容进行具体调查，以搜集有关资料。

3. 调研结果处理阶段

调研结果的处理是对调研资料的分析和总结，它是市场调研能否充分发挥作用的关键一环。这个阶段的工作大体可以分为以下几个步骤。

(1) 资料的整理与分析。

资料的整理与分析主要是对调研所得到的原始资料进行分类、编校、统计与分析。通过去粗取精、去伪存真、由此及彼、由表及里的整理分析过程，做出合乎客观事物发展规律的结论。

(2) 编写调研报告。

调研报告是对调研成果的总结和调研结论的说明。一般认为，优秀的酒店营销调研成果应具备有针对性、方法科学、有创见、模型简洁的特点。这样，酒店营销调研所提供的决策信息才能在被采用后产生良好的实际效果。酒店市场调研报告的基本内容包括调研单位的基本情况、所调查问题的事实材料、分析说明、调研结论和建议。一般应由以下几部分组成：引言、正文、结论和附件。

(3) 追踪与反馈。

此步骤是指追踪与反馈调研报告的结论和建议是否引起领导者的重视，是否被采纳，采纳的程度及采纳后的实际效果如何，调研结论与市场形势发展是否一致，以便积累经验，改进调研方法，提高调研质量。

三、酒店市场调研的方法

营销调研的方法很多，在酒店市场营销调研中常用的方法主要有询问法、观察法、文案调研法、实验法等几种。

1. 询问法

询问法是调研人员采用询问方式向被调查对象了解市场情况的一种调查方法。使用这种方法可以获得观察法无法得到的信息，如被调查对象对某些问题的态度、看法等。询问法是获取原始数据(酒店调研人员自己通过实地调查收集到的第一手数据为原始数据)的一种最常用的方法,询问法具体又可分为电话访问法、面谈访问法、邮寄调查法三种类型。

1)电话访问法

电话访问法是选取一个被调查消费者的样本,通过电话向被调查对象询问一系列的问题来搜集信息的一种方法。这种方法具有速度快和费用低的特点,但由于通话时间不宜过长,同时所选的调查对象只能是调研人员已经掌握或可以查询到电话号码的单位或个人,因而不易获得深层效果。

2)面谈访问法

面谈访问既包括座谈访问,也包括问卷调查。面谈访问法若按照问卷的填写形式,可以有两种方法。

(1)调查员按照问卷向被调查对象询问,然后将对方的回答记入问卷,所用问卷称为访问式问卷。

(2)调查员将疑问卷交给被调查者,说明填写方法,请对方填写。可以当场填写完毕,也可以约定以后某个时间调查员再来收取问卷。此外如果按照访问的地点和访问的形式,又可分为入户(或单位)访问、拦截访问和计算机辅助面谈访问。这种方法具有搜集资料全面、信息真实性强的特点,但所需费用较高。

> **知识链接**　　　　　　　　　肯德基的神秘顾客访问制度

肯德基为提高连锁门店的服务质量,提升"肯德基"的知名度、美誉度,制定了"神秘顾客"访问制度,其最终目的是为顾客提供超出期望值的商品和服务,为顾客创造舒适优美的用餐环境,让用餐不仅是生活所需,更是一种生活方式,进而实现"让人们生活更美好"。

一、神秘顾客的挑选产生

神秘顾客访问是指由符合条件的调查员作为消费者,到指定场所消费商品或服务,同时对商品、环境、服务态度等各方面进行调查。

连锁企业的神秘顾客可以分为四种。

(1)普通型神秘顾客。普通访问员经过检测相关知识的系统培训后长期进行窗口服务检测,这也是最为常见的一种。

(2)专家型神秘顾客。由本行业的专业研究人员或内行专家以普通顾客的身份在服务窗口消费或享受服务,并进行直接观测和体验。

(3)业余型神秘顾客。没有任何行业研究经验的普通顾客在服务窗口按照事先设计的内容进行消费或享受服务,详细记录下发生的事件以及自己的感受。

(4)还有一种就是访问员在现场服务人员毫不知情的情况下,随机抽取那些正在消费、享受服务的顾客,对其进行即时调查监测。

二、神秘顾客的挑选途径

以上人员可从"顾客投诉"档案记录中符合条件的人员中选聘产生,也可从相关专业人员中聘请产生,还可以由以下途径挑选。

(1)选择对公司服务或商品质量有过投诉,且在处理过程中较为刁难的顾客。

此类顾客发现问题较为尖锐,对服务要求较高,更有助于企业提高服务品质。

(2) 从曾在公司工作且工作积极,诚实守信,表现优异,因个人职业发展等原因离职的员工或促销员中挑选。他们比较熟悉一线情况,更容易发现运营中的不足和管理漏洞。

(3) 从营销、企管专业在校学生中选取有责任心的作为神秘顾客。他们可以结合所学专业知识,站在顾客立场完成调查任务,相对质量较高。

(4) 从集团或地区公司工作人员的家属中挑选。作为企业相关人员,他们会从对企业高度负责的角度找出影响顾客服务的瑕疵。

(资料来源:http://blog.sina.com.cn/s/blog_89ea829a0102uwj4.html.)

3) 邮寄调查法

邮寄调查法是指调研人员将预先设计好的调查问卷或表格邮寄给被调查对象,请他们按要求填好后再邮回的一种调查方法。采用这种方法调查的区域较广泛,调查成本低;但回收率也低,回收时间长,且调研者难以控制回答过程。

2. 观察法

观察法是指由酒店调研人员到各种现场进行观察和记录而获取所需资料的一种调研方法。在观察时,既可以目睹现场情况,也可以利用照相机、录音机、摄像机等仪器对现场情况做间接的观察,以获取真实的信息。观察法的优点是被调查者往往是在不知不觉中被观察调查的,处于自然状态,因此所收集到的资料较为客观、可靠、生动、详细;但这种方法所需费用较高,并且只能观察到事实的发生,观察不到行为的内在因素,如消费者的感情、态度等,因此应与电话访问等其他方法结合起来使用。

3. 文案调研法

酒店市场营销调研需要收集两类数据,即统计数据与原始数据。其中,统计数据也称二手数据,是经别人收集、加工整理已经发表的数据。文案调研法就是通过搜集各种历史和现实的动态统计资料(第二手资料),从中摘取与市场调查课题有关的情报,在办公室内进行统计分析的调查活动,所以也称间接调查法、资料分析法或室内研究法。就一般情况而言,统计数据的收集相对快捷,成本较低。统计数据的资料来源主要如下。

(1) 酒店内部积累的各种资料,如酒店报刊以及一些内部文件。
(2) 国家机关公布的国民经济发展计划,统计资料、政策、法令、法规等及一些内部资料。
(3) 酒店行业协会和其他酒店组织提供的资料,或者酒店研究机构、酒店专业情报机构和咨询机构所提供的市场情报和研究结果。
(4) 酒店之间交流的有关资料。
(5) 国内外公开出版物,如报纸、杂志、书籍等。

4. 实验法

这里所说的实验法是指通过在预先确定的、与实际遇到的环境条件相同的小范围内进行实验来搜集资料的一种方法。由于实验法是在较小的范围内进行,所以在管理上易于控制,所获取的资料也较为客观。实验法运用范围很广,凡是某一种酒店产品,在改变包装、设计、价格、广告等因素时都可以运用,即可以先在某一特定的时间及地区做一个小规模的实验性改变,来调查顾客的反应。

同步案例 威尼斯酒店:由更专业的公司去完成

威尼斯酒店的客户调查和其他行业有所区别。深圳威尼斯酒店总经理 Peter Poll Meier 介绍,绝大多数的国际知名酒店均是由酒店管理集团管理的,集团采取统一的顾客调研方法,而且常常由第三方专业机构来完成。比如,深圳威尼斯酒店(Crowned Plaza Shenzhen)的管理机构——六洲酒店集团(Six Continents Hotels)旗下拥有多个品牌,由于在全球拥有多达 3200 多家酒店,其顾客调研工作量非常庞大,通常聘请第三方专业公司来完成。

由于 GSTS 需要每月定期送交调查公司,得到反馈需要一定的周期,为了加快对顾客意见的反馈速度,六洲酒店集团还在各酒店设立了内部问卷表系统。针对酒店日常经营和服务方面的更具体、更细节的问题,寻求客户的意见。该表格由酒店总经理每日审阅,并在当日向客人反馈,及时改进服务,保证了信息的快速畅通。酒店还鼓励一线员工根据自己和顾客打交道的感受,随时提出建议。

问题:为什么威尼斯酒店把客户调查交给第三方专业公司完成?

分析提示:专业的调查公司拥有一整套完善的问卷自动统计和分析系统,自动化程度较高,而且高效、高智能。从顾客的意见和建议中,可以及时了解各酒店在整体和细节、硬件和软件方面的优势和不足,确定改进的环节,规划今后的发展方向。自动分析系统避免了人工干预带来的主观影响,为酒店的改进提供了客观、科学的依据。

四、酒店市场调研的问卷设计

调查问卷,又称为调查表,是指以书面问答的形式了解调查对象的反应和看法,由此获得资料和信息的一种调查方式。调查问卷的设计,是市场调查酒店中的一项基础性工作,直接关系到调研能否达到预期目的。

1. 问卷设计应注意的有关事项

问卷设计具有一定的技巧性,需要引起酒店调研者的注意。首先,语言的表达要简洁明了,不能模棱两可。措词要有亲切感,避免引起被调查者的反感。如果调查的对象是国外游客,问卷设计应采用中英文对照。其次,问卷结构的设计要注意合理性。问卷的正文,即调查的问题应当占到整个问卷的三分之二到五分之四,其他部分如问卷说明、有关被调查者和调查个人的个人资料信息只占很少部分。具体到问卷正文中的问题,应当先易后难,将核心问题放在问卷的前半部分。此外,问卷的篇幅要简短,否则被调查人会因时间过长,敷衍答卷而影响问卷调查的效果。

2. 问题设计的形式

问题提问的方式有两种类型:开放式和封闭式。

(1) 开放式问题。

回答这种问题时,被调查对象可以自由回答问题,不受任何限制,例如您为什么会选择到旅行社报名参加团体酒店活动?这种问题的优点是被调查对象可以按自己的想法回答,不受任何限制,而且调研人员可以获得较为全面的答案;缺点是答案过于分散,不利于统计。

(2) 封闭式问题。

封闭式问题是指酒店调研人员事先准备好所有可能的答案,被调查对象只要在备选答案中选择合适的答案即可。封闭式问题又可以分为两项选择问题和多项选择问题。

例如:

您以前是否去过西藏酒店? A.是(　) 　B.否(　)

以上是一个两项选择问题,这类问题通常列出性质相反的两种答案。

下面是一个多项选择问题:

您游览过北京的哪些景点?

A.天坛(　)　　B.长城(　)　　C.故宫(　)　　D.颐和园(　)

E.亚运村(　)　F.军事博物馆(　)

封闭式问题的答案都是事先拟好的,因而便于统计分析,也便于被调查对象选择,能够节省调查时间。但由于答案是事先拟定的,所以往往限制了被调查对象的自由发挥。在实际调研中,酒店营销人员常常结合开放式问题和封闭式问题的特点,采用在末尾安排开放式问题的方式来解决这一问题。

例如:

您选择西藏酒店的原因是:

A.朋友介绍(　)　B.价格便宜(　)　C.服务好(　)　D.其他(　)

3. 态度测量问题

这是用来测量态度强度的问题。设计问题的具体形式有很多种,常用的如下。

(1) 语义差别法。

在两个意义相反的词之间列上一些标度,由被调查对象选择自己的意愿方向和程度的某一点,它可以用文字形式提问,也可以用表格形式进行调查。

例如:

请问您对此次入住西藏酒店的感受:

A.很满意(　) B.满意(　) C.一般(　) D.不太满意(　) E.很不满意(　)

(2) 顺位法。

调查人员为一个问题准备若干答案,让被调查对象根据自己的偏好程度定出先后顺序。

例如:

请您按照您对以下五个酒店服务内容的满意度进行编号,设计最有创意的酒店为1号,依次类推。

A.长江酒店(　)　B.黄河酒店(　)　C.东海酒店(　)　D.南海酒店(　)

E.北海酒店(　)

五、酒店营销调研对象的选择

同步案例
衡山集团宾客
意见调查表

营销调研人员要根据营销问题的实质、调研目的以及被调查对象的特点与分布情况来选择调研对象。一般来说,调研对象的选择有全面调查和抽样调查两种。

1. 全面调查

全面调查是指酒店营销调研人员在营销调研时把所有与调研目标有关的调研对象进行全面调查,以获得全面而精确的第一手资料。通过全面调查虽然可以取得比较精确的资料,但是工作量太大、所花时间较长且成本较高,所以在酒店营销调研中很少使用全面调查。

2. 抽样调查

抽样是指酒店营销调研人员根据调研目标从调研对象总体中抽出一定的个体(样本)的过程。抽样对搜集的资料的代表性有非常重要的影响,所以,营销调研人员必须对抽样进行认真的设计。在抽样设计中,需要进行决策的问题包括抽样范围、样本数量和抽样方法三方面。抽样调查分随机抽样和非随机抽样。

(1) 随机抽样。

在随机抽样中,总体中每一个体都有相同的机会被抽到作为样本。

(2) 非随机抽样。

非随机抽样是指根据营销调研人员或专家的主观判断在选定的抽样范围内进行抽样的方法。从以上对不同抽样方法的介绍看,随机抽样受调研人员的主观因素影响小,抽出的样本客观公正,而且统计误差可以通过一定的方式去判断和控制;但这种抽样一般需要较长的时间,所需费用也高。非随机抽样操作简单,省时省力;但统计误差难于控制,可能出现误差偏大的情况。另外使用非随机抽样,也要求调研人员具有较高的素质,对研究对象和抽样范围要比较熟悉。

 # 第三节 酒店市场预测

准确的市场预测,可以为酒店制订经营计划和经营决策提供可靠依据,进而开拓更广阔的酒店市场。酒店市场预测是指在酒店市场调研的基础上,运用科学的方法,对酒店市场的发展趋势以及与之相联系的各种因素的变化进行预见、判断和测算。

一、酒店市场预测的内容

酒店市场预测的内容相当广泛,从不同的方面、不同的角度进行预测,包含的内容会有所不同。酒店的市场预测主要包括以下几个方面。

1. 酒店营销环境预测

酒店营销环境预测既是酒店市场需求预测的基础,也是所有酒店营销规划的基础。酒店营销环境的预测包括政治法律制度、人口、社会文化、经济、科学技术、自然环境等各种宏观环境因素及公众等各种微观因素的预测。

2. 酒店市场需求预测

酒店为了及时了解本企业所占的市场份额进而发现最明显的市场机会,需要经常对各细分市场上的需求量进行定量分析。

3. 酒店市场占有率预测

酒店市场占有率是指酒店的产品销售量占该产品市场总销售量的比重。对它的预测,可以通过预期市场份额和实际市场份额的计算获得。

例如:

已知某酒店的客房数为275间,该地区所有竞争性酒店的客房总数为1055间,该酒店在过去一年里实际客房出租间天数为67753间·天,该地区所有竞争性酒店客房出租总间天数为248265间·天,则:

该酒店预期市场份额=该酒店的客房数÷所有竞争性酒店的客房总数
$$=275÷1055=26.1\%$$

该酒店实际市场份额=该酒店客房出租间天数÷所有竞争性酒店客房出租间天数
$$=67753÷248265=27.3\%$$

酒店通过分析本企业在各细分市场的实际市场份额与平均市场份额之间的差距,找出差距原因,及时调整营销策略,以提高本企业在酒店市场中的市场地位。

4. 增长机会预测

酒店市场最有发展潜力的细分市场可分为两类:一类是对本酒店的需求量将增加的那些细分市场;另一类是本企业应当获得平均市场份额,但目前尚未达到平均市场份额的那些市场。通过对以上两类市场需求量的分析,预测本企业将有多大比例的增长机会。

知识链接
智能酒店系统市场
前景与预测分析

5. 竞争状况预测

酒店要取得竞争优势,其营销人员必须善于分析本企业与竞争对手的竞争状况,比如目前企业的声誉和知名度、酒店产品和服务的质量、酒店产品和服务的特色、酒店所处的地理位置、酒店广告的效率等等。通过分析彼此的竞争状况,预测竞争对手对各细分市场将会采取哪些营销措施,以此作为参照,制定出相应的营销和促销策略。

二、酒店市场预测的步骤

酒店市场预测具有一定的战略性、复杂性、长远性,为了提高预测结果的准确度,真正为企业的未来"导航",需要酒店营销人员在进行市场预测时必须严格按照市场预测的步骤,有计划、有目的地进行。酒店市场预测工作的步骤主要包括五个阶段:明确预测目标、搜集分析资料、选择预测方法并建立预测模型、编写预测报告、追踪反馈,具体如图4-3所示。

图 4-3 酒店市场预测的步骤

1. 明确预测目标

酒店进行市场预测时,首先要确定预测对象,明确预测目标,即明确该次预测要解决哪些问题,达到什么要求,从而制订行之有效的预测计划。

2. 搜集分析资料

酒店进行市场预测时,需要营销人员搜集的资料必须满足真实性、针对性和可比性的要求。在整理、分析所搜集的资料时要剔除不真实的资料,以提高预测的准确度,尽量减少误差。

3. 选择预测方法并建立预测模型

根据酒店市场预测的目标,酒店市场供求状况和营销人员搜集整理的资料情况,选择合适的预测方法。选择预测方法要注意连贯性、可比性和相关性。连贯性是指时间和资料的连贯性;可比性是指酒店产品、地区和酒店所处的客观条件的可比性;相关性是指酒店预测分析过程中因变量和自变量的相关性。

确定了预测方法后,还要借助于逻辑推理、统计分析、数学模型、电子计算机以及相关的经验判断,并且由此建立一种适合该次预测的模型。

4. 编写预测报告

在酒店市场预测中,为了尽量减少误差,提高预测的准确性,酒店营销预测人员要对预测结果的可信度进行分析,并对预测结果进行必要的调整和修正,最后确定出预测结果,并据此写出预测报告和策略性建议。

5. 追踪反馈

由于酒店市场具有多变性,酒店营销人员需要时时跟踪酒店经营的宏观、微观环境的变化,及时修正预测结果,使预测能真正为企业的经营管理服务。

三、酒店市场预测的方法

酒店市场预测的方法很多,酒店营销人员要正确选择合适的营销预测方法,才能达到事半功倍的效果,发现酒店未来发展的机会和规避可能存在的风险。

酒店市场预测的方法按其性质可以大体分为两大类:定性分析预测法和定量分析预测法。

(一)定性分析预测法

定性分析预测法是指酒店营销人员根据历史资料、自身的经验以及营销人员的分析判断,对有关市场需求指标的变化趋势和未来结果进行预测的方法。换而言之,这种方法主要依靠营销人员的经验。所以预测结果受营销人员的主观因素影响较大,从而影响预测的质量。常用的酒店市场预测的定性分析方法主要有三种。

1. 集体判断法

集体判断法是指酒店市场营销管理者召集有关人员共同讨论所预测的酒店市场问题的变化趋势并得到预测结果的一种方法。使用这种方法进行预测的程序为：先由参与预测的人员提供所掌握的与预测对象有关的信息，并说明这些信息对预测对象的影响，然后根据这些影响再判断预测对象的未来趋势和结果。在集体判断法中，参与预测人员根据组成不同，可以分为经理人员集体判断法和销售人员集体判断法两种。

（1）酒店经理人员集体判断法。

这种方法是指由酒店召集各有关部门的经理或主管人员共同讨论，根据有关信息得出预测结果的一种方法。其优点是信息量大、预测结果可靠性高。不足是预测结果容易受到参加讨论的个别人士特别是职位较高人士的影响，不能使所有参与预测的人员都能客观地表达自己的看法。

（2）销售人员集体判断法。

这种方法是由酒店营销管理者召集营销人员共同讨论，最后得出预测结果的一种方法。使用这种方法进行预测，参加的人员都是酒店的营销人员。这种方法的优点是由于参与人员对所在市场的需求变化了解比较透彻，所以得出的预测结果比较准确。不足是这种方法可能会受到营销人员的某些主观想法的影响，而导致预测结果不准。

（3）"三结合"式集体判断法。

"三结合"式集体判断法是由酒店营销管理者召集经理人员、销售人员代表、消费者代表共同讨论，最后得出预测结果的方法。这种方法较以上两种方法预测结果更为准确。

2. 专家意见法

专家意见法是邀请有关酒店行业专家对酒店市场需求及其变化进行预测的一种方法。这种方法根据参加预测的酒店行业专家人数、搜集行业专家意见的方式等的不同，可以分为专家个人判断法、专家会议法和专家调查法三种。

（1）专家个人判断法。

专家个人判断法是指由酒店行业专家个人通过对有关酒店信息的分析，对酒店市场需求变化进行预测的方法。这种方法是目前在小范围的酒店市场需求预测中经常使用的一种预测方法。这种方法中的行业专家指的是对所预测的有关酒店市场需求问题有一定的研究或比较熟悉的专业人士。

（2）专家会议法。

专家会议法是指由酒店营销人员邀请有关的行业专家一起对所预测的酒店市场需求问题进行讨论，最后得出预测结果的一种方法。

（3）专家调查法（德尔菲法）。

专家调查法即德尔菲法。它是美国兰德公司在20世纪40年代末首创的，是一种通过对行业专家"背靠背"（专家互不见面）征询的方式进行预测的方法。使用这种方法预测，专家的选择非常重要。要求所选的专家必须分别熟悉与预测对象有关的不同方面，即选择专家具有针对性。同时要对专家调查的意见进行科学的统计分析，如果统计结果表明专家的意见比较分散，就要重新设计调查表，进行新一轮调查；如果专家意见比较集中，就可得出最终的预测结果。利用这种方法既可以集中发挥专家个人判断法和专家会议法的优点，又可避免这两种方法的缺点,因而在酒店市场预测中被经常使用。

3. 酒店消费者意见调查预测法

这种方法是指酒店营销调研人员通过访问、座谈、电话、信函和现场投票等方式,了解酒店消费者的需求情况和意见、掌握酒店消费者购买意向、分析预测未来酒店消费需求特点和变动趋势的一种方法。

(二) 定量分析预测法

定量分析预测法是指依据历史和现实的数据资料,利用统计方法和数学模型近似提出预测对象的数量变动关系,并据此对预测对象做出定量测算的预测方法。

定量分析预测法有很多,比如简单平均法、移动平均法、指数平滑法、因果关系法等等,其中简单平均法和移动平均法是比较常用而且简单易行的两种方法。以下重点介绍三种方法。

1. 简单平均法

简单平均法即算术平均法,是指使用预测对象过去时期的算术平均值预测未来变化趋势的一种方法。算术平均值的计算公式为

$$\bar{x} = \frac{1}{n}\sum_{t=1}^{n} x_t$$

式中:

x_t——第 t 期酒店预测对象的实际值;

n——历史资料的期数;

$\bar{x}$——n 期的算数平均值。

用这种方法进行预测,下一期($n+1$)期的预测值就是前 n 期的算术平均值,即

$$f_{n+1} = \bar{x}$$

例如:某酒店产品 2004 年 1 月至 6 月的销售额分别为 22 万元、25 万元、24 万元、26 万元、27 万元、25 万元,以 6 个月的销售额的平均数作为下一个月的预测值,计算过程如下:

$$预测值 = \frac{1}{n}\sum_{t=1}^{n} x_t = \frac{22+25+24+26+27+25}{6} = 24.8 万元$$

2. 移动平均法

移动平均法是以假定预测值同预测期相邻的若干观察期数据有密切关系为基础的。移动平均法是将不同观察期的数据资料给予不同的权数,然后加以平均,计算预测值的方法。

移动平均法的公式为

$$P_t = \frac{X_t + X_{t-1} + X_{t-2} + \cdots + X_{t-n} + \cdots + X_1}{n}$$

式中:

P_t——第 t 时期的移动平均值;

X_i——i 时期的观察值($i=t,t-1,\cdots,t-n+1$);

n——移动期数。

移动平均法的预测值为

$$\hat{Y}_{t+1} = 1 = p_t + (p_t - P_{t-1})$$

式中：

$\hat{Y}_{t+1}$——$t+1$时期的预测值。

3. 指数平滑法

指数平滑法是根据过去和目前的原始数据，解释时间序列的波动并做出预测的方法，这种方法比较适合近期预测。指数平滑法通过计算本期和所有前期的指数加权平均数，从中确定一时间序列的修正值，其公式为

$$p_t = 1 = ap_t = (1-a)\overline{p}_t$$

式中：

p_{t+1}——下一期的销售预测；

p_t——在t期间的销售额；

$\overline{p}_t$——在t期间的平均销售额；

a——平滑系统（$0 \leqslant a \leqslant 1$）。

其中，a是个经验数据，其大小根据经验选取。a取值越大，预测值越接近于上期实际值。a取值越小，预测值越接近于上期预测值。只有将定性预测和定量预测的方法结合起来，才能取得良好的结果。因为定性预测和定量预测虽然属于两类性质不同的预测方法，但在实际使用时，这两类方法联系密切，尤其是使用定量预测方法时，往往要借助于定性预测方法的补充来使预测结果更准确。

本章小结

内容提要

酒店市场信息是反映酒店内外营销环境要素特征及发展变化情况的各种消息、资料、数据、情报等的统称，市场信息具有广泛性、资源性、时效性、连续性、公用性的特点。

每一家酒店必须为其市场营销经理组织市场营销信息流。许多酒店研究其市场营销经理所需要的信息，设计市场营销信息系统（Marketing Information System，MIS），以满足对市场营销信息的需要。

酒店市场营销调研着重研究酒店市场现状，酒店市场预测则着重研究酒店市场未来的变化。可在实际工作中市场调研和预测是分不开的，必须把两者有机地结合在一起。但这两类研究又有一定差别，各自有其专门的方法和理论基础。掌握这些理论与方法，对于做好市场研究工作，是十分必要的。

酒店进行准确的市场预测，可以为酒店制订经营计划和经营决策提供可靠依据，进而开拓更广阔的酒店市场。酒店市场预测是指在酒店市场调研的基础上，运用科学的方法，对酒店市场的发展趋势以及与之相联系的各种因素的变化进行预见、判断和测算。

核心概念

酒店市场信息；酒店营销信息系统；酒店市场调研；酒店市场预测

> **重点实务**

酒店通过市场调研设计满意度调查问卷,针对调查结果,分析相关原因,撰写调查报告。

> **知识训练**

一、简答题

1. 酒店市场调研的程序是怎样的?
2. 审查和评估二手资料的标准有哪些?
3. 怎样处理调研结果?
4. 什么是专家意见法,包括哪些内容?

二、讨论题

1. 理想的市场营销信息系统应具备的素质有哪些?
2. 问卷设计应注意哪些问题?

> **能力训练**

一、理解与评价

为什么现在网络上实施调研的方法被越来越多的企业采用,分析其原因及优势。

二、案例分析

北京长城饭店的日常调查

背景与情境:北京长城饭店是1979年6月由国务院批准的全国第三家中外合资合营企业(由美国喜来登公司管理)。1983年12月试营业,是当时北京6家五星级酒店中开业最早的酒店,是北京第一座玻璃大厦,北京20世纪80年代十大建筑之一。随着改革开放的深入发展,北京新建的大批高档酒店投入运营,酒店业竞争日益加剧。长城饭店之所以能在激烈的竞争中立于不败之地,成为京城酒店的佼佼者之一,除了出色的优质服务和推销工作外,酒店管理者认为公共关系工作在塑造酒店形象上发挥了重要的作用。

一提到长城饭店的公关工作,人们立刻会想到那举世闻名的里根总统答谢宴会、北京市副市长证婚的95对新人集体婚礼、颐和园的中秋赏月和十三陵的野外烧烤等一系列使长城饭店声名鹊起的专题公关活动。长城饭店的大量公关工作,尤其是围绕为客人服务的日常公关工作,源于它周密系统的调查研究。

长城饭店日常的调查研究通常由以下几个方面组成。

(一)日常调查

1. 问卷调查

相关人员每天将问卷表放在客房内,表中的项目包括客人对酒店的总体评价,对十几个类别的服务质量评价,对服务员服务态度的评价,以及是否加入饭店俱乐部和客人的游历情况等等。

2. 接待投诉

几位客务经理24小时轮班在大厅内接待客人,听取反映情况,随时随地帮助客人处理困难、受理投诉、解答各种问题。

(二)月调查

1. 顾客态度调查

每天向客人发送喜来登集团在全球统一使用的调查问卷,每日收回,月底集中寄到喜来登集团总部,进行全球性综合分析,并在全球范围内进行季度评比。根据量化分析,对全球最好的喜来登酒店和进步最快的酒店给予奖励。

2. 市场调查

前台经理与在京各大酒店的前台经理每月交流一次游客情况,互通情报,共同分析本地区的形势。

(三)半年调查

喜来登总部每半年召开一次世界范围内的全球旅游情况会,其所属的各酒店的销售经理从世界各地带来大量的信息,相互交流、研究,使每个酒店都能了解世界旅游形势,站在全球的角度商议经营方针。

这种系统的全方位调研制度,宏观上可以使酒店决策者高瞻远瞩地了解全世界旅游业的形势,进而可以了解本地区的行情;微观上可以了解本店每个岗位、每项服务及每个员工工作的情况,从而使他们的决策有的放矢。

问题:

1. 本案例中,北京长城饭店用了什么调查方法?
2. 北京长城饭店的调查方法有什么特点?为什么能获得成功?

第五章
顾客购买行为分析

学习目标

通过本章学习,了解酒店消费者购买行为的概念、类型,掌握影响酒店消费者购买行为的各种因素,熟悉酒店消费者购买决策的过程。

引例:丽思·卡尔顿酒店的著名信条

背景与情境: 丽思·卡尔顿酒店是全球较豪华的酒店品牌之一,上海的波特曼大酒店就是由丽思·卡尔顿经营。该酒店的著名信条是:"在丽思·卡尔顿酒店,给予客人以关怀和舒适是我们最大的使命。我们保证为客人提供最好的个人服务和设施,创造一个温暖、轻松和优美的环境。丽思·卡尔顿酒店使客人感到快乐和幸福,甚至会实现客人没有表达出来的愿望的需要。"丽思·卡尔顿酒店吸引了5%的高层职员和上等旅客。超过90%的丽思·卡尔顿酒店的顾客仍回该酒店住宿。尽管该酒店的平均房租高达150美元,全球丽思·卡尔顿酒店的入住率高达70%。而丽思·卡尔顿酒店恰恰是提出"照顾好那些照顾顾客的人"。丽思·卡尔顿酒店在挑选职员时,就像酒店质量部门副经理帕特里克·米恩(Patrick Mane)说的那样"我们只要那些关心别人的人",对服务人员极为严格的挑选和训练,使新职员学会悉心照料客人的艺术,还培养职员的自豪感。丽思·卡尔顿酒店的职员们都理解他们在酒店的成功中所起的作用,正如一位职员所说:"我们或许住不起这样的酒店,但是我们却能让住得起的人还想到这儿来住。"丽思·卡尔顿酒店承认和奖励表现杰出的职员。根据它的"五星奖"方案,丽思·卡尔顿酒店向杰出的职员颁发各类奖章、"黄金标准券"等作为奖励。酒店的职员流动率低于30%,而其他豪华酒店的职员流动率达到45%。

(资料来源:https://www.docin.com/p-1007796069.html.)

丽思·卡尔顿酒店通过良好的服务培养了客人的品牌忠诚,让入住客人在住店选择时依然会选择丽思·卡尔顿酒店,回头率高。丽思·卡尔顿酒店的成功在于坚守了"要照顾好顾客,首先必须照顾好那些照顾客的人"这一原则,职员会提供高质量的服务价值,因而会带来满意的顾客,感到满意的顾客又反过来会给企业创造利润。

第一节 酒店顾客购买行为类型

酒店的经营、管理、营销都是围绕客人的需求进行的,因此对客人的消费规律进行分析是必不可少的。从表面看,街上的行人,各奔东西,有的去超市,有的去服装店,有的买房子,有的买汽车,杂乱无章。其实,如果细心地分析,任何群体的行为都有其规律可循。

消费者行为分析是营销人员进行营销决策和制定营销策略的基础,营销人员必须首先了解市场上消费者的需求,然后根据其需求相应地调整营销策略。在营销学上,体现为从销售额导向顾客导向转变,它推动了消费者行为学的研究。

消费者是市场的主人,是酒店开展市场营销活动的最终对象。在商品经济发达的社会,人们的消费需求都是依赖市场得到满足的。因此,研究消费者的需求及其影响因素,研究消费者购买行为及其规律,对于满足消费者的需求,有效地开展市场营销活动具有十分重要的意义。

一、酒店顾客购买行为的含义

酒店顾客购买行为是指酒店产品购买者在收集产品有关信息的基础上,选择、购买、消费、评估产品过程中的各种行为表现。

行为科学家科特·莱文(Kurt Levin)用下列公式描述人类的购买行为:

$$CB = f(P \cdot s \cdot e)$$

式中:

CB——消费者的行为;

P——消费者个人的特点;

s——社会影响因素;

e——环境影响因素。

以上公式也同样适用于描述酒店消费者的购买行为,即酒店消费者购买行为是酒店消费者个人特点、社会影响因素及环境因素三个变量的函数。其中,酒店消费者个人特点包括消费者的年龄、职业、生活方式、自我观念、个性、经济状况、需要、动机、态度等;社会影响因素包括文化、社会阶层、家庭、角色与地位等;环境因素包括产品、价格、服务等。这三个变量相互依存、相互作用。

知识链接

如何看待"90后"消费行为

"90后"已经逐渐成为酒店消费市场的主力军。QQ、微信让他们能随时随地与外界交流信息、分享动态并受到反馈;外卖App让他们用不着花冗长的时间做饭,也不用出门去餐厅,在家就能享用品类丰富的食物。面对多元、随时可被满足的消费选择,年轻人停留在某个产品、品牌上的时间和耐心都极其有限,有一个英文缩略语可以描述这种心理:IWWIWWWIWI,即"I want what I want when and where I want it"的缩写。翻译过来即为"我想要的,此刻就要;我想要的,在这就要"。体现出年轻一代"即时消费"的行为习惯。他们很少为了买一个消费品而计划、斟酌,而是在商品符合自己当下期待时就迅速出手。在消费者逐渐呈现年轻化的今天,阅后就买、喜欢就购的消费行为会越来越普遍。

二、酒店顾客购买行为的类型

消费者在现实的购买活动中,受个人特点、社会影响因素和环境因素的影响,呈现出复杂多样的购买行为。根据酒店消费者购买目标的确定程度与决策行为及酒店消费者的性格特点的差异,以及酒店消费者的购买兴趣表现、能力表现,我们可以大致进行以下归类研究。

1. 根据酒店消费者购买目标的确定程度与决策行为分类

(1) 全确定型。

这种类型是指酒店消费者在购买行为发生之前,就已有明确的购买目标和具体要求(如酒店产品的类型、数量、价格),他们根据已经确定的目标和要求挑选酒店产品并毫不迟疑地买下。这种情况下的酒店消费者通常不会花费太多时间去选择酒店产品,也不太在意酒店营销人员的介绍和提示,他们购买的此类酒店产品一般属于价格适中且经常购买的酒店产品。如高级商务客人选择自己偏爱的某一品牌酒店。在此情况下,酒店营销人员应在酒店产品的品质、服务与价格等方面,保持一定的水准,并通过增加产品新特色及实行价格折扣和额外赠品等方式,吸引消费者。

(2) 半确定型。

这种类型是指酒店消费者对酒店产品有大致的购买意向,但具体目标和要求不明确,他们需要经过对同类酒店产品比较后才能做出购买行为。这种情况下的酒店消费者一般需要搜集各方面的信息,以降低不太熟悉的酒店产品的购买风险。

(3) 不确定型。

这种类型是指酒店消费者没有明确的购买目标,购买与不购买都是随意的,不确定型的购买行为。一般酒店消费者在选择不太熟悉且价格较昂贵的酒店产品时,一般会出现较大的随机性。

2. 根据酒店消费者的性格特点分类

(1) 习惯型。

这种类型是指酒店消费者凭借以往的购买经验和消费习惯采取的一种反复性的购买行

为。这种购买行为类型即前文中我们提到的全确定型,它是基于酒店消费者对某种酒店产品十分熟悉且信任的特殊感情基础之上的。这类酒店消费者选择某类酒店产品一般不大受时尚流行的影响。

(2) 理智型。

这种类型是指酒店消费者在实际购买前已通过收集酒店产品的信息、了解市场行情,并经过慎重权衡利弊才做出最终购买决定的购买行为。这类酒店消费者一般计划性强、稳重、有主见,并且熟悉市场行情,乐于收集信息,经验比较丰富,对酒店产品的品质、特征、用途、价格等都有自己的见解,主观性强,不易受外界因素的影响。

(3) 经济型。

这种类型是指酒店消费者对酒店产品的价格十分敏感的购买行为,又称价格型。这类酒店消费者特别重视酒店产品的价格。其中一种类型(又称豪华型购买行为)的人专爱购买高价酒店产品,如五星级宾馆,他们认为高价不仅意味着高质量,还可以体现购买者的经济实力或较高的身份与地位。这类酒店消费者追求个性化需求的满足、上档次的产品和服务、较有知名度的品牌,购买者比较挑剔。另一种类型(真正经济型)的人由于受经济能力制约或因为图实惠,讲求实用价值,则倾向选择价格较为低廉的酒店产品,他们往往善于发现别人不易觉察到的酒店产品的价格差异,并花费较多精力了解酒店产品的价格及相关信息,希望买到价廉物美的酒店产品。

(4) 冲动型。

这种类型是指酒店消费者受现场环境的激发,以直观感觉为主,未经事先考虑,临时做出决定的购买行为。这类酒店消费者性格一般较外向,在购买时语言直率、意图明确、态度明朗、成交迅速。他们易受宣传广告和产品外观的影响,从个人兴趣出发,喜欢追求新产品。

(5) 感情型。

这种类型是指酒店消费者根据情感的反应进行酒店产品购买的行为,又称想象型。这类酒店消费者的想象力和联想力都较丰富,容易心血来潮,衡量酒店产品时容易受感情左右,也容易受广告宣传诱导。他们不善于思考和推理,注意力容易发生转移,兴趣容易发生改变。若处于情绪抑制状态,会产生消极情绪而中断购买。

(6) 疑虑型。

这种类型是指酒店消费者在购买酒店产品前"三思而后行",购买后还疑心上当受骗的购买行为。这类酒店消费者一般性格内向、言行谨慎、多疑,对营销人员抱有不信任感。他们一般沉默少言,对宣传介绍不感兴趣,购买商品凭个人的内心体验和自我评价,往往犹豫不决或过分挑剔。

(7) 随意型。

这种类型是指酒店消费者在购买酒店产品时无固定偏爱,一般为顺便购买或尝试的购买行为,又称不定型。这类酒店消费者或者缺乏购买经验,或者缺乏主见,心理尺度尚未稳定,既不苛求也不挑剔,购买行为也比较随便。

同步案例　华住酒店：和消费者谈一场恋爱

作为酒店行业的"领头羊"，华住集团具有很高的知名度与良好的品牌形象，但是如何保持这一良性的发展趋势，一直在市场上保持增长的态势是华住集团常常进行思考与探究的问题。华住酒店CMO王玲将消费者比喻成品牌的恋爱对象，从长度、广度和精准度三个层面对华住保持成功的奥秘进行了解析。

1. 拉近互动接触时间

在长度上，要拉近和消费者的互动接触时间，围绕消费者的小生命周期，覆盖消费者的大生命周期。围绕消费者的大小生命周期，华住集团将服务详细渗透到了消费者行为的每一阶段，从诞生预订想法、自助选房到入住结束，华住集团都从消费者角度出发，体会消费者切身的感受。品牌所做的事情，所有打造的产品和场景，都是围绕着消费者体验所进行的。

2. 创建接触场景

在广度上，品牌要努力去创建和消费者的接触场景。华住酒店深入挖掘了消费者的商旅出行痛点，从消费者心理出发，打造了多元化的一站式移动交互平台，从消费者的需求出发，满足消费者全周期的移动客户体验。Hello华住的个性化需求服务、行程助手的人性化服务都是华住集团在创建与消费者的接触场景上的成功尝试。同时，充分提升会员便利性的增值服务，在提升消费者好感度的同时，培养消费者的忠诚度。无需等待零秒退房、带消费者玩转积分、陪消费者一起玩游戏，华住集团贴心的服务紧紧围绕着其企业观念核心——与消费者谈一场恋爱。

3. 懂得消费者心思

在精准度上，品牌应该懂得消费者的小心思。华住集团为会员进行了学科的标签定位，用以进行正确而精准的整合营销。根据打的标签，根据不同场景，华住集团得以分门别类地为不同目标受众予以精准推送。线上的触点交互、线下的场景关联，华住酒店集团实践了多场景精准营销。

提及华住集团与消费者的"恋爱秘籍"，王玲如此说："第一花时间陪她，第二出现在她想要的地方，第三，最重要的是打开她的心门。"企业品牌保持成功的奥秘就在于"善解人意"，只有把消费者当作品牌的恋爱对象时，才能全方位地、细致而微地满足不同客户的多种需求，真正做到提升用户体验感、提升品牌形象的效果。

（资料来源：http://www.gdmschina.com/zh/2018/01/23/hz98383/.）

（华住集团宣传片视频链接：https://v.qq.com/x/page/v03081xyaro.html.）

三、酒店顾客购买行为的模式

人的行为与意识是紧密联系的，酒店消费者的行为是在酒店消费者意识的支配下产生的，它是酒店消费者心理活动的外在表现。心理学"刺激-反应"（S-R）学派的研究成果表明，人们行为的动机是一种内在的心理活动，是一种看不见、摸不着的"消费者黑箱"，这种基于心理活动的"黑箱"（black box）必须在外部的刺激下，才能引起行为，如图5-1所示。

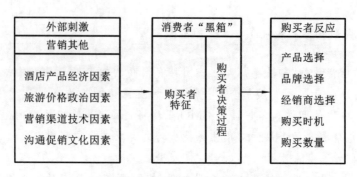

图 5-1 酒店购买行为的"黑箱"模式

从图 5-1 可见,酒店购买行为的外部刺激因素包括两类:一类是酒店企业的营销刺激,即酒店市场上各类酒店产品品牌、价格、营销渠道、沟通与促销等信息对酒店消费者的刺激;另一类是其他刺激,包括酒店消费者所处的政治、经济、技术、文化等社会环境的刺激。消费者"黑箱"由购买者特点和购买决策过程两部分组成,刺激经过"黑箱"后的反应所显示的最终结果是购买者对酒店产品、经销商、购买时间、购买数量的选择。

四、酒店顾客购买行为的研究意义

通过分析酒店顾客购买行为,可把握顾客的行为特征,更好地为其服务。其研究意义具体表现在三个方面。

1. 酒店顾客购买行为是酒店市场营销决策的基础

研究购买行为是酒店市场营销的重要任务,现代酒店市场营销所奉行的是以顾客为中心的经营理念,要求通过发现顾客需求、满足需求来谋求企业利益。因此研究酒店顾客购买行为,有助于企业找准市场目标,提供受酒店顾客欢迎的酒店产品和服务,以符合酒店顾客的要求的营销组合去适应酒店市场。

2. 酒店顾客购买行为是酒店企业提供个性化服务的条件

经营者研究酒店购买行为,充分关注不同类型酒店顾客的需求特点,提供不同酒店产品和服务,以满足酒店消费者个性化需求,形成本企业经营特色。

3. 酒店顾客购买行为是酒店企业引导购买行为的前提

研究旅游购买行为,有利于企业正确引导购买行为,通过针对性的营销刺激,使购买行为朝着有利于企业的方向发展。

第二节 酒店顾客购买行为的过程

酒店顾客对酒店产品的购买活动,是通过一定的购买过程来完成的。通过对购买过程的分析,可以使酒店市场营销人员针对每个程序中酒店顾客的消费心理与行为特点采取适当的措施影响酒店顾客的购买决策,从而促使营销活动顺利完成。

酒店顾客的购买过程,是一个相互关联的购买行为的动态系列,在实际购买之前就已开始,并且延伸到购买之后的很长一段时间才会结束。它一般被分为五个具体步骤,如图5-2所示。

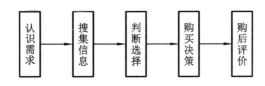

图 5-2　酒店消费者购买决策过程

一、认识需求

购买决策的过程始于认识需求,即人们认识到自己对酒店产品的需要。这种需求可能由内在刺激物引起,如日常工作过于紧张、身心疲惫需要休息;也可能由外界刺激引发,如亲朋好友对某个酒店产品的极力推荐。内在刺激源于酒店顾客的生理需求,外在刺激则包括一切能够激发酒店顾客的消费动机的因素。但在一般情况下,这一需求是两方面共同作用的结果。

对于酒店营销人员而言,他们必须了解自己的酒店产品可以满足顾客哪些内在需求,另一方面通过哪些外在刺激引发人们对酒店产品的需求。一种酒店产品能够满足酒店顾客的需求越多,就越受酒店顾客的欢迎。在这一阶段,酒店营销人员要努力唤起和强化顾客的需要,并协助他们确认需要、创造需求。

> **知识链接**　　　　　　　　　　香气引得客人来
>
> 20世纪40年代,华人企业家刘先生在国外从经营中餐馆起步。由于资金少,付不起繁华路段店铺租金,只好租一家较偏僻的店铺开中餐馆。刚开始生意很清淡,眼看入不敷出,就要倒闭。刘先生分析原因后认为是大街上的行人不知道地处相隔大街道20米远的小街巷的中餐馆,市容管理当局又不允许打太显眼的路牌广告。经过一番苦思冥想,刘先生决定用小型鼓风机通过管道把炒菜的蒸汽往大街上吹,每天一到中午11:00或晚上6:00,大街上飘散着淡淡的菜香,吊起了许多行人的胃口,客人循着香气找来,餐馆的生意从此兴隆,一发不可收拾。数十年后,刘先生已是一位小有名气的企业家,当谈到发迹史时,他风趣地说"香气引得客人来"。
>
> 理解要点:本案例中的企业家通过香气外在刺激引发人们对餐厅的需求。在研究消费者的购买动机和心理后,抓住消费者心理,营销策略就会有无穷的魅力。

二、搜集信息

搜集信息是购买决策的调研阶段。人们认识到自己对某个酒店产品的需求后,就会对顾客信息产生兴趣,因而有意识地去搜集相关信息,以加深认识。一般而言,酒店顾客的信息来自以下四个方面,如图 5-3 所示。

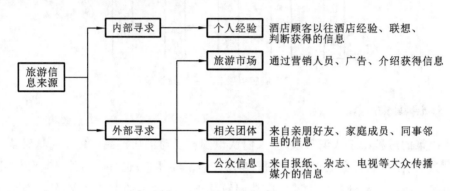

图 5-3 酒店信息来源示意图

通常,酒店顾客获得的酒店商品信息,大部分来源于市场,但影响力最大的是相关团体。酒店顾客对此获得的信息越丰富,就越有利于做出购买决策。正是如此,酒店企业应十分重视信息来源的作用,以优质产品、温馨服务赢得酒店顾客的口碑,发挥其影响潜在酒店顾客决策的作用。正如一家酒店在意见簿的扉页上写下这样一段耐人寻味的话:"如果您满意,请告诉您的亲朋好友;如果您不满意,请告诉我们。我们将努力做得更好,直到您满意。"所以,酒店营销人员必须不定期做市场调查,了解酒店顾客对酒店产品的信息来源渠道,从而制定有针对性的信息沟通方案,以增强酒店顾客对酒店产品的了解和信任。

三、判断选择

潜在顾客通过各种渠道得到酒店信息后,会对这些信息进行评估判断,在各种备选方案中进行比较,经综合评价后做出抉择。在评估判断阶段,潜在顾客往往对酒店产品质量、品牌、价格、服务等方面较为关注;不同的人在评估同一酒店产品时,所关注的重点往往有较大差异,如有的人更关注质量、有的人更关注品牌、有的人更关注价格、有的人更关注环境氛围。但无论如何,"利益"是人们酒店行为决策过程中寻求的东西、评价的标准。

在酒店顾客评估选择过程中,以下几个方面需要酒店营销人员注意:酒店产品的属性、对不同酒店顾客而言各种不同属性的重要性程度、酒店产品的品牌信念、酒店产品每一属性的效用函数、酒店顾客评估程序。此外,酒店营销人员在制定产品策略时,还可以考虑以下三个方面。

(1)实行"实际的重新定位",即改进酒店产品的质量和性能,使之尽量接近酒店顾客的需要。

(2)实行"心理的重新定位",即通过广告宣传报道等系列措施,设法转变酒店顾客对有关酒店产品不切实际的观念和期望,帮助酒店顾客正确认识产品性能差异。

(3)实行"竞争性反定位",即向酒店顾客宣传酒店产品的相对竞争优势,消除某些顾客对酒店产品的竞争误会。

四、购买决策

在经过评估判断后,潜在酒店顾客对于可供选择的酒店若干品牌产品,按其符合自己心意的程度排出次序,通常会选择信用程度最高的酒店产品优先购买。从购买意图的初步形成到实际购买,还会受到别人的态度和意外情况这两个因素的影响,如图5-4所示。

图5-4 酒店消费者购买决定的形成

(1)别人的态度。

别人的态度时常会改变潜在购买者的初步购买决定,特别是来自权威人士、意见领袖及与本人关系十分密切的家人等的反对态度都有可能促使其修改购买决定。如父母决定携小孩去某酒店就餐,到该酒店门口后,小孩指着对面麦当劳说"很好玩",拉着父母要求去,父母只好改变原先决定,依小孩的心愿去对面麦当劳用餐。

(2)意外情况。

酒店购买决策都是在一定的预期情况下决定的,一旦出现意外情况,人们会更改已经做出的购买决定。如购买者原定出行时间另有加班任务,或到购买现场后对服务不满意等都会导致购买者修改、推迟或取消某个购买决定。因此,酒店营销必须尽可能减少酒店顾客可能承担的风险,令顾客对酒店产品产生信赖与认可。

五、购后评价

购后评价是购买决策的"反馈"阶段,它是本次购买的结束,也是下次购买与否的开端。潜在购买者实际购买后,并不意味着酒店企业营销工作的结束。由于酒店产品主要是无形产品,购买风险较大,酒店购买者预期效果和实际效果差距较难预料,只有在消费过程中才能做出评价。当酒店顾客认为买到期望的酒店产品时,就会认可该项酒店产品,如果不满意其服务与质量,就会选择今后购买其他酒店产品。

酒店顾客对酒店产品的预期与感受到的使用效果间的关系:当酒店产品符合酒店顾客的期望,酒店顾客购买后就会比较满意;反之,期望与现实差距越远,酒店顾客的不满就越大。因此,酒店企业应重视酒店顾客的购后评价,建立必要的购后沟通渠道,做好售后服务,进行必要的宣传,使酒店顾客相信购买行为的正确性。

第三节 影响酒店顾客购买行为的因素

酒店顾客的具体购买行为虽然千差万别,但是,影响酒店顾客购买行为的因素只有两类:一类是酒店顾客自身因素,如心理因素等;另一类是外部因素,如文化因素、社会因素、自然环境与交通因素等,如图 5-5 所示。

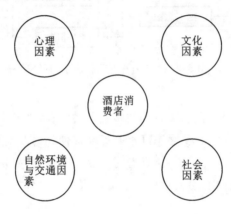

图 5-5 影响酒店顾客购买行为的因素

一、文化因素

文化包括人们的价值观念、生活方式和审美观念及行为模式。文化作为企业市场营销活动中一种宏观环境因素,它往往决定着一个社会的消费习俗、伦理道德、价值观念和思维方式等。所以文化因素对消费者购买行为影响最为深刻。

一种文化会有与另一种文化不同的习俗,如西方国家的圣诞节、中国的春节等节庆活动都反映了不同的文化习俗。文化背景的差异还体现在民族、民俗风情上,不同民族有不同的民族风情,同一民族也有不同的民俗。不同文化背景下,饮食习惯也有较大的差异,如大多数中国游客习惯吃中餐,享用西餐的购买行为则较少。这些都是影响酒店顾客购买行为的重要因素。追求差异性文化的审美要求也是人们入住酒店的重要因素。

在全球化时代,进行跨文化沟通、减少不同文化冲突是开展跨文化酒店市场营销的基础,提供让文化背景迥然不同的游客皆大欢喜的酒店产品和服务,带给游客以文化的享受,是酒店企业影响酒店顾客购买行为的成功之举。许多著名的酒店产品和项目都是借助文化打响品牌的。

同步案例

酒店设计案例:东南亚酒店的地域文化特征

二、社会因素

影响顾客购买行为的社会因素有四类,它们分别是社会阶层、相关群体、家庭、角色与地位。

(一)社会阶层

一定的社会阶层中的成员,一般具有相同的价值观、兴趣等。但由于不同职业、收入、教育和价值倾向等会形成不同的阶层,拥有明显不同的价值观念、生活习惯和消费行为。例如,商务客人一般选择入住星级酒店,选择飞机作为交通工具。而一般工薪阶层和青年学生则选择普通招待所,选择汽车、火车作为交通工具。西方社会各阶层旅游购买行为特点如表5-1所示。

表5-1 西方社会各阶层旅游购买行为特点

所属阶层	所占人口比例	成员构成	酒店购买行为特点
上层	1%	名门豪族、商界巨子、世界新贵、高级专业人士	酒店购买行为领导潮流
次上层	1%	未被上层接纳的高级职员、企业家等	愿实施显示身份和地位的酒店购买行为
中上层	12%	有较高收入的专业技术人员、业主、职业经理	热衷于实施参与性强、文化品位高的酒店购买行为
中层	32%	中等收入的白领和蓝领	倾向实施流行酒店产品的购买行为
中下层	38%	中等收入的劳动阶层、半熟练工人	倾向实施购买成熟品牌的酒店产品的购买行为
下层	16%	非熟练工人、失业者	很少购买酒店产品、偶尔实施经济型酒店购买行为

因此,酒店营销人员必须了解不同阶层的特征及心理状态差异,从而更好地对酒店企业进行市场营销决策。

(二)相关群体

相关群体也称参考群众,是指对顾客生活习惯和偏好有直接影响的各种社会关系。一般包括以下几类:一是主要群体,也称紧密型成员团体,即与顾客个人关系密切、接触频繁、对其影响最大的团体,如家庭、朋友、同学、邻居等;二是次要群体,也称松散性团体,即与顾客关系一般、接触不太密切,不保持持续交互影响的群体,如家教组织、行为协会、学生会等;三是崇拜性群体,也称渴望团体,即渴望成为团体中的一员,仰慕此类团体成员的名望、地位,狂热效仿其消费模式与购买行为。这类团体的成员一般为社会名流,如影星、歌星、体育明星、政界要人、学术名流。相关团体对酒店顾客购买行为是潜移默化的,他们的行为与生活方式对人们影响较大,会形成压力或引力,影响顾客的购买态度以及对酒店产品的选择。

(三)家庭

家庭是社会的组成细胞,尤其是像我国这样一个崇尚亲情的国家,它对于顾客的购买行为有很大的影响力。在家庭的影响和熏陶下,顾客形成了不同的价值观、审美情趣、消费习惯和个人爱好。在顾客购买决策中,家庭成员的影响作用是首位的。以家庭权威中心为标准划分的家庭类型有丈夫决策型、妻子决策型、协调决策型和自主决策型四类。不同类型的商品,家庭购买决策的重心也不尽相同。现代酒店企业营销人员在研究中发现,妻子在家庭购买的决策权逐步扩大,孩子也越来越有发言权,特别在那些儿童、妻子、丈夫所谓的"太阳、月亮、星星"式结构的家庭,儿童对一些产品的购买决策有较大的影响力。酒店企业抓住儿童心理,引导儿童购买,会产生以小托大、"一托二"的购买效果,著名的快餐企业麦当劳在中国的成功就是一个很好的范例。酒店产品对于已婚人士来说,一般属于夫妻共同协商决策的商品;对于未婚成年人士来说,一般属自主决策型商品。因而酒店营销人员设计开发酒店产品时必须协调好家庭各方面的需求与兴趣偏好。

(四)角色与地位

每个购买者在社会上都扮演一定的角色,每个角色在社会上都处于一定的地位;在不同的场合,人们的角色也有差别。个人所扮演的每个角色与地位,都会直接影响其购买行为。例如五星级酒店设立的总统套房,也是为顾客的特殊身份地位而设计的。

知识链接 日内瓦威尔逊总统酒店——拥有全球收费最高的酒店套房

以阿尔卑斯山为幕的日内瓦威尔逊总统酒店(见图5-6)坐落在美丽的日内瓦湖湖畔,紧靠日内瓦最美丽的湖滨大道,背依商业区黄金地段,闹中取静。其65%的房间可以看到优美的湖景和布朗克山。日内瓦威尔逊总统酒店装饰综合使用了上等大理石和考究的木质材料,极具现代艺术风格。日内瓦威尔逊总统酒店的皇帝套房当年因4.5万瑞士法郎(现在约合31万多元人民币)一晚的入住费,被《福布斯》评为2003年度全球收费最高的酒店套房。

图5-6 日内瓦威尔逊总统酒店

(日内瓦威尔逊总统酒店视频链接:https://v.qq.com/x/page/q0644qb0w8x.html。)

三、个人因素

顾客的购买行为受个人因素的影响,主要包括年龄及生命周期的阶段性、职业及经济状况、生活方式以及性别的影响。

(一)年龄及生命周期的阶段性

人类在不同的年龄阶段上会有不同的需求和偏好,其购买行为还会随着年龄的增长而不断改变。此外,顾客还会由家庭的生命周期不同,如单身期与新婚期、满巢期、空巢期及鳏寡期而有不同的购买行为。在现实生活中,青年人的购买行为更多地考虑是否新奇、刺激、时尚、新潮,而老年人的购买行为更多考虑是否舒适、健康。酒店营销人员必须注意顾客在人生经历过程中兴趣的变化。

(二)职业及经济状况

职业及经济状况对人们的需求和兴趣也有较大影响,职业决定了人们的收入水平和社会地位,也决定了闲暇时间的多少和分布状况,进而影响到其购买行为。例如医务工作者对酒店住宿的卫生条件可能较为重视,因而,酒店企业对不同的职业对象进行研究分析后,可以开发适合于特定职业顾客需要的产品或服务。

(三)生活方式

生活方式对酒店购买行为也有一定的影响,在顾客具有相同的文化背景、处于相同社会阶层的情况下,生活方式的差异与偏好也会形成不同的消费需求。酒店营销人员需要根据顾客的偏好开发适销对路的产品。不断调整营销策略,加强酒店产品对顾客生活方式的作用。

(四)性别

性别不同,酒店购买行为也会有明显差异。女性比男性更关心酒店产品的安全问题,男性和女性各自需要一些体现性别差异的酒店产品。酒店营销人员可根据性别不同,设计出让男士和女士都能满意的营销组合。

同步案例
2018 年精品酒店消费
需求分析 女性与"90 后"
消费力量不容小觑

四、自然环境与交通因素

影响酒店购买的外部因素除了经济因素、社会因素和文化因素外,还包括自然环境和交通因素。

(一)自然环境因素

自然环境因素是顾客选择酒店目的地的重要参考因素,酒店会优先选择环境质量高的地区入住。

(二)交通因素

交通运输条件是解决顾客可进入性、舒适性问题的基础。有的酒店虽然条件很好,但由于进入的时间成本、金钱成本、精力成本较高,顾客购买兴趣不高;而有些酒店条件一般,但由于交通条件好,顾客购买热情反而很高。

五、心理因素

顾客购买决策通常还要受心理过程的影响,包括需要与动机、知觉、学习及信念和态度等。

(一) 需要与动机

顾客为什么购买某种产品,为什么对酒店的市场营销刺激有着这样或那样的反应,在很大程度上是和顾客的购买动机密切联系在一起的。购买动机研究就是探究购买行为的原因,即寻求对购买行为的解释,以使酒店营销人员更深刻地把握顾客行为,在此基础上做出有效的营销决策。

1. 顾客的需要

顾客需要是指顾客生理和心理上匮乏的状态,即感到缺少些什么,从而想获得它们的状态。需要是和人的活动紧密联系在一起的。人们购买产品,接受服务,都是为了满足一定的需要。一种需要满足后,又会产生新的需要。因此,人的需要绝不会有被完全满足和终结的时候。正是需要的无限发展性,决定了人类活动的长久性和永恒性。

需要虽然是人类活动的原动力,但它并不总是处于唤醒状态的。只有当顾客的匮乏感达到了某种迫切程度,需要才会被激发,并促动顾客有所行动。需要一经唤醒,可以促使顾客为消除匮乏感和不平衡状态采取行动,但它并不具有对具体行为的定向作用。在需要和行为之间还存在着动机、驱动力、诱因等中间变量。因此,需要只是对应于大类备选产品,它并不为人们为什么购买某种特定产品、服务或某种特定牌号的产品、服务提供充分解答。

2. 顾客的动机

一般认为,动机是"引起个体活动,维持已引起的活动,并促使活动朝向某一目标进行的内在作用"。人们从事任何活动都由一定动机所引发。引发动机有内外两类条件,内在条件是需要,外在条件是诱因。需要经唤醒会产生驱动力,驱动有机体去追求需要的满足。由此可见,需要可以直接引发动机,从而导致人们向特定目标行动。

顾客具体购买动机包括如下几个方面。

(1) 身心健康动机。

身心健康动机是为解除身心疲劳,追求生理和心理健康而产生的酒店需求动机。如疗养酒店、度假酒店等。

(2) 社会动机。

社会动机是为社会交往而产生的需要动机,以满足人们对爱和归属感的需要。酒店提供了人们交流的场所。

(3) 求名动机。

求名动机是为体现个人成就和个人发展需要而产生的酒店需要动机。显示名望和地位的酒店是需求对象。

(4) 经济动机。

经济动机是人们为一定经济目的而产生的酒店需求动机,商务酒店产品是需求对象。酒店企业可以通过提供优质酒店产品和有价值的商业信息等来满足客人需要。不同人的酒店购买动机有时基本相同,有时有很大差异。即便是同一个人的酒店购买动机也会因时间、地点的不同而异。

(二)知觉

人们通过自己的身体感觉器官而对外界客观事物的感觉得到的相应信息,再经过大脑筛选加工分析,以个人自己的方式对客观事物进行解释,这就是知觉过程。

知觉过程是一种有选择的心理过程,有以下三种方式。

1. 选择性注意

在现实生活中,人每时每刻都面临着来自各方面的刺激,但最能引起人们注意的情况有三种:一是与人们当前需要有关的;二是预期出现的;三是变化幅度大于一般的、较为特殊的刺激物。因此,引起顾客对酒店产品的注意应当是酒店营销工作者的主要工作。现在许多酒店企业散发附有精美照片的制作精良的酒店产品宣传手册,设计新颖的大幅广告画面、高度概括性或具有幽默感和戏剧性的广告语,其主要目的就是吸引潜在顾客的注意。此外,在酒店淡季,许多酒店企业用价格策略吸引游客,较为明显的价格差异容易激发顾客的消费热情。当前,经济学家和社会学家们探讨的"注意力经济",即通过炒作卖点引发人们的关注而产生经济效应,就是很好地利用了选择性注意这一特点。

2. 选择性曲解

顾客在接受外界事物和信息的刺激时,与原有思维模式相结合来解释外来刺激,从而造成先入为主、按照自身意愿曲解信息的倾向,称作选择性曲解。如某些顾客对某家酒店企业的信誉度感知,若已通过亲朋好友或同事的亲身经历感受形成一定的思维倾向,当外界广告的刺激与其已建立起的感知不一致时,他们往往对广告产生不信任。

3. 选择性记忆

人们对许多已了解的事物,往往只记住那些与自己观念一致的事物。这在顾客的消费偏好中表现得十分明显。顾客对某种品牌酒店产品的钟情而引起再次购买行为的发生,就是选择性记忆作用的结果。

(三)学习

1. 学习的概念

学习是人们在社会实践中,通过不断探索、不断积累知识和经验以适应和改变周边环境的过程。对酒店及其购买行为而言也是如此,一次次成功购买过程就形成一次次经验积累;一次次被诱骗购买的经历同样也是一次次教训的积累。

2. 学习的基本模式

学习理论专家认为,人类的学习是由驱使力、刺激物、提示物(也称诱因)、反应、强化五种要素构成,简称S-R模式,如图5-7所示。

驱使力促使顾客产生购买行为的内在力量,它源自顾客未得到满足的需求;刺激物是减低驱使力使顾客需求得到一定满足的事物信息;提示物则指能够诱发顾客购买行为的所有因素;反应指顾客为满足需求所采取的购买行为;强化是指顾客的购后评价,主要指对刺激物的反应与评价。如果顾客对购买商品的满意程度高,就会形成重复购买,这种"类化"的反应被称作正向强化。与此相对的是负向强化,这种情况下顾客会辨别、区别各种刺激,并调

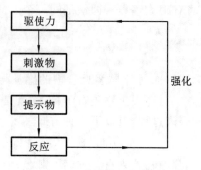

图 5-7 学习的 S-R 模式

节反应。

（四）信念和态度

人们通过学习建立起对酒店产品的信念态度，反过来又影响人们对酒店产品的购买行为。

信念和态度是指人们对某一事物所持的较长期的评价、看法和行动倾向。人们对酒店企业、酒店产品的信念和态度可能是基于实际认识，也可能基于个人见解，有时也可能掺杂个人感情色彩。这种信念和态度一经形成，往往难以改变。

本章小结

内容提要

顾客购买行为是指酒店产品购买者在收集酒店产品有关信息的基础上，选择、购买、消费、评估酒店产品过程中的各种行为表现。顾客是酒店活动的主体，是酒店业赖以生存和发展的因素。顾客的需求及其购买行为是酒店企业制定经营战略的依据和基本出发点。

顾客对酒店产品的购买活动，是通过一定的购买过程来完成的。对购买过程的分析，可以使酒店企业经营者针对每个过程中顾客消费的心理与行为特点，采取适当的措施影响顾客的购买决策。

酒店顾客的具体购买行为虽然千差万别，但影响酒店购买行为的因素却只有两类：一类是酒店顾客自身因素，如个人因素、心理因素等；另一类是外部因素，如文化因素、社会因素、自然环境与交通因素等。了解影响酒店购买行为的因素，有助于酒店企业更好地制定营销策略。

核心概念

顾客购买行为；需要；动机；知觉；学习

重点实务

通过对顾客购买决策的学习，能运用顾客购买决策分析的知识，运用顾客分析的知识，能实施各项营销活动。

知识训练

一、简答题

1. 如何理解和分析市场需求？
2. 相关群体对顾客购买行为有哪些影响？
3. 简述顾客的购买决策过程。
4. 简述社会环境对顾客购买行为的影响。

二、讨论题

1. 购买者做出购买决策时受到哪些因素的影响？
2. 针对不同类型的酒店顾客，酒店应该采取何种营销对策？

能力训练

一、理解与评价

选择一家酒店企业，进行市场调查并小组讨论，确定该酒店的主要需求市场。根据市场结果分析该酒店的顾客消费行为。

二、案例分析

提供个性化的客房服务

背景与情境：刘先生通过参加社会招聘、竞争上岗，到某三星级酒店担任客房部经理。刘先生走马上任后发现，该酒店客房部在过去的经营管理过程中，虽然十分注重向客人提供标准、规范的服务，但是客人却反响平平。经过一段时间的观察，刘先生发现下榻本酒店的宾客以来自中东国家的穆斯林客人为主，为了方便穆斯林客人完成日常的宗教礼仪，刘经理吩咐员工在部分客房的显著位置标明方位，让穆斯林客人在房间里就知道麦加的方向所在，此举赢得了广大穆斯林客人的赞许，客人都纷纷夸奖酒店能够真正想客人所想。不久，刘先生又参考美国酒店业的做法，针对盲人宾客推出了盲人套房：客房的布置与众不同，书架上摆放了声频的、用大号铅字版排版的书籍与杂志，摆放大型的转拨电话机、会说话的温度自动调节器和闹钟，还增加了用盲文印制的说明书等。由于刘先生积极主动地从客人角度出发，想客人所想，在提供规范化服务的基础上，还因人而异地提供个性化服务，客房部的效益逐月上升，住店客人满意度大大提高。

问题：此案例中该三星级酒店提供的个性化客房服务为什么能提高酒店的客户满意度？

第六章
酒店目标市场细分、选择与定位

学习目标

通过本章学习,了解酒店市场细分的意义与方法,懂得酒店市场目标化的概念及策略,知晓酒店市场定位的概念与策略。

引例:细分市场需求:华住发布汉庭优佳品牌对标精准服务

背景与情境: 2017年4月,华住酒店集团推出汉庭优佳品牌,全国首家直营店在7月营业。华住酒店集团前CEO张敏表示,华住内部有一个基本的品牌组合战略,汉庭优佳填补了汉庭2.0产品和华住其他中档品牌之间的空档。"从物业的条件和位置上,每一个品牌对与他相邻的品牌都应有一个相对清楚的错位,所以我们很重要的目标,就是在一个合理的价位上,给到客户一个美好的产品。"

在市场强大需求的推动下,产品差异化、服务多元化将成为酒店发展的强大驱动力。通过科学的调研及精细的数据分析,汉庭精准细分顾客类型,以更加丰富的产品线,差异化对标不同消费者的需求。汉庭优佳希望通过在空间规划和工艺品质上的革命性改造,进一步提升产品整体颜值和品质,为顾客创造实用、精致却并不奢侈的美学慢生活体验。

(资料来源:http://www.myzaker.com/article/5901f2f41bc8e01a0400000b.)

第一节 酒店市场细分

通过以上案例我们可以知道,市场营销就是针对目标顾客运用营销策略的过程。所以选择什么样的目标顾客作为企业的营销对象并且针对这些顾客选择什么样的营销策略非常重要。在酒店市场营销环境分析的基础上,在酒店市场营销战略的指导下,进行市场细分(segmenting)、市场目标化(targeting)和市场定位(positioning),即实行STP营销,是酒店市场营销策划的核心,也是决定酒店市场营销成败的关键。

一、酒店市场细分的含义

市场细分是由美国市场营销学家温德尔·史密斯于20世纪50年代中期首先提出的。它适应了第二次世界大战美国众多产品的市场转化成为买方市场这一新的市场形势,发展了企业营销思想,是企业经营贯彻市场导向这一营销观念和合乎逻辑的产物。

市场细分的理论,是消费者需求的"异质性"引起的。如果按客人需求的差异程度来将市场分类,那么市场可以分为同质市场和异质市场两类。凡消费者或用户对商品的需求、欲望、购买行为和对企业的经营组合策略的反应有一定的一致性,这种产品的市场就是同质市场,如蔬菜市场、食盐市场等。生产和销售此类商品的企业无须进行市场细分。但是,大部分商品市场,由于消费群的需求有较大的差异,这种市场就是异质市场,酒店等面临的市场就属于这一类市场。

在酒店市场上,企业根据消费者的不同偏好,向市场提供不同的产品。酒店为明确经营方向,根据服务对象的需求、购买心理和行为的差异,把企业异质市场划分为若干个子市场,以便有效地调配使用资源进行营销的行为叫酒店市场细分。同一细分市场中的个人、团体和企业有着某种或某些共有的特点,其需求之间的差别很细微,而在各个不同的细分市场之间,消费者的需求则呈现出比较显著的区别。例如:观光消费者往往选择靠近风景名胜的酒店,而商务消费者则倾向于交通便利,并具有良好通信服务的酒店。

二、酒店市场细分的意义

对酒店而言,进行市场细分主要有以下几个作用。

（一）有利于酒店研究潜在市场需求,发现新的市场机会

酒店市场可以分为现有市场和潜在市场,在占有现有消费群体的基础上,进一步争取那些可转化消费者群体的非消费者群体,无疑对酒店是有益的。通过市场细分,酒店可以有效地分析和了解各个消费者群的需求满足程度和市场上的竞争状况,抓住机会制定相宜的营销,就有可能占据市场优势地位。

（二）有利于酒店制定经营策略和调整生产、销售计划

通过市场细分,企业集中了解目标市场的需求和愿望,就可以制定不同的经营方案,更好地研究营销因素组合,以适应各细分市场的要求。由于为不同的细分市场提供不同的酒店产品,采取市场细分策略的酒店更容易觉察和分析消费者的反应,具有更为灵活的应变能力。

（三）有利于酒店提高竞争能力,以较小的投入争取理想的经济效益

确定了目标市场后,酒店可以集中人力、物力、财力,经营适销对路的酒店商品,有的放矢地开展针对性的经营。

(四)有利于酒店确定市场覆盖策略,发挥优势,扬长避短

大酒店往往提供多种产品与服务,最大限度地吸引消费者;小型酒店由于资金、设备和规模的局限,在整体市场或较大的细分市场上无法与大企业竞争。但通过市场竞争,这些小型酒店却可根据其特点针对大企业未曾顾及的某些尚未满足的酒店市场需求,细分出一个小市场,推出合适的产品,也能获得良好的效益。

三、酒店市场细分的方法

(一)酒店市场细分的要求

酒店实施市场细分化策略,必须注意市场细分的实效性。要做到这一点,就必须明确酒店市场细分的要求。

一般说来,酒店要发现和选择有利的细分市场,要注意以下几点。

1. 划分细分市场的特性必须是可衡量的

如果酒店市场的某些因素或特征难以识别与度量,那么它们就不能作为细分市场的依据。因此,在确定划分市场特性时必须考虑其可衡量的特点,从而测定细分市场的规模与购买力。

2. 细分市场的规模必须足够大,而且有一定发展潜力

在进行市场细分时,酒店必须考虑到细分市场上消费者的数量和购买力。为此,市场细分应该从具有潜力的市场起步,处理好当前经济利益与长远利益的关系。

3. 细分市场必须是可以达到的

酒店应该有能力通过各种广告手段,把产品信息传递给细分市场的消费者,而且产品能够通过企业的营销活动,为该细分市场的消费者群体所购买。如果市场难以达到,产品就难以对消费者产生影响,对这种市场进行细分是毫无意义的。

4. 各个细分市场对企业营销组合中任何要素的变动都能做出差异性反应

如果几个细分市场对一种市场营销组合做出相似的反应,就无需为每个市场制定各自的价格策略,这样的市场细分是不成功的。对细分的消费者群,应该统筹考虑他们对所有市场营销组合因素的反应,这样才可能为所选择的目标市场制定出有效的市场营销组合方案。

(二)酒店市场细分的步骤

酒店市场细分活动通常由以下几个步骤组成。

(1)选择好需要研究的酒店产品的市场范围。需要注意的是,这个确定的市场范围的宽度必须适中,要与酒店的自身能力和营销目标联系。

(2)列出这一市场范围内所有潜在消费者的全部需求,从而选出具体的细分变量作为细分形式的细分单位。在进行这项工作时,要注意删除那些具有普遍意义的因素,选出的细分单位要有独特的代表性。

(3)进行调查设计并组织调查活动。通过对相关的酒店产品购买者,尤其是目标顾客的调查,可以深入了解各细分市场的需求与购买行为。

(4)分析调查结果并确定各个可能的细分市场的名称、规模、特征。

(5) 选择细分市场,设计市场营销策略。

(三) 酒店市场细分的方法

酒店要进行有效的市场细分,就必须找到一个适当的和科学的划分市场的依据,其实这个依据就是导致顾客需求出现差异的那些因素。但是酒店整体市场受到顾客的年龄、性别、收入、文化程度、地理环境以及心理因素等诸多因素的影响,不同的顾客通常会产生不同的购买需求与欲望,因而就有了不同顾客的不同购买习惯与购买行为。

此外,顾客购买酒店产品的形式也存在着差别。所以,正因为酒店的客源市场的细分没有一个十分固定的模式,酒店就可以按照这些不同的因素把整个酒店市场划分为若干个市场部分或者是亚市场,酒店借以依赖的这些因素就叫作酒店市场细分的标准,由这些因素所决定的顾客差异就是细分酒店市场的基础。细分酒店市场的标准有很多,其中主要包括地理变数、人口变数、住宿动机变数、购买方式变数、销售途径变数以及其他社会人文变数等。下面我们就简单地介绍一下这几种变数。

1. 按地理变数划分市场

按地理变数就是说按顾客来自的国家、地区和主要城市来划分。这是酒店最常用的也是最基本的一种划分方法。来自不同的国家、地区的顾客由于经济状况不同,消费习惯有异,他们对酒店的服务产品的要求也就产生了不同的偏好。

比如亚洲的客人与来自欧洲的客人在对酒店产品的要求上就产生了很多的差异。亚洲客人比较注重酒店的装饰和设施的精良与齐全,而欧洲客人则强调客房的整洁、卫生与舒适宜人;亚洲客人比较注重自己在旅游时花费在购物方面的金钱,而不太愿意去支付高价来享受高星级的酒店服务;而欧洲客人则强调在高档次的尤其是连锁式的酒店内下榻,其在住宿方面的支出要远远超出亚洲客人。

酒店在了解了顾客的差异之后,可以结合自己的实际情况来采取不同的营销手段招揽和吸引客源,并且以不同的服务与设施装潢去满足他们独特的需求。例如北京的常富宫酒店,它根据本店的客人很多来自日本的特点,特设日本楼层,在这些楼层之中,所有的设施、设备都是日式的,服务人员对客房的打扫也是参考日本的规矩,要脱鞋才可以入内。

按地理变数划分酒店的市场可以通过顾客住店记录表来进行系统分类,其最大的优点就在于这可以使得酒店根据不同地区顾客的需求来设计自己的不同产品。并对分析不同地区消费顾客的需求特点、需求数量及其发展变化的趋势有一定的价值。

2. 按人口变数划分市场

按人口变数划分市场就是将市场按照顾客的年龄、性别、职业、家庭规模、婚姻状况、收入、教育、信仰、种族、国别等为依据划分不同的顾客群体。由于按人口变数划分市场比其他的划分方法更容易衡量与区分,它与顾客的欲望、偏好、文化习惯以及对酒店产品的使用率都有着密切的联系,因此成为酒店细分市场的常用依据。下面我们就简要地介绍几个因素。

(1) 性别。

男性与女性在产品需求与偏好上有很大不同,如对酒店客房的需求,女性顾客希望客房中有梳妆台、较大的卫生间等。

(2) 年龄。

不同年龄的顾客其生活方式、经济条件、旅行方式不尽相同,对酒店产品和服务有不同的要求,如老年人希望自己住得客房离电梯近一些,同时离服务台也近一些,酒店对老年人服务时要有耐心,要多为其提供服务和帮助,热情周到,细致入微。而年轻人则很少有此方面的特殊需求,年轻人观念新,喜欢冒险,追求新的经历和感受,愿意下榻新的酒店,享用新的设施。年轻夫妻是周末市场的重要客源,他们追求宁静、轻松的环境和气氛,希望远离日常生活环境。

(3) 收入。

高收入顾客与低收入顾客在产品选择、休闲时间的安排、社会交际与交往等方面的需求都会有所不同。比如,同是外出旅游,在交通工具以及食宿地点的选择上,高收入者与低收入者会有很大的不同。正因为收入是引起需求差别的一个直接而重要的因素,在酒店市场营销管理中根据收入因素细分市场这种情况相当普遍。

(4) 职业与教育。

按顾客职业的不同、所受教育的不同以及由此引起的需求差别细分市场。比如,由顾客所受教育水平的差异所引起的审美观就具有很大的差异,诸如不同顾客对酒店客房装饰用品的种类、颜色等会有不同的偏好。

(5) 家庭生命周期。

一个家庭,按年龄、婚姻和子女状况,可划分为七个阶段。在不同阶段,家庭购买力、家庭人员对商品的兴趣与偏好会有较大差别。

① 单身阶段:年轻,单身,几乎没有经济负担,新消费观念的带头人,娱乐导向型购买者。

② 新婚阶段:年轻夫妻,无子女,经济条件比较好。购买力强,对耐用品、大件商品的欲望强烈。

③ 满巢阶段一:年轻夫妻,有6岁以下子女。不满足现有的经济状况,注意储蓄,购买较多的儿童用品。

④ 满巢阶段二:年轻夫妻,有6岁以上未成年子女。经济状况较好。购买趋向理智型,受广告及其他市场营销刺激的影响相对减小。注重档次较高的商品及子女的教育投资。

⑤ 满巢阶段三:年长的夫妇与尚未独立的成年子女同住。经济状况仍然较好,妻子或子女皆有工作。注重储蓄,购买冷静、理智。

⑥ 空巢阶段:年长夫妇,子女离家自立。前期收入较高,购买力达到高峰,较多购买老年人用品,如医疗保健品,娱乐及服务性消费支出增加;后期退休收入减少。

⑦ 孤独阶段:单身老人独居,收入锐减。特别注重情感、关注等需要及安全保障。

除了上述方面,经常用于市场细分的人口变数还有家庭规模、国籍、种族、宗教等。实际上,大多数公司通常是采用两个或两个以上人口统计变量来细分市场。

3. 按心理变量细分市场

根据顾客所处的社会阶层、生活方式、个性特点、动机等心理因素细分市场。

(1) 社会阶层。

社会阶层是指在某一社会中具有相对同质性和持久性的群体。处于同一阶层的成员具有类似的价值观、兴趣爱好和行为方式,不同阶层的成员则在上述方面存在较大的差异。很显然,识别不同社会阶层的顾客所具有的不同特点,可对酒店产品的市场细分提供重要的依据。

(2) 生活方式。

通俗地讲,生活方式是指一个人怎样生活。人们追求的生活方式各不相同,如有的追求新潮时髦,有的追求恬静、简朴;有的追求刺激、冒险,有的追求稳定、安逸。这些也是酒店细分市场时要考虑的因素。

(3) 个性特点。

个性是指一个人比较稳定的心理倾向与心理特征,它会导致一个人对其所处环境做出相对一致和持续不断的反应。俗话说"人心不同,各如其面",每个人的个性都会有所不同。

(4) 动机。

按照客人的住宿动机细分市场是酒店广泛采用的一种分类方法。不同类型的酒店按住宿动机细分的市场类别不尽相同。大部分酒店按住宿动机将客人简单地分为两类:一类为公务客人,另一类为观光度假客人。具有不同住宿动机的客人对酒店产品和服务的需求也不同,他们住宿期间的行为方式、消费水平、消费习惯均存在差异。

4. 按行为变量细分市场

根据顾客对产品的了解程度、态度、使用情况及反应等将他们划分成不同的群体,叫行为细分。许多人认为,行为变数能更直接地反映顾客的需求差异,因而成为市场细分的最佳起点。按行为变量细分市场主要包括下列情况。

(1) 购买时机。

根据顾客提出需要、购买和使用产品的不同时机,将他们划分成不同的群体。例如,我国许多酒店利用春节、元宵节、中秋节等传统节日大做广告,借以促进产品销售,追求利益。顾客购买某种产品总是为了解决某类问题,满足某种需要。然而,产品提供的利益往往并不是单一的,而是多方面的。顾客对这些利益的追求时有侧重,如对酒店来说,观光旅游者追求经济实惠、价格低廉,商务客人追求舒适方便,而明星等则偏向于显示其社会地位等。

(2) 使用者状况。

根据顾客是否使用和使用程度细分市场。通常可以分为经常购买者、首次购买者、潜在购买者和非购买者。大型酒店集团往往注重将潜在使用者变为实际使用者;较小的酒店则注重保持现有顾客,并设法吸引竞争对手的顾客。

(3) 使用数量。

根据顾客使用某一产品的数量大小细分市场。通常可以分为大量使用者、中度使用者和轻度使用者。大量使用者人数可能并不很多,但他们的消费量在全部消费量中占很大的比重。例如酒店客户中旅行社、大型公司等成为酒店的主要顾客。

(4) 品牌忠诚程度。

酒店还可根据顾客对产品的忠诚程度细分市场。有些顾客经常变换品牌,另外一些顾客则在较长时期内专注于某个或少数几个品牌。通过了解顾客品牌忠诚情况和品牌忠诚者与品牌转换者的各种行为与心理特征,不仅可为酒店细分市场提供一个基础,同时也有助于酒店了解为什么有些顾客忠诚于本酒店产品,而另外一些顾客则忠诚于竞争酒店的产品,从而为酒店选择目标市场提供依据。

(5)购买的准备阶段。

顾客对不同酒店的了解程度往往因人而异。有的顾客可能对某一酒店服务确有需要,但并不知道该服务的存在;还有的顾客虽已知道该酒店,但对酒店的服务价值、稳定性等还存在疑虑;另外一些顾客则可能正在考虑购买。针对处于不同购买阶段的顾客群体,酒店进行市场细分并采用不同的营销策略。

(6)态度。

酒店还可根据市场上顾客对酒店的热心程度来细分市场。不同顾客对同一酒店的态度可能有很大差异,如有的持肯定态度,有的持否定态度,还有的则处于既不肯定也不否定的无所谓态度。应针对持不同态度的顾客群体进行市场细分并在广告、促销等方面有所不同。

(7)购买方式。

根据购买方式细分酒店市场也是酒店通常采用的一种方法。从客人的购买方式来看,酒店顾客主要分为团队客人和零散客人两大类。团队客人由于一次性购买量大,酒店通常会给予价格上的优惠,而散客对酒店而言则意味着较高的房价和较少的优惠以及由此带来的较高的利润。团队客人一般包括公司类客人、会议旅游者、旅游团、体育代表团和机组人员等。散客一般包括商务散客、个人旅游者、包价客人等。

同步案例 酒店市场细分永不停息——来自万豪酒店的启示

万豪酒店(Marriott)是与希尔顿、香格里拉等齐名的酒店巨子之一,总部位于美国。现在,其业务已经遍及世界各地。

八仙过海,各显神通,不同的企业有不同的成功之道。就酒店业而言,上述企业在品牌及市场细分上就各有特色:希尔顿、香格里拉等这样单一品牌公司通常将内部质量和服务标准延伸到许多细分市场上;而万豪则偏向于使用多品牌策略来满足不同细分市场的需求,人们(尤其是美国人)熟知的万豪旗下的品牌有庭院旅馆(Courtyard Inn)、波特曼丽嘉(Ritz-Carlton)等。

1. 万豪酒店概况

在美国,许多市场营销专业的学生较熟悉的市场细分案例之一就是"万豪酒店"。这家著名的酒店针对不同的细分市场成功推出了一系列品牌:Fairfield(公平)、Courtyard(庭院)、Marriott(万豪)以及Marriott Marquis(万豪伯爵)等。在早期,Fairfield(公平)是服务于销售人员的,Courtyard(庭院)是服务于销售经理的,Marriott(万豪)是为业务经理准备的,Marriott Marquis(万豪伯爵)则是为公司高级经理人员提供的。后来,万豪酒店对市场进行了进一步的细分,推出了更多的旅馆品牌(见图6-1、图6-2)。

在"市场细分"这一营销行为上,万豪可以被称为超级细分专家。在原有的四个品牌都在各自的细分市场上成为主导品牌之后,万豪又开发了一些新的品牌。在高端市场上,Ritz-Carlton(波特曼丽嘉)酒店为高档次的顾客提供服务方面赢得了很高的赞誉并备受赞赏;Renaissance(新生)作为间接商务和休闲品牌与Marriott(万豪)在价格上基本相同,但它面对的是不同消费心态的顾客群体——

图 6-1　纽约的万豪酒店

图 6-2　香港 JW 万豪酒店

Marriott 吸引的是已经成家立业的人士,而"新生"的目标顾客则是那些职业年轻人;在低端酒店市场,万豪酒店由 Fairfield Inn 衍生出 Fairfield Suite(公平套房),从而丰富了自己的产品线;位于高端和低端之间的酒店品牌是 Towne Place Suites(城镇套房)、Courtyard(庭院)和 Residence Inn(居民客栈)等,它们分别代表着不同的价格水准,并在各自的娱乐和风格上进行了有效区分。

伴随着市场细分的持续进行,万豪又推出了 Springfield Suites(弹性套房)——比 Fairfield Inn(公平客栈)的档次稍高一点,主要面对一晚 75 至 95 美元的顾客市场。为了获取较高的价格和收益,酒店使 Fairfield Suite(公平套房)品牌逐步向 Springfield Suites(弹性套房)品牌转化。经过多年的发展和演化,万豪酒店管理的品牌数逐渐增大。

问题: 万豪酒店的市场细分是基于什么样的考虑,对酒店经营有什么启发?

分析提示: 一位哲人曾经说过:"你可以永远取悦一部分人或在一段时间内取悦所有人,但是你不可能永远取悦所有人。"酒店市场也是如此,这里有成千上万的顾客,他们分散于不同地区,有不同的需要和欲望,支付能力和购买方式也千差万别。酒店可以根据自身的优势条件,选择力所能及的、适合自己经营的目标市场,并进行市场细分。

(资料来源:https://www.docin.com/p-904668663.html.)

第二节　酒店目标市场的选择

一、酒店细分市场的评估

目标市场就是酒店决定要进入的市场。酒店在对整体市场进行细分之后,要对各细分市场进行评估,然后根据细分市场的市场潜力、竞争状况、本酒店资源条件等多种因素决定把哪一个或哪几个细分市场作为目标市场。一般而言,酒店考虑进入的目标市场,应符合以下标准或条件。

（一）有一定的规模和发展潜力

酒店进入某一市场是期望能够有利可图,如果市场规模太小或者趋于萎缩状态,酒店进入后则难以获得发展。此时,应审慎考虑,不宜轻易进入。当然,酒店也不宜以市场吸引力作为唯一取舍,特别是要力求避免"多数谬误",即与竞争酒店遵循同一思维逻辑,将规模最大、吸引力最大的市场作为目标市场。大家共同争夺同一个顾客群的结果是,造成过度竞争和社会资源的无端浪费,同时忽略了另外一些顾客的需求。

（二）细分市场结构的吸引力

细分市场可能具备理想的规模和发展特征,然而从盈利的观点来看,它未必有吸引力。波特认为有五种力量决定整个市场或一个细分市场的长期内在吸引力。这五个群体是同行业竞争者、潜在的新参加的竞争者、替代产品、顾客和供应商。他们具有如下五种威胁。

1. 细分市场内激烈竞争的威胁

如果某个细分市场已经有了众多的、强大的或者竞争意识强烈的竞争者,那么该细分市场就会失去吸引力。如果该细分市场处于稳定或者衰退、生产能力不断大幅度扩大、固定成本过高、撤出市场的壁垒过高、竞争者投资很大时,情况会更糟。这些情况常常会导致价格战、广告争夺战,酒店要参与竞争就必须付出高昂的代价。

2. 新竞争者的威胁

如果某个细分市场可能吸引会增加新的生产能力和大量资源并争夺市场份额的新的竞争者,那么该细分市场就会没有吸引力。问题的关键是新的竞争者能否轻易地进入这个细分市场。如果新的竞争者进入这个细分市场时遇到森严的壁垒,并且遭受到细分市场内原来酒店的强烈报复,他们便很难进入。保护细分市场的壁垒越低,原来占领细分市场的酒店的报复心理就越弱,这个细分市场就越缺乏吸引力。某个细分市场的吸引力随其进退难易的程度而有所区别。根据行业利润的观点,最有吸引力的细分市场应该是进入的壁垒高、退出的壁垒低。在这样的细分市场里,新的酒店很难进入,但经营不善的酒店可以安然撤退。如果细分市场进入和退出的壁垒都高,那里的利润潜量就大,但也往往伴随较大的风险,因为经营不善的酒店难以撤退,必须坚持到底。如果细分市场进入和退出的壁垒都较低,酒店便可以进退自如,然而获得的报酬虽然稳定,但不高。最坏的情况是进入细分市场的壁垒较低,而退出的壁垒却很高。于是在经济增长时,大家蜂拥而入,但在经济萧条时,却很难退出。其结果是大家都生产能力过剩,收入下降。

3. 替代产品的威胁

如果某个细分市场存在替代产品或者潜在替代产品,那么该细分市场就失去吸引力。替代产品会限制细分市场内价格和利润的增长。酒店应密切注意替代产品的价格趋向。如果在这些替代产品行业中技术有所发展,或者竞争日趋激烈,这个细分市场的价格和利润就可能会下降。

4. 顾客讨价还价能力加强的威胁

如果某个细分市场中顾客的讨价还价能力很强或正在加强,那么该细分市场就没有吸引力。顾客会设法压低价格,对产品质量和服务提出更高的要求,并且使竞争者互相斗争,所有这些都会使酒店的利润受到损失。如果购买者比较集中或者有组织,或者该产品在购买者的成本中占较大比重,或者产品无法实行差别化,或者顾客的转换成本较低,或者由于购买者的利益较低而对价格敏感,或者顾客能够向后实行联合,购买者的讨价还价能力就会加强。酒店为了保护自己,可选择议价能力最弱或者转换销售商能力最弱的顾客。较好的防卫方法就是提供顾客无法拒绝的优质的产品和服务。

5. 供应商讨价还价能力加强的威胁

如果酒店的供应商能够提高或者降低产品和服务的质量,或者减少供应数量,那么酒店所在的细分市场就会没有吸引力。如果供应商集中或有组织、替代产品少、供应的产品是重要的投入要素、转换成本高、供应商可以向前实行联合,那么供应商的讨价还价能力就会较强。因此,与供应商建立良好关系和开拓多种供应渠道才是防御上策。

(三)符合酒店目标和能力

某些细分市场虽然有较大吸引力,但不能推动酒店实现目标,甚至分散酒店的精力,这样的市场应该考虑放弃。另外,还应考虑酒店的资源条件是否适合在某一细分市场经营。只有选择那些有条件进入、能充分发挥资源优势的市场作为目标市场,酒店才会立于不败之地。

二、酒店目标市场的策略

酒店企业在进行市场目标化过程中,常采用三种市场目标化的策略。这三种策略也可统称为市场覆盖策略。

(一)无差别营销策略

无差别营销策略的内容是:酒店企业把整体酒店市场看作一个大的目标市场,以单一营销组合的手段吸引尽可能多的购买者。这种策略集中考虑酒店者的共同需求,而忽视他们同实际存在的需求差异。

无差别营销策略简化了销售渠道,不需要进行市场细分,降低了生产成本、广告费用、营销调研和管理费用。它的缺点是由于策略本身的单一性,不可能满足形形色色酒店产品消费者的不同需求;当许多同类企业都采用这种策略时,在大的细分市场上,竞争显得集中而激烈,而较少的细分市场的需求又无法得到满足。在我国酒店业初期,采取这种策略的酒店企业较多，酒店方式都是团体酒店，价格单一，广告宣传模式单一。现代酒店市场，特别是国际市场充满着变化，加上消费者越来越要求酒店活动中的自由化、个性化，无差别营销的局限性表现得越来越明显（见图6-3）。

企业营销组合 ——→ 整体市场

图6-3　无差别营销策略

（二）差异性营销策略

差异性营销策略是在市场细分的基础上采取的一种目标市场策略。采取这种策略的酒店企业，针对不同细分市场的特性，设计不同的产品，采取各种营销手段去争取有不同需求的游客。比如，美国旅游酒店针对日本客源市场，采用不同的方式吸引客人。具体做法有：安排专职对日服务人员，提供翻译服务，适当提供日式菜肴，提供舒适的家居便服，培训员工熟悉日本文化等，让客人有"宾至如归"的感觉。

差异性营销策略的优点：较能适应市场竞争，尽力满足若干个消费者群的需要，有可能使企业经济效益得到增长；有利于扩大酒店企业的影响，创立优质"品牌"，更持久地吸引酒店产品购买者。

差异性营销策略的缺点：酒店产品的生产与改良成本、管理成本、推广成本会随着产品品种的增加而提高；又由于推向各目标市场的产品数量较少，限制了销售的大批量性。酒店营销人员在实际工作时要考虑到由差异性营销创造出来的额外销售量应能够抵消成本的上升量，并有盈余（见图6-4）。

企业营销组合1 ——→ 细分市场1

企业营销组合2 ——→ 细分市场2

企业营销组合3 ——→ 细分市场3

图6-4　差异性营销策略

同步案例　比青旅高端、比星级酒店有趣，社交型酒店成消费热点

将客房的面积"无限缩小"的"蜂窝酒店"曾经很受年轻人的欢迎，"蜂窝酒店"将客房的面积"无限缩小"，陈设也随之简单化。社交酒店将设计的重心转移到酒店的公区，将公区做成一个集休闲、娱乐、放松于一体的空间形态，以此来鼓励住客从房间里走出去，酒店也随之变成了一个注重社交功能的空间。

这种带有"社交属性"的酒店并不少见，并且随着消费群体理念的升级呈现出逐渐扩大的趋势，在国内逐渐形成风潮。社交型酒店主要集中在中端酒店领域，近几年，国内酒店集团的巨头（如如家首旅、华住）纷纷推出了社交型酒店品牌，与蜂窝酒店一样，这些酒店大都坚持着"小房间、大公区"的原则，客房面积基本控制在20平方米以内；公共空间才是主角，平均控制在300平方米左右，有的甚至达到了700平方米，可以提供阅读、音乐、排队等各种功能，以此来鼓励客人走进公区。

比如华住旗下的Citigo酒店，致力于将公共空间打造成时尚社区，设有咖啡

吧、餐厅、屋顶花园等功能分区,退化前台的接待功能,取而代之的则是社交、审美、休闲等功能。风靡一时的Citizen酒店、如家首旅旗下的和颐至尊酒店、铂涛旗下的Zmax潮漫酒店,都是社交型酒店理念指导下的大胆尝试。

社交型酒店兴起的原因如下。

1. 消费升级的浪潮

记得在社交型酒店大肆蔓延之前,普通消费者出行基本都会选择诸如快捷酒店或者青年旅舍这样的住宿形式。而随着经济的发展以及消费观念的转变,只能提供单纯"住"的功能已经无法满足消费者了。如今的人们愿意花费更多的预算,以获得一个更加干净、舒适的住宿环境,社交型酒店恰恰契合了这一消费理念的转变。

2. 消费主体的转换

中端社交型酒店的兴起,与千禧一代的行为特点紧密相连,近年来,年轻人已经成为酒店行业的消费主流人群,他们大都追求个性化,从小就对社交、社群保持着极高的参与度,正是为了争夺这一部分的消费者(未来很长一段时间的消费主流人群),各大酒店集团才纷纷推出了社交友好型酒店。

3. 社交网络的蔓延

随着微博、微信等社交软件的兴起,社交电商的发展势头越来越猛,结合上面一点,现代的消费主体对于社交的依赖度更胜于以往的任何时候,这种社交的依附性也逐渐地渗透到了线下,这也是为什么各大酒店集团都不约而同地运用了"社交元素",致力于打好"社交牌"。

分析提示:"社交型酒店"这一概念来源于国外,本质上是舶来品。国内许多"社交型酒店"大多数还停留在概念阶段,对于国内的酒店来说,应该是打通线上和线下的社交圈,找到真正适合国人的社交模式,发展多元化、多样化、个性化的"中国式社交酒店"。

(资料来源:https://baijiahao.baidu.com/s?id=16326832612715778810&wfr=spider&for=pc.)

(视频资源:GITIGO酒店虹桥店宣传片,https://v.qq.com/x/page/w0867oduj25.html.)

(三) 集中性营销策略

集中性营销策略是市场细分的一个特征,更适用于资源能力有限的小型酒店企业。在差异性营销与无差别营销中,企业面对的是整个市场;集中性营销却是企业避免分散资源,将实力集中于一个细分市场(一般规模不大)中,以便获得优势地位。

集中性营销策略的优点:企业对酒店客源市场已有个比较完整的了解,因此能提供比较对口的酒店产品;企业提供的产品数量有限,生产成本、广告及分销途径的成本较低。

集中性营销也有着自身弱点,那就是由于此策略只集中于整体市场的一小部分,由此市场上的需求受某些因素而改变时,或当面临强劲的竞争对手时,销售量会受到波动而导致企业的利润突然下滑(见图6-5)。

图 6-5　集中性营销策略

酒店企业在选择市场覆盖策略时应考虑以下几个因素。

1. 企业自身能力

大的酒店企业或集团拥有雄厚的资金资源,可以运用无差别或差异性营销策略;实力不足的企业宜采用集中性的市场营销策略。比如成员众多的假日酒店集团旗下有着多层次的酒店,从汽车酒店到五星级酒店,分别采取不同的形式满足不同的需求。对携家外出而又居留时间较长的旅客来说,住假日公寓式酒店最合适;对专门游玩的客人来说,假日娱乐酒店适得其所。假日酒店集团就是凭借其雄厚的实力,运用差异性营销策略,在酒店世界中大展风采。

2. 酒店产品的特点

酒店同等档次的客户可以看成是同质的,变动幅度小,可考虑采取无差别营销策略与集中性营销策略。

3. 酒店产品的生命周期

处于投入期和成长前期的新产品,宜采用集中性营销策略与无差别营销策略,以便探测市场需求量与潜在消费者;在成熟期的产品面临激烈的竞争,宜采用差异性营销策略,尽可能扩大销售,并利于开拓新市场。

4. 市场供求趋势

如果一种酒店产品在未来一段时期内供不应求,消费者的选择性弱化,酒店企业宜采用无差别营销策略;如果某种产品供不应求而另一些产品供过于求的现象并存时,或者酒店产品全面供过于求时,企业宜采用集中性营销策略与差异性营销策略。

5. 竞争对手的市场策略

当竞争对手采取无差别营销策略时,企业可积极采取市场细分策略;当对手已经采取差异性营销策略时,企业要么更有效地细分市场,要么采取其他策略,争取占领大份额的市场。

同步案例　亚朵·网易云"睡音乐"IP主题酒店的目标市场细分

亚朵酒店(Atour)是一所以书籍、音乐和摄影为主题的人文主题酒店。亚朵致力于创造一种悠闲自然的生活方式,能够使旅客在紧张、有压力的旅途中,通过高品质的酒店硬件设施、书籍、摄影照片及展现自然风尚的高雅环境,获得舒适的住宿环境、放松的居住空间。

网易云音乐通过与亚朵深度跨界合作,以音乐IP为根基,利用"互联网+"新颖营销模式,将虚拟的音乐投入酒店场景之中,打造了"睡音乐"主题酒店,这是亚朵首次与音乐领域的头部IP合作,也是网易云音乐第一次在线下实体空间为用户带来沉浸式的音乐氛围体验。这家酒店中注入了众多网易云音乐的主题元素,以活泼的红色作为主体色调,大堂则以闪烁的霓虹灯带等美式工业风元素营造了复古、热情的氛围。

  以酒店外部条件的实际情况为基础,结合酒店顾客和消费情况明确酒店的目标市场、相关市场选择策略和重点目标市场的挑选,研究指出酒店目标市场范围可确定为在四川旅游度假、参与公务商务、参观音乐演出或对音乐主题情有独钟的18—40岁的消费者。酒店品牌标志以经典红色唱片机为主体,配合音符的修饰表现出酒店强调音乐陪伴、经典怀旧和社交价值传承的品牌内涵。酒店愿为顾客营造一个人文、温暖、有趣的音乐住宿空间,创造一个集聚住宿、社交、娱乐、互联网+等多种功能的新型酒店业态,以此为媒介传递出"音乐,带给我力量"的品牌愿景。

  (资料来源:范兴鲁,杨红,李学琴.音乐文化主题酒店设计探索——以亚朵·网易云"睡音乐"IP主题酒店为例[J].文化产业,2018(5).)

  (成都春熙路网易云音乐亚朵轻居酒店视频链接:https://haokan.baidu.com/v? vid=13442100296972260308&pd=bjh&fr=bjhauthor&type=video.)

第三节 酒店市场定位的方法

一、酒店市场定位的含义

  所谓市场定位,是指酒店企业根据竞争者的产品在市场上所处的位置,结合本企业的条件,赋予本企业酒店产品以鲜明的个性,使之具有与众不同的吸引力,确定本企业产品在目标市场上的竞争地位。定位是为了适应消费者心目中的某一特定地位而设计企业产品和营销组合的行为。

  在通过营销调研掌握了较全面的市场情况后,酒店企业应致力于为自己的产品树立起独特的市场形象。产品的形象可以是实物方面的,也可以是心理方面的,或者两者兼有。一旦企业的酒店产品具有了独有的个性特征,也就意味着产品新颖的富有魅力的品牌树立起来了。要做到这点,企业经营人员必须通过市场定位工作明确本企业给目标市场的客人带来了哪些利益,顾客的看法又是什么,然后有的放矢地通过广告攻势,有效地刺激、引导消费者的购买行为。

二、酒店市场定位的步骤

  酒店市场定位的步骤大致可分为五个阶段。

(一)明确目标市场客人所关心的关键利益

  市场定位的目的之一是树立酒店企业明确的、独特的、深受客人喜欢的形象。为此,经营者必须首先分析研究客人在选择酒店产品或服务时最关心的因素及客人对现有产品或服务的看法,这样才能投其所好。

（二）形象的决策和初步构思

经过第一阶段工作,经营者就要研究和确定酒店企业应以何种形象出现在市场上才能获得顾客的青睐。值得注意的是,经营者在进行这一阶段工作时,应站在客人的角度去思考问题。

（三）确定企业与众不同的特色

市场定位的另一个目的是要树立独特、容易让人记住并传播的形象。事实上,酒店企业之间在许多方面均可显示自己的特点和个性。如地理位置、建筑特色、服务、价格、景观等。经营者应选择最能体现企业个性的特色应用到企业形象的构思中去。

（四）形象的具体设计

这是指经营者在前三阶段分析的基础上,运用图片、文字、色彩、音乐、口号等,将构思好的理性形象具体地创造出来,使它对顾客的感官产生作用,让顾客容易记住企业的形象。

（五）形象的传递与宣传

企业的形象一经设计完善,就应立即选定适当的宣传时机和合适的宣传媒介投放目标市场。否则,即使形象设计得再好也只能停留在企业经营者的脑海里。

三、酒店市场定位的策略

市场定位是一种竞争策略,它显示了一种产品或一家企业同类似的产品或企业之间的竞争关系。实际上,所谓定位就是企业为了在市场上确立自己的竞争优势。市场定位的策略主要有以下几种。

（一）迎头定位

这是一种与本企业最强劲的对手"对着干"的定位方式。采取这样的定位方式意味着企业面对严峻的挑战,具有一定的风险性。在世界各大城市的酒店业中,人们不难发现这样的定位情况,一个良好的例证就是几乎每一座希尔顿酒店附近都坐落着贵都酒店,这就体现了两大酒店集团针锋相对的竞争。采取迎头定位策略的酒店企业必须拥有足够强的实力,对竞争对手也要有全面的了解,并要善于利用这种定位的风险来激励自己,起码要取得与对手相峙的地位。

（二）避强定位

这是一种"避实击虚"的经营战术,它的特点是:避开有力的竞争对手,可迅速地在目标市场的潜在消费者心目中树立良好的企业形象。采取这种定位在于它的风险性少,成功率高,容易使企业发挥出自己的优势。

（三）重新定位

这是一种应变的策略。采取重新定位即二次定位的企业一般面临了原先确定的酒店产品市场反应较差的窘境,希望通过"重新定位"来增强自身活力,改正先前的错误决策或是给予对手有力的反击。

同步案例　同星级酒店不一定都是竞争对手

北京酒店行业曾有一个在行业较为出名的"燕莎圈",因为有长城饭店、凯宾斯基饭店、昆仑饭店和希尔顿饭店四家五星级酒店扎成一堆,并且都经营得很不错,有声有色,各有千秋。

"燕莎圈"并不是一开始就兴旺,而是逐渐兴旺起来的。这四家五星级酒店也不是一开始就成功的,是经历了很多波折才成功的。历史上长城饭店曾经四次改变自己的客源结构,1000间客房的压力使饭店摇摆于入境旅游团队和商务客人之间,每一次客源结构的改变至少耗掉一年半的时间来改变。后来总算稳定在以商务客人为主的市场定位上。喜来登预订网也为长城饭店提供了很好的支持。凯宾斯基饭店刚开业的头两年很迷惘,售价非常低,市场定位与客源结构不符。最后,饭店痛下决心采取清理客户的手段,重新调整客源,以出租率的牺牲换取平均房价和高消费客人比例的提高。经过重新洗牌,凯宾斯基饭店确立了自己五星级龙头饭店的地位。昆仑饭店一开始自己管理,后来请外国人管理也不行。最后锦江集团接管,才开始有了起色。这些饭店都是经过曲折的道路以后,明确了自己的市场定位,才逐渐站稳脚跟的。后来这四家饭店的经营不是互相争夺,而是联合接生意。遇到一个大的会议,一个饭店接不下来,大家联合在一起,一家饭店当主会场,其他饭店当分会场。由于这四家饭店离得很近,互相间走路五分钟便可到达,无论是用班车还是让客人步行,都很方便。这样等于组成了一个国际会议中心。由此我们要看到的是"燕莎圈"里的五星级酒店能如此和谐的运作,是它们长年以来坚持自己的市场定位,确定了自己与别人不同的客源结构并坚持下去,才达到这一步的。

没有永远的敌人,在同一块蛋糕上,唯有强强合作,放下原本自以为的高贵,彼此谦虚真诚地合作,才会把原本的残酷竞争转换成为合作共赢,这给我们带来了很大的启示。

本章小结

内容提要

在企业酒店市场营销战略的指导下,进行市场细分(segmenting)、市场目标化(targeting)和市场定位(positioning),即实行STP营销,是酒店市场营销策划的核心,也是企业经营异质市场的有效方法。

市场细分,有利于发现市场营销机会,有利于深入了解顾客的需求,有利于企业制定正确的营销策略。

"足够大""有潜力""未饱和"是酒店企业选择目标市场的主要依据。酒店企业在进行市场目标化的过程中,常采用无差别、差异性和集中性三种市场覆盖策略。所谓市场定位,是指企业为了使自己的产品或服务在目标市场顾客心中占据明确的、独特的形象而做出的相应决策和进行的营销活动。正确的市场定位,有助于企业在酒店市场上营造自己的特色,增强竞争力。同时,市场定位决策也是制定酒店市场营销组合策略的依据。

核心概念

酒店市场细分;无差别营销策略;差异性营销策略;集中性营销策略;酒店市场定位

重点实务

能深入了解酒店客人的需求,能做出符合目标市场客人的定位。

知识训练

一、简答题

1. 酒店市场营销策划分为哪几个步骤?
2. 什么是市场细分?有什么意义?
3. 酒店市场细分的要求是什么?
4. 怎样进行酒店市场细分?
5. 什么是市场目标化?
6. 怎样进行酒店市场定位?
7. 酒店市场定位的策略有哪些?

二、讨论题

1. 目标市场的营销策略有哪些?各有什么特点?
2. 为什么有些酒店经常试图改变形象却始终不成功?它们可能的失误是什么?

能力训练

一、理解与评价

酒店服务提倡"来者都是客",你认为这个观点在酒店的营销管理中是否适用?为什么?

二、案例分析

香港港丽酒店的成功之道

背景与情境:以市场定位取胜的香港港丽酒店。

1995年,美国权威旅游杂志《Traveler》将香港港丽酒店(Conrad Hotel)评为全世界服务最好的酒店之一。在1994年,该酒店的入住率已经超过90%。要知道,对于星级酒店来说,年平均入住率能达到75%就相当不错了。而实际上,港丽酒店在1989年才刚刚成立,开业仅六年便登上世界的巅峰,港丽成功的秘诀何在?

在港丽酒店成立以前,曾有市场分析报告指出,香港其实是由两个完全不同的地区组合而成的:一个是众多大企业——包括许多跨国公司在亚太地区的总部——所集中林立的港岛;另一个是聚集了贸易公司、结合购物商场和五光十色生活的九龙半岛。维多利亚港则将它们一分为二。尽管人们可以自由选择各种交通工具过海,但海港的存在终究还是造成某种天然屏障。因此,如果一位旅客的活动集中在港岛,他会选择入住港岛的酒店;反之,他会选择九龙。筹建中的港丽酒店坐落于港岛,其目标是吸引那些主要在港岛从事商务活动的人。当时,港岛主要的酒店有:五星级酒店三家、四星级酒店七家、三星级酒店一家。其中五星级酒店主要吸引企业高级主管和比较富有的观光客,而四星级酒店则招揽中级主管或对较便宜的旅游行程感兴趣的个人。这些酒店经过长期经营,都在港岛建立了比较完善的运作系统。因此当时的市场竞争已十分激烈。港丽酒店所具有的优势是设施先进、环境舒适、服务具有特色、地点方便,这些都能够很好地满足商务人士的需求;其劣势在于酒店在市场中知名度不高,还没有树立自己的形象。基于这种分析,港丽酒店决定将目标市场初步定位于五星级的商务酒店。

但正当港丽酒店准备投入正式运行时,却遇到了外部环境的急剧变化,其主要原因是海湾战争的爆发和美国经济的衰退,由此引起许多大企业纷纷削减商务活动费用,使港丽酒店的经营活动受到了十分不利的影响。为了扭转这种被动局面,树立港丽商务酒店的形象,港丽酒店不得不采取一系列的促销措施,如推出了40%的促销折扣,大规模在世界性杂志刊登广告,成立了18个业务开发小组。经过精心组织实施,这些促销措施收到了显著成效。与此同时,港丽酒店已针对环境的变化和自身的特点进行了重新定位。因为随着商务旅客的减少,港丽酒店很难将其他五星级酒店中的客户吸引过来,更不可能将四星级酒店的客户提升到五星级酒店中来。因此,将酒店定位于五星级酒店将面临较大的困难。但港丽酒店经过分析后认为,自己的产品和服务已经被市场接受,各项服务设施正逐渐步入轨道,当务之急是如何尽快建立起港丽的名气。基于这样的考虑,港丽酒店决定将自己的目标市场定位在五星级与四星级之间,即酒店以四星级的价格提供五星级的服务。这样,港丽酒店在价格上低于五星级酒店,在服务上又高于四星级酒店,所以能够很好地弥补这两种酒店之间的差距,并产生了服务上的"牵引效应"与价格上的"拉拽效应",即通过高品质服务将五星级酒店的客户"牵引"过来,通过价格上的优势将四星级酒店中的客户"拉拽"过来。这种市场定位既满足了五星级客户对服务的需要,又满足了四星级客户的需求。

问题:
1. 香港港丽酒店的成功之处在哪里?其运用了什么样的营销策略?
2. 香港港丽酒店的目标市场定位对我们有什么样的启示?

第七章
酒店产品策略

学习目标

通过本章的学习,使学生了解酒店产品的基本特征和酒店产品组合设计的基本概念,熟悉酒店产品生命周期的特点和酒店产品的评价方法,掌握酒店新产品的开发过程与方法,了解酒店产品的开发趋势。

引例:迪士尼探索家酒店成为目的地酒店迭代产品

背景与情境: 2017 年开业的迪士尼探索家酒店共投资 42 亿港币,拥有 750 间客房。每个酒店翼楼外有 4 个精心设计的主题花园,以迪士尼电影中的角色命名,它们是每个组团整体音调的自然延伸。大洋洲的花园,有来自海底总动员的卡通明星,一个悠闲的户外空间,完美模拟了太平洋岛屿的度假风情。与此同时,另一边的拉菲基花园则展示了一片非洲大草原。

迪士尼探索家酒店是首家以冒险为主题的目的地酒店,该项目由顶级酒店及主题设计公司 Geroge Carlson 巨汐设计领衔,酒店植入了丰富的部落文化与探险元素,分为亚洲、大洋洲、南美洲和非洲的四个异域体验区。迪士尼探索家酒店的每个细节都支持着这个主轴线,从整个酒店展出的 1000 多件文物和纪念品到四个风格迥异的户外庭院,迪士尼探索家不仅拥有充满童话感的迪士尼元素,宾客还可以在酒店享受博物馆或大自然课堂、手工营,或者父母的瑜伽课程,在丛林商店里面挑选到心仪的礼物,这些元素共同组成了探索家酒店的主题多样性。

迪士尼酒店的设计公司(巨汐)乔治卡尔森称:度假酒店将朝着全时全季的目的地属性趋势发展,在广义 IP 和故事线的驱动下,体验与交互式场景将成为主流,更多的经营性业态和游乐产品线将完美融入酒店的整体度假包中,为项目搭建自造血体系与二次经营性溢出收益。香港迪士尼乐园销售及酒店营运副总裁 Terruce Wang 表示:"迪士尼探索家酒店带来了我们最重要的创造力和故事的延续,并提供了与我们与众不同的目的地度假酒店体验。"

(资料来源:https://www.sohu.com/a/311002230_384562.)

第一节 酒店产品概述

一、酒店产品的含义

一般说来,酒店产品由以下三个部分组成。

1. 产品的核心部分

核心部分即向顾客提供基本效用和利益,也就是顾客真正要购买的利益和服务。顾客购买酒店产品并非是为了拥有该产品实体,而是为了获得能满足自身某种需要的效用和利益。对于不同酒店的顾客来说其核心利益不同,对于在意价格的中转顾客来说,是便宜、清洁地过一夜;对于要求生活档次的客人来说,是享受体面与舒适的现代生活。

2. 产品的形式部分

形式部分包括产品的特色、价格、质量、组合安排、声誉等。例如酒店的位置、建筑、装潢、设备、服务项目等都属于基础产品。

3. 产品的附加部分

附加部分即价格的优惠、推销方式和额外的服务等。如酒店的免费接送服务,代订车、船、机票,免费卡拉 OK 等。附加产品来源于对顾客需求的综合性和多层次性的深入研究,要求酒店营销人员必须正视顾客的整体消费体系,但同时必须注意因附加产品的增加而增加的成本顾客是否愿意承担的问题。

酒店产品的核心部分、形式部分和附加部分之间的关系如图 7-1 所示。

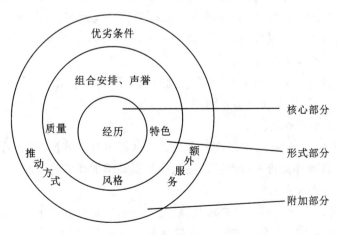

图 7-1 酒店产品的组成部分

二、酒店产品的构成

1. 地理位置

酒店的地理位置的好坏意味着可进入性与交通是否方便及周围环境是否良好。有的酒店位于市中心、商业区,也有的位于风景区或市郊,不同的地理位置构成了酒店产品某些不同的内容。

2. 设施

设施包括客房、餐厅、酒吧、功能厅、会议厅、娱乐设施等,酒店设施在不同的酒店类型中,其规模大小、面积、接待量和容量也不相同。而且这些设施的内外装潢、体现的气氛也不一样。酒店设施是酒店产品的一个重要组成部分。

3. 服务

服务主要包括服务内容、方式、态度、速度、效率等,各种酒店的服务种类、服务水平是不可能完全相同的。

4. 形象

形象是指宾客对酒店产品的一致看法,它是由酒店设施、服务和地理位置等多个因素共同创造的。

5. 价格

价格既表示了酒店通过其地理位置、设施与设备、服务和形象给予客人的价值,也表示了客人从价格反映产品的不同质量。

三、酒店产品的特征

1. 酒店产品是有形产品和无形服务的结合

客房、菜肴、酒水、各种文体设施都是有形产品,但是,顾客在酒店住宿、用餐和其他活动,几乎都离不开酒店工作人员提供的服务。无形服务比有形产品更重要,但是无形服务的不稳定性、质量标准的非量化性、服务质量的无检验性以及销售的超前性,都加大了酒店质量控制的难度,也对员工的素质提出了更高的要求。

2. 酒店产品有不可储存性

客房、娱乐设施等一天不出租,就不能创造价值。因此要求酒店的销售人员尽力去推销酒店产品,扩大销售量,以期使酒店获利。

3. 酒店产品的季节性明显

酒店在旺季时需求旺盛,淡季时则需求疲软。从某种意义上说,营销管理就是对需求的管理,许多酒店经营者和销售人员面临的最大挑战就是增加和创造淡季需求。

4. 酒店产品有不可专利性

一家酒店不可能为自己设计的客房装饰、菜肴、糕点、服务方式申请专利,唯一能申请专利的是其商标。这种不可专利性带来的直接后果是某一新产品如果能创造良好的经济效益,其他酒店就会很快模仿。在产品设计上,如何贯彻"人无我有、人有我优、人优我廉、人廉我转"的竞争策略,便成了经营者必须专心研究的难题。

5. 酒店产品的品牌忠诚度低

产品的不可专利性,导致了竞争、模仿,产品雷同。对于一般顾客而言,认定某一家酒店消费,可能性不大,更何况人们具有追新求异的心理,换一个新酒店、新环境,常能给人以愉快的满足感,品牌忠诚度低也就不可避免了。

6. 酒店产品对信息的依赖性强

酒店的主要客源为外地或外国人,他们人生地疏,需要通过大众媒体了解酒店,所以酒店口碑是极其重要的。因此,要求酒店营销人员注意做好信息传递工作,同时酒店要树立良好的形象,为每位顾客留下美好的记忆。

四、酒店产品组合

消费者在酒店消费往往是根据自己的需要,在酒店进行选择性消费的。换句话说,对于每个消费者而言,不是每一个酒店的功能消费者都需要,而是在众多的酒店产品中选择若干项的组合进行消费。

(一)酒店产品组合

产品的功能组合也称产品的搭配,指一个企业提供给市场的全部产品线和产品项目的组合或搭配。酒店产品组合包括酒店的地理位置,各种客房、餐厅、娱乐设施,产品的形象部分、服务部分和产品的价格等。酒店产品组合是由酒店产品的宽度、长度、深度和一致性等决定的。酒店产品的宽度是指酒店共有多少项分类产品,即酒店的客房、餐厅、健身中心、酒吧等。酒店产品的长度是指每一项分类产品中可以提供多少种不同的服务项目。如酒店有商务套房、豪华套房、总统套房、经济套房等不同档次、不同楼层的客房;有中餐厅、西餐厅、日式餐厅、韩式餐厅等,每个餐厅能提供相应的菜肴、饮料和酒类。

合理的产品组合是酒店能否吸引消费者,在竞争中取得成功的关键。酒店经营者应慎重对酒店产品组合进行决策,因此在开发组合产品时应注意以下几方面。

1. 销售目的

酒店必须首先明确开发某一组合产品的目的。如销售的目的是增加销售数量或扩大产品的知名度,吸引更多的消费者,从而占领更大的市场。

2. 销售对象

销售对象即产品的目标市场。在开发时要确定目标市场,只有明确了目标市场才能开发有针对性的产品,使产品组合适应目标市场的需求。

3. 产品组合

产品的宽度越大,深度越深,组合出来的项目也就越多,但是,不是所有的组合都适应市场的需求,要选择最佳的组合推向市场,才能为酒店创造最大的收益。对于酒店而言,其核心产品(住宿和餐饮)都是基本相同的,每个酒店的区别就在于它的非核心产品,在进行酒店产品组合时应集中在这方面下功夫,创造本酒店的风格和特色。此外,由于不同的消费者受不同因素的影响,对相同的产品组合,消费者有不同的评价标准和看法,因此,我们提倡将个性化的服务理念融入产品组合过程中。

4. 组合产品的价格

酒店产品的组合通常会在保障酒店一定收益的基础上,比购买单项产品略低一点。

5. 组合产品推出的时机

酒店应把握好组合产品推出的时机,以使组合产品在市场上有最大的收效。

6. 组合产品的营销策略

对于不同的产品,面对不同的目标市场可以采取不同的营销策略。如可以适当在价格上采取一些优惠让消费者接受此项产品组合,或通过各种媒体采取广告宣传,提高消费者对产品组合的认知程度,或者两者兼顾等等。

(二) 酒店产品组合策略

酒店产品组合主要就是:第一,拓宽产品组合的宽度。拓宽产品组合的宽度可以满足不同层次的更多消费者的需要,从而占领更大的市场份额,提高市场占有率,提高酒店的声誉,增强酒店的竞争能力。第二,增加产品组合的深度。增加产品组合的深度,即增加产品的品种,可直接增加产品组合的数量,更好地满足消费者的不同层次的需求。酒店产品组合在宽度和深度上的扩充、开发,有以下几种策略。

(1) 扩展策略。

扩展策略是指酒店为扩展经营范围,扩大产品组合宽度而采用的策略。有利于充分利用酒店资源,适应多样化或多层次的消费需求,扩大市场,并为企业分散经营风险。

(2) 简化策略。

简化策略是指酒店要缩小产品组合宽度的策略。当酒店处于饱和或竞争激烈的市场状态时,为了发挥酒店资源的最大效用,酒店可放弃少的产品系列。可使酒店集中力量经营少数产品,减少资金占用,提高资金利用率,及时向市场提供适销对路的产品。

(3) 改进策略。

改进策略是指酒店对现有产品加以改进完善,可节约开发全新型产品的投资,减少风险;增加细分市场,吸引更多顾客。

(4) 高档策略。

高档策略是指增加高档产品项目,有利于提高现有产品档次,提升声望,促进销售。

(5) 低档策略。

低档策略是指在高档产品中,增加廉价产品项目。借高档产品声望吸引消费者,适合中低档消费需求,提高市场占有率,增加销售额。

同步案例 华美达饭店"一个市场、三种产品"

华美达是从吸引家族旅游者的汽车旅馆起家的,成立几十年来始终瞄准中等市场,饭店价格适中,设施使用方便,颇受游客的欢迎。华美达饭店为了拓展饭店集团业务,为自己制定了一个目标——要向中等市场中各个消费层提供其所需的各种产品。于是,华美达又把饭店分为三个不同的档次,满足三个不同层次顾客的需求,各个档次都有自己的独特之处。

华美达客栈,是华美达公司的基础,这种客栈一般都是花园式的,位于高速公路沿线、靠近市中心和度假地,对驾车人最为方便。它的服务、设施与城市大饭店所能提供的相差无几,有全服务的餐厅、会议设施,对那些希望舒适与经常出门旅行的个体来说,十分合适。

在改造现有传统客栈的同时,1985年华美达又推出了一种新型客栈,这种客栈的建筑是住宅式的,公共活动区不大,但客房很宽敞。客栈规模比较小,总体来说,除客房的规模和其他基本设施有一定的标准外,其他地方不要求一致,尤其是外观造型尽量与当地社会环境相匹配。

华美达复兴饭店是华美达中档次最高的住宿设施,是为满足中等市场中高消费阶层的需求而建设的。其设施服务与四星级饭店相似,但集中在大城市市区、商业性公园和机场。其特点是设施豪华,环境优美,服务优质,但价格并不高。

华美达饭店,介于复兴饭店与客栈之间的产品,它提供一般豪华客栈里没有的设施服务,如全服务餐厅、大型会议设施和室内娱乐健身活动场所,并能提供每天18小时以上的客房服务,其房价略高于客栈的。

问题:华美达饭店根据不同市场设计不同产品体现了什么营销思路?

分析提示:这是一则"市场分割"策略成功运用的经典案例,酒店的产品是酒店市场营销组合中的一个重要因素。产品策略直接影响和决定酒店对其他市场营销因素的管理,对酒店市场营销的成败关系重大。在现代市场经济条件下,每一家酒店都致力于产品质量的提高和组合结构的优化,以便更好地满足消费者的需求,取得更好的经济效益。

第二节 酒店产品的生命周期

产品的生命周期是营销学中的一个重要概念,任何产品在市场上都有一个诞生、生长到最后消亡的过程,没有一种产品是可以在市场上永久生存的。企业要在市场上生存、发展,必须根据产品生命周期各阶段的特点,采取不同的营销策略,不断创新产品,淘汰衰退产品,以便保持在市场中的竞争力。

一、酒店产品生命周期的含义

酒店产品的生命周期不是指产品的使用寿命,而是指产品的市场寿命,即酒店新产品从开始进入市场到被市场淘汰的全部时期,即酒店市场的经营活动的整个概念。

研究酒店产品的生命周期的目的在于:

(1) 针对酒店产品不同的生命周期在市场上的特点,及时采取不同的、有针对性的策略。

（2）研究怎样才能使酒店产品的生产周期继续延长，尽量推迟产品的衰退期的到来。

（3）针对市场需求及时更新换代，尽量做到人无我有，人有我多，人多我好，人好我转。

酒店产品的生命周期同其他产品一样，分为四个阶段。这四个阶段是投入期、成长期、成熟期和衰退期。

产品的生命周期是以销售额和企业所获的利润额的变化来衡量的，销售额曲线和利润曲线变化的趋势大体是相同的（见图7-2），但它们的变化时间却不完全相同，当销售额曲线还在上升时，有时利润曲线却下降了，这是由于激烈的竞争压低了售价造成的，同时，要严格区分生命周期的各个划分点是不能也是不现实的，它们的波动率有相当的主观性。这样划分仅表示产品生命周期可划分为各个不同阶段而已。

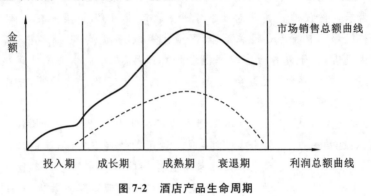

图7-2 酒店产品生命周期

二、酒店产品生命周期的特点

（一）酒店产品的投入期

酒店产品的投入期是指产品开始投放酒店市场，而酒店消费者对产品持观望态度，销售额不大，并且利润小，甚至利润是零或亏损。因此，要使酒店产品推销出去，要做大量的广告宣传工作，尽量使产品为广大酒店消费者所熟悉。总之，开拓市场，树立产品在消费者心中的良好形象是该时期的中心任务。

这个时期要让酒店新产品在市场上站稳脚跟，扩大市场占有率。其营销策略的重点是采用促销和定价的市场营销组合。

（1）双高策略。

以高价高促销的策略向市场渗透。

（2）选择性渗透策略。

以高价低促销的策略向市场渗透。

（3）密集性渗透策略。

以低价高促销策略全力挤占某一目标市场，取得优势地位。

（4）双低策略。

以低价低促销策略进入市场，利用消费者对低廉价格的敏感性来提高酒店产品的竞争力。

(二)酒店产品的成长期

酒店产品成长期是指酒店产品的销售量迅速增长的阶段,其特点是酒店新产品逐步为酒店消费者所熟悉与欢迎,需求扩大,形成了广阔的市场,产品的供应量和制造方法已确定,具备了批量生产的条件,成本开始下降,利润增长加快,于是竞争对手开始进入这块市场,要分享这块市场。为了使自己的酒店产品从成长期顺利地过渡到成熟期,要维护自己的产品质量,就要加强维护产品信誉的关键所在——酒店产品组合中的服务。

在成长阶段,酒店企业的市场经营策略重点应放在增加市场深度上,在第一阶段试销的基础上,找出重点细分市场,针对目标市场,组合和生产多品种、多规格的酒店产品。为了延长成长期,酒店企业可采取如下策略。

(1)提高产品质量,加强服务,增加产品的组合,推出各种新奇的酒店产品。
(2)积极开拓新的细分市场和新的分销渠道。
(3)广告宣传的重点由扩大酒店产品的知名度向促进消费者购买转变。
(4)在适当时期降低售价,以扩大销售,抑制竞争。

(三)酒店产品的成熟期

酒店产品进入成熟期的标志是销售增长速度减缓。这个时期,由于产品已被大多数潜在购买者接受,产品的销售量达到顶峰,销售增长速度放慢,由于竞争的加剧,营销费用相对增加,产品成本提高,利润降低。

酒店企业在这个阶段的经营重点应为保护市场,开辟新市场。可采取的市场策略如下。

1. 改进市场

其主要途径是寻找新的市场,具体方法有两种:
(1)寻找过去没有发现的酒店市场。
(2)发现酒店产品的新用途,或以新的消费方式来吸引消费者,形成新的市场。

2. 改进酒店产品质量

在提高服务质量上下功夫,增加旅游方式,降低成本,设法把握住现有消费者,增加消费者的重返次数。同时,在成熟期迅速设计和组装新产品,改造现有的产品,尽早、尽快地把老产品的改型产品投放到市场上去,以避免丧失原来的市场份额,并以此争取新的消费者。

3. 改进市场营销因素组合

酒店产品为了在竞争中取得优势,在价格上可以削价出售。同时积极疏通销售渠道,以便扩大原有的渠道。在产品质量上,改进服务,增设新的服务,在投放一般酒店产品的同时也使服务小型化、多功能化、组合化、多元化,推出一些优质特色酒店产品。在促销上,以更新的广告形式和更具有吸引力的推销方式来吸引消费者。

(四)酒店产品的衰退期

随着社会经济的发展,酒店市场的需求发生变化,一些酒店产品对市场变化反应迟钝,不能接受对原有产品改进,使产品在市场上失去了竞争优势,产品的销售额和利润下降。酒店企业虽然在这一时期做很多推销努力,但效果并不明显,企业因无利可图而停止产品的生产,产品的生命周期结束。

在这个时期,酒店企业市场经营策略的重点应在提高产品的劳动效率上,注意选择有利时机,有重点、有选择地决定销售渠道,同时开展特殊的促销活动,探索新的目标市场,开发一些有特定需求的酒店产品。

表 7-1、表 7-2 分别为酒店产品不同生命周期的表现形式和酒店产品不同生命周期的经营策略。

表 7-1 酒店产品不同生命周期的表现形式

表现方面	投入期	成长期	成熟期	衰退期
销售额	低	迅速增长	缓慢增长	下降
利润	负	最高	下降	低或是零
现金周转	负	一般	高	低
顾客成分	探索、学习性	群众性	群众性	顾客对市场变化反应迟钝
竞争对手	不多	逐渐增多	很多	减少

表 7-2 酒店产品不同生命周期的经营策略

策略方面	投入期	成长期	成熟期	衰退期
策略重点	扩大市场面	增加市场深度	保护市场面	提高效率
市场经营成本	高	高,可能销降	降低成本	最低
市场经营重点	向市场介绍产品	多品种、多规格	增加老客户,争取新客户	注意选择时机
推销渠道	杂乱	选择	积极疏通	有选择性的
价格	高	逐渐降低	最低	上升
产品质量	一般	不断改进	基本稳定,时好时坏	一般

知识链接

酒店生命周期各阶段的传播策略

三、酒店产品的评价与筛选

酒店企业应对产品进行定期的检查与评价,从中选出畅销及经济效益好的产品和具有发展前途的产品,并淘汰滞销及经济效益差的产品和没有发展前途的产品。酒店企业一般采用四象限评价法和产品生命周期评价法对现有产品进行分析和评价。

(一) 四象限评价法

四象限评价法是在美国波士顿咨询团设计的"市场导向产品思考题模型"的基础上加以改进后提出的,用于对酒店产品进行总体分析比较(见图 7-3)。

这种分析方法按照产品在市场上受欢迎的程度和为酒店带来经济效益的多少把酒店的全部现有产品分成明星产品、问题产品、金牛产品和瘦狗产品四种类型,并对不同类型的产品分别采取发展、培养、利用或淘汰的策略。

1. 明星产品

明星产品是指在市场上十分受消费者欢迎,而且能够为酒店带来较高经济效益的产品,产品价格

图 7-3 酒店现有产品分析
(四象限评价法)

的变化对消费者在购买该产品的数量上所产生的影响很小。

明星产品投放市场一段时间后,酒店企业可以对产品的价格进行适当调整,提高产品的售价,以试探酒店消费者的反应。如果酒店消费者在明星产品提价后,仍然大量购买这种产品,说明该产品的价格弹性小,即酒店消费者对产品的价格变化不敏感。在这种情况下,酒店企业还应该逐步调整产品的价格,直到酒店消费者对产品价格变得较为敏感。酒店企业应该将产品的售价保持在这个水平之下,使酒店企业通过销售明星产品获得最大经营利润。明星产品是酒店企业获取长期利润的重要渠道和扩大市场份额的有力手段,酒店企业必须严格保证明星产品的质量,并大力向酒店市场宣传和推销这些产品。

2. 问题产品

问题产品是指目前在酒店市场上受欢迎程度较低、盈利水平却较高的产品。问题产品既可能发展成为明星产品,也存在某种不确定因素,可能演变成瘦狗产品。酒店企业经营问题产品需要冒一定的风险,但也很有可能在将来为酒店企业带来丰厚的回报。例如,某酒店推出"女性客房"产品,由于其他酒店企业很少经营这类产品,所以该产品的利润率较高,但是到酒店入住女性客房的消费者并不很多。这一情况表明该酒店企业的"女性客房"产品是一个问题产品。

对问题产品,酒店企业应该进行具体分析,找出影响产品销路的主要问题并制定出相应的对策。如果是因为定价过高造成酒店消费者较少人问津,则酒店企业可以适当下调产品售价;如果是因为对产品的宣传和推广力度不够,酒店企业应该加强产品的宣传促销力度;如果产品确实存在某些缺陷,酒店企业应该根据市场需要对产品进行改进。

3. 金牛产品

金牛产品的特点是产品的利润率比较低,却很受酒店消费者的欢迎。这类产品投放市场时间比较长,质量比较稳定,价格也已经被酒店消费者所接受,其缺点是酒店企业销售这种产品所获得的利润较少。金牛产品是目前酒店企业的主要收入来源,扩大了酒店企业的市场份额,提高了酒店企业的知名度。

金牛产品大多是酒店市场上的成熟产品,以其质优价廉而受到消费者的欢迎。许多消费者购买金牛产品的重要原因是因为该产品价格较低,因此,酒店企业在调整金牛产品价格时必须十分慎重。尽管金牛产品广受欢迎,但由于利润较低,所以,酒店企业应该积极开发新产品以逐步取代现有的金牛产品。

4. 瘦狗产品

瘦狗产品是指既得不到大量消费者的欢迎,而且利润又少的产品。瘦狗产品既不能够像明星产品那样扩大酒店企业的市场份额,也不能够像金牛产品那样给酒店企业的经营带来可观的收入。对于瘦狗产品,酒店企业应该采取果断措施,有计划地加以淘汰,把资金和人力用于发展机会和盈利机会更大的产品上去。

四象限评价法是酒店企业分析和筛选现有产品的一个十分有用的工具。这种方法以产品在酒店市场上受欢迎的程度和给酒店企业带来的经济效益为依据,对不同的产品做出客观的分析,并提出具有针对性的对策。这是一种将市场导向和经济利益紧密结合在一起的产品分析方法,在酒店企业的经营中值得大力推广。

（二）产品生命周期评价法

产品生命周期评价法是根据酒店企业产品从投放市场到最终退出市场整个过程中每一阶段的产品情况，对酒店企业现有产品进行分析与评价的方法。

产品生命周期评价法以产品所处的生命周期阶段和产品目前的竞争地位作为主要依据，将酒店的产品分别标在一个由12个方格构成的矩阵图上。在这个矩阵图中，横轴表示产品的竞争地位，纵轴则表示产品所处的生命周期阶段，见图7-4。

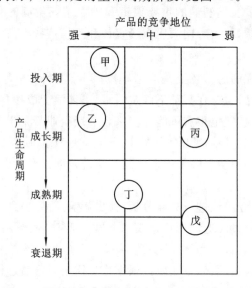

图7-4　酒店现有产品分析（产品生命周期评价法）

从图7-4中我们可以看出，产品甲具有很大的发展潜力，因为该产品处在产品生命周期的投入期阶段，而且还具有很强的竞争能力。由于产品所处的生命周期为投入期，意味着这种产品的发展前景十分乐观。当该产品进入成长期后，便会处于一种销售增长率和市场增长率均较高的有利态势，能够充分发展，扩大产品的市场份额，增加盈利的机会。

产品乙则是处在产品成长期的成功产品。该产品所在的市场尚有一定的发展余地，而产品本身的竞争地位却很强，所以该产品同样能够抓住机遇，充分发展。

产品丙与产品乙都处于产品周期的成长阶段，然而产品丙的竞争地位很弱。如果说在目前市场尚未饱和，该产品尚能拥有一定销路的情况下，那么一旦产品进入成熟期，市场需求基本饱和时，该产品将难以在激烈的市场竞争状态下继续生存。

产品丁是一个处在成熟期的产品，其竞争地位为中等偏强。这种产品的市场目前已基本饱和，不可能继续扩大。但是，这种产品往往是酒店企业获得利润的重要渠道，酒店企业应该充分利用这种产品目前的市场地位，努力从它们的销售中获得最大的经营利润。同时，酒店企业应注意开发新产品，以便当这些产品进入衰退期后逐步取代它们。

产品戊则是酒店企业应该设法予以淘汰的产品，因为它不仅处在产品生命周期的衰退期阶段，其市场已经开始萎缩，而且该产品的竞争地位也不强，无法给酒店企业带来能够接受的经营利润。

产品生命周期评价法的优点十分明显，它显示出酒店企业各项产品在市场上所处的生命周期阶段,使酒店企业的经营者能够较好地预测其产品在未来市场上的发展方向,并能够及时采取相应的措施保持产品组合的平衡。另外,这种评价方法使经营者能够把注意力集中在潜在产品市场的开发,使酒店企业得以开发出适合未来市场需求的产品。

总之,上面介绍的产品筛选与评价方法均能够帮助酒店企业产品设计与开发人员对酒店产品进行较为系统和科学的评价,从中挑选出适合本企业经营目标的各种产品。酒店企业产品开发设计人员应该根据本企业的具体情况,选择最适宜的方法。

每个酒店企业,都要清醒地认识自己的酒店产品所处的周期阶段,以便有针对性地采取相应的措施和策略,缩短投入期,尽可能快地进入成长期,保持成熟期的长期稳定,延缓衰退期的到来。

照搬别人的经验是酒店产品组合中要注意的问题之一。有的可能搬得成功,使产品投入市场后很快成长、成熟起来;然而重要的是结合本国、本地经验因地制宜地发展酒店产品。同时又要考虑到需求方面因素,了解市场和客源所在,发展酒店产品。

同步案例 *产品创新——以"天天睡好觉"为核心的"加减法"*

7天创始人郑南雁称:"7天的核心理念是做'加减法',减去一些不必要的服务,围绕'天天睡好觉'这个核心理念做增值服务。"

入住7天的客人会发现,这个经济型酒店的确看上去够节俭:狭窄的大堂除了前台外,还承担着一个简易餐厅的功能,大堂不设报刊架和饮水机,理由是,其前台的高效率根本无需客人等待(按规定,前台办理入住手续的时间不超过3分钟,办理退房的时间控制在一分半钟内)。

7天的客房里,桌板代替了抽屉,壁架取代了衣柜,这不仅节约了成本,也节约了服务员整理房间的时间,前台在办理退房时速度更快;7天不会在每一个房间都配备吹风机,而是放在每一个楼道的公共区域,供需要者使用。7天另一个令同行望尘莫及的控制成本的方法是,尽可能将窗户开小,以致被人笑话为其窗户可以与监狱的铁窗媲美。但7天的解释是,由于酒店一般处于闹市区,客人很少会选择通过窗户欣赏风景;相反,窗户越大意味着越吵。当然,小窗户也为7天省下了大幅窗帘的费用。

7天的商务大床房的枕头达到了五星级酒店的标准,由荞麦制成,而非其他同类型酒店的棉花枕头。所有房间的床垫和某五星级酒店的供应商是同一家,床铺尺寸均大于同级别的酒店。提供营养早餐和防滑功能的拖鞋,并规定:洗澡水要在10秒内做到由凉转热。同时,在商务大床房中,7天取消了一次性用品,提供牙刷牙膏的旅行套装,7天提供的高露洁牙膏,很多客人并不会用一次就扔,甚至有不少客人将牙膏一起带回了家。

7天在每一个城市都设立管理中心,将所有的床上用品分类送至洗衣厂,不允许任何污渍或锈迹,并必须达到一定的柔软度。7天还对洗衣厂规定了所用洗涤剂的用量和品牌,并配置人工进行抽检,而非机器。

问题:7天连锁酒店为什么以"天天睡好觉"作为产品创新?

分析提示：酒店产品在其发展过程中受到消费者个性化需求趋势的挑战，经历了从成熟向多样化演变的发展历程，7天连锁酒店针对经济型酒店客人的特点，制定正确的产品决策，及时改进老产品、发展新产品，有计划地进行产品更新，指导酒店的经营管理。

第三节 酒店新产品的开发

一、酒店新产品的含义

一般说来，市场营销中的新产品可从企业和市场两种角度来判断（见图7-5），根据这两个标准可以把酒店新产品分为四类。

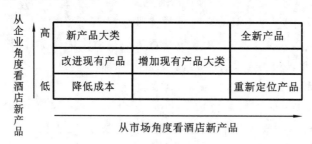

图7-5 从企业和市场两个角度判断新产品

（一）全新酒店产品

全新酒店产品是指能发明创造的酒店产品，是用新产品开拓新市场，是为满足酒店市场上出现的新需求而发明的产品，这种产品无论对于酒店企业或市场来讲都属于新产品。全新酒店产品发明难度十分大，不仅需要大量资金、人力、组织，而且市场风险也相当大。

（二）酒店新产品大类

酒店新产品大类是指在酒店市场上已经出现，但对于酒店企业建设来说还是新的产品。它一般是通过引进或模仿别的企业的产品和销售方式，加以改革，打上自己的品牌，创出本企业的系列产品。

（三）重新定位酒店产品

重新定位酒店产品是指酒店企业把现有产品重新投放到新的市场的产品。这种产品对于企业而言是老产品，但在某个市场是新产品。当酒店企业的产品在目标市场上饱和时，可以考虑进入新的市场部分，重新定位，需要企业对新的目标市场做认真的市场调研，论证重新定位的可行性，并要考虑产品在新目标市场的占有率会不会因此而受影响。

(四)中间类型的酒店产品

这种类型的产品具体说来有三类。

1. 增加现有酒店产品大类

在原有的酒店产品大类中开发新的品种、花色、项目,而这些产品与原产品大类的产品差别不大,因而所需的投资和人力也比较少。

2. 改进现有的酒店产品

对现有酒店产品的形式、设计、宣传做一些改变,以适应不同消费者的需求偏好,使他们得到利益。

3. 降低成本

利用新的科学技术,组合和改进酒店产品,提高服务和劳动效率,削减成本,并保持产品原有品质、功能不变。随着酒店业从业人员素质的提高,这种新产品将不断增加。

二、酒店新产品开发的意义

(一)开发新产品可使酒店保持盈利

任何产品都有一定的生命周期,必然会从投入期经过成长期和成熟期,走向衰退期,酒店只有不断开发新产品,才能在原有产品退出市场舞台时,利用新产品站稳脚跟,从短期来看,开发新产品盈利不多,甚至可能还会亏损。但从长远来看,能够增加酒店企业盈利的只有新产品。一般来说,当一种酒店产品投放市场时,酒店企业应着手设计新的产品,使酒店在任何时期都有产品处于生命周期的成长期和成熟期阶段,保证酒店的盈利稳定增长,如图7-6 所示。

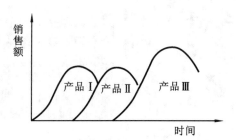

图 7-6　酒店企业处于成长期和成熟期的产品

(二)开发新产品有利于促进酒店成长

一方面,酒店可以从新产品中获取更多的利润;另一方面,推出新产品比利用现有产品能更有效地提高市场份额。利润和市场份额是酒店追求的两个重要目标,它们的增长和提高能帮助酒店不断发展。

(三)开发新产品可以维持酒店的竞争优势和竞争地位

为拥有顾客,占有市场份额,酒店会运用各种方式和手段来获得竞争优势,开发新产品是当今酒店加强自身竞争优势的重要手段。

(四)开发新产品有利于充分利用酒店的生产和经营能力

当酒店的生产、经营能力过剩时,开发新产品便是有效提高其生产和经营能力的一种重要手段。因为在总固定成本不变的情况下开发新产品会使产品成本降低,同时提高酒店资源利用率。

(五)开发新产品有利于酒店更好地适应环境的变化

如今,酒店面临的各种环境条件在不断发生变化。这预示着酒店的原有产品可能会衰退,酒店必须寻找合适的替代产品。这就导致了对新产品的研究与开发。

同步案例　　MUJI酒店:一切都是刚刚好

冲锋号吹响的疫情战役,在不可名状的闲暇情绪中人们开始思考:也许我们的目标是减少过度的欲望,取而代之的是一种朴素生活的价值观。MUJI一直致力于简约、自然的生活哲学,并坚持贯彻原材料的选择、工艺改善、简化包装的原则,以真正必要的方式制造生活中基本的并真正需要的产品。而MUJI HOTEL(见图7-7)则是用真实的生活体验MUJI之物,是无印良品精神和产品完美融合的一个"旅行"空间。在这里可以尽情体验无印良品的简约自然和节制审慎,在似有若无的设计中,感悟文化的交融和生活的美学,就如"空容器"一样,正因为其单纯、空白,才诞生了能够容纳所有人思想的终极自由性。

图7-7　MUJI HOTEL

全球目前有深圳、北京和东京三家MUJI酒店,因其都是对于人们日常生活的基础性和普遍性的考虑,因此在设计时毫不例外的有MUJI的共性:秉承MUJI简单的生活态度,凭借匠心自然和温暖人心的设计向所有人传达着:爱、不用修饰。而酒店在演绎MUJI"这样就好"的同时,考虑地域特殊性和文化独特性,极尽可能地与周围环境对话,静静地诉说MUJI与三个城市的故事。

MUJI HOTEL如同一个展示人们生活常态的MUJI大本营,设计以人们的生活方式和生活形态为初衷,功能上注重实用便利与自身品牌文化的输出。酒店除了拥有舒适睡眠体验的客房之外,增加了餐厅、salon、cafe等多样化的就餐环境,以及book library、meeting room、gallery等文化娱乐空间,甚至贴心地为客人提供

utility room 和 rental bicycle 的服务，衣食住行在这里都可以得到完美的诠释。

酒店功能的布局，更是遵循实用为上、空间开放与共享的设计理念，公共空间多采用开放式布局，保证整个空间的开敞完整和自由流动。客房外部走廊设计中门与墙体采用统一的材质，保证了空间的衔接和统一，无所矫饰、浑然天成的设计流露着"一即多，多即一"的禅宗美学。客房空间尊重建筑结构和生活需求，每个户型最大限度地满足日常功能，为宾客提供多样化的选择。在界面处理上，采用"减法原则"，墙面没有多余的装饰，以素净雅致的界面衬托家具材质的本色，加上干净柔和的间接照明，温馨而质朴。界面的分割多以水平与垂直的分割，干净利落，符合现代审美观。

材料上采用硅藻土、麻、棉、木、石等传统自然素材，同时注重周边废旧材料的回收，为整个空间打造天然质感。色彩上多以木、石、白、灰色为主，几乎看不到鲜艳的颜色，保持自然材质的本色，彰显着日本空寂的禅学文化，也为酒店奠定了自然朴素、祥和静谧的基调。在家具陈设上更是注重秩序感和展示美学，空间选用符合人体工程学的家具和一些 MUJI 的经典产品，如壁挂式 CD 机、无印良品书籍、羽绒靠垫等，在经典中品味生活。

MUJI HOTEL BEIJING 位于北京的历史文化街区"北京坊"内，深厚的历史传承，不可复制的文化底蕴，是北京坊的底气，保留胡同肌理和坡屋顶设计的同时也保留了岁月的痕迹，与此同时引进了一些国际品牌，传统与潮流在此共生，北京MUJI 酒店就在这样的环境中开始了和这座城市的"邂逅"。酒店由 UDS 株式会社和誉都思建筑咨询公司打造，酒店前方百米处就是天安门广场，富丽堂皇的宫廷与朴实无华的小巷都成为 MUJI 酒店的景致，坐在酒店的室外露台，仰望着北京城，是怀旧，亦是繁华……而酒店内外的砖墙多由周边旧街改造时的废旧青砖建成，形成了对周边街区与北京城的映射。

（资料来源：https://www.sohu.com/a/393511000_120048229.）

三、酒店新产品开发的条件

（一）认真地进行酒店市场调查

这种调查包括酒店市场新动向，酒店消费者的变化趋势，竞争对手的新产品开发情况及其他可能影响因素，在调查的基础上做出尽可能准确的预测，才可能避免生搬硬套，落在竞争对手后面的情况。

（二）酒店企业本身要有足够的开发能力

开发能力直接关系到新产品开发的成败，酒店企业开发新产品时必须有雄厚的技术和资金作为后盾。此外，在开发酒店新产品的同时，最好同现有产品建立起联系，以便形成网络，有助于新产品的推销。

（三）酒店产品要有独特的风格，不能人云亦云

许多酒店新产品不为市场所接受，就因为与原有产品差别不大，缺乏特色。

(四) 酒店新产品的上市时机要恰当

酒店新产品开发以后,企业要对市场形势做周密的分析,认真地选择上市时机,在时机不成熟时(酒店消费水平还未达到的时候)上市会导致新产品销售的失败。

(五) 在酒店企业内部,高层领导人对新产品的开发工作应给予强有力的支持

酒店新产品的开发中存在着三大障碍:技术障碍、市场障碍和企业内部障碍。企业内部障碍表现在部门之间的摩擦上。如果企业负责人能协调好新产品开发部门与其他部门的关系,消除障碍,促进合作,对保证酒店新产品的开发将具有十分重要的意义。

四、酒店新产品开发的过程

为了降低酒店企业因开发新产品而承担的风险,酒店企业对新产品开发要有一个程序,一般包括以下几个发展阶段。

(一) 搜集新产品构思方案,寻求创意

这是开发酒店新产品的第一步,也是关键的一步。在这个阶段酒店企业要搞清:产品开发的重点领域、市场是哪些;开发新产品要达到的目的是什么;计划投入多少资金;要确保多高的市场占有率;在独创新产品、以老产品进行改造和仿制竞争对手的产品中,应向各个部分投入多大的力量等。只有这样,才能使开发工作有的放矢,不至于陷入盲目。

搜集新产品构思方案要做好两方面工作。

1. 要广开言路

无论是谁的设想,什么设想,即使是"异想天开"的也要加以考虑。事实上,一些不可思议的设想,经开发后常常成为企业的拳头产品。一般而言,消费者、竞争对手、企业的推销人员和酒店经销商、企业高层管理者、广告代理商等,都是设想的重要来源。

2. 开通新产品构思的各种渠道

可以向企业内部管理人员、推销人员及服务人员,也可向消费者、竞争对手收集构思方案,甚至可以向外面任何单位,如机关、学校科研单位公开征集,与此同时,还要利用各种渠道收集外地和国外的新产品设计方案。酒店企业能否搜集到丰富的酒店新产品构思方案,关键在于是否有奖励。各类人员可提出各种构思的奖励办法以及建立一个系统的程序。

(二) 筛选与评审

在搜集到大量构思方案后,要对它们进行评估,研究其可行性,选出可行性较高的方案,筛选一般要考虑到两个因素:一是该方案是否与企业的战略目标相适应,表现为利润目标、销售增长目标、形象目标等几个方面;二是企业有无足够的能力实施这种方案,表现在资金能力、技术能力、人力资源、销售能力等。

筛选可以分为两个阶段:整体筛选和单项筛选。

整体筛选是对每一个构思从内部因素和外部因素综合起来考察,决定对构思方案的取舍。全体筛选又分为两步:第一步筛选那些同相企业资源条件、资金条件明显不同的方案,这主要通过判断来实现。第二步采用说分法,根据各种构思的得分多少决定取舍,搞好这一步的关键在于评分表的设计。一般而言,评分表的设计如表7-3所示。

表 7-3 评分表设计

要 素	(1)	(2)等级					得分 (1)×(2)
		很好 5	好 4	一般 3	差 2	很差 1	
市场销售量							
市场竞争力							
生命周期趋势							
市场宽度							
设计的独特性							
销售渠道的能力							
对现有产品销售的影响							
季节波动的抵制能力							
对现有设施资源的利用							
对现有人员的利用							
财力							
成本预算							
生产能力							

评分表的设计要注意两点：

(1) 要考核的项目根据企业状况设置，可多可少，但项目一定要全面反映各方面的情况；

(2) 各项指数按各自的重要程度决定，越重要的项目指数越大，但各项指数相加之和等于1。

通过评分表得到的分数是筛选设计的依据，得分最多的产品构思就是对企业最有利的。

还有另外一种方法：将每一个构思填制一种产品构思评等表，制定产品构思评价要素，每个要素都预先规定出其重要性系数，各项要素重要性系数之和为1。根据具体情况划分等级，为5、4、3、2、1，或优、良、中、小、劣等。最后评价结果要有等级指数大小，等级指数最大的是产品最佳构思，见表7-4。

等级指数＝得分总和/等级数

表 7-4 酒店产品构思评等表

影响成功因素	重要性系数	评 价 等 级					得分
		5	4	3	2	1	
销售前景	0.25		/				1.00

续表

影响成功因素	重要性系数	评价等级 5	4	3	2	1	得分
盈利性	0.25			/			0.75
竞争能力	0.15			/			0.45
开发能力	0.15		/				0.60
资源保证	0.10			/			0.30
生产能力	0.10				/		0.20
	1.00						3.30

单项选择阶段,包括三个项目。

1. 市场分析

分析证明新产品可能在市场上的地位和竞争力,如经营这种产品会有多大的市场占有率,总体说明开发这种新产品有无必要性。

2. 生产经营条件分析

主要分析酒店企业开发这种产品的能力,包括企业内部条件和外部条件,如企业人力、财务、资源状况、管理水平、销售渠道等,以解决开发这种新产品的可能性的问题。

3. 经济效益分析

主要分析开发这种新产品可以为企业为社会带来多大的利益。从酒店顾客方面来说,主要看产品是否满足他们的新需要,以及能否按他们可接受的价格进行生产;从社会方面来说,看这种产品对社会需要的满足程度;从酒店企业方面来说,是否能带来更高的利润。经济效益分析是非常重要的一环,它既包括发展新产品必要性的分析,又包括发展新产品可能性的分析。

(三) 研究和试销

这是证明新产品从构思方案到实际产品的阶段,包括研究和试销两个阶段。研究是把经过筛选的构思方案具体化,设计成切实可行的具体实施方案,研究不是产品本身的研究,也包括组合经营策略的研究,即要对证明新产品在产品定价、渠道、促销各方面采取不同的策略。试销是在小范围内,把酒店新产品介绍给消费者,通过消费者的购买行为来评价酒店新产品的优劣,以便对酒店新产品进行改进,对组合经营策略做出最后组合。在这个阶段应注意两个问题。

1. 规模要小

因为是样品生产,那么规模就要小,而不能铺得太大,要估计到成功和风险两个方面。

2. 反复试验

试验的酒店新产品,很可能要经过失败—失败—再试验—成功的反复过程。

(四)总结并正式投放市场

在反复试销之后,根据来自不同方面的信息总结现在新产品投入市场后它的吸引力在哪里,为什么能引发消费者进行购买。并要总结出酒店新产品的分布和客源重点。以此为基础,选择出最佳销售渠道,在酒店企业广告宣传的大力支持下,把酒店新产品正式投放到市场中。这样就完成了对酒店新产品的开发。

同步案例 四季酒店私人飞机环球美食之旅

四季酒店在业内首推定制私人飞机旅行,让乘客旅行时在空中享受到地面同步的顶级服务。私人飞机由波音 757 全面改造而来,机舱内设有 52 张手工皮革豪华躺椅,每一段四季酒店私人飞机体验还包括地面交通接送、目的地规划行程、餐饮以及在世界各地四季酒店的住宿。各行程 13.2 万美元起。

四季酒店还与世界最佳餐厅丹麦 Noma 的主厨 René Redzepi 合作,在 2017 年为食客带来为期三周的美食探索(Culinary Discoveries)之旅。这趟美食之旅于 2017 年 5 月 27 日启程,6 月 14 日结束。乘客乘坐四季酒店专属私人飞机,先后前往首尔、东京、香港、清迈、孟买、佛罗伦萨、里斯本、哥本哈根、巴黎九座城市,追溯世界各地美食的文化渊源。包括交通和餐饮费用在内,整趟旅程 13.5 万美元起。

本章小结

内容提要

酒店产品包括核心酒店产品、形式酒店产品、附加酒店产品,酒店产品组合是指旅游企业提供市场的全部酒店产品线和酒店产品项目的组合或搭配,即经营范围和结构。酒店产品最佳组合是指能给酒店企业带来最大长期利益的组合方式。酒店产品最佳组合的选择,就是根据酒店企业产品在市场上的地位及企业本身的实力来选择在一定时期内酒店企业产品的最佳组合。

酒店产品的生命周期是指产品的市场寿命,即酒店新产品从开始进入市场到被市场淘汰的全部时期。研究酒店产品的生命周期的主要目的是针对酒店产品不同的生命周期在市场上的特点,及时采取不同的、有针对性的策略。旅游企业评价、筛选产品一般采用四象限评价法、产品生命周期评价法对现有产品进行分析和评价。四象限评价法把现有产品分成明星产品、问题产品、金牛产品和瘦狗产品四种类型,并对不同类型的产品分别采取发展、培养、利用或淘汰的策略。产品生命周期评价法主要从产品对消费者的吸引力和各种产品之间的竞争能力这两方面来对酒店产品进行分析评价。

酒店新产品是指旅游企业向市场提供的全新的或原先已提供的在使用价值上存在很大差别市场需要的酒店产品。酒店产品开发与市场需求关系极为密切。

> **核心概念**
>
> 酒店产品；酒店产品组合；酒店产品生命周期；酒店新产品
>
> **重点实务**
>
> 具有分析及确定合适的产品规划的能力；具有结合企业实际，确定企业产品生命周期阶段并制定不同生命阶段的产品策划的能力。

> **知识训练**

一、简答题

1. 什么是酒店产品，酒店产品由哪些组成部分？
2. 酒店产品生命周期有哪些特点，影响酒店产品兴衰的因素有哪些？
3. 怎样开发酒店新产品？新产品开发的过程是怎样的？
4. 酒店产品的特征有哪些？

二、讨论题

1. 选择两家经济型酒店，对比其经营酒店产品的差异。
2. 分析两家经济型酒店产品的特色。
3. 针对这两家经济型酒店，有哪些新产品开发的建议？

> **能力训练**

一、理解与评价

设想你所在的酒店计划推出新产品以吸引顾客，为保证自己选择的新产品能获得成功，酒店都要做好哪些工作？

二、案例分析

儿童酒店成为酒店新宠

背景与情境：芝加哥凯悦酒店集团开展"7岁儿童宿营凯悦"，为孩子们准备了全套精心准备的凯悦集团活动。该活动承办主任Ann女士说："关心儿童不仅是照看他们，我们的活动主要是以教育为中心。"她还说："许多家长也希望他们的孩子参加一次有意义的活动。"其实关注儿童，已经成为越来越多的酒店的共同选择。

假日酒店于1995年在佛罗里达两家酒店开办"儿童套房"促销活动。该套房是以家庭活动为中心设计的。套房内设有儿童娱乐室，两张儿童床，一个依壁而设的床铺，并配有电视机、录像机、VCD、闹钟和儿童游戏电话。佛罗里达州假日酒店的房间中有间是儿童套房，一般客房售价为50—60美元，儿童套房价格则在92—158美元。

在巴西圣保罗，有好几家儿童酒店。这些酒店的顾客年龄从3个月到6岁不等，他们可以在酒店里待上半天甚至一天，也可以住上十天半个月。儿童酒店把孩子们当客人对待，不仅保持一种令儿童愉快的气氛，而且关心每个孩子，尊重其个性。这种旅馆配有专业教师、训练有素的护士、医生、保育员、厨师与管理人员，组织各种适合孩子们的活动，使他们在旅馆期间长见识，学知识与技能。

日本最早的"儿童酒店"出现在20世纪70年代,当时主要为了照料酒吧间女招待、夜总会女郎的后代,因此名声不佳。近年来,有了很大的变化,一些商界女士、护士、秘书、教授等也把自己的儿女送进"儿童酒店"。奥地利的"婴儿酒店"专门接待来自欧洲各地那些哭闹无常的小客人及他们的父母。酒店不仅有婴儿床、高脚椅、便盆与坐便椅,还有游乐室和酒吧,当然供应婴儿的也是特制的"鸡尾酒"。

（资料来源:饶勇.现代饭店营销创新500例[M].广州:广东旅游出版社,2000.）

问题:

1. 为什么越来越多的酒店开设"儿童套房"或"儿童酒店"?

2. "儿童套房"或"儿童酒店"定位的着眼点是什么？它们涉及本章的哪些知识点?

第八章 酒店产品价格策略

学习目标

通过对本章的学习,使学生了解酒店产品价格的概念、种类与构成,熟悉酒店产品定价的原则、程序,掌握旅游产品定价的方法。

引例:Michael Vases 如何定价

背景与情境: Michael Vases 在伦敦有一家叫作 Just around the Corner 的酒店,其成功地解决了定价这个难题。据 Herald Tribune 报道,他仔细地观察了顾客支付小费的行为,最后做出了一个重要决定,即菜谱上的菜没有标上价格,而是让顾客根据自己对所用食物的价值来支付。让顾客对食物感兴趣并在餐桌上谈论它。这种有益的谈论很可能会提高食物的价格。Vases 先生声称这是很大的成功。顾客所给的价格比菜单价格高了 20%。Just around the Corner 酒店是他所经营的五家酒店中利润最高的一个。

第一节 酒店价格概述

一、酒店价格的含义

(一) 酒店价格的概念

酒店价格,就是指酒店的顾客购买酒店的产品所需要支付的货币量。酒店产品的价格是由酒店产品的成本、酒店产品的税收以及酒店产品的利润来共同决定的。酒店产品价格的高低最终取决于这三个部分之和的大小。所谓酒店产品的成本,是指生产酒店产品时所用的建筑物、设备、设施以及各种原材料等物质的消耗和酒店的职工在提供服务时的劳动补偿。

(二) 酒店市场成交价格的五种形式

对于一家酒店的经营者来说,酒店的市场成交价格可以分为五种。下面我们来逐一地进行介绍。

1. 酒店商品的正常价格

酒店商品的正常价格就是指酒店商品的需求等于酒店商品的供给,酒店所出售的价格是按照自己的预期进行规定的,虽说这种定价形势不会给酒店带来巨大的收益,但是,也不会使酒店的经营变得十分惨淡。

2. 酒店商品的超额利润的价格

酒店商品的超额利润的价格就是指在酒店商品是创新的商品、垄断的商品,或是需求远远大于供给的情况下的价格,它可以使得酒店获得超额的利润,对于酒店经营者来说,他们十分想使用这种定价形式,但是,从现代酒店业的竞争和市场情况来看,这类定价形式的存在空间往往是很难的。

3. 酒店商品的保本价格

酒店商品的保本价格就是指在酒店的商品需求小于酒店商品的供给的时候,酒店所定的价格,由于这是酒店制定的一种保本价格,所以作为酒店的经营者来说,制定这种形式的酒店价格可以使酒店处于不亏不赢的地位,但是,为了追求利润的酒店经营者是不愿看到这种形式的定价方法长期存在于本酒店之中的。

4. 酒店商品的停业价格

酒店商品的停业价格是指酒店商品的需求远远小于酒店商品的供给情况下,酒店所订出的产品价格。这种价格仅仅等于或者是小于单位酒店商品的变动成本加上营业税,这时,作为一家酒店,不仅不能获得任何的利润,而且也不能减少固定成本的损失。这种定价形势下的酒店,已经不能获得任何的利润了,作为酒店经营者要想办法去改变这种情况,因为这样下去酒店的经营是很危险的。

5. 酒店商品的亏损减少价格

酒店商品的亏损减少价格就是指在酒店商品的需求小于酒店商品的供给的情况下,酒店所订出的价格。这一价格小于酒店的保本价格,但是大于酒店的停业价格。由于这一价格大于酒店商品的单位变动成本加其自身的营业税,因此,它可以减少已经投入的固定成本的一部分损失。对于酒店经营者来说,在一家酒店出现这种定价情况的时候,就要十分警觉地开始去调研自己酒店的经营原因和竞争情况,不要错误地认为这时的定价还可以为酒店所接受,因为它已经预示着酒店经营危险的到来。

二、酒店价格决策的重要性

价格是一种十分复杂的经济现象,它的波动牵涉经济活动的各个方面,从横向看,价格影响到酒店活动的各个方面;从纵向看,价格也影响到酒店产品、酒店生存和发展的全过程。因此,对酒店来说,仅有定价是不够的,必须将酒店整体的价格工作作为一个系统来加以统一把握;必须系统地处理好酒店内部不同产品价格之间的关系、同一产品不同寿命周期阶段的价格关系、本酒店产品价格与竞争者产品价格间的关系以及酒店价格策略与营销组合中的其他策略,如产品策略、渠道策略、促销策略之间的关系。做好酒店的价格决策工作,在现代市场竞争中,有着特别的意义。

(一)价格决策的重要性源于价格在酒店营销中的重要地位

价格是酒店营销组合的一个重要组成部分,它有着若干独特而又鲜明的特征。在营销组合的诸因素中,价格是作用最直接、见效最快的一个变量,也是唯一一个与酒店可能获取的收入大小直接相关的营销手段。作为见效快、投入少的手段,其运用效果如何,在很大程度上取决于价格策略的质量,包括价格的定位是否适当,是否能够处理协调好各种有关的价格关系,是否能有效地组织其他资源为价格策略的实施创造条件等。

(二)价格决策的重要性在于价格手段,它对酒店经营的成败有着决定性的影响

大量酒店营销的实践表明,价格不仅直接关系酒店所能获得的销售收益的大小,而且也是决定酒店经营活动的市场效果的重要因素。酒店市场占有率的高低、市场接受新产品的快慢、酒店及其产品在市场上的形象等都与价格有着密切的关系。即使企业产品的内在质量较好,但如果缺乏价格与产品的策略的协调,竞争的结果仍可能是灾难性的。因此科学的价格决策也是保证酒店其他经营手段取得成功的重要条件。

三、酒店定价的影响因素

影响酒店产品定价的主要因素包括产品成本、定价目标、营销组合策略、市场需求、竞争和其他因素等几个方面。

(一)酒店产品成本

酒店产品定价以成本为最低界限,产品价格只有高于成本,酒店才能补偿生产上的耗费,从而盈利。但这并不排斥在一段时期内,个别产品的价格低于成本。在实际经营中,酒店产品的价格是按成本、利润和税金三部分来制定的。成本又可分解为固定成本和变动成本。产品的价格有时是由总成本决定的,有时又仅由变动成本决定。成本有时又分为社会平均成本和企业个别成本。就行业价格而言,主要的是受社会平均成本影响。在竞争很激烈的情况下,酒店个别成本高于或低于社会平均成本,对产品价格的影响不大。

(二)酒店定价目标

定价目标是指酒店通过制定一定水平的价格,达到预期目标。定价目标直接影响着酒店产品价格的制定。酒店常见的定价目标有生存、利润最大化、市场占有率和产品质量领先。

1. 生存

当酒店在经营中被生产、销售、竞争等因素所困扰的情况下,往往将生存作为自己的主要目标。在短期内生存比盈利更为重要,在经济不景气时,酒店常常使用这种定价策略。酒

店努力想通过降价来谋求现有条件下的最大现金收益,以便渡过难关。这个策略无疑会影响某些相关的竞争者,甚至会影响到整个行业。酒店业中的竞争者往往对价格非常敏感,一旦意识到威胁的存在,便会立即做出反应。

2. 利润最大化

最大利润有长期和短期之分,还有单一产品最大利润和酒店全部产品综合最大利润之别。一般而言,酒店追求的应该是长期的、全部产品的综合最大利润,这样,酒店就可以取得较大的市场竞争优势,占领和扩大更多的市场份额,拥有更好的发展前景。当然,对于一些中小型酒店、产品生命周期较短的酒店产品、产品在市场上供不应求的酒店等,也可以谋求短期最大利润。最大利润目标并不必然导致高价,价格太高,会导致销售量下降,利润总额可能因此而减少。有时,高额利润是通过采用低价策略,待占领市场后再逐步提价来获得的;有时,酒店可以采用招徕定价技巧,对部分产品定低价,赔钱销售,以扩大影响,招徕顾客,带动其他产品的销售,进而谋取最大的整体效益。

3. 市场占有率

市场占有率,又称市场份额,是指酒店的销售额占整个行业销售额的百分比,或者是指某酒店的某产品在某市场上的销量占同类产品在该市场销售总量的比重。市场占有率是酒店经营状况和酒店产品竞争力的直接反映。作为定价目标,市场占有率与利润的相关性很强,从长期来看,较高的市场占有率必然带来高利润。因此,以销售额为定价目标具有获取长期较好利润的可能性。市场占有率目标在运用时存在着保持和扩大两个互相递进的层次。保持市场占有率的定价目标的特征是根据竞争对手的价格水平不断调整价格,以保证足够的竞争优势,防止竞争对手抢夺自己的市场份额。扩大市场占有率的定价目标就是从竞争对手那里夺取市场份额,以达到扩大酒店销售市场乃至控制整个市场的目的。

4. 产品质量领先

根据酒店的市场目标战略,为了保证对顾客的服务质量,有些酒店产品的价格较高。例如,丽思·卡尔顿酒店的每间客房建筑或装修成本往往超过 30 万美元。除了高额的资本投资外,每间客房投入的劳动力成本也很高。为了提供豪华的服务,这些酒店不仅要求配备训练有素的员工,而且员工与顾客的比例也很高,这就决定了其价格在同行业中是比较高的。

(三)酒店营销组合策略

定价只是酒店借以实现其营销目标的诸多营销组合工具当中的一种。价格一定要与产品设计、分销渠道以及促销策略相互协调,构成一个统一而有效的市场营销计划。对其他一些营销变量的决策,也会影响到价格决策。例如,酒店计划通过批发商来分销其大多数的客房,酒店必须在客房定价上留有足够的利润空间,以便使他们得以给批发商比较好的折扣。酒店的促销组合对价格也有影响。在不同媒体上做广告、采取不同的促销方法和促销策略所需要的预算是不同的,而这些预算都要从酒店产品的价格中收回,所以,价格的高低和促销组合关系密切。

(四)酒店市场需求

酒店产品价格除受成本影响外,还受市场需求的影响。即受供给与需求的相互关系的影响。当酒店的市场需求大于供给时,价格应高一些;当酒店的市场需求小于供给时,价格应低一些。反过来,价格变动影响市场需求总量,从而影响销售量,进而影响酒店目标的实现。因此,酒店制定价格就必须了解价格变动对市场需求的影响程度。反映这种影响程度的一个指标就是酒店的价格需求弹性系数。所谓价格需求弹性系数,是指由于价格的相对变动,而引起的需求相对变动的程度。通常可以用下面的公式表示:

$$需求弹性系数 = 需求量变动百分比 \div 价格变动百分比$$

假设酒店的价格提高2%时需求量下降了10%。这样,需求价格弹性系数是5,那么酒店的需求弹性系数则比较大。如果价格上升2%,需求下降2%,那么需求弹性系数是1,酒店的总收益没有变化。酒店虽然销售量减少,但价格的提高正好弥补了损失。如果价格上升2%而需求量下降1%,弹性系数就是1/2,酒店需求缺乏弹性,对于酒店而言提高价格有利。

(五)竞争

市场竞争也是影响价格制定的重要因素。根据竞争的程度不同,酒店定价策略会有所不同。按照市场竞争程度,可以分为完全竞争、不完全竞争与完全垄断三种情况。

1. 完全竞争

所谓完全竞争也称自由竞争,它是一种理想化的极端情况。在完全竞争条件下,顾客和酒店都大量存在,产品都是同质的,不存在质量与功能上的差异,酒店自由地选择产品生产,买卖双方能充分地获得市场情报。在这种情况下,无论是顾客还是酒店都不能对产品价格进行影响,只能在市场既定价格下从事生产和交易。

2. 不完全竞争

它介于完全竞争与完全垄断之间,它是现实中存在的典型的市场竞争状况。不完全竞争条件下,最少有两个以上的酒店或顾客,少数酒店或顾客对价格和交易数量起着较大的影响作用,买卖各方获得的市场信息是不充分的,其活动受到一定的限制,而且提供的同类商品有差异,因此,它们之间存在着一定程度的竞争。在不完全竞争情况下,酒店的定价策略有比较大的回旋余地,它既要考虑竞争对手的价格策略,也要考虑本酒店定价策略对竞争态势的影响。

3. 完全垄断

它是完全竞争的反面,是指酒店的供应完全由独家控制,形成独占市场。在完全垄断竞争情况下,交易的数量与价格由垄断者单方面决定。完全垄断在现实中也很少见。

酒店的价格策略,要受到竞争状况的影响。完全竞争与完全垄断是竞争的两个极端,中间状况是不完全竞争。在不完全竞争条件下,竞争的强度对酒店的价格策略有重要影响。所以,酒店首先要了解竞争的强度。竞争的强度主要取决于产品生产的难易程度、是否有专利保护、供求形势以及具体的竞争格局。还要了解竞争对手的价格策略,以及竞争对手的实力。最后要了解、分析本酒店在竞争中的地位。

(六)其他因素

酒店的定价策略除受成本、需求以及竞争状况等因素的影响外,还受到其他多种因素的影响。这些因素包括政府或行业组织的干预、顾客心理和习惯、酒店或产品的形象等。

1. 政府或行业组织的干预

政府为了维护经济秩序,或为了其他目的,可能通过立法或者其他途径对酒店行业的价格进行干预。政府的干预包括规定毛利率,规定最高、最低限价,限制价格的浮动幅度或者规定价格变动的审批手续,实行价格补贴等。

2. 顾客心理和习惯

价格的制定和变动在顾客心理上的反映也是价格策略必须考虑的因素。在现实生活中,很多顾客存在"一分钱一分货"的观念。面对不太熟悉的酒店,顾客常常用价格来判断酒店的好坏,用经验把价格同酒店的价值挂钩。顾客心理和习惯上的反应是很复杂的,某些情况下会出现完全相反的反应。例如,在一般情况下,涨价会减少购买,但有时涨价会引起抢购,反而会增加购买。因此,在研究顾客心理对定价的影响时,要持谨慎态度,要仔细了解顾客心理及其变化规律。

3. 酒店或产品的形象

有时酒店根据其理念和酒店形象设计的要求,需要对产品价格做出限制。例如,酒店为了树立热心公益事业的形象,会将某些有关公益事业的产品价格定得较低;为了树立高贵的酒店形象,会将某些产品价格定得较高等。

同步案例 星级酒店房价的"高标低卖"

经常住星级酒店的消费者似乎早就对酒店大堂内标得很高的房价视而不见了。因为长期以来,星级酒店房价"高标低卖"的现象极为普遍。难怪有人说,高档商场的打折还有期限呢,而星级酒店的打折却"永不停息"。

在位于市区的某五星级大酒店,摆放在大厅里的客房价目表显示标准间价格为1388元、高级间价格为1588元,实际入住价格有优惠,打折后价格为800元和958元。酒店的门市挂牌价是由物价部门审核过的,但这个价格一般只作参考用,多数时候只是形同虚设。《中国旅游饭店行业规范》中规定,饭店应当将房价表置于总服务台显著位置,供客人参考。饭店如给予客人房价折扣,应当书面约定。

各酒店的门市价是根据市场来定的,定价一般参照同星级酒店平均水平,再结合本酒店地理位置、特色等优劣势定位,在一定程度上它也是酒店档次的象征。虽然门市价大部分时候形同虚设,但也必须挂在那儿。消费者的心理原因也在一定程度上造成酒店高标价低折扣的现象长期存在。因为消费者已经习惯于酒店房价打折,如果将门市价格定为最终售价,部分消费者仍会觉得不打折不划算。

问题:星级酒店房价为何长期"高标低卖"?

分析提示:星级酒店实行的是"虚拟定价"策略,这使得消费者在得到实际成交价时与参照价格相比得到心理上的满足,同时打折也是市场竞争的必然趋势。酒店的门市价格是与其自身的定位相结合的,比如酒店的装潢、服务、配套、目标顾客群层次等要素必须与定价相匹配。酒店在经营中必须突出自身的特色,坚持一定水准的定价,但在激烈的市场竞争中又不得不采取打折促销的营销手段。如果全部实行明码标价又与其定位不符,而进行打折只是一种优惠手段,与其形象定位、消费者心理定位不发生冲突。重要的是,酒店可以在价格上打折,但不能在服务上也打折扣。

第二节 酒店产品的定价程序

通常,酒店价格的定价程序由五个步骤构成(见图 8-1)。

图 8-1 酒店价格的定价程序

一、确定定价目标

经营管理工作取得成效,必须有正确的目标,确定定价目标最重要的原则,是要使定价目标和整个酒店企业的经营目标和市场营销目标一致。这是由于价格目标对酒店企业各职能部门的决策(如财务、生产等部门的决策)有很大影响。

酒店企业的定价目标可分为两种。

(一)利润导向定价目标

1. 目标收益率方面的目标

根据目标收益率确定定价目标,是最普遍的利润导向定价目标,这种目标可以获得营业额一定百分比的收益,获得一定的投资收益,也可以获得一定数量的利润。

大型酒店企业适合追求目标收益率。规定一定的目标收益率,便于企业内部的各级经营人员和员工了解企业的目标和各自的职责,也便于企业最高决策人控制和管理各个部门。因此,各级经营管理人员会想方设法实现企业规定的目标收益率。

2. 追求最高利润

采取这种定价目标的企业为数最多,追求最高利润,并不等于最高价格,而是追求长期的最高总利润。为了实现这一目标,一些企业为了争取顾客,可以在短期内采取低价薄利的策略,或牺牲局部利润来争取整个企业的最高利润。

3. 获得满意的利润

由于酒店经济活动中不确定因素的存在,受主客观条件的制约因素又很多,使酒店企业的最大利润目标难以实现。这样,有些酒店企业便以获取满意利润为目标,规定在将来的一段时间内实现的利润额或利润增长率,同时希望这能确保企业的长期生存和发展。

(二)营业额导向定价目标

采取这种定价目标的酒店企业,强调要实现的是某一营业额或获取某一市场的占有率,而并不明确规定它实现的利润额数。

1. 增加销售量

一些酒店经济专家认为,很多酒店企业的定价目标是保证一定利润水平前提下谋求销售量的最大化,这些企业认为在激烈的市场竞争中,增加销售量是最重要的。只要总利润不低于酒店企业所能接受的最低水平,就可以尽量压低价格以增加销售,营销的任务是计算能产生最大销售收入的价格——数量关系,但由于这种定价目标忽视了利润、竞争环境等因素,使高额的销售收入不能保证高利润,因此不能作为企业长期定价目标。

2. 保持或增加市场份额

对于酒店企业的经营管理人员来说,保持市场份额,即保持与本企业规模和管理相适应的市场占有率,显得特别重要。有些企业为增加市场份额,甚至以控制整个市场为定价目标,由于合理的规模生产可以降低成本,有些企业便设法增加市场份额,以便获取更大的利润。但为了占有更大的市场份额而盲目地压低价格,结果不仅不能盈利,反而会使企业濒于破产。

3. 以保持现状为定价目标

一般说来,以保持现状为目标的企业经营人员希望减少亏损的风险,思想也较保守。

(1) 应付和避免竞争。

这些企业制定价格的主要依据是对市场有决定影响的竞争者的价格,根据实际情况,制定出比竞争的价格稍低或稍高一点的价格。当成本和需求发生变化时,只要竞争者维持原价,它们也维持原价,当竞争者价格变化时,它们也调整价格。

(2) 非价格竞争。

以保持现状为定价目标的酒店企业,强调通过产品、促销、渠道等方面的活动,避免与竞争对手进行价格竞争,而进行非价格竞争。这种定价目标,看起来保守,但实际上可能是企业强有力的营销策略的组成部分。

二、判断市场需求

确定市场对某种酒店产品的需求量,是证明市场调研的主要内容,在社会购买力一定的条件下,产品价格直接影响市场的需求量。产品价格越高,市场需求下降;反之,价格降低,需求增加。如果消费者的需求、购买愿望和销售环境不变,那么价格的变化与需求量的变化就成反比,如图 8-2 所示。

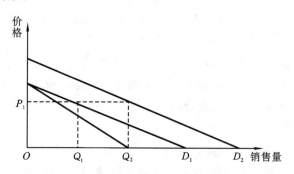

图 8-2 价格与需求量之间的数量关系一

图 8-2 中，D 是需求曲线，这表明酒店产品价格降低可以刺激酒店市场需求量的增加。但是，市场需求量还受市场经营组合和其他一些因素的影响，比如产品质量的改进、加强销售促进、产品分配渠道等，这会使图中的 D_1 变为 D_2，也就是说，在价格不变的情况下，企业可以增加产品的销售量。

不过，也有些优质酒店产品或一些可以为购买者带来某种声望的产品，定高价时销售量更大，如图 8-3 所示，当价格从 P_1 增至 P_2 时，市场对这类产品的需求量从 Q_1 增至 Q_2，然而，如果价格继续上升，市场需求量便会下降。

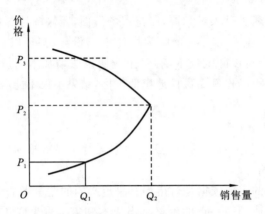

图 8-3　价格与需求量之间的数量关系二

消费者的态度、营销因素组合中其他因素的变化或企业无法控制的环境因素的变化，都会影响市场需要量，酒店市场需求量的波动尤其明显，因此，酒店产品销售也必须适应这种需要，价格应分淡旺季区分制定，淡季价格应低些，而旺季价格应高些。

三、估计成本费用

在了解市场需求和酒店价格制定过程的作用之后，应进一步分析成本和利润之间的关系。

1. 保本点分析

保本点是企业收入总额与成本总额相等的销售量。要确定酒店企业生产某种产品或提供某种服务的成本费用，必须将成本分为固定成本和变动成本两大类，变动成本随销量的变化而成正比例增加，固定成本总额则不受销售额的变化影响。总成本是固定成本总额和变动成本总额之和，总营业收入是产品单价与销售量的乘积。

在使用保本点分析时，我们应假定市场需求量不变，通过分析来确定数量抵补成本费用所需的最低销量与价格。我们明确保本点分析主要强调达到保本点时所需的销售量，而不是着眼于实现一时的市场占有率或投资收益等均价目标。

2. 边际分析

根据微观经济理论，边际收入是指每销售一个单位产品时，营业总收入所增加的数额。

$$边际收入＝营业收入的变化/销售量的变化$$

企业的边际成本和平均成本之间的关系，是确定企业生产量和销售量的一个关键性因素。平均成本是由产量除以总成本求出的;边际成本指增加一个单位产量相应增加的成本。边际成本、收入与平均成本、收入的关系见图8-4。

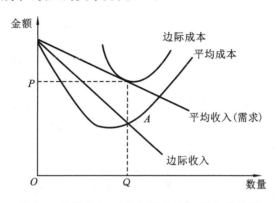

图8-4 边际成本、收入与平均成本、收入的关系

在图8-4中,我们可以看出,在生产量为Q,价格为P时,即当边际收入与平均收入成本曲线相交于A点时,企业可获最大利润,这并不是说仅运用边际收入和边际成本概念,便可精确地定出产品的价格。实际上,成本和营业收入是不断变化的;竞争对手的策略可以使企业收入受到损害,这就很难制定出一个很好的新产品的价格。当然,在产品定价中,理解边际收入和边际成本的关系,对于企业的经营人员来说,还是有一定价值的。

四、分析竞争对手

酒店市场竞争激烈,一个企业要想立足于市场,仅提高内部环境是不够的,它应设法与外界联系,及时了解竞争对手的产品质量和价格,了解竞争对手的价格策略,做到知己知彼。

五、选择定价方法

产品需求、企业成本和竞争因素是价格决策所必须考虑的三大因素。产品成本决定了价格的最低限度,产品本身的特点,决定需求状况,从而确定了价格的最高限度,而竞争者的产品的价格又为定价提供了参考的依据。企业的主要定价方法基本上都是从上述三大因素出发的,每个企业可依实际情况,侧重于某一因素来选择相应的定价方法。以下是三种常见的定价方法。

(一) 以成本为中心定价方法

1. 成本加成法

这是最简单的一种定价方法。计算方法是通过产品加成率加上若干百分比的加成额进行定价。即

$$单位产品价格 = 单位产品总成本(1+加成率)$$

常见的有回扣利率法、毛利率法、倍数法、价格系数法。十分明显,成本加成法只考虑产品本身的成本因素,完全忽视了社会价值、供求和竞争情况。从本质上看,仅仅是以保证卖方利益出发,而去"保本求利"的一种方法。因此这种方法计算出的定价,很可能因不合消费

者心理和市场需求而无法使企业取得最高利润。

然而,成本加成定价法由于其计算成本比估计需求更有把握,且不必根据市场需求的变化经常调整价格,所以这种方法目前比较盛行。

2. 目标收益率定价法

目标收益率定价法是根据酒店企业的总成本和估计的总销售量,确定一个目标收益率,作为核算定价的标准。即

$$单价 = (固定成本 + 单位变动成本 \times 产品数量 + 目标利润)/产品数量$$

目标收益率定价法在酒店业有广泛的应用。制定房价的千分之一法和制定菜肴价格时使用的计划利润法,都是这种定价法的形式。

千分之一法认为,酒店要获得利润,房价就应占酒店造价的千分之一。使用千分之一法,酒店管理人员可以迅速做出价格决策,但由于其明显的局限性(只有把房价和过去建筑费用联系在一起,而没有考虑当前的费用和通货膨胀),在正式定价决策中,很少有人使用。

酒店在制定房价时,经常使用的另一种方法为赫伯特公式,企业根据计划的营业量、固定费用以及酒店需达到的合理的投资收益率,来决定每天每间客房的平均房价;可见,这个公式是从酒店盈利需要出发的,而没有考虑到酒店需求这个变量。

目标收益率定价法具有易于使用的优点,并为酒店制定房价提供了指南,但这种方法没有考虑市场需求的程度和旅客的心理,不能适应不同细分市场的需求。因此,实际生活中,只能把目标收益定价作为制定价格的出发点。

(二)以需求为中心的定价方法

这是根据旅客对酒店所能给予他们的价值的看法和市场的需求程度来制定价格的。企业较常使用的以需求为中心的定价法,主要有两种形式。

1. 理解价值定价法

这一方法要求企业运用经营组合中那些价格因素影响旅客,根据旅客的价值观念制定相应的价格。例如,一位消费者在商店喝一杯咖啡要付1.5元,在一个小酒店就要付2元,而在大酒店要付3元,如果要到酒店的房间内饮用,则要付5元。在这里,价格一级比一级高并非是由成本所决定,而是由于附加的服务和环境气氛增加了顾客对商品的满意程度,而为商品增加了价值。

运用理解价值定价法的关键是,要将自己的产品同竞争对手的产品相比较,找到比较准确的理解价值。因此,在定价前必须做好营销调研,否则,定价过高或过低,都会造成损失。定价高于买方的理解价值,顾客就会转移到其他地方,企业销售量就会受到损失;定价低于买方的理解价值,销售额便会减少,企业同样受到损失。

2. 区分需求定价法

(1)区别对待不同顾客。

同一产品或服务,对不同顾客价格不同。

(2)区别不同的产品形式。

不同的产品形式,成本不同,但酒店企业并不按各种形式产品的成本差比例规定不同的售价。

(3) 区分不同的地点。

在不同地点出售相同的产品和服务,虽然企业的边际成本可能没有发生变化,仍可制定不同的价格。

(4) 区分不同的时间。

企业可以在不同的季节、不同的日期,甚至不同的种类,规定不同的价格。

但要有效地实行区分需求定价法,需要具备一定的条件:第一,市场能细分,而且不同的细分市场必须表现出不同的需求强度;第二,低价细分市场的买主不能有机会向高价细分市场的买主转售;第三,高价竞争几乎没有压低价格进行竞争销售的可能;第四,分割市场和控制市场价需要的费用不能超过采用区分需求定价所能增加的营业额;第五,差别定价不应引起顾客的反感,以免导致销售量和营业的减少。

(三) 以竞争为中心的定价法

采用这种定价法的酒店企业主要根据竞争者的价格为定价的依据。其特点是,只要竞争者的价格不动,即使成本或需求变动,价格也不动。反之亦然。

第一种是领头定价法。

如果企业所制定的价格能符合市场的实际要求,采用领头定价姿态的企业,即使在竞争激烈的市场环境中,也是可以获得较大的收益的。

第二种是随行就市定价法。

这种企业根据同一行业的平均价格或其直接对手的平均价格决定自己的价格。他们认为市价反映了行业集体智慧,因此随行就市定价法能使本企业获取理想的收益率。

第三种是追随核心企业定价法。

这里所谓的核心企业,是指某一企业在市场上销售量占同类行业产品在市场上销售总额的40%。其他企业跟随核心企业制定大体相仿的价格,并随它的价格变化而调整本企业的价格。

由于竞争限定了价格浮动的范围,当地同类酒店企业可能会成为某一酒店企业定价的限制因素。因此,这种酒店企业广泛地采用以竞争为中心的定价方法,不过这种方法忽视了酒店消费者的价值观念,盲目地以竞争者的售价作为本企业的定价依据,而不重视市场调研,这是制定不出合理酒店价格的。

制定价格方案需要考虑许多因素,从市场营销的角度来看,最主要的是成本、变动成本、利润和销售费用。这里介绍一种根据上述三个主要因素规划确定价格的"利润方程式"。

酒店产品的预期利润可以用下式表达:

$$Z = [(P - K) - C] \cdot Q - F - M$$

式中:Z——总利润额;

P——产品单价;

K——单位产品补贴(折扣、佣金等);

C——单位产品变动成本;

Q——预测销售量;

F——固定成本总额;

M——计划销售费用总额。

这一公式表明,酒店产品的销售利润受到单价、补贴、变动成本和销售费用等影响,这种影响关系也可以用下面一个函数表示:

$$Q = f(P, K, C, M)$$

根据上述的利润方程式,就可以分别测算在各种不同市场营销组合情况下的利润额,从而决定价格最优方案。

知识链接 **疫情期间酒店如何制定房价?**

2020年的疫情让很多酒店的经营面临巨大的困难,在欧洲和美国,数以千计的酒店面临关店,然而,大多数酒店终会重新开业。这一过程中酒店如何进行合理的定价至关重要。

这场危机是前所未有的全球性危机。但无论是过去的流行病、大规模枪击案、飓风还是金融危机,世界各地的酒店领导者都吸取了如今与全球相关的教训。有一点大家似乎都同意:不要急着削减得太快或太深。

1. 从亚洲获得信心

"亚太地区从非典的经历中学到了很多东西,因此,大多数人都有了应对一些相同挑战的计划。"康奈尔大学服务运营管理荣誉教授Sherri Kimes表示。Kimes在Revinate举办的网络研讨会上公布了她对全球500多家酒店经营者的调查结果。她的调查显示,亚太地区酒店业者过去几个月采取的行动与其他地区的酒店业者大不相同。其中一个例子是:大约一半的亚太地区酒店尝试"增值",而在欧洲只有三分之一。"增值"的一个例子可能是,为任何入住的客人提供一种优惠券,比如,如果他们在一年内改签未来的住宿,就可以获得一笔可观的优惠;也可能是用一辆经过良好消毒的汽车提供免费的机场交通工具。在此次危机中,亚太地区的酒店业者明显比其他地区的酒店更强调针对新客户群体的促销活动,也采取了措施来奖励忠诚的顾客或者潜在的回头客。

2. 尽可能保持定价权

我们从专家那里听到最多的一条建议是:酒店应该抵制未来降价。研究表明,那些降价最快、降价幅度最大的酒店,可能是在需求回升时最后恢复的酒店。其中一个原因是,许多酒店的定价结构是基于"最佳的零售价格",这意味着所有其他的价格,如商务、团体等,都与零售价格挂钩。当需求恢复时,更有利可图的客户如商务旅行者、活动或婚礼策划者,将不愿接受价格上涨。

3. 在价格之外,想得远一点

在制定酒店经营者尝试和测试的价格计划的同时,酒店经营者还需要考虑比价格更大的前景。客人们对取消预订体验的记忆比对他们支付的费用更深刻。如果情况允许,为取消行程提供灵活的政策,比如提供免麻烦的积分或未来入住的免费设施。营销人员将需要调整相关的营销策略,因为在未来一年或更长时间内,社交距离仍然是一个时断时续的问题。

(资料来源:https://www.douban.com/note/755620289/.)

第三节 定价策略的选择

定价策略是指酒店企业进行价格决策的指导思想,它是酒店企业实现定价目标的手段。因此,定价策略是酒店企业确定全面经营策略时所应考虑和研究的一个重要方面。

一、率先定价策略

制定新产品最初价格时常采用的价格策略主要有如下几种。

(一) 撇油价格策略

撇油的原意是把牛奶上面那层油撇出来。撇油价格指制定高价,以便在短期内把钱赚回来。在产品投入阶段,市场需求弹性较小,新产品在市场上奇货可居,因此,迫切需要这种新产品的消费者往往愿意高价购买。当产品进入成长阶段或成熟阶段,再降低价格,以便吸引对价格较为敏感的细分市场。

采用撇油价格策略的优点是:

第一,可使企业较快获取较高营业额,以便收回产品研制成本;

第二,当产品刚进入市场时,企业的生产能力往往较低,采用撇油价格策略,可使企业的生产能力随着市场需求的增长而逐渐扩大;

第三,从高价降至低价较容易,而从低价上升至高价则较困难,因而撇油价格策略可以便利企业在以后的竞争中实行降价竞争。

但是,使用撇油价格策略,定价高,会刺激很多竞争者进入市场。

(二) 渗透价格策略

采用渗透价格策略,企业更多地从长远利益考虑,把产品价格定得比较低,以便市场渗透,获得较大的市场占有率。

采用渗透价格策略的特点是产品价格低于市场价,薄利多销,企业采取压低成本、减少环节的办法,增加销售。采用渗透价格策略的条件是潜在市场比较大,低价可以扩大市场面;价格敏感程度高,低价可以增加销售;企业有潜力降低可变成本;分配渠道畅通,销售经营环节精简;有供大于求的趋势。

采用渗透价格策略,企业改变价格的余地比较小,而且往往要较长时间,本利才能得到回收。

(三) 产品投入阶段暂时降价策略

降低产品价格,能吸引更多顾客,所以,有不少企业常在产品投入阶段,采取暂时降价的策略,以便加速消费者接受采用新产品的过程。投入阶段一结束,企业就提高产品的价格。一些酒店在刚开业的几个月,常常采用这种策略,以便吸引客户,争取客源。

二、针对消费者心理的定价策略

针对消费者心理的定价策略是指利用消费者对价格的心理反应,刺激消费者购买产品和服务,许多零售企业、代理商经常使用这种定价策略。

(一) 尾数定价法

很多零售商认为,消费者从习惯上乐于接受尾数价格,不喜欢整数价格。根据美国消费者行为专家克鲁尔(Lee M. Krenl)等人在1981年进行的一次调查发现,价格在6.99美元以下的菜肴,其价格尾数常为9,而价格在7美元至10.99美元之间的菜肴其价格尾数以5最常见。餐馆制定菜肴价格时,应当注意以下几个方面。

1. 菜肴价格的尾数应为奇数,特别应当为5或9

餐馆管理人员之所以采用这种定价策略,原因有很多,主要可能是因为餐馆长期使用这样的尾数,大多数顾客已经习惯,顾客会认为餐馆给了他们一定的折扣。例如某菜肴的价格为1.79美元,顾客往往认为该菜肴的价格应为1.80美元,餐馆为了扩大销售量,有意给他们一分钱的折扣。如果把菜肴价格定为1.81美元,不少顾客会认为餐馆故意多收一分钱。根据调查,如果菜肴的价格从1.99美元降至1.96美元,销售量反而会降低。

价格为7美元左右的菜肴,其价格的尾数以5为最好。这是因为价格较高的菜肴应当打较大的折扣,尾数为5,顾客会认为餐馆给了他们5美分的折扣,此外,到价格较高餐馆就餐的顾客,主要是为了享受,而不是为了"吃",他们认为以9结尾的价格,是廉价餐馆的价格。因此,以5为尾数的价格,更能适应这类顾客的心理。

价格在10美元以上的菜肴,尾数为0也是可以的。在实际定价过程中,价格在10美元以上的菜肴以0结尾也是很常见的。但是,餐馆在制定高价菜肴的价格时,也应当充分利用顾客的心理。例如,某一菜肴的价格可以定为19.00美元,而不宜定为20.00美元。

2. 价格中的第一个数字最重要

顾客经常是根据价格的第一个数字做出消费决定的。因为他们认为价格中的第一个数字要比其他数字重要。例如,一般顾客会认为0.79美元与0.81美元两种价格之间的差额比0.77美元与0.79美元两种价格之间的差额要大。因此,餐馆比较愿意将某菜肴的价格从0.72美元提至0.77美元,却不大愿意将菜肴的价格从0.79美元调整至0.81美元。

3. 价格数字的位数应该尽可能少

顾客对价格数字位数的多少是敏感的,他们认为9.99美元与10.25美元两种价格差要比9.59美元和9.99美元两种价格之差大得多。因此,很多餐馆在定价时,总是尽可能使菜肴的价格低于1.00美元或10.00美元,即尽可能减少价格数字的位数。这样制定的价格就不大会引起顾客的抵触情绪。

4. 尽可能使价格保持在某一价格范围内

消费者常把某一价格范围看成是一个价格。例如,他们把0.86美元至1.39美元看成是1美元;把1.40美元至1.79美元看成是1.5美元;把1.80美元至2.49美元看成是2美元;把2.50美元至3.99美元看成是3美元等。因此,如果餐馆调价以后,菜肴的价格仍在原来的价格范围之内,就不易为顾客知觉,从而也就更容易为顾客所接受。

5. 菜肴价格不宜相差过大

如果菜单上菜肴的价格相差过大,顾客就会产生价格结构不合适的感觉,他们就可能会选择价格较低的菜肴。因此,餐馆各种菜肴的价格之差不应过大。有些美国餐馆管理人员认为,菜单上最高价格与最低价格之差不应当超过一倍。

尾数定价法在西方零售业已经普遍使用,消费者也已习以为常。但在一些声誉较高的商店,对一些高质量的商品,零售商并不使用这种标价法。

(二) 分级定等定价法

许多西方市场工作者认为,消费者不大会感觉到价格上的细微差别,消费者对各种牌号和花色的商品的需求曲线应当是阶梯形(见图 8-5)。因此,他们把商品分为几档,每一档定一个价格。这样标价,可以使消费者感到各种价格反映了产品质量的差别。

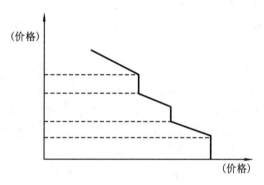

图 8-5 分级定等定价法

酒店业常采用这种定价法来确定房价结构。酒店对客房分级定等,制定不同的价格,就可吸引对房价有不同要求的不同旅客。

分级定等时,级数不宜过多。一般来说,300 间客房以下的酒店常有三种房价,300 间客房以上的酒店常有五种房价,当然,酒店的客房分为几个等级应根据酒店的具体情况而定。老酒店通常有较多不同类型和大小的房间,而新酒店里的房间大小往往差不多,因此,老酒店的房价等级就比新酒店多。同样道理,大酒店的房价等级比小酒店要多一些。

美国希尔顿国际酒店公司负责市场经营的前副总裁、康奈尔大学酒店管理学院客座副教授伯里格(William F. Prigge)在介绍希尔顿国际酒店公司的房价结构时指出:房价的分布应当和统计学中的正态分布差不多,40%的客房的价格为平均房价,20%的客房价格应当高于平均房价,另外 20%客房的价格应低于平均房价,剩下的客房 10%应是最高房价的客房,10%为最低房价的客房,这样一共有五种房价。由三种房价组成的房价结构,价格应按客房总数的 20%、60%、20%分布把占 60%的房间的价格定为平均房价。他认为,这样的房价结构可使酒店处于有利竞争地位。一个酒店可以把最低房价定得比竞争对手低,但同时,最高的房价可以高于竞争对手,这样的房价结构,更能满足不同旅客的需求。

要使这种房价结构取得成功,各种等级的客房的面积、家具、位置、方向等方面应有明显的区别,以便使旅客相信,这些不同等级的房价是合理的。

分级定等定价时,档次的差别不宜太大,也不宜太小。确定各种等级房价之间的差价,主要有两种方法:一为固定差价法,二为百分比差价法(见表 8-1)。

表 8-1　房价百分比、固定差价法案例比较

酒店甲（百分比差价定价法）					
单人房价	$65	$78	$94	$114	$135
双人房价	$78	$94	$113	$137	$162
酒店乙（固定差价法）					
单人房价	$39		$47		$55
双人房价	$45		$53		$61

表 8-1 表示的两种单人房价之间或两种双人房价之间的差额称作水平差，单人房价与双人房价之间的差额称作垂直差。酒店甲采用百分比差价法定价，其水平差与垂直差都为 20% 左右。酒店乙采用固定差价法，其水平差都是 8 美元，垂直差都是 6 美元。固定差价法是酒店制定房价结构的传统做法，许多西方酒店现在仍采用这种做法。但是，固定差价法不及百分比差价法有利，如果每两种邻近的房价相差一定的百分比，较低的几种房价之间的差价就比较小，而较高的几种房价之间的差价就比较大。在激烈竞争的市场环境中，使用百分比差价法的酒店可以制定与竞争对手同样低甚至比竞争对手更低的房价，以保持自己的竞争力。同时，其较高的那几种房价可以比竞争对手的高，以便酒店取得更高的收益。高价客房之间的差价虽然较大，但那些住价格昂贵房的旅客，一般来说对价格的高低不会过于计较。

同步案例
营销期刊研究：Airbnb 如何影响酒店定价和市场供需？

在美国的酒店业，垂直差价有不断缩小的趋势。对酒店来说，每间客房中多住一个人或两个人，所需的额外费用是很小的。有些酒店管理人员认为，双人房价应当比单人房价高 1/3 左右，但在不少酒店里，双人房价只比单人房价高 10% 至 20%。因此，双人房价对那些与配偶一起进行公务旅行的旅客，以及进行家庭式旅行的旅客，更具有吸引力。

（三）声望定价法

消费者经常把价格看作产品质量的标志。如果某个企业或者某种产品声望高，即使价格较高顾客也愿意购买。因为他们认为，高价产品表示质量高。企业有意把价格定得较高，以便使本企业或本企业的产品给消费者留下优质形象，或使消费者感到购买这种产品，可提高自己的声望，这种定价法称作声望定价法。

酒店产品往往是先付款后消费。消费者对服务质量的看法，必然是一种主观判断，他们只有在接受服务之后，才能对服务的质量和价值做出比较现实的评价。如果有许多略有差别的同类服务可供消费者选择，他们往往会感到无所适从，难以做出选择。因此，如果消费者在酒店将到某一价格较高的酒店住宿看作表明自己地位的途径，酒店管理人员在定价时，就无论如何不能把价格定得过低。有时，即使本酒店的价格高于当地所有其他酒店的价格，也是可行的。制定低价的酒店也必须分析目标市场旅客所愿支付的最低价格，避免把价格定得过低，否则，会使旅客怀疑酒店的服务质量，从而影响客源，减少营业收入。

(四)传统习惯定价法

某些产品主要是根据传统习惯制定价格的。这些产品的价格在市场上已为消费者所习惯,若价格变化,就会引起顾客的不满。由于资本主义国家经济始终处于动荡之中,因此,不少企业发现,不可能在保证产品质量的前提下维持传统习惯价格,其或通过降低产品质量、减少重量、缩小体积等途径保持原先的价格;或确定新的习惯价格,来增加企业的利润。

(五)招徕定价策略

招徕定价策略是促销导向的定价策略中常见的做法,其中包括以下几种方式。

1. 廉价出售某些产品

吸引顾客在购买这些产品的同时,购买其他产品。采用这种做法的企业,常把部分产品的价格定得特别低,甚至低于成本,以便给予消费者一种价格低廉的印象,以此招徕顾客。餐馆常使用这种定价策略。虽然,出售某些廉价菜肴或饮料,企业会无利可获,但是,从整体考虑,由于顾客也必须购买其他菜肴或饮料,企业不仅可收回这些廉价品所失去的利润,还可提高总营业收入数额和总利润数额。酒店提供免费服务项目,也是在应用这种定价策略。

2. 特别减价销售

企业在某些季节和节日,降低价格,招徕生意。采用这种价格策略,需和广告宣传活动紧密配合。一般说来,在产品滞销时采用这种做法,更为适宜。

3. 虚假折扣策略

这是某些西方企业采用的一种欺骗性宣传。这类企业宣称某种产品或服务的价格已从以前的高价降至目前的低价,借以吸引消费者。而事实上,价格根本没有丝毫变化。显而易见,我们不应当效仿这种做法。

4. 折扣回扣策略

企业需确定产品或服务的基本标价以及一系列折扣和回扣方法。有些西方企业产品的基本标价长期不变,但实际价格却需根据具体情况进行调整。

常见的折扣方法有以下几种。

(1)数量折扣。

数量折扣指卖主为了鼓励顾客多购买,达到一定数量时,给予某种程度的折扣。购买数量越多,折扣也就越大。数量折扣又可分为非累进折扣和累进折扣两种。

非累进折扣应用于一次购买。顾客一次性购买数量或金额达到卖主的要求时才可给予某种折扣优待。购买数量越多,折扣越大,以鼓励和刺激大量购买。

累进折扣主要应用于批发关系。卖主规定在一定时期里顾客购买达到一定数量时,可给予折扣优惠。通常折扣随购买数量的增多而增大。这种办法有利于建立企业与顾客之间的买卖关系。酒店业常用的数量折扣方法有公司价、团体价、长住旅客价和会议价等等。

公司价又称商业价格,有些公司常与酒店建立长期的联系,这些公司保证在某一时期内租用该酒店一定数量的客房,作为交换条件,酒店给予其一定的折扣。美国酒店的公司价,一般说来是最低房价,但也可以比最低房价略高一些或略低一些。如果旅行社保证到某个酒店公司租用一定数量的客房,它们也能得到公司价。酒店是否给予顾客公司价,应考虑当前市场的竞争状态、市场需求情况和酒店本身的需要。

团体价是为了使酒店更有竞争能力而制定的。不论旅客住哪一种客房,团体旅客都应付同样的房价。通常,国外酒店根据不同季节或者一周内不同日期的情况,制定不同的团体价格。参加会议的旅客,通常付相同的房价。在可能时酒店把客房数量最多的房价定为团体价。在有三种房价的酒店里,给予参加会议的旅客的各种客房数应为20%:60%:20%的比例;在有五种房价的酒店里,则应为10%:20%:40%:20%:10%的比例。酒店把整个会议看成是一种特殊安排,参加会议的旅客,有些人得到较好的客房,而另一些人只能住差一点的房间。大部分酒店力图按比例出售各类客房。但是,如果在会议期间,客源不足,而会议举办单位要求较大折扣时,酒店就很可能会同意按较低的房价甚至按团体价收费。

(2) 季节折扣。

季节折扣适用于销售量季节性波动较大的商品和服务,酒店业常在酒店淡季给予旅客季节折扣。

为了提高城市商业酒店的周末客房出租率和酒店淡季时的客房出租率,不少西方酒店加强淡季推销活动,吸引家庭酒店顾客来店居住就是其中的一个组成部分。这些酒店制定了家庭房价,如周末度假特别房价、周末大降价等等。为了招徕顾客,这类房价比正常房价要低得多。但是,在制定这类家庭房价时,企业管理人员必须进行仔细的分析研究,只有在由降低房价导致增加的营业收入数额高于所需的变动成本时,这种价格才是可行的。

(3) 现金折扣。

许多西方企业采用赊销方式,顾客如以现金付款或提前付款,卖主可以给予他们一定的折扣。

采用现金折扣的目的是鼓励买主迅速付款。应用现金折扣时,企业要对以下四个方面做出决策:①允许顾客推迟付款的时间;②允许哪些顾客赊购;③对超过付清贷款期限尚未付款的顾客所应采取的措施;④折扣的大小。

(4) 同业折扣。

生产商给予批发商和零售商的折扣,称作同业折扣。

加强与旅行社的合作,是酒店经营工作的重要组成部分。酒店给予旅行社的佣金数额高低,是决定这些旅行社是否向旅客介绍这一酒店的重要标准。许多西方酒店制定了通过旅行社向旅客进行推销的规划。酒店除了给予旅行社优先订房权利之外,还给予他们一定的折扣或佣金。但是,个体的做法却有所不同。美国希尔顿国际酒店公司向旅行批发商收取净房价,如旅行批发商代替团体订房,希尔顿国际酒店公司向他们收取的房价要比团体价低15%;如果旅行批发商为零散旅客订房,则向他们收取比规定房价低15%的价格。美国雷迪逊酒店公司给予旅行社15%的佣金,以便增加来店的公务旅行者人数。大部分酒店公司规定:旅行社为旅客每预订15间客房,该酒店公司就免费向旅行社提供一间客房。

全部代办包价酒店,可由旅行社、航空公司组织,也可由酒店组织。不同的酒店有不同的一揽子交易,但时,几乎所有的一揽子交易都是以大量销售为前提的。全部代办酒店的价格通常包括交通费和住宿费,有时还包括膳费(风景区酒店一般把膳食费包括在内)。酒店向旅行社收取净房价,但是,由于房价只是旅行社向旅客收取的费用中的一部分,因此,酒店不应把净房价数额告诉旅客。

酒店实行折扣定价法,必须在事前做出计划安排。由于特殊房价使酒店的平均房价下降,因此,管理人员必须在决定酒店的房价结构时,就根据本酒店的经营策略,仔细地研究采用哪种折扣定价法。特殊房价一经确定,就应当在实际中执行,如果情况发生了变化,企业管理人员应重新审议房价,制定特殊房价。

(5)回扣和津贴。

回扣是根据价格表给顾客或中间商的减让。津贴是企业通过零售商给予零售推销员的奖励,以便鼓励推销员大力兜售某种产品。

同步案例　*差别定价策略的一个案例分析*

你如何为一种最有价值的东西制定一个最高的价格?如果这种价值能够通过观察就能被清晰地辨认出来,而且在购买前就能被辨认出来,如 Tiffany 钻石,那就很容易做到这一点。但是,如果这种东西是食品,只有在食用之后才能判断它的最高价值,该怎么办?最好的办法是让顾客来决定这种食品是否值这么高的价格。

Michael Vasos 在伦敦有一家叫作 Just Around the Corner 的酒店,成功地解决了这个难题。据 Herald Tribune 报道,他仔细地观察了顾客支付小费的行为,最后做出了一个重要决定,即菜谱上的菜没有标上价格,而是让顾客根据自己对所用食物的价值来支付。让顾客对食物感兴趣并在餐桌上谈论它。这种有益的谈论很可能提高了食物的价格。Vasos 先生声称这是很大的成功。顾客所给的价格超过了菜单价格的 20%。Just Around the Corner 酒店是他所经营的五家酒店中盈利最多的一个。

Vasos 先生制定了四项要求,他的第一条规则是注意那些揩油者,服务人员被指示对那些故意少付账的顾客退还他们的钱,并真诚地感谢能有幸为他们服务。这样那些人将不好意思再来,以后也不会再有什么损失发生。

他的第二条规则是要特别注意菜单的质量和特色,从而获得了顾客的高度认同。任何低于标准质量的情况,例如肉丸的味道跟一般街市上的一样,都会导致顾客心理上的低质量的感觉,从而支付较低的价格。他必须让顾客感觉到好上加好。

第三条规则是个人亲自花时间和注意力在上面。Vasos 先生在 Just Around the Corner 酒店所花的时间是在其他四家酒店的两倍。他与顾客交谈,在餐桌旁等待,仔细地监督质量和行为。他的工作更像是控制股票交易,而不像是经营一家酒店。一个领薪水的雇员会这样做吗?有可能,除非这名雇员获得的是某种受益而不是单纯的收入。

问题:Just Around the Corner 酒店成功的秘诀是什么?

分析提示:Just Around the Corner 成功秘诀是在餐饮和娱乐业的定价策略上进行了有价值的创新,这种创新迎合了那些人们购买的是快乐的感受,而供应商又正好能够创造惊奇和快乐。

(资料来源:http://hi.baidu.com/yuanxiaoqinhe/blog/item/.)

本章小结

内容提要

　　酒店价格,就是指酒店的顾客购买酒店的产品所需要支付的货币量。酒店产品的价格由酒店产品的成本、酒店产品的税收以及酒店产品的利润来共同决定。价格是一种十分复杂的经济现象,它的运动牵涉经济活动的各个方面,从横向看,价格影响到酒店活动的各个方面;从纵向看,价格也影响到酒店产品、酒店生存和发展的全过程。影响酒店产品定价的主要因素包括产品成本、定价目标、营销组合策略、市场需求、竞争和其他因素等几个方面。

　　酒店企业的定价目标可分为两种:利润导向定价目标、营业额导向定价目标。确定市场对某种酒店产品的需求量,是证明市场调研的主要内容,在社会购买力一定的条件下,产品价格直接影响市场的需求量。产品价格越高,市场需求越下降;反之,价格越低,需求越增加。酒店市场竞争激烈,一个企业要想立足于市场,应设法与外界联系,及时了解竞争对手的产品质量和价格,了解竞争对手的价格策略,做到知己知彼。定价策略是指酒店企业进行价格决策的指导思想,它是酒店企业实现定价目标的手段。因此,定价策略是酒店企业确定全面经营策略时所应考虑和研究的一个重要方面。

　　酒店的定价方法有以成本为中心的定价方法、以需求为中心的定价方法、以竞争为中心的定价方法,每个企业可依据实际情况,侧重某一因素来选择相应的定价方法。

核心概念

　　酒店价格;利润最大化;市场占有率;市场需求;竞争;利润导向定价;营业额导向定价;成本中心定价;竞争中心定价;撇油价格;渗透价格;尾数定价;传统习惯定价;招揽定价

重点实务

　　了解定价程序,会根据定价目标选择合适的定价策略、价格结构及定价技巧,能为酒店类产品定价。

本章训练

知识训练

一、简答题

1. 酒店价格的含义是什么?
2. 酒店价格有哪几种类型?酒店优惠价与酒店差价有什么区别?
3. 酒店价格的定价原则是什么?
4. 酒店价格的定价程序有哪几个步骤?
5. 酒店企业的定价目标有哪几种?
6. 酒店企业常用的价格策略有哪几种?
7. 常见的定价折扣方法有哪几种?

8.以需求为中心的定价方法有哪几种形式?

二、讨论题

1.高价策略与低价策略分别适用于什么样的环境?

2.酒店企业采用以竞争为中心的定价法其依据和特点是什么?

【能力训练】

一、理解与评价

1.在营销策略中,价格策略是非常重要的一项内容,它会直接影响到产品的销售情况和企业的盈利情况,需要掌握这一策略在企业中的具体运用。

2.在本市选择几家同一等级的饭店,比较这几家饭店的产品价格,分析价格上的差别,评价一下要价高的企业是否做到了物有所值?

二、案例分析

6美元汽车旅店

背景与情境:6美元汽车旅店于1961年在加利福尼亚州巴巴拉地区开了第一家店。房间仅要6美元,连锁店由此而得名。大约25年以后,6美元汽车旅店在美国39个州建起了401家店,尽管如此,它仍强调经济低廉的定价:一家标准的客房在得克萨斯州仅要价15美元,在加州也只要25美元。

6美元汽车旅店毫无疑问是全美国众多廉价旅店的一部分。这种旅店以提供可还价的住宿为特色,比同地区平均住宿费便宜20%—50%。1980年,1500家经济旅店仅占全美国旅店房间总数的不到10%,到1980年中期,美国已有3500家经济旅店,占全美国270万旅馆房间的12%以上。旅馆业这一部分的增长为该行业带来了大批新的竞争者,包括英国经济小旅馆、红顶旅店和白昼旅店。这种竞争的结果是,6美元汽车旅店的住宿率从1981年的81%下降到1986年的59%。

1985年,科尔伯格·克拉维斯·罗伯斯的科克罗公司花费8.81亿美元买下了6美元汽车连锁旅店。新主人不仅面临着连锁旅店日益下降的住宿率,而且还面临着大量的其他问题。根据1986年《消费者报道》的一项调查,光顾6美元汽车旅店的旅客,住宿率排列在廉价连锁店的第14位。甚至6美元汽车旅店所提供的低价(约比竞争者便宜5美元)也无法改变顾客对6美元汽车旅店的设施所持的否定态度。

科克罗公司采取了一系列措施来改善6美元汽车连锁旅店的条件,在旅店房间里增设了电话和彩电等设施。公司计划更新破旧的房间,并正在考虑安装免费电话预订房间这一系统。此外,科克罗公司还将每年建造30家汽车旅店,重点放在6美元汽车旅店设施较少的东北部地区。

6美元汽车旅店还将得益于新的营销活动,令人惊奇的是,除了在旅店附近装有招牌外,6美元汽车连锁旅店从来没做过广告,连被科克罗公司雇为连锁旅店新总裁的约瑟夫·W.麦卡锡也不得不承认这一点。麦卡锡计划将目标对准一个新的市场,对准那些经费有限的出差人员,以弥补光顾6美元汽车旅店周末度假人员的短缺。

6美元汽车旅店面临着来自美国白昼连锁旅馆的特别严峻的挑战。白昼旅馆在44个州拥有390家旅馆,平均房费为34美元。它从其免费电话订房系统中获得了极大的益处,这种免费电话预订在1984年就占了预订房间总数的44%。白昼旅馆把老年公民、军人、学校

运动队、教育人员和出差人员,作为其廉价房间的关键市场。

白昼旅馆采用了一系列不同寻常的营销方式。它没有通过电视来做广告,而是通过克氏商业中心有限公司和基斯顿照相器材有限公司等机构来帮助推销。如 1985 年,蓝帽牌人造黄油的使用者可以凭购货印章免费在白昼旅馆住上一夜,由此额外增加了一万个房间的营业额。此外,白昼旅馆还开创了一个革新型的定价方法,成为提供"与航空公司所相似的省钱让利住宿"的第一家旅馆公司。如果客人提前 30 天预订房间,便只要付 19—29 美元。

工业方面的分析家预计,这种经济廉价的住处还得继续迅猛增加,很多英国人住不起具有整套服务设施、价格昂贵的旅馆,他们不需要诸如宽敞的会客厅和餐厅这样的舒适场所。6 美元汽车旅店希望自己能面对来自白昼旅馆和其他竞争者的挑战,最终增加自己的市场占有额。

问题:

1. 当 6 美元汽车旅店和其他经济连锁旅店所提供的全套服务不同于诸如假日旅馆等连锁旅馆所提供的全套服务时,价格上的比较是否具有意义?

2. 6 美元汽车旅店是否应该开始提供中心订房系统这种服务?这种服务会如何影响连锁店的定价决策?

第九章
酒店营销渠道策略

学习目标

通过本章学习,明确酒店营销渠道的含义,以及不同种类的酒店中间商的性质与职能,进一步了解酒店供给企业如何选择营销渠道,酒店如何对中间商进行管理。

引例:珠海步步高大酒店的销售渠道策略

背景与情境:珠海步步高大酒店为了扩大对商务顾客和旅游散客的销售,对销售渠道进行了分析。销售部通过对目标顾客——中高档旅客的出发点、中转站和乘坐的交通工具等的调查研究和分析后发现,很大一部分旅客在食宿、餐饮上并无明确的目标,呈现出随意的特征,酒店只要向他们提供满意的心理价值和设施条件,便可成为被选择的对象,关键是销售渠道问题。

因此,在当时尚无电脑联网预订系统的情况下,珠海步步高大酒店提出应派人直接与火车站、汽车站、机场、码头等单位联系,替它们承担部分分销业务,并签订代理合同,由它们代理招徕客源,开展订房、订餐业务,以它们的销售业绩按比例给予佣金。

后来,珠海步步高大酒店在广州、深圳、中山等地的客运枢纽、票务代办处和外省办事处等,建立了几家合作伙伴,初步建立了分销网络。该酒店向各分销点提供宣传资料、价格表、登记表等。各分销代理点分别陈列宣传资料、价目表等,主动向来往旅客推荐、介绍该酒店的地理位置、档次和服务特色,有效地扩大了销售。

在试行了一段时间后,该酒店又做出了补充决定:第一,每年召开一次分销商会议,总结经验、表彰先进、介绍挖掘客源的知识和销售业务的技能;第二,进行广泛的市场调研,摸清外省客源结构,一旦时机成熟,先在南方各大城市及旅游热点地区发展分销代理商,然后扩展至全国。

第一节 酒店营销渠道概述

一、酒店营销渠道的含义

酒店产品的流通通常指酒店产品在酒店企业与最终消费者之间的流通。酒店营销渠道泛指酒店企业将酒店产品转移至最终消费者手中的途径。其中不仅包括酒店企业借助于酒店中间商向顾客出售其产品的间接的销售途径,酒店企业依靠自己的力量在其生产地点以外的其他地方向大众出售其产品的直接销售方式,而且还包括酒店企业在其生产现场直接向来访者出售其产品和服务的传统做法。因此,酒店营销渠道就是指酒店企业或酒店产品供应者,通过各种直接和间接的方式,将其产品转移到最终消费者手中的整个流通结构。其中,间接营销渠道也被称为分销渠道。

酒店业由于其生产、消费同时进行的服务性特点,与其他行业有着本质的区别。在以生产有形产品为主的制造业中,营销渠道用来完成商品向消费者的移动,而在生产以无形服务产品为主的酒店业中,则是实现客源向产品的移动。因此,在酒店业中,影响其营销渠道有效发挥作用的一个重要因素就是企业的选址。对于这些酒店企业来说,只要其经营地点选址得当,其产品的销售一般不会有大的问题。由于前来登门购买的顾客可为这类企业提供足够的市场,这些企业除了为方便顾客购买可能增设某种直接预订手段外,很少考虑分销的问题,其营销组合策略重点以产品、定价和促销为主。所以,"地点、地点还是地点"这一传统的商业经营黄金法则对于酒店企业来说至今仍然是成功的真谛。

二、酒店营销渠道的重要性

现代社会中,营销渠道已经成为企业营销组合中一个重要的组成部分,其重要性表现在两个方面。

一方面,面对竞争、全球市场、电子分销技术以及产品的不可储藏性等环境因素的变化,酒店企业仅仅依靠一个中心预订系统和自身的销售力量是不够的,必须通过选择帮助企业开拓消费者市场的合作伙伴,不断完善和发展企业的销售网络,扩大客源市场,才能在竞争中取胜。

如果我们把酒店的主体看作企业的心脏,那么企业的营销渠道则是它的循环系统。管理良好的营销渠道系统将成为酒店企业成功与否的重要标志。许多酒店都成功地运用了各种营销渠道。例如:马里奥特酒店与新奥特尼酒店结成了营销联盟,使马里奥特在北美得到了接触日本游客的机会;相应地,新奥特尼也得到了马里奥特的营销专家的帮助,从而赢得了到日本酒店的美国客人。

另一方面,酒店企业通过委托渠道中的各种营销中介进行销售比直接销售更有效率。

对酒店企业来说,酒店营销中介是专门化的市场营销组织,他们市场接触面非常广泛,信息来源多,更了解和熟悉客源地的酒店并可以实行规模化的经营,因此,酒店生产企业借助于酒店中间商,就可以进入更为广阔的市场,降低营销成本,提高投资收益率。酒店营销渠道的中介作用可用图9-1表示。

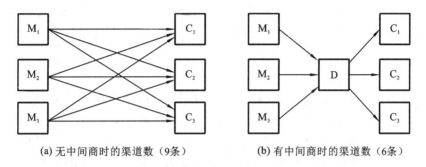

(a) 无中间商时的渠道数(9条)　　　　(b) 有中间商时的渠道数(6条)

图9-1　酒店营销中介的作用

例如:餐馆的经理可以打个电话给餐馆用品供给公司,订购一把法式餐刀、一打盘子、一盒蜡烛、一打吃牡蛎的叉子、一套酒杯和一盒鸡尾酒餐巾。虽然每样产品都是由不同生产厂商生产的,但只要打一个电话就可以买到这些产品。对于采购者来说,这意味着他们得到了采购小量产品的途径,因为这些组成了一项大的订单,这也减少了对存货的要求及运输的次数及发票的数量。如果没有中间商,餐馆的老板就不得不给每个厂商(如刀具生产商、瓷器公司和造纸厂)分别打电话,每个厂商都要接到从各个酒店打来的成千上万个电话,这为厂商和酒店都带来的是昂贵的运费和繁重的工作。

三、酒店营销渠道的类型

由于酒店市场、酒店企业、酒店中间商以及酒店消费者等多种因素的影响,酒店产品营销渠道也就形成了多种多样的状态。即使是同一种酒店产品,也有可能通过不同的营销渠道销售。一般来说,酒店市场营销渠道分为两个大类:一是直接营销渠道,二是间接营销渠道。

(一) 直接营销渠道

直接营销渠道又称零层渠道。它是指酒店产品和服务在流向消费者的过程中不经过任何中间环节的营销渠道。具体体现为消费者未经预订直接住店或直接通过酒店预订系统亲自预订房间。酒店直接向消费者宣传自己的产品和服务,直接派销售人员向潜在顾客进行推销。例如,旅游、度假、公务出差的消费者来店投宿。酒店的销售人员在机场、车站进行宣传,用以招揽客人。目前酒店直接营销渠道重点放在大的消费团体、大公司企业单位等,直接向他们组织客源。直接营销渠道除了以上类型以外,还包括组织、机构市场销售的渠道类型,如大型项目的竞标活动等。

1. 酒店采取直接营销渠道的优势

(1) 酒店采取直接营销渠道进行销售,可以对销售和促销服务进行有效的控制。

消费者向酒店直接购买酒店产品,消费者直接与酒店接触,销售或促销过程在消费者和酒店销售人员之间直接发生，酒店可以对销售人员销售的过程、服务的态度等进行监督和管理，从而保证酒店一系列对客服务都能最大限度地让顾客满意。但是如果采取中间商销售渠道，酒店往往难以对中间商销售的行为过程进行控制，旅行社的不良行为容易使酒店的形象受到影响。一些旅行社为了招揽生意，蓄意欺骗消费者，谎报酒店的星级档次，或向消费者承诺一些酒店根本无法提供的服务，给酒店带来了很大的麻烦，也损害了酒店的声誉。这也是很多酒店之所以不采取中间商销售，而由酒店直接进行销售的原因。

（2）酒店采取直接营销渠道进行销售，可以及时获得顾客的反馈信息，了解消费者的需要及市场变化趋势。

利用直接营销渠道，酒店可以直接与消费者进行接触，因此酒店可以获得最直接的、最真实的消费者的建议、意见及有关服务等方面的需求，有利于酒店及时根据消费者的需求、建议调整酒店产品结构，增减服务项目。

（3）酒店采取直接营销渠道进行销售，有利于节省开支，酒店的利润相对会高一些。

采用中间商销售渠道进行销售，需要支付给中间商代理费用，一些知名的大型中间商代理费用也是十分高的，另外酒店还要给中间商一些折扣，这样就减少了酒店的利润。因此，直接营销使酒店减少了这部分的支出，提高了酒店的利润率。

2. 酒店采取直接营销渠道的劣势

（1）企业产品的销售范围和数量将受到很大限制。

（2）酒店企业承担产品销售中的全部风险。

对于许多酒店来说，仅靠酒店的直接销售是十分不现实的，大多数酒店还要有赖于中间商作为纽带进行销售，因为酒店产品作为一种服务产品不像其他实物产品，酒店无法将自己的产品通过一定的运送途径直接运送到消费者手中，而必须通过一定的途径把消费者吸引到酒店来进行消费。酒店的消费者来自全国各地甚至是世界各地，这一过程就需要借助分布于各地的中间商来完成。

（二）间接营销渠道

间接营销渠道是酒店产品从酒店流向最终消费者或用户的过程中经过一层或一层以上的中间环节。

1. 间接营销渠道的优点

（1）利用众多企业外的资源，在广泛的市场空间进行商品分销，既可以减少生产厂家对流通领域的投入，又可以扩大商品销售量，于是能大大提高生产规模和经济收益。

（2）中间商可以帮助生产厂家融资，更加有效地推销商品，加快商品流通速度，并承担部分分销职能，分担市场风险。

2. 间接营销渠道的缺点

可能形成"需求滞后差"。中间商购走了产品，并不意味着产品就从中间商手中销售出去了，有可能销售受阻。对于酒店而言，一旦其多数中间商的销售受阻，就形成了"需求滞后差"，即需求在时间或空间上滞后于供给。

可能加重顾客的负担，导致抵触情绪。中间环节的增多会增加顾客的负担。此外，中间商服务工作欠佳，可能导致顾客对商品的抵触情绪，甚至引起购买的转移。不便于直接沟通信息。如果与中间商协作不好,酒店就难以从中间商的销售中了解和掌握顾客对产品的意见、竞争者产品的情况、酒店与竞争对手的优势和劣势、目标市场状况的变化趋势等。

第二节 酒店中间商的选择

一、酒店中间商的类型

间接销售渠道的利用,可以使酒店企业更多地利用社会资源,促进企业专业化发展,同时减轻市场风险等,所以被企业广泛使用。采用这种渠道模式,酒店企业必须慎重选择渠道成员——中间商,以便实现必要的市场占有率。因此,对企业来说,中间商的选择是非常重要的一项工作,中间商的销售能力直接关系到渠道分销功能。

酒店中间商是指介于酒店生产者与消费者之间,专门从事转售酒店产品或服务,具有法人资格的经济组织或个人。按照中间商参与所用权转移的情况,主要类型有酒店经销商和酒店代理商。由于酒店中间商在酒店市场营销中的不同作用,酒店企业与这些中间商不同的责权关系,因而酒店中间商会有不同的类型。

(一) 旅行社

在我国,把有盈利目的、从事旅游业务的企业称为旅行社。在旅行社的业务中,为旅游者提供住宿是其重要的业务之一,所以,旅行社成为酒店销售其产品的重要渠道之一。

由于旅行社在经营中存在风险大、批量大、季节性强等特点,旅行社的订房也会受到上述特点的影响。主要表现在以下几个方面。

1. 订房数量大

除大型会议外,一般商务企业、政府组织机构等订房数量受其自身业务规模所限不会太大,但旅行社的订房则不然。通常旅行社的年接待量都比较大,大型旅行社的年接待量会达到几十万甚至上百万。因此,旅行社的订房对旅游酒店尤其是旅游城市或风景区的酒店而言是最主要的生意来源。

2. 订房价格低

旅行社为了尽可能提高经营利润以及降低直观报价,增强旅行社价格竞争力,通常会向酒店争取较低的团队价格。加上付给旅行社的佣金,旅行社的实际订房价格往往要更低。

3. 订房时间集中

旅行社订房季节性强,通常都集中在旅游旺季,而旅游淡季则订房较少。这样便使酒店在旅游旺季客源激增,形成营业高峰。在营业高峰,酒店设施超负荷运转;在淡季,则大量闲置。这种现象给酒店的经营带来一定的困难。为了避免订房过于集中,酒店应当采取相应的措施,如采取淡旺季价格,与旅行社合作开展淡季促销活动,尽可能做到淡旺季订房的均

匀分布。

4. 订房取消率高

酒店大量接受旅行社订房,具有很大的风险。旅游业是一项很敏感的行业,尤其是组团旅游,极易受到政治、经济和突发事件的影响而出现大的波动,团队取消在行业中非常普遍。

5. 订房连续性强

酒店通常与旅行社保持密切的业务联系,因而旅行社的订房也能够连续持久。旅行社一般都将自己的团队安排在有主要业务往来的酒店,而不会随意向其他酒店订房。原因很简单,双方了解,合作容易,且能够达成有利的价格协定。如果酒店能够保持与旅行社的密切合作,对于酒店客源的稳定以及进行客源预测都十分有利。

(二) 旅游批发商

旅游批发商是指从事批发业务的旅行社或旅游公司。旅游批发商只组合旅游产品销售给其他旅游经销商和代理商,不直接面对公众销售。旅游批发商一般是实力非常雄厚的大型旅游中间商,通过与交通部门(航空公司、铁路及旅游车船公司等)、酒店、景点以及其他餐饮娱乐公司直接谈判,将这些旅游单项产品组合成旅游线路,确定一个包价(大包、小包),当每个旅游团体的活动及日程安排好后,旅游批发商通过其他旅游经销商或旅游代理商将包价旅游项目出售给团队或散客旅游者。其营业收入主要包括从各种交通公司获得的代理佣金和酒店订房差价的收益。其经营范围既包括批发业务,也包括主营批发业务,同时兼营零售业务。旅游批发商必须为代理商支付佣金,并且要使顾客相信他们所提供的产品组合要比顾客亲自安排的具有更大的价值。同时,旅游批发商本身也要盈利。

(三) 航空公司和其他交通运输公司

航空公司为酒店输送的客源包括飞机乘客、航空机组人员、航空公司组织的包价旅游者或包机旅游者。航空公司是酒店的重要销售渠道。当然,除了航空公司之外,其他交通设施的办事机构,如出租汽车公司、铁路服务处等,也可成为酒店的销售渠道。

(四) 酒店代表

酒店代表是在特定的地区推销酒店的客房和服务的组织和个人。对酒店来说,雇佣销售代表往往比使用自己的销售人员更有效,当目标市场距离酒店很远或者文化差异使得外界力量很难渗透该市场时更是如此。某一家的酒店销售代表不能为竞争对手酒店提供服务,他们从中获得佣金或工资,或两者兼得。酒店企业选择销售代表时,一定要慎重,避免频繁更换销售代表而造成浪费和低效,如酒店的机场代表。

同步案例　*希尔顿的营销战役*

希尔顿国际连锁酒店为了提升用户预订酒店的用户体验,推出了"Stop Clicking Around"的全球营销战役,这是希尔顿历史上规模最大的营销战役了。希尔顿在本次营销战役中借用了滚石乐队的影响力,在广播、数字媒介和户外全面铺开。

希尔顿推出的30秒广告片的背景音乐就是滚石乐队的经典歌曲《(I Can't Get

No) Satisfaction》,鼓励顾客直接通过希尔顿官网以最优惠的价格预订酒店,而不再需要在第三方网站上兜兜转转反复比价。这个广告片还有多个版本,有 60 秒的加长版,以及 15 秒和 6 秒的精简版,共制作了 22 种语言版本,在纽约、伦敦、东京等均有播放。

时任希尔顿首席营销官、主管希尔顿电子商务部的 Geraldine Calpin 说:"我们想传递给顾客的关键信息就是——你们不再需要依次浏览那 25 个第三方网站,直接通过希尔顿官网预订就能获得最优惠的价格。"

为了配合此次的营销战役,希尔顿的荣誉客的专享服务也进一步完善了。荣誉客之前的积分可用于兑换免费住宿,可免费使用 Wi-Fi,在手机上下载了荣誉客 App 就能直接在上面完成选房、登记入住的过程,甚至智能手机可以直接成为电子钥匙。此外,荣誉客直接通过希尔顿官网进行预订,酒店就能通过历史数据提前得知他们的喜好,从而提供更为贴心的专享服务。

"我们这次的营销战役跟以前有了很大突破,创意十足,形式也更加大胆。它创造了新的记录,所有看过广告片的人,无论什么年龄、职业,都很喜欢这个广告片。"Calpin 女士骄傲地说道。

问题:为什么像希尔顿这样的老牌酒店要主推官网预订,发起营销战役?

分析提示:共享经济潮的出现,对老牌酒店的生存提出了严峻的挑战。但是这些历经几十年风风雨雨的"老姜"可不会轻易地认输,新兴品牌有一百种方法吸引人们的注意,老品牌也有一百种方法留住顾客。这个时代,重要的不是品牌是否年轻,而是品牌是否会创新。抛弃旧思维,迎接新思路,老品牌也一样很出彩。

(资料来源:http://socialbeta.com/t/98459.)

(视频链接:https://socialbeta.com/t/case－hilton－launches－the－rollingstones－campaign.)

二、酒店中间商的选择

多数酒店企业都采取间接销售渠道模式来扩大产品销路,那么如何选择渠道成员——酒店中间商构成高效的渠道就十分重要。对酒店企业来说,中间商的选择也就是对风险的选择。由于酒店中间商的类别多样,并且各酒店中间商在目标市场、经营规模、营销实力、偿付能力、信誉程度以及合作意愿等方面不尽相同,因此在评估候选酒店中间商的质量时,至少应考虑以下一些因素。

(一)中间商的目标市场

酒店企业在选择渠道成员时,必须针对不同目标市场需求而选择中间商。酒店中间商所经营和联系的主要消费者群体必须与酒店产品生产企业的目标市场相一致。设计一个有效的渠道模式,企业必须能够了解客户所需的服务是什么,然后在满足客户需求与所需成本和可行性之间取得平衡。酒店中间商的经营地点同样也是影响市场开发的重要因素,零售商的销售网点和代理商的营业地点也应该在酒店生产企业的目标市场人群相对集中的地区和地段。

（二）中间商的实力条件

1. 中间商的经营规模和能力

酒店中间商的规模大小意味着其销售网点的众寡。因此在相同条件下应优先选择经营规模较大的酒店中间商。有些中间商具有丰富的市场营销经验，能够设法吸引顾客，争取顾客踊跃购买；也有一些中间商初出茅庐，缺乏市场营销经验，开拓市场能力较弱。这种差异就是中间商经营能力的差异，它主要受到中间商人力、物力和财力状况、服务质量、销售速度以及开展促销工作的经验和实力等因素的影响。对于中间商经营能力的判断，可通过该中间商目前经营景气程度、知名度等情况，即对环境的适应能力等方面进行考察，获得相应资料，正确选择中间商。

2. 中间商的偿付能力和信誉程度

对于酒店生产企业来说，中间商的偿付能力受企业资本实力因素的影响，中间商的偿付能力的好坏直接影响资金的周转以及企业的再生产；另外，中间商的信誉非常重要。酒店企业必须通过对有关银行机构或业务记录等资料的调查，充分掌握中间商是否具有可靠的支付能力和履行合同的信誉，避免诸如企业"三角债"的发生，影响企业的正常业务。

3. 中间商与公众、政府及顾客的关系

酒店中间商不仅要和生产厂家打交道，而且要获得公众、政府的包容和支持，获得顾客的良好口碑。因此，良好的公共关系、政企关系以及忠诚的顾客群体，是一个中间商生存和发展的重要条件，也是其能否成为销售渠道成员的一个重要条件。

（三）中间商与生产企业的合作意愿

1. 合作意愿

酒店与中间商的合作其实是一个双向选择的过程。在很多情况下，虽然酒店产品供应者认为某酒店中间商是最佳选择对象，而该酒店中间商却不一定认为该供应者是其值得合作的伙伴。对于酒店来说，在选择酒店中间商时，所选择的对象必须具备愿意与企业合作的诚意，特别是同时为多家同类酒店产品供应者代理零售业务的中间商更是如此。对于中间商来说，酒店产品生产企业对其的吸引力大小是选择与否的重要依据。一些知名的酒店企业付款及时，并且能够保证预订，他们想获得中间商的支持和合作是很容易的，而新开业的企业和经营状态欠佳的企业就很难得到合作的机会。

寻求与旅行代理商合作的酒店企业必须为代理商的预订创造便捷的条件，为代理商提供免费预订电话和及时支付佣金是非常必要的。例如，凯悦酒店保证在客人离开一周内就给代理商支付佣金，并使用代理商所在地的货币支付，避免了代理商支付昂贵费用兑换支票的过程。

2. 酒店企业对中间商的维持费用

不同渠道模式和渠道成员的选择，都会给酒店企业带来不同的销售量和维持费用。酒店企业应选择那些具有强大市场开拓能力的，能够使其带来的销售量抵消企业渠道维持费用的中间商。也就是说，企业应该选择那些销售量增长大、成本费用小的中间商。如果对方是从事零售代理业务的中间商，则还需要考虑对方对佣金率的要求。

3. 酒店企业对中间商的控制能力

从长远目标考虑,酒店企业对酒店中间商的选择不仅要考虑经济效益,还应考虑是否能对其进行有效的控制。因为,酒店企业销售渠道成员是否稳定,直接影响渠道的正常运行、企业客源市场的保持和发展以及企业的长远预期目标的实现。而酒店企业与酒店中间商都是相对独立的经济实体,在管理上不存在从属关系,因此,酒店企业对中间商的控制权要远远小于它对自己拥有的销售人员的控制权。酒店企业在选择酒店中间商时,应充分考虑对其的控制程度。例如,酒店中间商对酒店企业的依赖性越强,对其的控制就越容易,选择中间商的风险就更小些。

第三节　酒店营销渠道的设计

一、酒店营销渠道选择的原则

营销渠道作为市场营销组合策略中的一个重要手段,也要实行消费者导向和经济效益导向并举的原则。消费者导向重点反映了其在竞争条件下的必要性,经济效益导向主要反映的则是选择渠道的可行性。这二者不仅是选择渠道的基本原则,而且是衡量酒店产品营销渠道优劣的主要标准,即高效率、低费用。

消费者导向是指酒店企业建立满足消费者需求、便利消费者购买的营销渠道结构。实践表明,有些酒店企业经营效果欠佳并非因其产品本身存在问题,也不是因其产品价格不具有竞争力或者对市场缺乏了解,而是因为消费者难以在方便的时间和方便的地点顺利地购买这些产品。经济效益导向是指酒店企业建立和利用营销渠道所表现的投入产出情况,即企业选择的营销渠道模式以及具体中间商在经营中给企业带来的销售收入能够抵消渠道维护和管理费用的情况。

二、影响酒店营销渠道选择的因素

影响酒店企业选择渠道类型的因素包括产品、市场、企业自身以及经济收益等因素。

(一) 产品因素

1. 产品价格

一般来说,酒店产品单价越高,越应注意减少流通环节,否则会造成销售价格的提高影响销路,这对酒店和顾客都不利。而单价较低、市场较广的产品,则通常采用多环节的间接销售渠道。

2. 产品的性质

由于酒店产品具有无形性、不可储存性和位置的不可转移性等特征,酒店产品在销售时面临许多困难,所以酒店应该尽量多地使用不同的销售渠道来销售其产品。

3. 新产品

为尽快地把新产品投入市场,扩大销路,酒店一般重视组织自己的推销队伍,直接与顾客见面,推荐新产品和收集顾客意见。如能取得中间商的良好合作,也可考虑采用间接销售形式。

(二) 市场因素

多变的客源市场是酒店企业选择销售渠道必须考虑的重要因素,包括市场的规模、市场的远近和集中程度以及竞争者营销渠道。

1. 市场的规模

酒店顾客对营销渠道的影响首先表现为市场规模的大小。一般来说,市场规模越大,所需的销售网点就越多,酒店企业必须利用中间商开辟间接销售渠道;相反,市场规模越小,如高档消费酒店市场,则适合采用直销形式,即使采用间接渠道,也应选择短渠道的。

2. 市场的远近和集中程度

如果客源市场所在地距酒店较远,或者很分散,则企业应选择间接销售渠道;反之,则应选择直销或短渠道的。

3. 市场竞争者营销渠道

一般认为,采用与竞争性商品相同或同一营销渠道,便于利用竞争商品已经开辟的市场空间和信誉,但是利用这种策略的企业必须在产品的其他方面有其独特的竞争优势,否则,就必须另辟营销渠道,避免与竞争强手的正面交锋。

(三) 企业自身因素

酒店对营销渠道模式的选择也会受企业自身很多因素的影响。这些因素主要包括企业本身的资本实力、承担经营风险的意愿、接待能力和营销能力等。

一般来说,小型企业多采用直接销售渠道的做法,而大型企业则多以间接销售渠道作为其销售的主渠道。但是如果酒店企业资本实力雄厚,自身的营销能力较强,特别指整体营销策略的制定和营销人员的水平和管理经验,容易利用自身的人力资源条件,建立自己的销售渠道和网点,直接向目标顾客开展销售,即采取直接销售渠道策略。相反,企业没有条件建立直接销售渠道,则采取间接销售渠道。

(四) 经济收益因素

不同分销途径经济收益也是影响选择销售渠道的一个重要因素。对于经济收益的分析,主要考虑的是销售费用和价格。具体分析如下。

1. 销售费用

销售费用是指产品在销售过程中发生的费用。它包括包装费、运输费、广告宣传费、陈列展览费、销售机构经费、代销网点和代销人员手续费、产品销售后的服务支出等。一般情况,减少流通环节可降低销售费用,但减少流通环节的程度要综合考虑,做到既节约销售费用,又有利于酒店产品的销售。

2. 价格分析

在价格相同的条件下,进行经济效益的比较。目前,许多酒店都以同一价格将产品销售给中间商或最终顾客,若直接销售量等于或小于间接销售量时,由于酒店直接销售时要多占用资金,增加销售费用,所以,间接销售的经济收益高,对酒店有利;若直接销售量大于间接销售量,而且所增加的销售利润大于所增加的销售费用,则选择直接销售有利。

在价格不同时,进行经济收益比较,就主要考虑销售量的影响。若销售量相等,直接销售多采用零售价格,价格高,但支付的销售费用也多。间接销售价格低,但支付的销售费用也少。究竟选择什么样的销售渠道?可以将计算两种销售渠道的盈亏临界点作为选择的依据。当销售量大于盈亏临界点的数量,选择直接销售渠道;反之,则选择间接销售渠道。在销售量不同时,则要分别计算直接销售渠道和间接销售渠道的利润,并进行比较,一般选择获利的销售渠道。

三、酒店营销渠道选择的方法

营销渠道的选择策略是指酒店企业根据选择原则和有关影响因素制定相应的营销渠道决策,并结合企业特点对渠道结构进行创新,不断适应多变的环境。

知识链接
主题酒店营销
渠道的设计

1. 确定营销渠道目标

确定酒店产品的营销渠道目标,其目的在于使营销渠道能与本企业的战略目标和营销策略融为一体,从而与目标市场相适应。

2. 确定营销渠道类型

酒店销售其产品和服务,或采取直接销售渠道,或采取间接销售渠道,其实是酒店在营销活动中是否利用中间商的问题。一般情况下,酒店营销中,两种渠道类型兼而有之,这是由酒店企业自身的特性所决定的。由于酒店目标市场非常分散,酒店企业往往无力凭借自身单一的力量建立广阔的营销网络,因而要获得充足的客源,就必须因地制宜,依托多种类型的酒店中间商进行营销工作。同时,许多酒店企业的产品具有生产消费同时进行及顾客向生产场地移动等特点,企业本身必须有能力利用自己的销售力量或销售网络来完成。

3. 市场覆盖密度策略

对酒店企业来说,一方面,通过选择和采用营销渠道类型基本上确定了产品流向消费者的具体路线,这是纵向渠道策略的基本方法;另一方面,营销渠道的构成还包括不同类型中间商在渠道中的数量以及构成,它能够影响营销渠道的市场覆盖面——产品销售能够达到的最大市场空间,也能影响营销渠道的网点密度。这种市场覆盖密度策略分为以下三种。

(1) 普遍分销策略。

普遍分销策略指在渠道层中选择大量的中间商,充分与市场接触,提高销售网点在目标市场上的覆盖密度,方便顾客购买。这种策略适用于顾客重复购买频数较高的产品、购买前较少选择的产品以及不易长时间存放的产品。此外,对于那些竞争对手或替代品较多而自身品牌竞争力相对较低的产品,可以通过采用普遍分销策略,增加网点密集度,用网点的优势来弥补品牌的不足。

(2) 选择性分销策略。

选择性分销策略指只选择那些有支付能力、有推销经验以及服务上乘的酒店中间商在特定区域与层次推销本企业的产品。这种渠道适用于价格较高和数量有限的产品。因此,这些产品的生产厂家必须借助于一些具备专业销售能力、有质量保证、在顾客心目中享有信誉、愿意与厂家合作的中间商来销售自己的产品。

（3）独家分销策略。

独家分销策略指在一定的市场区域内仅选择一家经验丰富、信誉卓著的中间商来推销酒店企业产品，这是最窄的渠道形式。该渠道所选用的中间商属于专营性的中间商，不可以再经营其他竞争品牌。这种策略有利于企业提高形象和信誉，并且可以有效控制渠道成员，但不足之处在于灵活度低，不利于消费者的选择购买。

四、酒店营销渠道的管理

对渠道的管理主要是针对酒店直接和间接销售渠道的管理。对酒店企业来说，其核心问题是酒店企业如何调动中间商的积极性、主动性，使其充分表现出应有的合作精神，并且随市场情况的变化而灵活、有效地调整酒店企业与中间商的关系等。因此，我们重点讨论间接销售渠道的管理的问题。

酒店企业营销渠道管理的最终目的就是根据渠道运行情况，对渠道成员的业绩与合作状况进行评价，适当调整渠道成员组成及渠道类型，保证渠道的高效低成本目标的实现。

1. 酒店中间商的评价及调整

酒店企业要采取切实可行的办法对中间商的工作业绩进行检查和考核。那些对企业有积极贡献的中间商，将成为企业重点合作对象。对于绩效一般或低于企业要求的中间商，找出原因及补救办法。必要时改变现有的渠道结构，剔除绩效差的中间商，以保证渠道的高效率。

在评价的基础上，酒店企业应及时调整渠道成员的组成，或增加，或减少。必要时需要改变整个营销渠道策略。当酒店企业原有营销渠道产生无法解决的矛盾冲突，造成了整个渠道的极大混乱及功能的严重丧失，或者由于企业战略总体目标的重大调整，营销渠道策略就面临重新设计和构建的问题。但是，企业发展以稳定为前提，在整个渠道改变的时候，必须慎重做出决策。

2. 加强与酒店中间商的合作

酒店企业的重要任务是调动中间商的积极性，加强与中间商的合作关系。酒店生产企业为了促使中间商注重推销自己的产品，通常采取高销量、高佣金的奖励办法；减收或免收定金等。对于业绩好的中间商，酒店应该适当地予以奖励，可以奖金、提高折扣等方式。另外，客源市场状况变化趋势、顾客意见等信息对酒店提高服务、吸引客源都是十分重要的，因此，酒店也应建立奖励制度，鼓励中间商把这些信息及时反馈给酒店。与此同时，酒店对于那些不能按照合同条款执行、不努力销售的中间商也要采取一些惩罚措施，如减少折扣和佣金甚至终止合同。

五、酒店营销渠道的发展趋势

传统的营销渠道由一个或多个独立的生产者、批发商和零售商构成，每个成员都是独立的企业实体，追求个体利润最大化，甚至会以牺牲整体利益为代价。现代企业的销售渠道则不同，它是由生产者、批发商和零售商组成的一个统一的联合体。这种转变使企业竞争出现了从个体竞争向联合体竞争模式发展的趋势。具体形式如下。

1. 营销渠道的纵向联合

纵向联合是指用一定的方式将营销渠道中各个生产企业联合在一起,采取共同目标下的协调行动,以促使酒店产品或服务市场营销整体经济效益的提高。分为两种形式:公司式产销一体化和合同式产销联合。

公司式产销一体化是指酒店企业以延伸或兼并的方式,建立起隶属于同一所有权的相关的生产部门和分销部门组合而成的系统。

合同式产销联合是指酒店企业同其所选定的各个环节的中间商,以合同的形式来确定各自在实现同一营销目标基础上的权利管理和相互协调行动。合同式产销联合的一种重要的形式就是特许经营。

2. 营销渠道的横向联合

酒店营销渠道的横向联合,是指由两个以上的酒店企业联合开发同一市场的营销渠道。采取该渠道策略,企业可以把它们的资金、生产能力或营销资源结合在一起,完成单靠一个企业难以达到的目标。例如,海洋世界向一家汽车俱乐部提供优惠票,汽车俱乐部把优惠票作为向其成员促销的方式;作为回报,海洋世界争取到了几十万俱乐部成员成为它的顾客。

上述销售渠道发展趋势表明,随着社会的进步和技术的发展,联合化的销售渠道将成为未来企业参与竞争的重要手段。同时,由于市场面的扩大,酒店中间商更加复杂化,银行、超级市场、航空公司等企业也会经营酒店产品的销售业务,成为广泛的酒店中间商。

本章小结

内容提要

酒店企业为了满足消费者的需要,必须给消费者提供最便利的营销渠道和网络,完成购买行为。对企业来说,营销渠道策略是营销组合中重要的组成部分,合理的渠道设计和有效的渠道管理是企业增加销售的重要手段。酒店企业营销渠道是指酒店产品从生产企业流转到消费者手中的全过程中所经历的各个环节和推动力量之和。营销渠道分为直接销售渠道和间接销售渠道两种类型。前者是指产品从企业直接流向消费者的过程,没有中间商的介入;而后者是指企业利用中间商的优势,帮助企业销售其产品和服务。对企业来说,渠道策略的核心任务就是如何选择和管理中间商。中间商的销售能力直接影响到渠道的分销功能。正确选择中间商的标准包括中间商的地理位置、信誉、资本实力、意愿等方面。在此基础上,酒店企业必须对现有渠道进行管理,根据渠道成员的业绩和合作情况,对其进行检查和评价,及时调整渠道成员组成以及渠道策略,不断适应环境的变化和发展,实现企业营销战略目标。

核心概念

酒店销售渠道;直接销售渠道;间接销售渠道;酒店中间商;酒店营销渠道

重点实务

掌握渠道选择的方法与途径;了解酒店分销渠道模式选择的方法、存在的问题;了解酒店是如何化解渠道矛盾和冲突的。

知识训练

一、简答题

1. 直接销售渠道与间接销售渠道在哪些方面有所不同？它们被采用的条件可能存在什么差别？
2. 酒店研究营销渠道的重要意义是什么？
3. 请比较营销渠道和分销渠道两个概念。
4. 酒店应如何选择中间商？
5. 有形产品与服务性产品的生产企业相比较，其营销渠道主要有什么不同？为什么？

二、讨论题

1. 请说明市场因素是如何影响酒店的渠道类型的选择的。
2. 举例说明酒店营销渠道有哪些发展趋势。

能力训练

一、理解与评价

随着市场竞争的日益激烈，如何吸引并激励更多合作伙伴更好地销售自己的产品，已成为众多供应商渠道管理的一个重要课题。请分析作为酒店企业，对自己销售模式应该怎样评估，如何适应市场需求。

二、案例分析

如何破除酒店淡季魔咒

背景与情境：当"黄金周"结束后，随着各地酒店的入住率回落，酒店经营的淡季如期而至。同时，伴随着全球经济放缓和燃料成本上升，加上签证限制趋紧、极端自然灾害频频发生等负面因素影响，都在打击旅游业的信心。很多企业收紧银根，缩减商务旅行开支。凡此种种，必然给酒店业带来新一轮冲击。面对糟糕的市场形势，酒店如何才能保持高入住率呢？

九寨沟喜来登：多种方式推广，破除淡季魔咒

九寨沟喜来登坐落在"童话世界"九寨沟的碧水青山之间。每年9月、10月，九寨沟喜来登总经理张鸿华和当地各大酒店的经理都会乐开怀，络绎不绝的游客让他们喜上眉梢。由于受到地震的影响，旺季比想象中要淡一些。此后，他们将面临长达大半年的淡季和平季。如何通过营销做到客似云来，这是一个策略问题。

和传统的产品一样，再高级的酒店也要建立自己的营销渠道和代理网络，这是提升酒店入住率的关键。九寨沟喜来登是中国风景区第一家五星级酒店，这个定位至少给了游客一个指向性的诉求导向。张鸿华说："九寨沟喜来登在追求标准化的同时，穿插了一些当地的藏羌文化，从酒店的建筑风格到装饰风格都有着浓郁的藏羌文化色彩。"这样一来，九寨沟喜来登在集团内突出了与其他喜来登酒店的不同，而在竞争对手面前突出的则是集团的理念、系统和管理。

对于风景区的酒店来说，旅行社能否为其带来客源，至关重要。正因为九寨沟喜来登定位于风景区酒店，它就需要花费更多的时间去打开旅行社的通路。其做法是淡旺季相结合，旅行社淡季带来多少生意，旺季就可以得到相应的配额。这既是提升淡季营业额的方法，也是取悦旅行社的手段，而且其所带来的经济效益也是显而易见的。旅行社为了调剂需求，通常会配合酒店，通过促销手段将7月、8月等销售平季变成销售旺季。"在淡季，为了节省成本，大多数四星级酒店都关门歇业了，但我们在淡季仍然坚持开业。"张鸿华认为这得益于"旅行社在销售淡季对九寨沟喜来登酒店的支持"。

与竞争者相比，喜来登负有盛名的招牌让张鸿华倍感骄傲。要知道，喜来登所属的喜达屋集团在全球95个国家拥有850家酒店及度假村，这无形中帮助九寨沟喜来登在95个国家建立了销售渠道和宣传平台。这一金字招牌不仅能吸引众多喜来登的拥趸，更重要的是，它能通过全球喜来登酒店的网络促成销售，这与独体酒店相比显然是一大优势。喜达屋集团制订的许多计划，常常给张鸿华带来意想不到的惊喜，比如"喜达屋顾客优先计划"。在旺季，九寨沟的酒店人满为患，但这项计划确保喜达屋的全球会员能够顺利入住。"这个计划在全球的推广与执行，延长了九寨沟喜来登的销售旺季。"张鸿华说。更让人心动的是这项计划中的"积分兑奖"。据说，在全球五星级连锁酒店中，喜达屋集团推行的"积分兑奖"是唯一能做到即时兑奖的，这对许多旅客颇具诱惑力。通过积分获得度假与私人旅行的机会或直接兑换成房费，的确让人心动。但对九寨沟喜来登来说，它不仅仅是招徕新顾客和维系老顾客忠诚度的一个有效手段，而且为九寨沟喜来登的淡季销售提供了促销途径。

除旅行社之外，另一个不能忽视的顾客群是大企业等客户。在大城市，五星级酒店通常是大企业举行会议的首选场所，但它们并不适合所有的会议，例如政府年会、经销商会议等，这样的会议通常会选择九寨沟喜来登等风景区酒店举行。"既能度假、旅游，又能举行会议，这才是它们心目中的理想场所。"张鸿华说，"这样的会议一般选择在年底或者年初"。因此对九寨沟喜来登来说，会议营销成了它在最为冷淡的冬季增加营业额的重要手段。

从2006年开始，九寨沟喜来登加大了会议营销的力度。毕竟，要挨过漫长的淡季，会议营销是一个不得不思考的议题。事实上，喜达屋集团早就制定了详尽的会议营销方案，例如针对各家大企业秘书进行奖励的"明星之选奖励计划"。随着会议厅、宴会厅和剧院的建成并投入使用，会议营销成为九寨沟喜来登破除淡季魔咒的一把利刃。张鸿华说："我们的会议设施比较齐全，无论是几百人还是几十人，无论是平季还是淡季，我们都能承接会议。会议大多在年初岁尾举行，此时是淡季，所以对会议的价格我们会灵活掌握。我们现在的会议接待已经非常成熟，会议收入所占的比例也越来越大。"

当然，薄利多销，这个放之四海而皆准的法则通常能给酒店的淡季营销带来奇效。供需市场的一个定律是当供大于求时，价格就成为赢得客户的一个关键。张鸿华说："我们通常的做法是量、价相结合，有多少量就放多少价。"通过调剂盈余，九寨沟喜来登不仅锁住了大客户，而且为淡季销售带来了契机。

（资料来源：http://info.echoto.com/info/content-7783-33-1.html.）

问题：

1. 九寨沟喜来登采取了哪些渠道策略打破淡季的魔咒？
2. 以上案例对其他酒店的渠道设计有哪些借鉴？

第十章
酒店促销策略

学习目标

通过本章学习,明确酒店促销组合的基本概念,以及不同种类的促销组合的类型与策略,了解促销组织中各种促销手段、特点及其在酒店中的运用方法。

引例:南京金陵饭店的促销策略

背景与情境: 某天,南京金陵饭店前厅部的客房预订员小王,接到一位美国客人从上海打来的长途电话,想预订两间每天收费在120美元左右的标准双人客房,三天以后开始住店。小王马上翻阅了一下订房记录表,回答客人说由于三天以后酒店要接待一个大型国际会议的多名代表,标准间客房已经全部订满了。小王讲到这里并未就此把电话挂断,而是继续用关心的口吻说:"您是否可以推迟两天来,要不然请您直接打电话与南京××酒店去联系询问如何?"美国客人说:"南京对我们来说人生地疏,你们酒店比较有名气,还是希望你给想想办法。"小王暗自思量以后,感到应该尽量使客人满意,于是接着用商量的口吻说:"感谢您对我们酒店的信任,我们非常希望能够接待像您这样尊贵的客人,请不要着急,我很乐意为您效劳。我建议您和您的朋友准时来南京,先住两天我们酒店内的豪华套房,每套每天收费不超过280美元,在套房内可以眺望紫金山的优美景色,室内有红木家具和古玩摆饰,提供的服务也是上乘的,相信您和您的朋友住了以后会满意的。"小王讲到这里故意停顿一下,以便等客人的回话。对方沉默了一下,似乎在犹豫不决。于是小王开口说:"我料想您并不会单纯计较房价的高低,而是在考虑这种套房是否物有所值,请问您什么时候乘哪班火车来南京?我们可以派车到车站接,到店以后我一定陪您和您的朋友去参观一下套房,到时再决定也不迟。"美国客人听小王这么讲,倒有些感到情面难却了,最后终于答应先预订两天豪华套房。

第一节　酒店促销组合概述

酒店企业不仅要开发满足市场需求的优质产品,制定具有竞争力的产品价格,更重要的是能够与目标市场顾客保持良好的沟通和交流,使其产品易于为消费者所认知和接受,最终产生购买行为。因此,每个酒店企业都不可避免地担负起信息传播者和促销者的角色。

一、酒店促销组合的含义

酒店市场促销是指企业通过人员推销或非人员推销的方式,将有关酒店企业、酒店产品和服务的信息,通过宣传、吸引和说服等沟通方式,传递给目标顾客,帮助消费者认识商品或劳务所带给购买者的利益,从而引起消费者的兴趣,激发消费者的购买欲望及购买行为的活动。

促销与推销不是一回事。推销是将顾客不需要的产品通过各种手段销售出去。而促销本质上是一种通知、宣传和说服的双向沟通活动,是实现酒店营销者与酒店产品潜在购买者、营销中介以及社会公众之间的信息沟通的重要手段。酒店营销者为了有效地与购买者沟通信息,可以通过发布广告的形式广为传播有关酒店产品的信息;可以通过各种营业推广活动传递短期刺激购买的有关信息;也可以通过公共关系手段树立或改善自身在公共心目中的形象;还可以通过派遣销售人员面对面地说服潜在购买者。

企业全部的市场促销行为称为促销组合,是为实现宣传和营销目标而将广告、公共关系、人员推销以及营业推广等按照一定方式加以组合的结果。促销组合无疑是企业首要的沟通活动,但组合中各方面必须协调一致,以求最好的沟通效果。

酒店业服务性的特点决定了其促销组合的特殊性,即在传统四种手段的基础上,应包括有形展示、直接营销、酒店印刷品及酒店的公益广告等。其中有形展示是指无形服务有形化的过程,包括酒店企业促销材料、员工风貌和企业硬件环境等。

在激烈竞争的市场中,企业要生存和发展,必须善于运用促销工具。对酒店业来说,由于它是一个固定成本较高的产业,其产品是非物质的,且不可储存,同时酒店产品的需求弹性较大,季节性又较强,因而相对于有形产品的生产行业来说,促销在酒店业的营销策略中占有更重要的作用。

酒店促销的作用主要表现在:为市场及时提供酒店信息,沟通供需联系;较好地突出产品特色,强化竞争优势;为企业自身树立良好的形象,加强市场定位作用;有效刺激酒店需求,引导酒店消费。

二、酒店促销组合的策略

不同的促销组合形成不同的促销策略,诸如以人员推销为主的促销策略,以广告为主的促销策略。从促销活动运作的方向来分,有推动策略和拉引策略两种。

推动策略中以人员推销和营业推广为主,指企业销售人员"推着"产品沿分销渠道,层层渗透,其目的是说服中间商与消费者购买企业产品,最后到达消费者手中的策略。

拉引策略以广告促销为主,通过创意新、高投入、大规模的广告轰炸,直接诱发消费者的购买欲望,由消费者向零售商、零售商向批发商、批发商向制造商求购,层层拉动购买的策略(见图10-1)。

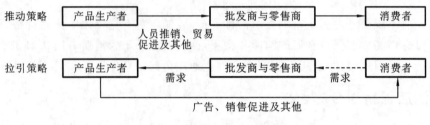

图 10-1 推动与拉引促销策略

第二节 酒店广告促销

一、广告的含义

广告指组织或个人,以付费的形式通过各种媒介和形式向公众发布的有关商品、服务或观念等信息,达到影响消费者行为,促进销售相关产品的非人员促销方式。它是在企业的营销活动中运用最为广泛的和最为有效的促销手段。

与其他促销方式相比,广告具有鲜明的特点:

第一,广告的传播面很广。广告是一种高度公开的信息沟通方式,其信息覆盖面相当大,可以使企业及其产品信息在短时间内迅速扩散,同时,这种公开性能够减轻顾客在购买时对于产品的可信度所产生的疑虑。

第二,广告的选择性很强。广告向顾客提供的是选择性信息,因而,它允许销售者多次重复这一信息,它也允许购买者接受和比较竞争者的各种信息。

第三,广告可以利用声音、色彩、影像等艺术和技术手段,具有很强的表现力和吸引力。

第四,广告由于是通过传播媒体进行宣传介绍,广告主同广告的接受者并非直接对话,属于间接传播。所以广告不能针对个人的特殊要求,视听群众也不会像面对推销人员那样感到有义务而做出反应。

第五,广告效果的滞后性。广告的宣传效果往往要在一个较长的时期内得以充分体现。

酒店广告是指酒店通过各种大众传播媒体如广播、电台、报纸、杂志等以支付费用的方式向目标宾客传递有关酒店信息,展示酒店的产品和服务。广告是酒店促销组合中重要的组成部分,它的作用是长期的,有时甚至是潜移默化的。

酒店广告的重要性也是由其产品和服务的特性所决定的。酒店产品具有自身的特点:

第一,宾客对酒店品牌的忠诚度较低,他们很容易转向其他酒店。

第二,宾客对酒店的需求不同于一般日用消费品,作为一种替代性极强的消费,它的需求存在着不稳定性、季节性,以及对价格和经济环境的高敏感性。

第三,宾客购买行动的超前性,他们通常是在无法看到实物产品的情况下,提前预订和登记,而后才进行消费。

第四,宾客对酒店产品的购买行为有时是非理性的,在很大程度上受同事、亲友等外界影响。

此外,酒店产品作为一种服务型与设施型产品,相比较于技术密集型的产品具有可模仿性强和竞争程度高的特点。所有这些都说明,顾客在购买酒店产品时,如果对某个酒店和其产品没有印象,便不太可能购买该产品。通过广告,可以帮助消费者了解酒店;还可以辅助酒店销售人员的亲自推销。另外,好的广告能够引起顾客的兴趣,在某种程度上不仅可以引导顾客购买,而且还可以激励需求,创造需求,从而扩大酒店的销售。广告在顾客购买决策中具有举足轻重的作用。

广告在现代经济生活中发挥着越来越重要的作用。广告以其大众化、重复性及表现力成为一种富有大规模激励作用的信息传播技术。它可以从市场、企业、消费者三个层次进行分析。

首先,从市场角度看,广告是传播市场商品信息的主要工具,它把企业与市场紧密地连接在一起。现代社会中,企业与顾客之间客观上存在着信息背离:一方面,企业不十分清楚顾客对产品和服务的要求;另一方面,顾客也不十分清楚某种产品所具有的各种属性和可进入性。酒店企业必须进行信息沟通与促销活动,把有关产品生产、供应的情况传达给顾客和广大消费者,以求得信任,实现潜在交换,扩大销售。

其次,从企业角度看,广告是企业竞争的有力武器。其主要作用表现在以下几个方面:酒店广告一方面能树立一个目的地或企业的长期形象,另一方面它也能在短期内促进销售;一般来说,广告的信息覆盖面大,就广告的单位数量信息接收者而言,广告的平均成本相对来说是比较低的;有效的广告的宣传也能倡导企业文化,带来很好的社会效益。

最后,从消费者角度看,广告可以引导消费,刺激消费,甚至创造需求。广告作为一种重要的促销方式,20世纪以来得到迅速的发展,并已形成一门新兴学科。美、日、德等经济发达国家都是高广告开支的国家,我国也日益成为广告支出大国。

二、广告的决策过程

酒店企业如何有效发挥酒店广告的作用,取决于其对酒店广告运用的有效管理过程,这一过程就是酒店企业在一定的营销战略目标的基础上,确定广告目标,进行广告预算决策,并制定信息和媒体决策,最后对其进行评价、调整的动态管理过程,即酒店广告决策(见图10-2)。

(一)确定广告目标

广告目标,即广告定位,是指在一个特定时期对特定观众所要完成的特定的传播任务。

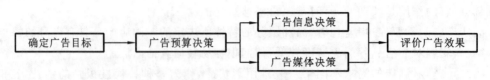

图 10-2 广告决策过程

广告定位是指从众多同类产品中,寻找宣传商品具有竞争力的特点,使广告具有独特的个性,在消费者心中树立该商品形象的一定地位。如美国马里奥特酒店集团在目标决策中确定公务旅行者为自己酒店的主要对象,在广告中强调马里奥特酒店都位于最适于公务旅行者进行商业活动的地点,由于广告直接针对商务客时间少、业务多、需要寻求优越地理位置的心理特征,广告大获其效。

根据广告的目的,可以将广告目标划分为三种:通知型、说服型和提醒型。

1. 通知型广告

通知型广告主要用于产品的开拓阶段,其目的在于促发初级需求,如开业广告;也可以用来产生即时的反响,如通知市场有关酒店新增添产品和服务的信息、价格的变化;还可以纠正消费者错误的印象;树立酒店的企业形象;缩短消费者和酒店之间的距离等,通知型广告以短期效应为目标,多用于促销。例如北京香格里拉的开业广告,可以说通过不菲的投入,将通知型广告的作用发挥到淋漓尽致。在 1987 年 8 月 22 日开业大典之际,酒店在《中国日报》发布了 8 个版面的广告,以一个整版发表了中外双方董事长的照片和贺词,用两大版突出介绍了酒店的豪华设施、商务环境和服务,图文并茂,表述清晰。又用一个版面逐个介绍了这个集团的成员酒店,其他版面是海外各大公司的祝贺词。这样的广告,无疑给人们留下即将开业的香格里拉财政殷实、自信心强的印象。又如,当一家航空公司开发一条新航线,公司的管理层往往用整页的篇幅登广告,向市场传递有关该项新服务的信息。

2. 说服型广告

在竞争阶段十分重要。目的是向一个特定的细分市场宣传酒店的优势或某一项产品,以中期效应为目标。这类广告既可以为酒店企业塑造形象或突出格调,也可以用来对企业产品进行重新定位。它通过表现酒店企业的特色和优势,说明能比竞争对手提供更多的物有所值的产品与服务。对于现有顾客来说,这类广告巩固了他们的信心,使他们相信继续使用该酒店是明智的选择,从而建立对某一特定品牌选择性的需求和偏好。但应该注意的是,有些说服型广告已经变成了对比性的广告,把一种品牌直接或间接地与另一种或几种品牌进行比较,将注意力放在竞争者身上,而不是产品本身,引起顾客对这些品牌的产品的价值产生怀疑,带来负面的影响。如新加坡拉菲尔斯酒店的广告《鬼魂、贵族和偶尔出现的流浪汉》。拉菲尔斯酒店是以它的历史和"这位东方神秘贵妇人的传说"来定位的。喜欢浪漫、杜松子酒和猎奇的读者能从广告中发现自己向往的生活。广告的创意方式,传统的文案布局和字形,集中在酒店的可持续竞争优势上。

3. 提醒型广告

主要用于本酒店产品的成熟期,特别是在产品进入旺销后十分重要,目的是保护消费者对该种产品的记忆和重复购买。在酒店业,即使对非常满意的顾客,也还是需要经常性地提醒他们。滑雪和潜水度假地有同样的问题,满意的顾客很少再次光顾,因为他们想体验新的坡度和潜水区。等他们回来时,几年已经过去了,提醒型的广告可以缩短这个时间。

(二) 广告预算决策

广告目标确定之后,企业需要支付相应的广告费用,必须编制相应的广告预算。酒店广告预算主要包括:市场调研费、广告设计费、广告制作费、广告媒体租金、广告机构办公费及人员工资、广告公司代理费等项目。常用的广告费用预算方法有以下四种。

1. 销售百分比法

销售百分比法即根据过去经验,按计划销售额的一定百分比确定广告费用。好处是简便易行,缺点是实际操作中过于呆板,不能适应市场变化。

2. 目标任务法

目标任务法即根据完成目标任务所需要的广告开支估算数来制定广告预算,这是一种相对较为科学的方法,但它必须以企业能预测所选择媒体的广告效果和销售量为前提。

3. 量入为出法

量入为出法即根据酒店企业目前的财务能力来安排广告预算。

4. 竞争对峙法

竞争对峙法即与竞争者保持大体相同的广告费用标准。

(三) 广告信息决策

广告信息决策就是设计所要发送给消费者的广告信息。它是整个广告活动成败的关键之一,也是最富有创造力的部分。一些研究表明,有创意的广告信息可能比广告经费丰厚更为重要。无论预算多么庞大,当只有广告信息引起人们注意并形成良好的沟通效果时,广告才能成功。

一个成功的广告信息应该是内容和形式两方面的有机结合。通常制定一个有创意的广告信息策略需要几个步骤完成:广告信息的产生、评价和选择以及广告信息的表达。

广告创意是广告设计制作者在酝酿广告时的构想。广告设计制作者根据酒店企业的要求,在详尽的市场调查后,经过精心思考和策划,最后完成一个酒店产品或服务、酒店企业及酒店目的地形象的综合广告方案。

例如,一家航空公司在一个宣传其商务舱的广告中,蔚蓝的天空中一位女性商务客人正坐在舒适的沙发上,一边喝着饮料一边读着报纸,向前行进。这则广告准确地传达了航空公司强调飞机的舒适度的概念,体现了独特的创意效果。

(四) 广告媒体决策

无论是多么富有创意的酒店广告信息,都必须在恰当的时间准确地传递给目标受众,才可能实现广告目标。酒店广告媒体决策就是要寻找以相对最佳的成本效益,达到对目标受众预期显露目标的合适途径。例如,要根据商品和媒体的特性选择适当媒体,媒体不一定收费越高越好。一则飞机公司的广告就很好地利用了电台媒体听觉效果:

(强烈的噪声中)男:"坐飞机这轰鸣声真难受!"

(噪声消失)女:"坐这架可安静了!"

——"欢迎您乘坐××公司的飞机。"

1. 广告媒体的类型

广告媒体是广告主借以传达给受众的各种沟通形式,包括报纸、电视、直接邮件、广播、杂志、户外广告、互联网等。各类媒体都有其适应性和局限性,主要大众传媒的酒店广告特点如表10-1所示。

表10-1 主要广告媒体及其优缺点

媒体	优点	局限性
报纸	灵活,及时,本地市场覆盖面大,能广泛地被接受,可信度强	保存性差,复制量低,传阅者少
电视	综合视觉、听觉和动作,富有感染力,能引起高度注意,触及面广	成本高,干扰多,瞬间即逝,观众可选择性差
直接邮寄	观众有选择性,灵活,在同一媒体内没有广告竞争,个性化	相对成本高
广播	大众化宣传,地理和人口方面的选择性较强,成本低	只有听觉效果,不如电视引人注意,宣传短暂,听众分散
杂志	地理及人口选择性强,可信度高,制作质量好,保存期长	费用较高,位置无保证
户外广告	灵活,复现率高,费用低,媒体竞争少,位置选择灵活	观众选择性差,创造性差
互联网	覆盖全球,24小时全天工作制,易进行编辑制作,更新速度快,观众选择性强,费用较低	受硬件环境影响的制约

2. 广告媒体的选择

酒店广告媒体类型的选择主要基于以下四方面因素的考虑。

(1) 目标顾客的媒体视听习惯。

如高层商务客人与普通退休观光客人对不同媒体类型的偏好程度就不一样。

同步案例
麦当劳的
五大促销技巧

(2) 酒店产品的特点。

如环境优美的度假酒店就宜选择杂志彩页和电视做广告。

(3) 广告信息的特点。

如时效性很强的酒店销售广告就比较适合以报纸为媒体,而不适合以杂志为媒体。

(4) 费用水平。

这也是导致酒店宣传品广告远多于电视广告的重要原因之一。

(五) 评价广告效果

广告效果的评估就是指运用科学的方法来鉴定所做广告的效益。

广告效果包括三方面:一是销售效果,即广告的经济效益,指广告促进商品或服务销售的程度和企业的产值、利税等经济指标增长的程度。

二是沟通效果,即广告的心理效益,指消费者对所做广告的心理认同程度、购买意向及购买频率。

三是广告的社会效果,指广告是否符合社会公德,是否寓教于销。

第三节 酒店人员推销

一个企业要进行卓有成效的市场营销活动,要扩大企业自身及其产品的影响力,就必须运用各种促销工具,这些工具除了广告、销售促进和宣传之外,还有一种常见的人员推销方式。接待业的成败最终取决于推销能力,特别是在酒店业,生产、消费同时性的特点决定了酒店企业营销活动不仅局限于营销部的营销人员,一线服务员更应该是优秀的推销员。

一、人员推销的含义

人员推销是一种传统的促销方式,在现在企业市场营销和社会经济发展中,人员推销有着举足轻重的作用。所谓人员推销,是指推销人员在一定的营销环境中,运用各种推销技巧和手段,说服用户接受企业的产品,从而满足社会需要,并扩大企业的销售活动。人员推销具有针对行强、机动灵活、反馈及时、双向沟通等特点。

与其他促销活动相比,人员推销是一种成本较高的促销工具,但在消费者购买过程的某些阶段,如在引起注意及从信任发展到购买阶段,是最有效的推销手段。特别是对于顾客不熟悉、价格昂贵的酒店产品(会议设施、多功能厅、宴会厅)而言,人员推销更不失为一种行之有效的推销方式。因此,忽视人员推销,将导致酒店销售上的失误。人员推销有着一般宣传和广告无法替代的优点。

首先,人员推销有助于双向沟通信息,酒店推销人员可以把酒店的设施、服务、价格等信息传递给潜在的顾客,并针对消费者要求和建议,纠正他们对酒店产品服务的偏见,同时改进酒店工作。

其次,人员推销作为一种直接的销售方式,可以直接接触目标顾客和中间商,不但有利于向他们介绍酒店产品,还能迅速得到来自他们的较为准确的信息反馈,便于推销,有助于直接了解产品在消费者心目中的定位,了解有关市场方面的种种信息,直接成交效果显著。

最后,人员推销有助于开拓酒店市场的回头客。人员推销是面对面的推销,能够沟通思想与情感,建立友谊,以取得对产品的信任,增强酒店的吸引力;同时,人员以因人而异和因地制宜,对不同酒店消费者采取不同的推销方法争取长期主顾。但人员促销也需要投入大量的人力、物力甚至财力,对销售人员的业务技能要求也较高,在人员推销中,推销人员起着决定性作用,酒店产品的无形性、不可转移性等特点,又给推销人员提出了更高的要求。为此,应加强对推销人员的培训和实践锻炼,特别使他们掌握推销技巧,善于沟通,这是人员推销成功的关键。

二、人员推销的管理

酒店企业营销活动的成功,常常依赖于其对推销队伍的适当管理。酒店人员推销的管理包括以下几方面的内容。

(一) 对推销人员的素质要求

在激烈的市场竞争中,现代企业要求实现其促销目标,要求推销人员具有相当高的素养。

1. 思想素养

企业推销人员要真心实意地为消费者谋福利,要有强烈的事业心、义不容辞的责任感、艰苦踏实的作风、持之以恒的热诚。同时,必须讲究职业道德,有良好的价值体现,能正确处理国家、企业、推销员和消费者之间的利益关系,遵纪守法,合法推销。

2. 业务素养

推销人员必须具备丰富的业务技术知识。其中包括产品知识、企业知识、专业知识以及良好的气质。

3. 业务能力

业务能力是推销人员业务素养的体现。推销人员的业务能力主要体现在八个方面:观察能力、综合判断能力、决策能力、应变能力、创新能力、公关能力、理解他人的能力和说服他人的能力。

(二) 对推销人员的管理

1. 招聘和挑选推销人员

该环节是企业能否拥有一支优秀队伍,创造良好效益的关键。

2. 培训推销人员

通过程序化学习、角色扮演、敏感性训练以及推销术训练等方式,使推销人员了解企业、产品、目标顾客及竞争对手的特点,为有效推销奠定基础。

(三) 对推销人员的激励

特别对酒店而言,为达到更理想的人员推销的效果,就必须先解决好对营销人员的授权制度和激励机制。要促使营销人员独立开展工作,就要建立健全的授权制度,赋予他们在特定条件下对价格有独立处置、"先斩后奏"的权力。一般常用方法有销售定额管理、提供良好的组织环境和及时积极的鼓励,这些是激励推销人员的几种重要的方法。

通常情况下,酒店的价格政策总会有一定的局限性,许多潜在的顾客就经常由于价格规定中的部分条款无法接受而转投他店,在这种时候处于营销一线的销售员是最了解情况的,也同样清醒地知道做出少许的让步,只会给酒店带来利润,而为了不适合市场形势的条文坚持不必要的原则只会使酒店的路子越来越窄。

另一种不容忽视的情况就是营销的激励机制,对于销售员的工作的评价与激励只能用市场经济的办法来实现,而不能过分地采用行政手段。对那些成绩斐然、兢兢业业的员工应予以适当的物资和精神奖励,并形成固定性的制度。加强人员推销,是在现有条件下使企业摆脱困境的最佳捷径。

(四) 对推销人员的考评

对推销人员的考评,主要集中在业绩的评价和品质的评价两个方面。业绩评价是以推销人员对净利润所做的贡献为依据的综合评价,它包括每天平均访问次数、每次访问的平均费用、每百次访问增加的销售量、单位推销费用所获得的销售量等指标。对推销人员品质的评价主要集中在风度、言谈、气质等方面。

同步案例　南京古南都饭店总机接线员的促销意识

某一年圣诞节前午夜时分,南京古南都饭店总机当班的小李,接到某外资公司一位客人的电话,询问圣诞活动预订事宜,并说曾打电话给另一家酒店,因那家店总机接线员告之订票处已经下班,于是便打电话到古南都询问。

小李接到客人的电话,尽管此事并非她直接的工作范围,但是她脑海中立即意识到这事关酒店形象,做好咨询服务是自己应尽的责任和义务,处理得当还能促进酒店的圣诞销售。小李是一个有心人,平时已将酒店的圣诞活动安排了解得一清二楚,于是她马上热情、细致地把有关情况向客人一一做了介绍。客人听后非常满意,并表示他们公司将平安夜活动就定在古南都了,若中了奖就送给总机小姐。第二天,他们果然来酒店买了160张欢度"圣诞平安夜"的套票。

酒店所倡导的全员营销意识就是要让每一名员工懂得,自己工作的好坏直接关系到酒店的形象、声誉和生命,人人做好自己的本职工作就是在促销酒店产品,并在此基础上有意识地针对顾客需求,推销酒店的产品和服务,通过顾客满意来实现最佳的销售效果。

顾客在酒店消费前和消费过程中,往往不是很了解酒店的产品,这也就是常见的信息不对称现象。酒店员工应提前了解信息,主动向顾客推荐有关的产品和服务,礼貌地将选择权交给顾客,从而使酒店与顾客的信息趋于对称,这才是真正意义上的"全员营销"。

问题:从营销的角度评析本案例。

分析提示:自觉的促销意识正是小李的可贵之处。她平时做有心人,关心酒店的促销活动,提前对这次圣诞活动的各项内容了解得清清楚楚,因而面对客人的询问,她胸有成竹,详细解答,抓住了这个意外的促销机会。

第四节　酒店营业推广

一、营业推广的含义

营业推广又称销售促进,是指酒店企业在某一特定时期与空间范围内,对同业(中间商)

或最终消费者或销售队伍成员提供短期激励的一种活动,目的在于使其尽快购买或大量购买酒店产品及服务而采取的一系列促销措施和手段。销售促进是临时的或短暂的、带有馈赠性质或奖励性质的促销方法,在企业经营的某些阶段,它将给企业带来其他促销手段所不能及的效果,达到短期内销售量最大。

(一) 营业推广的特点

1. 直观的表现形式

许多营业推广工具具有吸引注意力的性质,可以打破顾客购买某一特殊产品的惰性。它们告诉顾客说这是永不再来的一次机会,这对于那些精打细算的人是一种很强的吸引力,但这类人对于任何一种品牌的产品都不会永远购买,他们是品牌转换者,而不是品牌忠实者。

2. 灵活多样,适应性强

可根据顾客心理和市场营销环境等因素,采取针对性很强的营业推广方法,向消费者提供特殊的购买机会,具有强烈的吸引力和诱惑力,能够唤起顾客的广泛关注,立即促成购买行为,在较大范围内收到立竿见影的功效。

3. 有一定的局限性和副作用

有些方式显现出卖者急于出售的意图,容易造成顾客的逆反心理。如果使用太多或使用不当,顾客会怀疑此产品的品质及产品的品牌或产品的价格是否合理,给人以"推销的是水货"的错误感觉。

酒店产品由于其生产与消费同时进行的同一性特点,没有销售则没有生产,因此,相对于有形产品而言,营业推广在短期内扩大销售量方面则发挥更重要的作用。

(二) 营业推广的作用

1. 酒店营业推广可以有效地提高购买者对新的酒店产品的认知程度和接受程度

餐饮业在推出新产品时大都以成本价来招徕顾客,以求迅速扩大影响,获得消费者的肯定。

2. 酒店营业推广可以劝诱适用者再购买

有的酒店实行入住积分,消费者累积到一定数量的积分,即可凭积分以优惠价格入住。

3. 酒店营业推广可以增加消费

刺激消费者的非理智性购买行为,增加某一产品的总使用量。

4. 酒店营业推广可以抵消竞争者的促销努力

销售促进常常能有效地针对竞争者展开。例如,给顾客比竞争者更优惠的价格,给予中间商更多的折扣等。

5. 酒店营业推广可以促进本企业其他产品的销售

酒店对标准间的促销活动常常也能带动套房和餐饮的销售。

但是,销售促进的作用是有限的。它通常并不能建立顾客对本企业产品的信任和忠诚,销售促进不能拯救一个即将被市场淘汰的产品,也不能改变一个市场定位不当的产品的命运。如果一家高档酒店向普通市民阶层推销其豪华客房,恐怕用尽营业推广手段,也会经常失败。因此,要适当评价销售促进的作用并灵活运用。

同步案例　酒店别只顾着低头促销,更要懂得借势营销

　　北京一家洲际酒店餐厅要进行推广,当策划方案交给酒店的总经理时,他提出了很多顾虑:①我们的酒店名在哪?②酒店地址呢?③电话也不加一个吗?④还有这个图片,手机拍的吧?⑤我们明明有专业摄影师拍的照,你为什么不用?

　　下午两点多的时候,这条内容(见图10-3)被投放到了多个美食微博号上,很快转发量、评论量和点赞量都在不停往上涨。总经理惊喜地看到有粉丝已经自发地分享了餐厅名字,还有用户圈了自己的好友说下次一起吃。最后,这条内容的总转发量近10万,覆盖的用户数非常可观。当时大众点评的评价中,就有很多顾客提到是因为微博慕名而来的。

　　这颗"夜明珠"外面是白巧克力,在浇上黑巧克力的瞬间,会像朵莲花一样开放,里面是浓郁的松露黑巧克力蛋糕!味道非常美妙,蛋糕十分细腻~想吃不?[花心]

图10-3　洲际酒店餐厅策划方案

　　为什么这条内容能成功?这就是软广的奥秘,这个时代,广告要做得不像广告。如果我们发的是一张酒店甜点图片,附上酒店名、地址、电话,并加个二维码,最后这张图片只能在酒店内部转悠,没有用户愿意再次分享的。只有不像广告的广告,才能被转发分享,才能覆盖更多的用户。

什么信息都不加,用户如何寻找到我们呢?百度教会了大家搜索,淘宝教会了大家看评论,我们就要利用好人们的这两个习惯。

一是留关键词,文案中有"夜明珠"这样的关键词,同时在官方微博上,做好与关键词的呼应,消费者在搜索的过程中,是可以寻找到酒店的。二是评论引导(见图10-4),如果有用户自发地评论当然更好,如果没有我们也可以用私人账号在评论中留下和酒店有关的内容,如"这个我吃过,很惊艳,在北京××××"。比起官方公布的信息,评论中用户的留言更具有号召力。

巨扒房的朗姆巧克力塔总是能在网上看到它的身影,于是决定一定要去尝试一下。人家说这甜品不是下午茶点,于是请示了后厨说能做才能吃上,当时服务员说要去问问现在能不能做的时候,心都提到嗓子眼了。好在最后吃上了!朗姆巧克力塔128元一个,当下午茶的话,2—3个人吃完全可以,因为虽然它看上去很小,但是它很甜,所以吃不了多少就腻了。甜归甜,好在不影响它好吃!(加收15%服务费)

图 10-4 评论

(资料来源:https://www.sohu.com/a/281249067_100249812.)

二、营业推广的类型和内容

酒店企业的营业推广对象有三种,即酒店顾客、酒店中间商和酒店产品的推销人员。

(一)针对酒店顾客的营业推广

这种营业推广手段可以鼓励老顾客重复购买,吸引新顾客购买使用,引导顾客改变购买习惯,或培养顾客对本企业的偏爱行为等。可以采用以下几种方法。

1. 赠送

向消费者赠送样品或试用样品,样品可以挨户赠送,在商店或闹市区散发,在其他商品中附送,也可以公开广告赠送。赠送样品是最有效也是最昂贵的介绍新产品的方式。

2. 优惠券

给持有人一个证明,证明他在购买某种商品时可以免付一定金额的钱。

3. 奖励

可以凭奖励券买一种低价出售的商品,或者凭券免费以示鼓励,或者凭券买某种商品时给予一定优惠,各种抽奖活动也属此类。

4. 现场示范

企业派人将自己的产品在销售现场当场进行使用示范表演,把一些技术性较强的产品的使用方法介绍给顾客。

例如,为推销某条酒店线路,旅行社向顾客赠送酒店的风情画册、特产、纪念品,以及可以在这条线路上的定点商店享受购物折扣的折价券等,然后进行抽奖活动,并把奖品邮寄给获奖者。

再如,某大型游乐城外开的酒店因为游乐城外酒店很多,竞争激烈,开业之后生意总是惨淡,酒店经实地考察后发现游乐城内实行无门票制,消费者根据玩的项目多少(过山车、蹦极、碰碰车、卡丁车等)进行消费,玩得越多,花钱就越多,酒店经过与游乐园的多次沟通与谈判,达成了一个联合促销方案:凡在游乐城一次性累计消费100元以上(凭有日期的门票)在指定酒店可免费赠送一个儿童太阳帽(价值10元),凡在该酒店消费100元以上可获得免费在游乐场内玩一次碰碰车(价值10元)的机会。由酒店派服务员在园内通过宣传单和海报进行宣传。此联合促销一改以往的直接降价性的让利为实物和娱乐消费,极大地吸引了前来游玩的消费者尤其是青少年,而且节假日亲朋好友结伴来玩的人很多,一次性在两处消费100元是可以很轻松达到的。

但是,也有些企业因为过多使用赠券而蒙受损失。在比萨餐馆的竞争中,一些大的连锁店为了争夺市场份额,每周至少要发放一次赠券,有些比萨餐馆甚至声称也接受竞争者的赠券,以此来削弱竞争者广告的影响。在"比萨大战"中,大多数顾客所购买的比萨的价格都跌落到赠券优惠价格的水平上,这些顾客感觉到倘若他们不凭借赠券来购买比萨就不合算了。所以,应该避免滥用赠券,因为它使整个价格下降,从而使赠券最终不再具有竞争优势,更重要的是严重影响了企业的形象及长期的经济利益。

(二)针对酒店中间商的营业推广

针对酒店的中间商,酒店营业推广的目标一般要促使中间商持续地经营本酒店的产品和服务,提高他们的购买水平和自己的销售额等等。主要的方式如下。

1. 价格折让

酒店中间商的生存经济条件就是一种进销差价的积累,因此,如果酒店可以给他们提供一定的折价与优惠的话,就一定可以刺激他们大批量地购买。

2. 销售竞赛

销售竞赛也就是酒店刺激和鼓励批发商或是中间商以及其销售人员积极地推销本酒店的产品和服务,对购买额大、展销活动影响大、本期比上期购买量比例增加大的进行奖励。

3. 合作广告

对于中间商所做的广告宣传,酒店可以给予他们一定的"广告折扣"或是直接支付给他们一些广告宣传费用。此外,酒店还可以采用免费赠品的形式来刺激中间商的大量购买。

4. 针对销售人员的营业推广

鼓励销售人员热情推销产品或处理某些老产品,或促使他们积极开拓新市场。其方式可以采用:

(1)让利。根据每人的推销业绩给予额外的物质上的奖励。

（2）销售集会。这种集会常常在游乐地和餐桌上举行，在沟通信息的同时，也带有奖励的性质。

酒店企业在使用营业推广手段时，应注意使用该方法的各种条件，不能无选择地过分注重短期效益，失去顾客对企业的信任和忠诚，而应根据企业经营环境的现状，适当使用和调整推广方案，使其给企业带来有效的市场增长态势。

知识链接 大数据背景下酒店精准营销策略

当今世界是一个信息化的世界，社会经济以及现代信息技术迅猛发展，在这样的世界背景下，催生出了大数据。大数据不仅使酒店换了一种新的营运方式，而且大数据不断被收集、分析和应用，这使酒店的方方面面都发生了变化。有的酒店逐渐将大数据融入市场营销中，开辟出一条"精准营销"之路，从根本上解决传统酒店营销遇到的问题。

大数据营销是一个过程，在这个过程中，为了吸引更多的客户加入，要对数据进行收集、分析、执行，并从数据中总结出结论，进而对成果和内部责任进行评定。传统的营销代表的是过去，大数据营销代表的是未来。大数据的出现使营销发生了翻天覆地的变化。世界的一体化、网络化，也使得大数据能够更加迅猛地发展。酒店行业应该研发大数据系统，一旦大数据被成功应用，那么就会增加酒店营销的销售额，使酒店发展迈上一个新台阶。

大数据营销的目的是明确的，即对数据进行分析然后整合处理，找到具体的客户。大数据能对客户的反馈加以学习和了解，在第一时间将这些信息变成酒店产品，把信息推送给客户，能使客户更加满意。

要依据大数据实现酒店精准营销的策略。

第一，酒店要与其他企业加强合作，尽量获得更多信息。

第二，酒店在制定基于大数据的精准营销战略时，要使自己的信息来源更加丰富，就需要从数据源上得到信息。比如，统计局、行业协会等，将这些数据融进自己的数据库中，然后进行营销活动，把外部的信息变为自己的。

第三，要对酒店内部的数据进行有机整合，从数据本身得到有利于开展营销的内容。

第四，利用大数据对客户的个性化需求进行满足。互联网是一种工具，将从互联网收集好的大数据和来自第三方渠道的数据作为酒店大数据的来源，对这些数据进行分析，以大数据为根本，其他为辅助。

第五，对用户市场进行细分。这是酒店实现精准化营销的基础，不同于传统的市场划分，精准营销开展的市场细分要求根据用户的消费习惯、需求、行为规律等进行分析研究，然后据此进行市场细分，这就要求酒店必须收集客户的显性和隐性方面的信息数据，利用大数据分析挖掘工具进行深入分析，绘制完整的用户视图，然后进行深层次的挖掘分析，定位目标市场，从而为酒店精准化营销提供依据。

第六，要以客户为导向重组酒店营销流程，对酒店营销全过程实施跟踪监管。

传统的酒店营销流程对市场的反应速度较慢,而且没有对酒店营销活动的结果反馈进行改进,因而难以形成一个闭环。大数据时代的精准化营销,以客户为中心进行深入的洞察和分析,然后结合酒店自身的业务、品牌等进行市场营销活动的策划。同时,在酒店营销活动开展一段时间后,要根据活动反馈结果适时做一些归纳和总结,以便为下一个阶段酒店的营销活动策划打好基础。

第七,将大数据交换共享平台和现有的 CRM 系统打通。以前的 CRM 系统只能促使分析报告回答"发生了什么事",现在 CRM 系统结合大数据平台可以被用来回答"为什么会发生这种事",而且一些关联数据库还可以预言"将要发生什么事",从而能判断"用户想要什么事发生",可以帮助酒店做好精准分析、精准筛选、精准投递,从而使酒店更好地服务客户。

分析:当今世界,经济、社会、科技飞速发展,大数据成为推动酒店效率提升和管理变革的强大力量。酒店行业要想在大浪潮下获得更进一步的发展,就要充分利用当前的信息科学技术,利用好大数据,做好酒店方面的精准营销。

(资料来源:https://wenku.baidu.com/view/cf7ccb2f094e767f5acfa1c7aa00b52acfc79c3a.html.)

内容提要

酒店市场促销是指企业通过人员推销或非人员推销的方式,将有关酒店企业、酒店产品和服务的信息,通过宣传、吸引和说服等沟通方式,传递给目标顾客,帮助消费者认识商品或劳务所带给购买者的利益,从而引起消费者的兴趣,激发消费者的购买欲望及购买行为的活动。不同的促销组合形成不同的促销策略,诸如以人员推销为主的促销策略,以广告为主的促销策略。从促销活动运作的方向来分,有推动策略和拉引策略两种。

人员推销是一种传统的促销方式,在现在企业市场营销和社会经济发展中,人员推销有着举足轻重的作用。所谓人员推销,是指推销人员在一定的营销环境中,运用各种推销技巧和手段,说服用户接受企业的产品,从而满足社会需要,并扩大企业的销售活动。人员推销具有针对行强、机动灵活、反馈及时、双向沟通等特点。

营业推广又称销售促进,是指酒店企业在某一特定时期与空间范围内,对同业(中间商)或最终消费者或销售队伍成员提供短期激励的一种活动,目的在于使其尽快购买或大量购买酒店产品及服务而采取的一系列促销措施和手段。

核心概念

酒店促销;酒店促销组合;广告促销;人员推销;营业推广

重点实务

学生学习促销组合的策划;掌握人员广告推销的技术要领。

本章训练

知识训练

一、简答题

1. 请区别促销与推销的概念,并举例说明。
2. 酒店企业在使用销售促进手段时,应注意哪些问题?
3. 举例说明"推"的策略以及使用该策略的条件。
4. 什么是促销组合?酒店企业研究促销组合的意义是什么?
5. 什么是广告?广告的决策包括哪些方面?

二、讨论题

1. 为什么说人员推销是酒店企业促销活动中非常重要的手段?
2. 为什么促销与沟通密切相关?

能力训练

一、理解与评价

由学生自由组合成4—6人为一组的酒店产品推广小组,并确定负责人。根据所学习的促销组合知识及广告促销策略,结合小组营销作业内容实际,设计产品广告,广告形式多样,由小组讨论制定。

二、案例分析

济南索菲特银座大饭店的春季促销活动

背景与情境:2015年春季济南索菲特银座大饭店的微信公众号推出了一条名为"美妙绝伦的'泉韵'之旅"的促销推送,受到了业界的广泛关注。

春风沉醉中,多留一晚否?入住三晚,仅需支付两晚费用。

泉城"轻游"第一天。

下榻济南索菲特银座大饭店,初到新城,兴奋感爆棚,您可以来49楼银顶旋转餐厅,入席186米高空雅座,品南欧美食之余,远观千佛山,俯瞰泉城,将泉城的第一印象深烙您心里。

在泉城的第一晚美妙睡眠,理应交给MyBed™床寝,索菲特独有MyBed™寝具,让您沉浸于它的松软怀抱,享受无与伦比的完美睡眠。更有法国进口顶级品牌依芙德伦床品,让您如置身九霄云端。来索菲特享受一觉到天亮的酣畅春眠。

济南"轻游"第二天。

早上慵懒的阳光叫醒美梦,浪凡或爱马仕洗浴用品的芳香助您开启一天的美好。曼妙的银顶早餐时光,与醉美泉城山、城、湖的壮美景致相伴左右,品鉴丰盛美味而又营养均衡的中西自助美食,感受身心味蕾肆意放松在云巅的幸福。

用餐完毕,出门小游约会春天。济南索菲特银座大饭店有绝佳的地理区位,步行10分钟即可到达趵突泉、泉城广场等著名景点,在春风拂面中,"轻游"济南,听风看云品泉,等春水绿。"轻游"一天回到酒店,百花园中餐厅悉心准备了粤菜凤城美馔邀您品尝,亲朋围桌而坐,讲见闻,品济南,尝鲜地道的广府美食,醉美一晚。

泉城"轻游"第三天。

爱上济南,享受美食,首选比萨高意大利餐厅,品尝来自米其林客座星厨MARCO的三款私家甄选套餐,让浪漫的意式风情宠溺您的味蕾,佐以意大利葡萄酒精选佳酿,让您的用餐倍添雅兴。

不要走马观花的奔波,只需闲庭信步的乐活。饭后百步以怡情,您可以闲步至黑虎泉,感受玉带行舟,或悠闲逛至芙蓉街古巷,给亲朋挑选济南特色玩物,闲步来回。

远离驱车烦恼,只有春风绿柳相伴。索菲特绝佳的区位给您带来慢生活的美好。若您想逃离繁华街道的喧嚣,或许您可以躲进大堂吧温暖的沙发座,取片刻闲暇。松软绵密的慕斯蛋糕、乖巧诱人的马卡龙等经典法式甜品,佐以优质茗茶或现磨咖啡,醇香留齿、活力满满。

缤纷春日,让济南索菲特银座大饭店带您开启美妙绝伦的济南"轻游"之旅吧!

问题:

1. 本案例中,济南索菲特银座大饭店用了什么促销策略?涉及本章的哪些知识点?
2. 本案例中的促销策略有什么特点?有什么值得学习的经验?

第十一章
酒店收益管理方法和技巧

学习目标

通过本章学习,了解酒店收益管理的五大要素和收益衡量指标,熟悉酒店收益管理的六大方法,掌握酒店收益管理的实战技巧。

引例:收益管理是21世纪较重要和回报率较高的边缘产业之一

背景与情境: 据美国《华尔街日报》报道,收益管理是21世纪较重要的和回报率较高的边缘产业之一。在酒店业,由于收益管理系统对公司决策和创利的巨大影响,世界许多著名酒店集团,特别是欧美的主要酒店集团管理层都对收益管理高度重视,先后建立了专门的收益管理部门,并配置了能进行大量数据分析和实时优化处理的计算机系统。这些系统和酒店的前台系统、预售系统以及数据库相连对酒店管理提供了多功能、快速的决策辅助,使得酒店从被动式的管理变为主动式控制,从而在市场竞争中获得先机。按照万豪酒店集团的创始人 J. Willard Marriott 先生的话说,"从(酒店)最高层必须对酒店施行收益管理,CEO 则需要100%地支持这项工作,而全体员工必须了解其功能"。Marriott 先生的话不仅说明了收益管理的重要性,而且说出了一个很重要的观点,那就是收益管理必须有全公司上下的共同参与和努力才能获得成功。

第一节 酒店收益管理的基本概念

收益管理(Revenue Management,简称 RM)是在对市场的供求关系和消费者的行为模式进行分析和预测的基础上,以最优化的产品、价格和销售渠道组合,实现最大限度提高产品销售总量和单位产品平均售价,从而获取最大收益的一种理论、方法和策略。通俗地说,收益管理就是通过把合适的产品,以合适的价格,在合适的时间,通过合适的渠道,销售给合适的客人,从而实现企业利润最大化的一种管理过程。

著名的收益管理权威 Robert Cossing 在他的名著《Revenue Management Hardcore Tactics for Market Domination》中指出:"运用了收益管理的公司,可以在不增加资本投入的情况下使营业额提高 3%—7%,利润率提高 50%—100%,并有效和迅速提高市场占有率。"

一、收益管理的起源

收益管理起源于 20 世纪 80 年代中期的美国航空业。由于航班座位有限,而且航班座位的使用有很强的时间性和不可储存性,导致航空公司竞争激烈,要想尽办法在飞机起飞前尽量卖掉所有的机票,填满所有的座位。价格的恶性竞争使不少航空公司亏损或倒闭。于是,很多专家开设研究市场的供求关系和价格对需求与消费者行为的影响,以寻求帮助航空公司适时将机票以合理价格卖出去的方法,由此产生了收益管理的概念和理论。

20 世纪 90 年代初期,美国酒店业开始借鉴航空业的成功经验,研究收益管理在酒店管理中的应用,并逐步形成酒店收益管理的相关理论,研制出适合酒店行业的收益管理系统。经过十多年的探索和改进,收益管理凭借先进的经营理念,完善的需求预测系统,科学的收益管理方法和有效可行的实施手段,成为世界品牌酒店经营成功的法宝之一。率先把收益管理理念与技术引到酒店业的万豪国际集团前董事长兼首席执行官比尔·马里奥特曾说:"收益管理不仅每年为我们增加了成倍的利润,更重要的是教育了我们应如何更有效地管理酒店。"21 世纪初,收益管理的理论及其方法开始被中国的酒店业所接受,成为中国酒店业实现利润最大化的一个重要途径。

同步案例　卡洛尔太太的理发店

卡洛尔太太在乡下小镇上经营了一家理发店,由于手艺精湛,很受当地人欢迎。但是,这家小店没有其他理发师,周末时常常要排两个小时的队才能等到服务,许多人因此不愿意光顾她的理发店,罗伯特先生就是其中的一位。由于工作在外,罗伯特先生只有周六上午的时间可以用来理发,虽然很欣赏卡洛尔太太的手艺,但紧张的时间安排让他无法接受长时间的等待。罗伯特先生曾劝说卡洛尔太太接受预约安排,但卡洛尔太太担心这样会疏远顾客,不愿意改变目前的经营方式。

罗伯特先生同她一起详细分析了理发店面临的问题:

——理发店在星期六过于拥挤,但是星期二却很少有顾客来;

——一些工作繁忙的顾客只会在星期六来,而其他退休的或上学的顾客可以在一周中的任何一天来理发;

——卡洛尔太太在星期六损失了不少顾客;

——卡洛尔太太考虑过再增加一把椅子和一个兼职理发师,但她知道这样要

花费很多钱,可又不知能增加多少收入。

根据上面的分析,罗伯特先生提出,应当提高周六价格而降低周二的价格。原因是有些顾客宁愿多花点钱换取周六的便利,而另一些顾客为了省钱也会乐意在周二来理发。用收益管理的术语来讲,这叫认清细分市场上顾客对价格与便利的取舍。

开始,卡洛尔太太很不情愿这样做。她认为自己提供了相同的服务,不应根据时间的不同来设定不同价格。但后来发生的一件事让她改变了自己原来的想法。

某个周六,卡洛尔太太正在为罗伯特先生理发,有一个人站在门口张望。当他看到等候室里坐满了人时,摇摇头走开了。罗伯特先生问:"他是你的老顾客吗"?"不是。"卡洛尔太太回答。"那么,"罗伯特先生说,"他今天将找到另外一位理发师,如果不是手艺特别糟,他再也不会到你这里来了。你不只是今天失去了一个顾客,而是永远失去了这位顾客"。听到这里,卡洛尔太太决定实行改革。

卡洛尔太太把周六的价格调高了10%,同时把周二的价格降低了10%。结果,原本喜欢周六来等候、聊天的退休老人和带小孩的母亲,大都改成了在周二来理发,周二生意不再清淡;匀出周六时间,可以服务情愿多花点钱来换取时间便利的客人,那些摇头离去的顾客又被吸引回来了。

一年后,卡洛尔太太惊喜地发现,理发店收入增长了20%。

当然,收益管理也不是万能的。收益管理从航空业扩展到酒店等其他行业,是因为这些企业的产品都具有以下特点:

◆ 生产能力相对固定,即一定时间内供给总量相对固定;
◆ 产品价值不可储存,即产品的价值具有很强的时效性;
◆ 高固定低变动成本,即产品销量变化对成本影响不大;
◆ 市场需求不断变化,即淡旺季的周期和需求差异明显;
◆ 产品可以提前预售,即市场需求可以预测和规划管理;
◆ 产品可以进行细分,即不同消费群体的需求存在差异。

二、酒店收益管理的要素

收益管理的成效,在很大程度上取决于酒店经营管理者对收益管理的五大要素:产品、价格、时机、渠道和客源的把控能力(见图11-1)。

(一) 客房产品的组合设计

客房是酒店收入和利润的主要来源,客房收入一般占酒店总收入的50%以上,客房的经营利润高达70%—90%。但是,客房产品又具有很强的时效性和不可储存性。认识客房产品的属性,做好客房产品的组合设计,营造不同客房产品的特点,并做好客房产品的容量控制,是提升客房收益管理水平的前提条件。

1. 单一客房产品的设计

如:某酒店有300间客房,酒店经营者把这些客房都定为普通标房,每间客房的定价为

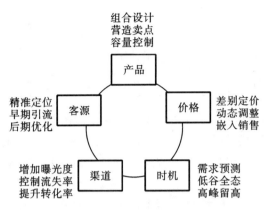

图 11-1　收益管理的五大要素

230 元。那么,该酒店的最大客房销售潜力为 69000 元,平均每房收入为 230 元(见表 11-1)。

表 11-1　单一客房类型的收益分析

客 房 类 型	普 通 标 房
客房价格	230 元
客房数量	300 间
房费最大收入	69000 元

2. 客房产品的组合设计

根据客房产品的属性和客人需求的差异,进行客房产品的组合设计,有利于提升客房的收益水平。比如,该酒店经营者根据客房产品的属性和客人需求的差异,把 140 间外景房、高层房定为豪华客房,价格定为 260 元;把其余普通标房价格下降 10 元。那么,在没有增加资本投入的情况下,该酒店的最大客房销售潜力可提升为 71600 元,平均每房收入提升为 239 元(见表 11-2)。

表 11-2　两种客房类型的收益分析

客 房 类 型	普 通 标 房	豪 华 房	合计/平均
客房价格	220 元	260 元	239 元
客房数量	160 间	140 间	300 间
房费最大收入	35200 元	36400 元	71600 元

如果该酒店经营者根据客房产品的属性和客人需求的差异,再增加若干套房,则效果将更好。若把 30 间普通房间打通,组合成 15 间套房,每间套房定价 520 元。那么,该酒店的最大客房销售潜力可提升到 72800 元,平均每房收入可提升到 253 元(见表 11-3)。

表 11-3　三种客房类型的收益分析

客 房 类 型	普 通 标 房	豪 华 房	套 房	合计/平均
客房价格	220 元	260 元	520 元	253 元

续表

客房类型	普通标房	豪华房	套　房	合计/平均
客房数量	130间	140间	15间	285间
房费最大收入	28600元	36400元	7800元	72800元

可见,为了提高客房的收益,酒店经营者在认真分析客房产品属性和客人需求差异的基础上,合理增加酒店客房类型,适当拉开房价差价,在满足不同客人需求的基础上,客房的收益也得到了相应的提升。在实际经营过程中,可根据客房的设施、级别和朝向等,精心设计客房产品组合(见表11-4)。

表11-4　客房产品的组合设计

设施	单人间 single	大床房 kingsize	双床间 twin	三人间 triple	套间 suite
级别	普通房 stanard	高级房 superior	豪华房 deluxe	行政楼层 executive	总统套 presidential
朝向	海景房 seaview	湖景房 lakeview	园景房 gardenview	朝街房 frontview	内景房 rearview
特殊	连通房 connection	错层房 duplex	无烟房 nonsmoking	公寓房 apartment	残疾人房 handicapped

(二)客房价格的阶梯分布

酒店客房营收是由客房出租率和客房平均房价决定的。客房出租率通常与客房平均房价成反比,当房价上升时,需求会下降,客房出租率就会降低;当房价下降时,需求会上升,客房出租率就会提高。所以,房价是否恰当,直接关系到酒店客房产品的销量和营收。

酒店客房价格的高低,首先取决于客房产品价值的本身,价值越高,价格也会较高;价值较低,价格也会相应较低。但是,客房价格的高低,还受市场供求关系的影响,市场需求量越大,价格就会越高;市场需求量越小,价格就会越低。另外,客人主观上对客房产品的价值感知和支付能力的不同,也会影响客房产品的定价。

国内酒店传统的定价方法是成本导向。这种定价法的长处在于:当客房产品销售出去后,可以抵消酒店的经营成本,保证预期目标利润的实现。但这种定价法没有考虑市场的需求情况,当企业产品销售价格高于竞争对手时,企业产品没有竞争力;当企业产品销售价格高于消费者的支付能力时,消费者也不会来购买。随着市场竞争的加剧,这种定价法显然已不适应酒店企业的市场营销。

1. 需求平衡定价法

目前,我国酒店流行的定价方法是需求平衡定价法。这种定价法考虑了市场情况,力图寻求需求与供给的最佳结合点(见图11-2)。

需求平衡定价方法尽管反映了市场导向的定价观念,但仍然存在很大缺陷:一是房价与需求的最佳平衡点很难确定,因为价格会影响需求,竞争对手的价格政策也会影响需求。需

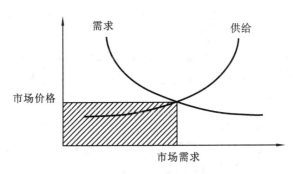

图 11-2　供给与需求的平衡点

求平衡定价方法无法适应快速变化的供求关系。二是没有进行市场细分,酒店没有挣到愿出高价的那部分人的利润,对价格敏感的那部分人的利润也流失了。

2. 市场导向的动态定价法

酒店在把握市场供求关系变化情况、细分市场订房行为模式、市场竞争状态和客人对产品价值理解的基础上,建立起一套完整的客房价格体系。市场价格随市场供求关系曲线的变化而上下浮动。由于酒店客房价格不是固定的,而是根据供求关系在变化的,所以称为动态定价法(Dynamic Pricing)(见表11-5)。

表 11-5　酒店客房动态价格表

日　　期	星　　期	市场需求	非动态价格	动态价格
8/3	一	623561元	270元	250元
8/4	二	652121元	270元	261元
8/5	三	612311元	270元	245元
8/6	四	515840元	270元	207元
8/7	五	622200元	190元	249元
8/8	六	468946元	190元	188元
8/9	日	480480元	190元	193元

(注:市场需求指顾客在现有市场上订房总需求的金额衡量。)

从表 11-5 中可以知道,在一周需求波动时,单一平衡定价在周五高峰期和周六低谷期的价格是不变的;而动态定价却需要根据需求的波动而相应变动价格,使价格随市场需求的变动而变动,价格曲线和市场需求曲线运动方向一致,同时起落。当然,在实际营销过程中,客房价格曲线与市场需求曲线完全吻合是不可能的,但收益管理能做到的就是不断提高分析预测能力,尽量减少两者的偏差。

酒店采用市场导向的动态定价法要做到以下几点:

一是要建立合理的客房价格结构,针对不同的细分市场,提供不同类型的产品和不同的价格。

二是要确定合适的基准房价,基准房价过低,不仅影响酒店的市场形象,也为今后酒店实施收益管理的折扣策略带来障碍。

三是要争取一定数量的签约客户,维持酒店一定的业务量和客房出租率,有助于酒店在保本基础上增加客房收益管理的效益。

四是要研究细分市场预订模式和竞争对手价格策略,适时调整基准价。

五是要根据市场需求的特点及其变化,采用灵活运用价格策略。

(三)销售时机的灵活掌控

从酒店客房产品的时效性和价值的不可储存性特征,可以知道把握客房销售时机的重要性。酒店营销人员过早把客房产品低价卖出去,会导致客房经营效益的下降;但酒店营销人员的惜售,也会带来客房产品闲置的风险。

收益管理要求酒店经营者准确把握客房销售的时机,在淡季时尽可能扩大客房的销售途径,在旺季时要预留足够的客房给上门的散客。要提高客房销售的效益,需要关注市场需求的三个方面。

1. 季节波动指数

酒店客房产品的销售,有明显的淡旺季节之分,一年里面有波动,一周里面也有波动。对国内大多数酒店来说,每年的4月和5月、9月和10月是旺季,每年的11月到次年3月是淡季;对城市商务酒店而言,周一到周四的出租率都很高,而度假酒店则在周五和周六达到出租率的高峰。掌握销售的季节波动指数,有助于做好收益管理的客房存量控制。

2. 重大活动日期

酒店客房产品的销售,也会受到各项重大活动的影响。"黄金周"、节假日、各种博览会等大型节事活动和商务活动,都会在短期内形成酒店客房销售的高峰。把握重大活动日期,有助于做好收益管理的客房预订控制,保证重大活动日期客房营收的最大化。

3. 提前订房天数

客人的提前订房天数,会影响到他们对酒店客房价格的接受程度。通常,提前订房的客人对房价较为敏感,希望得到房价折扣较大的客房,而临时预订的客人,其对价格的敏感度较低,砍价的能力也较弱。如果酒店预测未来市场需求不足,就会以低价鼓励客人提前预订;反之,酒店就会控制提前预订的客房数量,以便将来可以出售给对价格不敏感的客人。

(四)酒店客户的精准定位

客人是酒店客房产品的最终使用者。对酒店经营者而言,客人的购买行为是酒店制定经营策略的依据。分析酒店客房产品使用者购买行为的目的,是便于酒店经营者实施正确的收益管理策略,引导客人的购买行为朝着有利于本企业的方向发展。

1. 购买行为的类型

根据客人的购买目的,一般可把客人的购买行为分成以下几种类型。

(1)休闲度假型购买行为。

它是客人为了放松身心、解除疲劳、减轻精神压力等,离开常住地外出旅行而导致的购买行为。此类客人的价格敏感度高,娱乐性强的旅游产品、休闲随性的酒店住宿环境很受这类购买者的欢迎。

(2)商务会议型购买行为。

这种类型是指出于商务经营需要或专业需要如出席会议、教育旅游、体育旅游、专业旅游等目的而进行的旅游购买行为。此类客人的价格敏感度高,对酒店和客房的选择有某种偏爱。

(3)健康医疗型购买行为。

这种类型是指客人为了治疗慢性疾病或保持本人身体健康,同时又能轻松地欢度假期而外出参加旅游活动而导致的购买行为。如温泉浴、阳光浴、沙滩浴、森林浴等旅游产品很受这类旅游购买者的青睐,健身、保健旅游项目也很受欢迎。

(4)探亲访友型购买行为。

这种类型是指以满足探亲访友需要为目的的旅游购买行为。此类客人购买目的性明确,对酒店的地理位置和房价比较在乎。

(5)宗教旅游型购买行为。

这种类型是指为宗教目的而购买旅游产品的行为。宗教旅游在不少国家较为兴盛,一些旅游目的地也因此而闻名世界,如伊斯兰教圣地麦加,每年都有大量来自世界各地的虔诚信徒到此朝拜。酒店对信奉宗教的客人应充分考虑他们在食、住、娱乐等方面的禁忌。

2. 购买行为的过程

客人对酒店客房产品的购买活动,是通过一定的购买过程来完成的。通过对购买过程的分析,可以使酒店经营者针对每个过程中客人消费的心理与行为特点采取适当的措施影响客人的购买决策,从而促使客房营销活动顺利开展。

客人的购买行为过程一般分为五个步骤。

(1)认识需求。

购买行为的过程始于认识需求,即人们认识到自己对产品的需要。这种需求可能由内在刺激物引起,如日常工作过于紧张、身心疲惫需要休息;也可能由外界刺激引发,如亲朋好友对某项产品的极力推荐。内在刺激源于客人的生理需求,外在刺激则包括一切能够激发客人消费动机的因素。在一般情况下,这一需求是两方面共同作用的结果。对于酒店营销人员而言,他们必须了解自己的客房产品可以满足消费者哪些内在需求,可通过哪些外在刺激引发人们对产品的需求。

(2)搜集信息。

当人们认识到自己对某项产品的需求后,就会有意识地去搜集相关信息,以加强认识。一般而言,客人的信息来自市场、相关团体、公众信息和个人经验(见图11-3)。

(3)判断选择。

潜在购买者通过各种渠道得到产品信息后,会对这些信息进行评估判断,在各种备选方案中进行比较,经综合评价后做出抉择。在评估判断阶段,潜在购买者往往对酒店客房产品的设施、价格、服务、品牌等方面较为关注;不同的人士在评估同一产品时,所关注的重点往往有较大差异,如有的客人更关注设施,有的客人更关注品牌,有的客人更关注价格,有的客人更关注住宿的环境氛围。但无论如何,"利益"是客人购买行为决策过程中寻求的东西和评价的标准。

(4)购买决策。

在经过评估判断后,潜在购买者对于可供选择酒店产品,按其符合自己心意的程度排出先后次序,通常会选择最符合心意的产品优先购买。然而从购买意图的初步形成到实际购

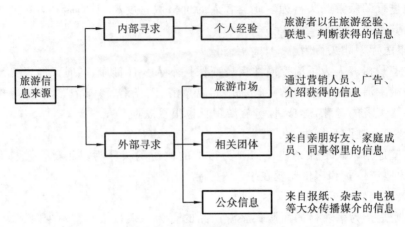

图 11-3 客人信息来源示意图

买,还会受到别人态度和意外情况这两个因素的影响,如图 11-4 所示。

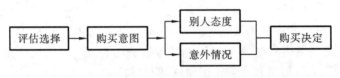

图 11-4 客人购买决定的形成

(5) 购后评价。

购后评价是购买决策的"反馈"阶段,它既是本次购买的结束,也是下次购买或不购买的开端。潜在购买者实际购买后,并不意味着酒店营销工作的结束。当客房产品符合客人的期望,客人在购买后就会比较满意,并会再次购买;反之,期望与现实差距很大,客人就会不满,并不再购买。因此,应重视客人的购后评价,建立必要的购后沟通渠道,做好售后服务,进行必要的宣传,使客人相信购买行为的正确性。

3. 购买行为的模式

不同类型的客人还有不同的订房模式。例如,商务散客通常在离入住日的前两周内才会订房,度假客人往往在离入住日的四周前就开始订房。了解客人的购买行为模式,酒店就可以在离入住日的前两周时间,推出较低价格的客房去吸引度假客人,以提高客房出租率;在离入住日还有两周时间时取消折扣房,等待商务散客的订房。这样,酒店既可以通过争取部分度假客人来提高客房出租率,又可以从商务散客那里得到较高的平均房价,从而提升酒店客房的收益水平。

此外,不同客源市场还有不同的消费模式。例如,商务团体通常比旅游度假团体客更能接受高房价,而且他们还会有较高的餐饮消费预算和会议费用预算;而旅游团体则会比较多地购买旅游纪念品或使用康乐设施。如果酒店能预测将来会有商务团体的预订需求,就不会急于把存量客房提前卖给旅游团体。因为,把存量客房卖给商务团体对酒店更有利,有助于客房收益的最大化。

三、收益管理的衡量指标

酒店传统的经营指标是客房出租率和平均房价。传统经营指标的缺陷是没有考虑房价与出租率的关系。单独考量这些指标都无法正确判断酒店的经营效果。收益管理的理论及其收益的衡量指标,则有效地避免了上述局限。酒店收益管理的衡量指标主要有如下几种。

(一)单房收益(RevPAR)

RevPAR 是 Revenue Per Available Room 的缩写,即每间可供出租房产生的平均实际营业收入。

$$RevPAR = 实际客房营业额/可售客房数$$
$$= 实际平均房价 \times 客房出租率$$

由于酒店客房产品的不可存储性,将出租率和平均房价结合起来,能更好地分析酒店的经营绩效,寻找出租率和平均房价的最佳结合点,从而实现客房收入最大化的目标。诚如希尔顿酒店集团市场营销总监所言:"收益是'希尔顿'的生命,平均房价和客房出租率早已被收益所取代。"

如:A 酒店有客房 200 间,公布房价 200 元。某日销售客房 100 间,房费收入 16000 元。则:

$$RevPAR = 实际客房营业额/可售客房数$$
$$= 16000/200$$
$$= 80(元)$$

或

$$= 实际平均房价 \times 实际出租率$$
$$= 16000/100 \times 100/200$$
$$= 160 \times 50\%$$
$$= 80(元)$$

(二)客房收益率(PAR)

客房收益率是指酒店每天的实际客房销售额收入与潜在的客房销售收入之间的比例。潜在的客房销售收入是指酒店通过客房出租所能获得的最大客房收入,也就是客房数和公布房价的乘积。

$$客房收益率 = 实际客房销售额/潜在客房销售额 \times 100\%$$
$$= 出租率 \times 房价实现率$$

如:酒店有客房 200 间,公布房价 200 元。某日销售客房 100 间,房费收入 16000 元。则:

$$实际客房销售额 = 16000 元$$
$$潜在客房销售额 = 200 间 \times 200 元 = 40000 元$$
$$客房出租率 = 100 间/200 间 \times 100\%$$
$$= 50\%$$
$$房价实现率 = 16000 元/(100 间 \times 200 元) \times 100\%$$
$$= 80\%$$
$$客房收益率 = 出租率 \times 房价实现率$$

$$=50\%\times80\%$$
$$=40\%$$

(三) 市场渗透指数(MPI)

市场渗透指数指酒店的平均出租率与竞争市场平均出租率的比率,该指数表示酒店在竞争对手中的获客能力。

$$市场渗透指数=酒店的出租率/竞争市场平均出租率\times100\%$$

市场渗透指数评估原则:指数高于100%,表示酒店的获客能力(销售能力)高于竞争对手;指数低于100%,则表示酒店的获客能力低于竞争对手。

(四) 平均房价指数(API)

平均房价指数指酒店的平均房价与竞争市场平均房价的比率。

$$平均房价指数=酒店的平均房价/竞争市场平均房价\times100\%$$

平均房价指数评估原则:指数高于100%,表示酒店的平均房价高于竞争对手;指数低于100%,则表示酒店的平均房价低于竞争对手。

(五) 收益产生指数(RGI)

收益产生指数指酒店的单房收入与竞争市场平均单房收入的比率。

$$收益产生指数=酒店单房收入/竞争市场平均单房收入\times100\%$$

$$竞争市场平均单房收入=竞争市场酒店客房总收入/竞争市场酒店可售房间总数$$

收益产生指数评估原则:指数高于100%,表示酒店当前价格政策与经营策略优于竞争对手;指数低于100%,表示酒店的价格政策与经营策略需要及时调整。

知识链接   **疫情影响下的酒店收益管理工作应当何去何从?**

1. 数据量化帮助酒店精准预测市场需求

酒店在预测未来市场趋势的过程中,遇到的最大问题是无法对外部市场信息进行量化,无法实时掌握诸如2020年疫情这类变化莫测的市场环境,以及单纯依靠人工经验判断所造成的预测误差。要想解决这些问题,酒店首先需要了解需求漏斗原理,从产生市场需求到最终预订酒店的过程就像一个漏斗,经过出行意愿、消费意愿和消费决策的层层筛选,最终就可以得到本酒店的无限制市场需求预测。例如,交通大数据具有天然的提前性,对于它的量化可以准确推测出潜在住客的出行意愿。同理,对酒店历史数据、OTA大数据、展会数据等也可以进行量化,做到让消费者的需求趋势有迹可循,都被量化出来,并通过基于大数据的AI预测模型,就可以更精准地预测酒店需求、出租率等,实现预测结果的优化。

2. 基于大数据的AI模型帮助酒店优化价格

疫情使酒店竞争环境愈发激烈,行业内的削价竞争存在发生的可能,竞争的结果不但不会刺激收益提升,反而会导致酒店正常的价格体系以及行业市场秩序被破坏,虽然酒店都想得到制定价格的最优解,但是传统的方法很难做到。因为除了需要量化数据之外,酒店价格策略的优化需要遵循互动反馈机制,明确用以衡量价格变化对需求量影响程度的需求价格弹性指数。当收益经理根据市场预测调整定价后,消费者会立即对价格做出反应,这些人为难以捕捉的动态需求量变化很难通过人工方式获取。这种情况下,酒店该如何切实有效地进行价格再优化呢?答案是,基于大数据的 AI 模型可以精确地捕捉到价格变化所带来的需求变动并通过需求价格弹性双向模型的循环去无限逼近最优解。

基于量化的数据,"头脑丰盈"的 AI 利用深度神经网络在上千万甚至上亿的数据维度上进行模型的建立和最优结果的搜索和优化,并对酒店和消费者进行模拟,进行一次又一次的博弈,使用生成对抗网络进行动态定价。在这个基于现实的虚拟实战中寻求最佳解的过程,也就得出了酒店的最佳收益决策。是否调价?调至什么价格?诸如此类的问题,都会由动态运算给出动态定价的答案。在这个过程中,大数据是物质基础,反馈提供了模型实时更新的基础,对抗解决了数据量扩张的实际问题,从而让定价决策变得有理有据。

3.精准定位竞争圈锁定价格优势

酒店想要在竞争圈建立价格优势,找到自己真实的竞争对手至关重要。那么,从数据的角度寻找竞争对手会有什么意想不到的收获吗?先来看携程的一组数据,有一个客人选择一个机票和一个酒店,浏览了 300 多个不同的页面,100 多家酒店,横跨了 3 个城市,最终预订了一张机票和一家酒店。为什么?因为他的出游并没有确定目的地,这种不确定性现象在疫情影响下将表现得更加突出。面对消费者如此复杂的选择过程,想要真正意义上找到与自己酒店存在客源竞争的酒店,就需要我们把这些复杂的关系量化。

从数据角度来看,平均状态下一个酒店可能会跟 700 家酒店产生这样的线条关系,700 家酒店是你可能的竞争对手,这 700 家酒店两两之间产生竞争关系是会形成 49 万个竞争关系强弱,这基本上是不可以靠人来判断的,但大数据的 AI 模型却可以做到精准的定位,跟踪你真正对手酒店的价格变动,从而进行有的放矢的营销策略调整和产品优化。

(资料来源:http://www.pchotelcms.com/news/1087.html.)

第二节 酒店收益管理的主要方法

酒店收益管理的目标是降低客房空置率并提高客房平均房价。要达到这个目标,从战略层面,需要对市场需求进行研究,确定目标市场,做好市场定位,设计产品组合,建立合理价格体系,选择销售渠道,配备收益管理人员。在日常的经营管理工作中,可采用差别定价与房型细分、容量控制与嵌入销售、需求预测与动态定价、房价限制与时滞控制、升格销售与超额预订、包价促销与附加价值的方法,来争取酒店收益的最大化。

一、差别定价与房型细分

(一) 差别定价

差别定价是指酒店经营者在区分顾客需求差异的基础上,通过制定差别价格体系,在满足不同顾客需求的基础上,谋求酒店客房销量和客房收益的最大化。

现行的单一需求平衡定价方法尽管反映了市场导向的定价观念,但仍然存在很大缺陷。由于价格会反作用于需求,竞争对手的价格政策也会影响需求,所以单一需求平衡定价方法无法适应快速变化的供求关系,房价与需求的最佳平衡点很难确定;同时由于没有进行市场细分,酒店没有挣到愿出高价的那部分人的利润,对价格敏感的那部分人的利润也流失了。

收益管理指导下的差别定价方法,要求酒店经营者在市场细分的基础上,根据不同客户对象、不同预订方式、不同入住天数、不同客房数量、不同客房位置、不同服务方式,制定差别价格体系(见图 11-5)。

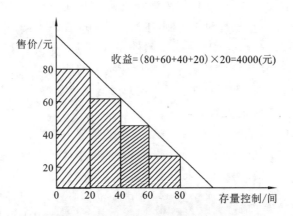

图 11-5 差别定价下的客房价格体系

假设:某酒店有 100 间客房,根据预测,房价与市场需求的关系如表 11-6 所示,酒店同类房间允许多种价格同时存在,并对客房按五个子类房价作存量控制。

表 11-6 客房差别定价体系

客 房 类 型	A	B	C	D	E
房价体系	江景房 180 元	城景房 160 元	雅致房 150 元	优惠价 130 元	促销价 108 元
市场需求	10 间	20 间	50 间	20 间	100 间
客房配置	8 间	18 间	50 间	24 间	0

如表 11-7 所示,不同的定价方法,会给酒店带来不同的收益结果。收益管理指导下的差别定价,既能提高客房出租率,又能使客房收益最优化。

表 11-7　不同定价方法的经营结果比较

定价方法比较	追求平均价格	追求出租率	单一平衡价格	收益管理的差别定价
选择定价	9折(160元)	6折(108元)	8折(150元)	四种价格同时存在
销售客房数	30间	100间	80间	100间
出租率	30%	100%	80%	100%
平均价格	160元	108元	150元	149.4元
实际收入	4800元	10800元	12000元	14940.0元
RevPAR	48元	108元	120元	149.4元

(二)房型细分

当然,差别定价法使用的前提是要进行房型细分,即是对酒店客房产品的组合设计(见表 11-8)。

表 11-8　根据客房属性进行的房型细分

朝向	海景房 seaview	湖景房 lakeview	园景房 gardenview	城景房 frontview	内景房 rearview
特殊	连通房 connection	错层房 duplex	高级房 superior	豪华房 deluxe	行政楼层 executive

同步案例　休布雷公司的定价策略

休布雷公司在美国伏特加酒的市场上属于营销出色的公司,其生产的史密诺夫酒在伏特加酒的市场上占有率达 23%。后来,另一家公司推出一种新型伏特加酒,其质量不比史密诺夫酒差,每瓶价格却比它低一美元。

按照惯例,在休布雷公司的面前有三条对策可选:

(1) 降低一美元,以保住原有市场占有率;
(2) 维持原价,通过增加广告与推销费用来与竞争对手抗衡;
(3) 维持原价,任由其市场占有率降低。

由此可见,不论采取上述哪种策略,休布雷公司似乎都输定了。

休布雷公司经过深思熟虑后,却采取了让对手意想不到的第四种策略:将史密诺夫酒的价格提高一美元,同时推出一种与竞争对手价格相同的瑞色加酒和另一种价格更低的波波酒。

这种系列定价策略,一方面提高了史密诺夫酒的地位,同时使竞争对手的新产品沦为一种普通的品牌。结果,休布雷公司不仅顺利渡过了难关,而且利润大增。实际上,休布雷公司上述三种酒的味道和成本几乎是相同的,只是巧妙地运用了收益管理的差别定价原理。

二、容量控制与嵌入销售

(一)容量控制

容量控制(Capacity Control)是指经营者在需求预测基础上,为不同价格水平的顾客或细分市场就现有产品资源进行优化分配,在特定时间、以特定价格按分配方案销售产品,以实现收益最大化的一种收益管理方法。

假设某家酒店有 400 间客房,公布价是 220 元。某日客房的需求状态如下:

离入住日 56 天以上,没有任何预订;

离入住日还有 49—56 天时,有旅行社要预订 150 间房,每间房愿支付团体价 75 元;

离入住日还有 28—48 天时,有商务团要预订 75 间房,每间房愿支付团体价 105 元;

离入住日还有 21—27 天时,有度假散客要预订 60 间房,每间房愿支付 115 元;

离入住日还有 14—20 天时,有政府散客要预订 15 间房,每间房愿按协议价支付 125 元;

离入住日还有 5—13 天时,有商务散客要预订 90 间房,每间房愿按协议价支付 145 元;

离入住日还有 2—4 天时,有散客要预订 40 间客房,每间房愿意支付 175 元;

在入住日当日和前 1 天,有散客要预订 30 间客房,每间房按公布价支付 220 元。

酒店传统销售做法是"先来先得",并根据酒店的授权程度和销售人员的谈判技巧,以及客人愿意支付的价格和与客户的关系,决定成交价格与成交数量。这种销售方法的弊端是显而易见的。表 11-9 反映的是按照传统销售方法产生的销售结果。

表 11-9 传统销售法的销售结果

客人类型	旅行社	商务团队	度假散客	政府散客	商务散客	散客1	散客2
离入住日/天	49—56	28—48	21—27	14—20	5—13	2—4	0—1
市场需求数/间	150	75	60	15	90	40	30
接受订房数/间	150	75	60	15	90	10	0
No Show/间	1	1	1	1	1	0	0
实际入住客房/间	149	74	59	14	89	10	0
客房价格/元	75	105	115	125	145	175	220
客房销售收入/元	11175	7770	6785	1750	12905	1750	0

(注:销售客房 395 间;客房收入 42135 元;RevPAR 为 106 元。)

按照收益管理的容量控制方法销售,在准确把握市场需求的基础上,销售人员会对特定时期、特定价格的客房做出一定数量的控制,以争取客房收益的最大化。

如上例:在旅行社和商务团体预订时,因为价格较低,只分配了110间和60间;对度假客、政府散客和商务散客的预订,因为价格较高,可全部接受;在离入住日还有4天时,因为竞争对手的房间已全部出售,所以可按公开价销售;在入住日当日和前1天,根据过去订房客人未到数据超订5间,按公开价出售30间。表11-10反映的是按照收益管理的容量控制方法产生的销售结果。

表11-10 容量控制法的销售结果

客人类型	旅行社	商务团队	度假散客	政府散客	商务散客	散客1	散客2
离入住日/天	49—56	28—48	21—27	14—20	5—13	2—4	0—1
市场需求数/间	150	75	60	15	90	40	30
接受订房数/间	110	60	60	15	90	40	30
No Show/间	1	1	1	1	1	0	0
实际入住客房/间	109	59	59	14	89	40	30
客房价格/元	75	105	115	125	145	175	220
客房销售收入/元	8175	6195	6785	1750	12905	8800	6600

(注:销售客房400间;客房收入51210元;单房收益为128元。)

对比两种方法的销售结果,差异是巨大的。采用容量控制法,单房收益可增加22元;营收可增加9075元;利润可增加7260元(假设变动成本率为10%),利润增幅高达172%。当然,在实际销售过程中,即使达不到这样精确的预测程度,但利润的差异也会是十分明显的。

(二)嵌入销售

市场需求多变,酒店的容量配置数与市场的需求数往往会不一致。容量控制下的嵌入式销售法,要求在严格控制低价房的预订数情况下,如果高价房有需求,可把低价房按高价房出售,从而保证酒店的整体收益达到最优(见表11-11)。同时,容量控制方法下实施的嵌入式销售,可使酒店对市场的需求状况有较为全面的了解。当市场需求发生显著变化时,酒店可相应调整客房容量配置,以保证酒店收益的最大化。

表11-11 嵌入式销售法

房价体系	豪华景观房180元	城景房160元	雅致房150元	团队价130元
客房配置数	50间	50间	100间	100间
可接受预订数	300间	250间	200间	100间

三、需求预测与动态定价

准确有效的需求预测,能使酒店经营者敢于并善于承担价格决策和容量控制的风险,力争为酒店获得最大的收益。

(一)需求预测

1. 需求预测的步骤

(1)选择主要市场指标为需求预测变量,如预订量、销售价格等。

(2)收集历年经营数据。

(3)异常值处理剔除与修补。

(4)选择合适的预测方法,建立预测模型并实施预测。

(5)导入未来可能发生的相关市场事件。

(6)分析预测效果,做出评价。

2. 客房销售量的预测

酒店可根据预订周期来预测客房销售量,如表 11-12 所示。

表 11-12　根据预订周期预测客房销售量

时 间	入住日结果/间	离入住日还有若干天时的预订客房数/间			
		7 天	14 天	21 天	28 天
3 月 15 日	300	180	120	90	60
3 月 22 日	291	170	109	73	36
3 月 29 日	296	188	108	81	27
4 月 5 日	292	204	102	58	29
4 月 12 日	285	190	119	71	36
平均数	293	187	112	75	38
预测可获新订房数	0	106	181	218	255

假设离入住日还有 7 天,该酒店已预订 170 间房,需预测入住日该酒店销售的客房数,则入住日预计销售客房数为:

$$170 + 106 = 276(间)$$

(二)动态定价

根据市场供求关系及竞争状态实施价格的浮动政策,称为动态定价(Dynamic Pricing)。动态定价使酒店的房价随着市场需求的变化而变化,最终与市场波动趋势相匹配,从而消除了恒定价格在需求旺盛周期损失的高价格收入和在需求衰退周期由于价格显得过高而导致顾客流失的弊端,能最大限度地提高客房产品的销量和总体收益。在日常经营过程中,酒店会依据季节波动指数、重大活动日期、订房提前天数、入住时间长短等情况来实施动态定价。

表 11-13 所示为动态定价与静态定价的区别。

表 11-13　动态定价与静态定价的区别

价格水平	预测客房出租率	传统静态价格	收益管理的动态价格
1	大于 90%	470 元	再提价 5%—10%
2	80%—90%	470 元	提价 20%
3	60%—80%	470 元	提价 10%
4	60% 左右	470 元	470 元
5	小于 60%	470 元	开放折扣

酒店实施动态定价,首先要对价格进行结构设计,按市场细分横向设定层级关系不同的基础价格。基础价格反映了酒店的市场定位,必须慎重定价,一般可采用百分比法确定差距。在市场平稳时基础价格维持不变,而是通过开关各种价格折扣实现动态变价;在市场起伏激烈时可采用固定差价法纵向变动基准价格,关联的其他价格也随之变化(见表 11-14)。

表 11-14　酒店动态定价的组合设计

标准房门市价 998 元			BRD/元	价格代码	执行时间	价格说明
散客	酒店会员	金卡会员	648	VD1	4 月	可随 W_1 变化而变化
		银卡会员	685	VD2	4 月	可随 W_1 变化而变化
		普通会员	708	VD3	4 月	可随 W_1 变化而变化
	官网/OTA 商旅散客		718	ET1	4 月	可随 W_1 变化而变化
	公司协议散客		678	CT1	4 月	可随 W_1 变化而变化
	Walk In 客人		898	W1	4 月	BRD 标准价可变化
团队	公司会员团体		585	CG1	4 月	不可变化
	旅行社团体		495	TG1	4 月	不可变化

四、房价限制与时滞控制

(一)房价限制

经营者在预测未来顾客需求的基础上,确定开放或关闭低价房的时期;并根据供求关系的不断变化,相应调整房价,因此称为房价限制。房价限制的目的,是在需求低时,通过开放低价房谋求出租率的上升;在需求高时,通过关闭低价房谋求平均房价的上升,最终,使酒店客房收益达到最优。

在实施房价限制方法时,酒店经营者根据事先设定的准则,确定房价变动的触发点。一

一般以客房出租率和 RevPAR 水平作为房价变动的触发点。当需求高于某一触发点时,就要关闭某些等级的价格;当需求低于某一触发点时,就可开放某些等级的价格(见表 11-15 和表 11-16)。

表 11-15 "客房出租率触发点"房价控制法

客房出租率	最低房价/元	开放或关闭的房价
0	160	开放高于 160 元的折扣
60%	220	关闭低于 220 元的折扣
70%	280	关闭低于 280 元的折扣
80%	340	关闭低于 340 元的折扣
90%	380	按公开价 380 元销售

表 11-16 "RevPAR 触发点"房价控制法

目标/元	实际 RevPAR/元	占目标百分比	最低价格/元	开放或关闭的房价
117	0	0	160	开放高于 160 元的折扣
117	59	50%	220	关闭低于 220 元的折扣
117	82	70%	280	关闭低于 280 元的折扣
117	94	80%	340	关闭低于 340 元的折扣
117	110	90%	380	按公开价 380 元销售

设定触发点价格控制的思想也是收益管理软件进行价格控制的主要理论依据,当获得的预订数达到预先设定的客房出租率和 RevPAR 目标时,收益管理系统就会自动建议软件使用者关闭某些等级的客房价格。当然,客房出租率和 RevPAR 目标的确定是主观的,所以触发点的确定也是主观的。酒店要根据市场需求的变化,做好触发点的修正。

(二) 时滞控制

时滞控制(Duration Control)是指酒店通过限定客人住店时间长度,调节客房出租率的不均衡,以达到客房平均收益最大化的一种收益管理方法。

在酒店经营过程中,会由于各种原因导致某一天的客房出租率高于其他日期,即出现了客房使用量的"长钉"(spike),如果该长钉导致随后几天客房销售出现大幅下降,显然对酒店经营是不利的。比如,度假酒店在周五出现"长钉",会挤走欲在酒店住宿周五和周六两个晚上的客人。

"长钉"的对立面称为"孔洞"(hole),图 11-6 显示了出租率的"长钉"和"孔洞"会导致酒店客房可供量出现高峰和低谷那样的需求起伏。

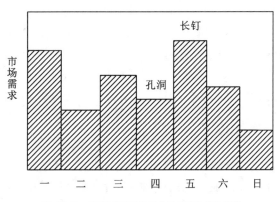

图 11-6　客房出租率的"长钉"与"孔洞"

酒店可以通过规定客人"最短入住天数"和"最长入住天数"的方法,避免出现出租率的"长钉"和"孔洞"情况。

1. 最短入住天数限定

需要设置最短入住天数限定的情况主要有两种:一是在需求处于低谷的淡季,酒店推出特价以填补出租率的不足,这些特价在一定销量的情况下才能发挥最大效用,酒店就会要求客人至少入住几晚,才能享受特价;二是在需求处于高峰的旺季或重大节事活动日期间,酒店也会对客人的最短入住天数做出限定,防止出现"长钉"而导致随后几天客房需求呈现"孔洞"。

从经营成本的角度而言,客人住宿时间长,将能节省酒店客房的开支。因为这意味着减少了由住客房转换成空房而带来物品更换和布件洗涤的费用;同时,也减少了酒店前厅总台办理入住登记和离店结账的工作量。

2. 最长入住天数限定

最长入住天数的限定,一般用于客房需求从低谷转向高峰的过渡时期。避免淡季低价房客人住宿时间过长,影响高峰时段客房的出租。同时,为了防止出现客房使用量的"长钉",也会对入住客人限定入住到"长钉"日前。

为了填补客房出售的"空洞"或淡季的销量不足,酒店一般可根据客人住宿天数的长短给予一定的折扣,例如,给第二晚入住者20%的折扣、第三晚继续入住者半价优惠。使用住宿天数折扣策略,有利于提高客房出租率,降低客房运营成本,也有助于增加酒店其他营业部门的收益。

五、升格销售与超额预订

(一)升格销售

当酒店高档客房(如行政楼层)有存量,而低档客房(如普通标间)不够时,选择部分预订低档房的客人自动升级到高档房,把空出来的低档房出售给有需求的客人;同时,在预订低档房的客人抵店时实施升格促销,这种方法称为升格销售(Up Selling)。

实施升格销售方法,酒店首先要合理确定各种类型客房的比例及其价格差异。同时,要加强对订房部和前厅总台员工的销售技巧培训,使员工掌握从高到低开价法的技巧,优先推销高档客房。当市场需求量很大时,可选择适当时机暂停普通客房的销售,适当保留普通客房。当市场需求量不大,高档房存量充足,普通客房存量相对不足时,可把部分存量高档房以普通房价格出售,降低客房空置率;对重要客户和首次抵店客人也可进行客房自动升级。

酒店实施升级销售法的好处,一是可减少高档房的闲置,有利于酒店经营利润;二是可以增加低档房的可销售数,提升收益的空间;三是有助于加深顾客对酒店的印象,扩大酒店的市场份额。

(二)超额预订

超额预订是指酒店在订房已满时,实行有选择的超额预订(如只对低档房实行超订),在降低风险的同时,确保客房收益最大化的一种收益管理方法。因为客人预订后不到的现象时有发生。据统计,订房不到者约占5%,临时取消者占8%—10%,这可能导致酒店50%—70%客房利润的流失。

1. 超额预订数的确定

实施超额预订收益管理方法的关键是准确预测并合理确定超额预订房间数。超额预订数的确定,可通过以下计算方式:

超额预订房间数＝No Show房间数＋临时取消房间数＋提前退房数－延长住房数

如某酒店根据过去历史数据统计,预计某日 No Show 房间数 4 间;临时取消房间数 8 间;提前退房数 4 间;延长住房数 2 间,则可确定该日超额预订数为:

$$超额预订房间数 = 4+8+4-2 = 14(间)$$

2. 超额预订的控制

超额预订既是酒店客房收益管理的一种方法,体现了酒店管理者的经营能力,但又具有一定的风险,要求酒店管理者做好预订历史资料的统计分析、团体与散客订房比例分析,并与同行建立业务协作关系。

一是预订历史资料的统计分析。统计下列各种类型客人的数量与比例:订房不到者、临时取消者、提前退房者、延长住房者。如订房不到者、临时取消者、提前退房者的数量较大,超额订房的数量不宜过小;如延长住房者数量较大,则超额预订的幅度不宜过大。

二是团体与散客订房比例分析。团体订房一般指由国内外旅行社、专业会议、商业机构等事先计划和组织的订房,要与酒店签订订房合同,双方愿意共同履行契约。因此,可信度较好,预订不到的可能性较小,即使有变化也会提前通知。而散客是由个人订房,无担保订房者居多,随意性很强,预订不到的可能性较大。所以,在团体订房多、散客订房少的情况下,酒店超额预订的幅度不可过大;反之,在散客订房多而团体订房少的情况下,超额订房的数量不宜过少。

三是与同行建立业务协作关系。即使酒店超额订房不准或遇意外事件,导致客人抵店无房时,也可安排客人住本地区其他的同类型酒店。

六、包价促销与附加价值

(一)包价促销

酒店的包价促销可分为内部包价法(包价产品)和外部包价法(套票组合)两种。

1. 内部包价法

内部包价法(包价产品)就是将酒店畅销与不畅销产品组合起来捆绑销售,增加吸引力。如在客房供不应求时,关闭仅含客房的价格,销售含早餐或晚餐费用的客房。在淡季时,把客房、餐饮、娱乐等都不畅销产品捆绑销售,提高整体吸引力,刺激高消费细分市场的购买欲望。

2. 外部包价法

外部包价法(套票组合)就是将酒店产品与外部产品组合起来,以套票形式出售,资源共享、优势互补。套票的销售方式,既方便客人的购买,刺激了购买的欲望,也可以较大程度增加酒店产品的吸引力。酒店很容易从外部获得价格优惠的入场券和购物券,酒店也可以通过置换的方法抵消套票组合的外部成本。

(二)附加价值

平庸的销售经理以价格为卖点,而出色的销售经理以价值为卖点。酒店不要轻易采取打折销售方法,虽然房价打折能提高销量,但代价是损失了打折那部分的营收,而这往往意味着净利润的流失。既不减少营收又能提高销量的一项有效方法,就是采用附加价值法,给客人更多的利益(见表11-17)。

表11-17 营收变化对酒店利润的影响

麦肯锡公司的研究结果	营收变化对酒店利润的影响
销售量每增加1%	利润+3.3%
平均价格提高1%	利润+11.1%

酒店在日常经营管理过程中,采用客房+X或客房+X+X等的附加价值的销售方法,比打折促销方法更能增加酒店的收入,较大幅度地提升酒店的收益水平。

酒店客房+X的项目有:
(1)免费升档;
(2)享受提前入住延迟退房服务;
(3)实施居住期奖励等;
(4)赠送其他服务产品;
(5)两人早餐/晚餐,酒吧/康体/泊车,土特产礼品/瓶酒饮品等。

知识链接
酒店的收益管理系统

同步案例 *2020暑期档——红树林酒店收益策略*

2020年大家经历了疫情暴发到暂时得到控制,很多酒店从暂时关闭到重新开业,有些酒店从2月个位数的售出房数到"五一"小长假的冲击满房。在2020年的"五一"和6月的亲子度假市场,红树林酒店集团旗下各酒店实现了业绩快速恢复的好成绩,特别是海棠湾红树林酒店取得了接近甚至超过2019年同期收入水平的优异表现,红树林酒店的收益管理有什么策略呢?

一、影响暑期亲子度假客源市场需求水平的主要因素

(一)加分因素

(1)国外疫情形势依然严峻,国际旅行限制严格,大批往年的暑期出国游需求将转化成国内游。

(2)各省市中小学暑期放假时间可以让亲子度假型酒店至少争取一个月以上的暑期红利。

(3)很多家庭的出游需求,特别是一线城市的需求是被突如其来的疫情强压下去的。加上小朋友很长一段时间居家上网课的生活模式,必将在暑期形成出游需求的大规模反弹。

(4)各类旅游产品的网络直播带货,及很多酒店在疫情暴发后的预售在一定程度上刺激了暑期包括亲子游在内的度假旅行的热度。

(二)减分因素

(1)在国内疫情防控还存在波动的情况下,对于旅游目的地的酒店来说,有出游意愿的省际游客可能对需要依赖大交通出行心存顾虑。

(2)以景区或乐园为特色的酒店,由于酒店周边存在人流大、人群聚集等不可控因素,会削弱潜在游客的入住意愿。

二、红树林酒店收益管理策略

(一)实现多系统联通智能化

收益管理也是讲智能的,运用 IDeaS 收益管理系统作为核心收益决策系统帮助酒店进行自动化预测、散客团队定价及超额预订控制。有了这些以数据分析驱动的每天多次的系统智能定价决策之后,能够高效准确地将这些决策发布到交易系统和分销平台就是实现收益管理智能化自动化的另一要素。

(二)大力发展亲子度假市场

集团很早就前瞻性地意识到 2020 年亲子度假市场将是引领酒店业迅速复苏的关键领域,所以在产品打造、营销推广上都做出了积极的战略准备。例如在 2020 年端午节之前,红树林整个集团根据各酒店所在城市的不同市场情况,制定出不同的亲子促销产品,例如,三亚三家酒店联合推出了"亲子一价包"产品以及"联动"产品,为客人打造最优的家庭旅游生活体验。另外,结合市场上火爆的营销推广平台,集团迅速反应,在市场上率先推出了直播带货,而且取得了不俗的成绩。再者,就是以上提到的通过智能化收益管理体系的搭建来助力亲子市场产品的多元化及亲子市场价格收益管理策略的实施,而且在实践的过程中也看到了很好的成效,也有信心在接下来的暑期乃至后面亲子市场旺季其收益策略和智能化收益管理体系能给各酒店带来更大的业绩提升。

(资料来源:https://zhuanlan.zhihu.com/p/154209833.)

第三节 酒店收益管理的实战技巧

收益管理不仅是现代酒店企业管理的先进理念,也是一项重要的经营手段和管理技术。有效实施酒店的收益管理,需要熟练掌握预订环节的"招财法则"、旺季提升营业收入的"增收法则"、淡季增加销量的"增量法则"和制衡竞争对手的"竞争法则"。如图11-7所示为收益管理实战技巧的"四大法则",下面将做具体阐述。

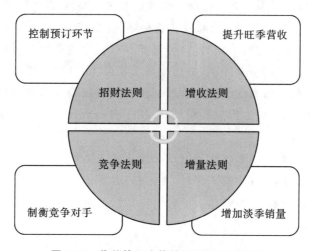

图11-7 收益管理实战技巧的"四大法则"

一、招财法则:如何控制预订环节

要提升酒店收益,首先需要控制好预订环节,现如今,酒店客人预订的渠道多样,且方便快捷。

(一)利用OTA渠道

在现代社会,随着人们工作和生活节奏的加快,客人都希望在行前获得对旅行目的地住宿的确认。预订是酒店招徕客人、提升经营收益的首要环节。

客人一般会通过OTA渠道进行订房,也会通过酒店官网进行预订,或通过移动通信手段直接与酒店前台部门进行预订。

在酒店日常预订环节,OTA渠道可给酒店引来众多客户,但若过度依赖OTA,则会被OTA捆绑;总台员工一些不正确的操作方式,也会导致酒店收益水平下降。

(二)预订环节的问题与破解

1. 问题一：酒店在某一房型无房时，在 OTA 上关闭该房型；前台员工则回绝订单

如：某酒店有江景大床房 50 间，房价 580 元；城景大床房 50 间，房价 550 元；城景双床房 50 间，房价 550 元；行政楼层房 30 间，房价 650 元。目前，酒店江景大床房已满房，虽然其他类型客房还有较多空房，但酒店在 OTA 渠道关闭了江景大床房。

破解之策：关闭畅销房会导致客户流失，酒店应确保畅销房仍有空房继续引流。在经营过程中，酒店可设置房型库存预警，在接近满房时，对该房型提价至上一级房型接近的价位，与上一级房型产生联动营销效应。同时，对该房型后续订单进行升级处理。

又如：某酒店有豪华景观房 90 间，房价 560 元；行政楼层房 30 间，房价 680 元。目前豪华景观房已满，行政楼层客房还有 25 间空房。客人致电要预订一间豪华景观房，员工回复无房。

破解之策：员工应积极引导客人选择行政楼层客房。如客人接受，则酒店增加了 680 元营收；如客人可以接受该房型，但不能接受该价格，则可给客人免费升级，降低豪华景观房的空置率，给酒店增加 560 元的营收。当然，员工如没有获得免费升级授权，在这个环节只能拒单。酒店管理层不授权的主要原因，是担心员工实际上是收取了高房费却登记为免费升级房，赚取中间差价，使酒店营收流失。管理层可为每种房型设置库存量预警提示，比如在豪华景观房仅剩若干间时，需上报总经理知晓，便于总经理及时有效地掌握房态信息，及时作出相关授权决策。

2. 问题二：酒店在空房不多时，关闭 OTA 渠道或只接受担保类订房

如：时值销售旺季，酒店在空房不多时，关闭 OTA 渠道销售。用途之一是为了留给前台以更高价格销售，二是规避风险，预留一些客房满足客人调房或换房之需，减少客人投诉率。当然，关闭 OTA 渠道会导致客户流失和空房损失。

破解之策：酒店可对 OTA 渠道的房型进行提价销售，在确保 OTA 渠道畅通的同时，实现这个时段在酒店前台和 OTA 渠道都有销售客房的机会，也可减少 NO-SHOW 房导致的酒店营收损失。

又如：酒店为了减少临时取消和 NO-SHOW 等原因引起的客房空置，采取严厉的预订政策，即在 OTA 渠道上只接受担保型订单。而且，只开通预付及担保订单服务，酒店需要向 OTA 支付的佣金也相对较低。

破解之策：酒店在高需求期可采取严厉的预订政策。但在常规情况下仍然采取严厉预订政策，等于把本酒店客户倒逼给了竞争对手。酒店可开通现付功能，即同一房型如客人选择房费现付，则酒店可按照一定比例提高房价。根据客人不同支付方式的差别定价，对酒店和客人都会带来益处。

3. 问题三：对酒店低价客房的订房数量不做任何监控

如：在出租率越高说明酒店生意越好的传统经营管理思维模式影响下，酒店对很早时间段就预订大量本酒店客房的旅游团队和会议团队不做任何监督控制，导致酒店较低房价的客房在某一天或某一时段被大量占房。

破解之策:酒店需要增强收益管理知识,在高峰期要做好容量控制,并分析提前大量预订低价房的原因:是否有重大社会活动发生,竞争对手是否也有大量预订。如是,做好容量分配或考虑提价;预留部分房量,在后面销售周期里提价销售。

4. 问题四:没有注重酒店特价房的引流作用和二次销售

如:某酒店将异形房、无窗户房、小面积房等客房做特价房处理,进行市场促销。特价房作为酒店的最低房价类型,酒店也相应降低了对客服务规格,并在预订的高峰期,关闭了特价房。

破解之策:酒店设置特价房的作用是为了引流,因此不能关闭。引流的特价房虽然是酒店客房的最低价格,但并不代表价格不能变动。即使客人选择入住特价房,也应享受相同的服务,以提升顾客体验感。同时,需注重到店客人的二次营销,通过客房优惠升级,引导客人选择入住到更高价格的房型。

5. 问题五:缺乏对酒店客房预订限制政策的合理运用

如:酒店在客房存量较少的高峰期,没有采用严厉的预订政策,没有要求预订的散客预付、担保、交付订金;没有要求支付订金的团体客户承诺最低的用房数和入住天数。最终,导致酒店部分客房空置。

破解之策:酒店在销售低谷期,可采取宽松的预订政策引流;在销售高峰期,应采取严厉的预订政策来保证营业收入。同时,要仔细排查酒店内部的自用房、临时内控房,及时掌握最真实的库存量,并根据酒店的销售周期和预订进度,合理运用宽松或紧缩的预订政策。

二、增收法则:如何提升旺季营收

在较高出租率时期,是酒店全面提升平均房价、综合收入、市场美誉度和竞争力的关键销售期。一些酒店在旺季,虽然有较高出租率,但收益水平没有得到很好的提升。究其原因,是酒店在旺季没有制定相应的收益管理策略,对预订拒单率、客户流失率、NO-SHOW 与临时取消率和滞销房空置率问题关注度不够,白白错失了很多提升酒店收益的机会。

(一)酒店在旺季的收益管理策略

1. 适当提价,停止或限制打折

(1)适当提高房价水平,拉大不同房型之间的价差,但价位要控制在中央订房系统和酒店宣传册上公布的价格范围内。

(2)停止实行房价折扣,或只给住店时间较长的客人房价折扣。延住客人要按当日价收取,不能沿用旧价格。

2. 鼓励连住,采取超额预订措施

(1)酒店根据需要,设置最少停留天数限制,防止出现客房销售的"空洞"。

(2)采取超额预订措施,减少 NO-SHOW 导致的客房空置。

3. 采取严厉的信用政策

(1)减少或取消无信用担保订房,紧缩预订取消政策。

(2)认真做好每一个预订的确认,减少预订水分。

(3)住宿期较长的顾客,酒店应要求客人付全定金(付到最后一晚)。

4. 动态定价,减少免费升档

(1) 加强价格监控,每天至少两次研究未来7—14天竞争群酒店价格的变动情况。根据需要实施动态定价,适当提升对外散客价。

(2) 酒店不能改变的协议价,要通过及时关闭低价房型来提升销售单价,尽量减少免费升档。

5. 团队入住模式优化

(1) 酒店要测算好每日团队用房量上限和团队价格下限,严格控制特定日期团队用房占比。

(2) 合理减少团队房配额,研究调整团队入住时间和入住天数的可能性,优先接受愿意支付高价位的团队,利用低价引导团队在低需求时段入住。

(3) 挤掉团队订房数量的水分,团队如增加团房要加价,尽量不要免费升档。

(4) 团队价与散客价挂钩,水涨船高。报价根据停留日期取平均数报价。可采用置换分析法,把团队带来的客房、餐饮、会议等总收入和利润综合计算后才报价,尽量避免分开报价。

(二)酒店"四率"提升空间分析

酒店在旺季提升营业收入的关键,是要做好"预订拒单率""预订流失率""预订的NO-SHOW与取消率"和"客房空置率"的收益管理(见表11-18)。

表11-18 酒店"四率"提升空间分析

滞销空置　　　　NO-SHOW 或临时取消

房价类型	数量	预订进度						
		今天	昨天	前天	3天前	4天前	5天前	6天前	7天前
套房	20	8	8	8	4	2	1	0	0
豪华大床房	60	52	60	60	50	32	16	16	10
豪华双床房	40	40	40	12	10	4	4	0	0
商务大床房	60	60	50	30	16	12	6	0	0
合计	180	160	158	110	80	50	27	16	10

拒单　流失　涨价时机

1. 预订拒单率

预订拒单是指酒店某一房型较早销售一空,导致酒店员工在该房型满房后对后续预订拒单。

(1) 问题表现:酒店未来三天的豪华标准间一周前就被旅行团队占房。那么,酒店会有十天的销售期,对该房型的预订会以满房形式拒单。首先,酒店会损失十天内愿意以更高价格入住这个房型的订单;其次,酒店该房型对OTA拒单,会影响酒店在OTA渠道的排名和显示度;最后,酒店该房型关房十天,会让该房型的市场热度下降,以后还需费时培养市场热度。

(2)破解之策:酒店应时刻掌握不同房型的市场需求热度,及时调整容量分配。对部分畅销房型,在接受大单预订时,做好调整到滞销房型的准备,确保畅销房型在预订高峰时段有足够的房源供应,实现用畅销房型去获取更多订单和更高收益。

2. 预订流失率

预订流失是指酒店对客人的预订响应不及时,导致客户流失。

(1)问题表现:一是在退房高峰期,酒店前台员工忙于办理退房手续,缺乏对此时致电预订客户的有效沟通,让客人不愿订房;二是酒店员工对OTA渠道的订单没有及时发现,导致客人转订他处;三是酒店房态紧张且内部沟通效率较低,对OTA订单没有及时确认,延长客人等待的时间,客人就会转订他处。这些都会增加酒店挽回客户的时间和费用成本。

(2)破解之策:客人预订时,其合理等候的时间约为3分钟。3—5分钟的预订等候会让客人处于焦虑期,超过5分钟的等待,会让客人失去耐心,增加转订他处的可能。同时,不满意的客人留好评的积极性也会降低。所以,酒店内部要有明确的回复预订的效率标准,即要做到所有客人的预订必须在3分钟内完全响应。

3. 预订的 NO-SHOW 与取消率

预订的 NO-SHOW 与取消是指客人预订房间后没有入住或临时取消,导致酒店在客房预订保留期内无法出售。

(1)问题表现:客人预订房间后,酒店通常会给予一定时间的预订保留期,按照惯例,"非担保预订"会保留至预订入住当天的18时。如果客人 NO-SHOW 或临时取消,则会导致酒店在"预订保留期"内无法及时销售该房间。另外,也不排除竞争对手恶意订房、占房,然后再临时取消的情形。

(2)破解之策:客人在出租率高峰期订房,酒店应严格执行预付、担保、交付定金等"担保预订"政策,减少订单取消的可能性。同时,对每一个订单要进行有效沟通,尤其是在18—20时客房预订和入住的第三个高峰时段前,要与预订客人确认具体到店时间,以免错失候补预订的时机。

4. 客房空置率

酒店客房空置是指酒店部分房型(如套房)会因价格较高造成房间长期空置。

(1)问题表现:酒店有20间套房,每天平均销售量为5套,每天空置数为15套。酒店若每天有一定的房间空置,既不能储存,还会产生分摊成本,降低了酒店 RevPAR 的指数。

(2)破解之策:酒店在日常经营过程中,一是要积极做好升级销售的准备,选择部分客户优惠或免费升级到套房,以增加其他畅销房的存量;二是可采取包价促销的方法,赠送酒店其他不畅销的产品或外部赠券,增加产品吸引力和性价比;三是细分市场,针对不同消费群体,采用不同的营销组合策略。在酒店产品改造期,可根据市场需求调整各类房型配置数,或把套房改造成连通房,提升客房产品的灵活性。

三、增量法则:如何增加淡季销量

在淡季,许多酒店会一味采取低价策略来刺激市场需求。其实,这种观念具有片面性。虽然低价策略会刺激一部分需求的上升,但在淡季依然会有不少高价需求。

(一)酒店在市场进入淡季的换位思考

1. 竞争对手

提供低价的竞争对手,其实是主动放弃了提供高价、高附加值产品的市场机会。

2. 客户价值

淡季来本酒店消费的客户,在旺季重复消费的可能性更大,是酒店开展客户资源维护的良机。

3. 服务提升

在淡季,酒店可以有更多时间和精力研究目标客户偏好,是提升酒店服务水平的契机。

4. 口碑营销

酒店在淡季实施的优惠措施会换取客人更多的好评,是酒店好评积累的有利时机。

同步案例 酒店收入新增长点——恒大酒店的花园野餐套餐

一场突如其来的疫情,让全国人民在家度过了有史以来最长的一个假期。在中央政府强有力的领导与严密的防护下、在全国医护人员的共同努力下、在每位国民的积极配合下,我国的新冠肺炎得到了有效的控制。全国人民也终于可以走出家门,去迎接这迟来的春天。

一时之间,人们纷纷地走上了街头,去享受这大好春光。各种踏青、游玩的美照开始刷爆各大社交平台。由于国外疫情大暴发,国内各省之间的往来也处于监控期,所以周边游成了大家的首选,野餐又成了广受各年龄段消费者欢迎的休闲方式。周末各大公园的草坪上遍布帐篷与野餐垫。

想要一次完美的野餐,前期需要做的准备很多,自己做便当,不仅费时费力,也不一定都很美观,最重要的是一大早起来做耽误时间,前一天做好又不新鲜;全部去超市买零食,拍照实在不上档次,吃着也很不健康;早上先跑到各餐厅打包食物,耽误时间,各家店的外卖包装彼此不搭,而且花费一点也不少。

以上所说的还仅仅只是食物准备阶段遇到的麻烦,而帐篷、野餐垫、野餐篮、各种器皿与拍照道具等等,这些日常使用频率可能并不高,却样样都不便宜的"野餐硬件",要想都买齐,更是让人肉疼。在懒人经济与共享经济大行其道的当下,广州恒大酒店利用自身的独特属性,面向市场推出"野餐外卖套餐"(见图11-8)。

首先从营销方面,"野餐套餐"产品其实是让之前被酒店业长期忽略掉的周末市场重新回归视野。即便疫情得到有效控制,本地市民周边游的市场仍然十分巨大,而周末市场也势必成为酒店营销的一个全新增长点。如果酒店依旧像过去一样,将目标市场仅仅聚焦在外地游客与走进酒店消费的群体身上,长此以往终将被市场淘汰。在客群分析与营销上,我们不仅要重视外地游客,更要重视本地居民。我们不仅要让客人走进来,更要让我们的产品走出去,而野餐套餐,将成为酒店产品走出去营销的第一步。

野餐套餐的销售,看似只是出售了一个酒店产品,它背后带给酒店的其实是全

图 11-8　野餐外卖套餐

市各个家庭、各个年龄段消费者的大数据。消费者通过预订野餐套餐、缴纳押金留下的信息数据才是最值钱的资源。这些数据未来可能会派生出各种寿宴、宝宝宴、升学宴、婚宴、家庭餐宴等等。这才是野餐套餐能给酒店带来的更大收益,而酒店也可以将各种宴会的优惠券直接随野餐套餐一起赠送给消费者。

酒店推广野餐套餐的另一个好处是,酒店本身就有非常多可以利用的资源,研发野餐套餐的成本更低,同时野餐套餐的研发,不仅能直接提高酒店收益,更有助于提升各部门的产能,促进酒店变废为宝、节能降耗。酒店管理者都知道,酒店在日常经营中产生的废品是非常多的,这些废品直接扔掉非常可惜。而野餐套餐的研发则可以最大限度地将这些废旧用品都重新利用起来,真正让废品为酒店创收。

比如酒店的废旧布草可以让工程部用来制作小帐篷,酒店库房里用来做节日庆典的装饰品可以用来做野餐套餐的摆拍道具,酒店的过期杂志、废旧灯泡都可以重新包装成装饰道具。除了废旧物品再利用,有自助餐的酒店,自助餐的浪费问题与成本管控问题也一直困扰着管理者。而野餐套餐中的很多食材,都可以直接取材于自助餐,大大降低了菜品研发的成本,同时也大大提高了自助餐的利用率。可以将野餐套餐变相地包装成酒店的"户外自助餐产品"。

野餐套餐除了作为单独的"酒店产品"进行销售,还可以将"产品"拓展成"活动"。比如在会员答谢日、各个节庆日时,就可以组织会员、客户进行户外的野餐活动。一方面推广了酒店的新产品,另一方面也为会员日的答谢、其他节庆日的营销活动提供了解决方案。

(资料来源:https://mp.weixin.qq.com/s/bKmqK-HMyKlsQHtGYYEokA.)

(二)酒店在淡季的收益管理策略

1. 创造顾客需求

(1)深入分析每个公司协议账户、团队在客房、餐饮、会议和宴会等方面的产出,寻找隐含的需求。

(2)确立全员销售理念,使全体员工都成为酒店的销售代理人。多给客户介绍本酒店的产品和服务特色及其可给予客人不同于竞争对手的体验。

2. 实施价格折扣

(1)实行淡季价格折扣。在特定时期,只要能产生边际利润,都是酒店可接受的短期最低房价。

(2)针对特定市场、特定时间或特定产品实行限时限量的优惠促销。

3. 提供包价和住店奖励

(1)将客房与其他有吸引力的产品结合在一起销售,采用一揽子报价形式。

(2)采取激励措施奖励订房人员,如协议公司的秘书和会议、宴会组织者等。

(3)给予住店期较长的客人积分、优惠券等住房奖励。

4. 放松控制,并鼓励升档

(1)暂时取消对客人抵、离店的时间和停留天数的限制。

(2)适当缩小各种房型之间的价差,鼓励升级销售。

(3)推出套房或豪华房特价促销,加强钟点房的销售。

5. 采取灵活的团队报价

(1)设定每天最少团房数量和最低团价,促使销售团队主动寻找淡季团队业务。

(2)用团房打底,带旺客房、餐饮、会议、宴会和康乐等消费。

6. 探索新市场的开拓

(1)通过对市场需求与酒店产品特色的分析,主动出击,拜访客户,探索开发新兴市场的可能性。

(2)开展体验式营销,引流为主,创造惊喜,善用口碑广告效应。

(三)酒店在淡季的收益管理步骤

酒店在淡季实施收益管理的步骤如图11-9所示。

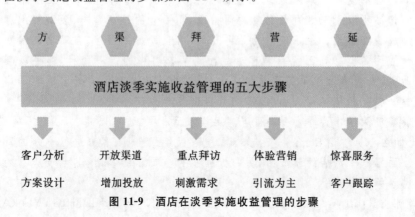

图11-9 酒店在淡季实施收益管理的步骤

四、竞争法则：如何制衡竞争对手

在酒店经营过程中，必然会受到来自竞争对手的影响和挑战，因为彼此处于同一商圈。通过对竞争对手优势的分析，可给酒店提供模仿的样板，弥补酒店的不足；通过对竞争对手劣势的判定，可给酒店提供制衡对手的思路，寻找提升收益的契机。

在市场环境中，竞争对手往往会采取低价竞争策略来抢占市场份额。如果酒店在竞争对手采取低价竞争手段时盲目降价，会使酒店进入削价竞争的恶性循环。酒店可通过对竞争对手产品特点、价格体系和销售渠道的比较研究，寻找破解低价竞争怪圈的途径。

（一）制衡竞争对手综合技法

酒店可通过 OTA 上的网评指数分析，来评估竞争对手在环境、设施、服务和卫生等方面的竞争能力，采取有针对性的制衡竞争对手策略（见表 11-19）。

表 11-19 评估竞争对手综合分析表

酒店名称	环境			设施			服务			卫生		
	评分	好评	差评	评分	好评	差评	评分	好评	差评	评分	好评	差评
本酒店	4.7	85	15	4.8	90	10	4.6	80	20	4.7	5	15
竞争酒店 A	4.8	90	10	4.8	90	10	4.8	95	5	4.8	90	10
竞争酒店 B	4.7	80	20	4.6	75	25	4.5	70	30	4.6	80	20
竞争酒店 C	4.6	70	30	4.4	65	35	4.5	70	30	4.5	75	25

（1）环境方面：酒店可通过 OTA 渠道宣传本酒店的区位优势，利用酒店官网进行便利交通的详细介绍，并提供酒店免费交通接送安排。

（2）设施方面：酒店可通过精心制作网页宣传资料来提升产品的吸引力，同时完善设施日常保养制度，定期进行设施设备的更新改造。

（3）服务方面：酒店可通过组织管理人员和一线员工赴样板酒店进行学习与模仿，同时在酒店内部提供"惊喜服务激励计划"，鼓励处于服务一线的员工提出最佳操作规程建议。

（4）卫生方面：酒店可通过组织管理人员和一线员工赴样板酒店进行考察和培训，同时，完善酒店清洁卫生制度，做好日常清扫的督导与检查。

（二）应对低价竞争的评估方法

面对竞争对手的低价竞争策略，酒店需要做好产品特点、价格体系和销售渠道的评估，避免陷入传统的价格竞争恶性循环。酒店应对低价竞争的关键，是要从"竞争思维"转到"用户思维"。

1. 产品特点评估

产品特点评估就是通过本酒店房型、床型基本功能与竞争对手产品的比较，评估其可对应的相关细分市场类型，寻找本酒店产品与市场细分和优化的可行性。

2. 价格体系评估

价格体系评估就是通过本酒店价格体系与竞争对手价格体系的比较，评估本酒店在定

价方式上是否可再细分,以及实施动态定价与提升产品附加值的可行性。

3. 销售渠道评估

销售渠道评估就是通过本酒店与竞争对手在获客方式、订单来源的比较,评估本酒店在不同销售渠道实施不同营销策略、实现更好获客方式的可行性。

成功的收益管理,需要"道、术、器"相结合,既要懂得收益管理的基本原理,还需要掌握收益管理的方法和技巧,并依靠收益管理系统的科学技术。如今,收益管理正成为中国酒店业提升经营绩效的重要法宝。

知识链接：中国酒店业实施收益管理的趋势

1. 酒店客房外的其他收入

未来,酒店业管理者不应仅仅将提高营业收入的焦点放在客房销售上面。正如某收益管理专业人士举例所说:"系列旅行团队客人的确是酒店的稳定客源,但是这部分客人不太会再消费酒店的其他配套设施。这也将影响酒店的整体收益。"所以,现代收益管理已经开始支持酒店客房以外的其他酒店业务,例如餐饮、会议场地以及水疗服务等。

2. 收益与利润

传统的酒店收益管理注重的是营业收入,而现代化的酒店收益管理更为关注利润。例如,在客房的收益管理中我们都熟知单房收益(RevPAR)这个业绩衡量指标,而如今在会议及宴会收益管理中引入的类似概念是可用场地的每时间段每平方米的利润(ProPAST)。其原因是相对于客房,会议及宴会业务的成本变化较大,因此更应关注的是利润最大化。

3. 新的预测模型

互联网时代都在谈"大数据"。对于酒店行业而言,如何借助大数据来提升营业收入呢？其实,大数据的核心在于帮助酒店管理者挖掘海量数据中蕴藏的关键价值,在酒店管理的方方面面如营销、运营等都可以运用。而其中收益管理是酒店管理环节中最依赖数据分析的部分,在这个大数据时代需要、也会有所突破。收益管理核心内容之一是预测——通过数学模型,采集历史数据,使酒店管理者掌握和了解市场需求,从而进行差别定价,并在不同时间段采用不同的收益管理策略达到收益最大化的目的。以往,酒店采集自身的历史数据来进行预测和分析,往往对外界市场信息难以量化统计,难免使预测的结果存在一定的离差。而如今,传统的模型中需要加入新的变量。此外,评估收益管理策略对未来预测的影响也很重要。

4. 客户口碑与定价

如今,顾客住店后对酒店在互联网上的评价,成为客户口碑声誉价值的最好体现。随着电子商务的发展,顾客的评价内容也趋于专业,发布的渠道也越来越广泛。因此,如今的网评已成为消费者衡量、判断酒店品牌价值及产品价格的关键所在。根据康纳尔大学的一份研究报告显示——当酒店的在线声誉评分上升1%,每间可预订客房收益(RevPAR)的增长将高达1.42%。而除了分数本身,点评内容对消费者的实际预订行为产生的影响比打分更为重要。目前,锦江等酒店集团已和相关网站合作,通过对网评的收集、积累和统计,从中发现有价值的节点,对市场营销和运营管理等工作进行改进并获取更大的收益。

5. 收益经理职能的变化

以往酒店收益管理负责人主要负责数据分析、房量控制、定价、预测等工作。随着酒店业的发展,我们发现收益经理的工作范围越来越广。例如,收益经理常常需要和市场部门一起探讨促销活动,与渠道经理共同管理渠道的房量与价格,利用财务部门提供的数据最大化收入及利润,以及通过掌握各种新的IT技术以优化工作效率及准确率。可见,收益经理在酒店当中的位置变得越来越重,其职能也会和其他部门渐渐融合,对复合型专业人才的要求也更加高了。同样,这也意味着这一职位的前景更为开阔,机遇与挑战往往并存。

(资料来源:http://www.iyiou.com/p/17898.)

本章小结

内容提要

收益管理就是通过把合适的产品,以合适的价格,在合适的时间,通过合适的渠道,销售给合适的客人,从而实现企业利润最大化的一种管理过程。21世纪,收益管理的理论及其方法开始被中国酒店业所接受,成为中国酒店业实现经营利润最大化的一个重要法宝。

核心概念

差别定价;需求预测;动态定价;房价限制;时滞控制;超额预订;包价促销;附加价值

重点实务

有效实施酒店的收益管理,需要熟练掌握预订环节的"招财法则"、旺季提升营业收入的"增收法则"、淡季增加销量的"增量法则"和制衡竞争对手的"竞争法则"。

本章训练

知识训练

一、简答题

1. 简述酒店收益管理的五大要素。
2. 有哪些衡量酒店收益管理成效的指标?

二、讨论题

1. 差别定价的原理是什么?如何实施差别定价的方法?
2. 容量控制的原理是什么?如何实施容量控制的方法?

能力训练

一、理解与评价

在经营旺季,酒店有哪些提升营收的收益管理技巧?在经营淡季,酒店有哪些提升销量的收益管理技巧?

二、案例分析

酒店前台人员的收益管理工作

背景与情境:如今,不少酒店都成立了收益管理团队,负责酒店收益管理工作的开展和运行。酒店前台作为起着中枢神经作用的重要岗位,不仅承担着为客人办理入住和离店结算的任务,同时也是酒店开展收益管理工作不可忽视的重要窗口。

收益管理工作的开展,通常离不开前台人员的参与和配合,一些收益管理策略需要通过前台人员来实施。主要体现在以下几个方面:

(1)酒店客源主要来自线上和线下渠道,细分市场有上门散客、OTA 散客、会员客人、公司协议、政府用房、旅游团队等。其中,上门散客是价格较优的客源群体之一,会员客人虽然价格没有上门的散客高,却是忠诚度较高的客源群体。而前台人员在收益管理工作中主要扮演的是针对上门散客、会员客人预订和促销的角色,这就需要前台人员掌握一定的收益管理知识,并为他们制定相应的促销激励政策。

(2)应加强对前台员工的收益管理培训,使他们了解收益管理五个基本要素组合的作用,并掌握如何在最佳的时机,以最优的价格,将客房出售给最有价值的客人。同时,还要提高前台员工对房间优化分配的能力、价格管控能力以及加深对差别定价运用的理解。使他们了解市场需求和价格之间的杠杆关系,以通过运用收益管理策略提高客房收益。

(3)根据酒店收益管理部门的市场预测和制定的价格体系,认真执行动态定价,并就此对不理解的客人给予耐心合理的解释,以征得客人对同一客房产品在不同市场时期出售不同价格的认同。

(4)在酒店现有客房存量资源的条件下,对不同细分市场客源进行合理控制,应该接受哪些预订,拒绝哪些预订,也是前台人员需要掌握的。

同时,针对 No-Show 现象的存在,前台人员还应在预订分析的基础上,开展超订工作,以减少因 No-Show 现象的发生而导致的客房虚耗损失。

(5)要求酒店前台员工要善于观察和分析客人的消费心理,区别不同对象,恰到好处地为客人推销房间。当市场供过于求时,根据市场需求预测,开展生档销售工作,尽量把高档次客房先销售出去,以在同等市场条件下为酒店获得更高的收益。

(资料来源:http://column.meadin.com/zcs/110473_1.shtml.)

问题:

1. 酒店前台人员为什么要参与收益管理工作?
2. 酒店前台人员如何参与配合收益管理工作?

第十二章
酒店市场营销管理

学习目标

通过本章学习,了解酒店市场营销计划的类型、内容及制定步骤,熟悉酒店市场营销组织的形式与结构,知晓酒店市场营销实施的条件与步骤,掌握酒店市场营销控制的内容和方法。

引例:美国酒店管理的特别策略

背景与情境:美国的节日很多,每次到了节日,也是旅馆业最忙碌的时候。有一年感恩节,客人到拉斯维加斯去旅游,预先订了凯撒官大酒店的房间,标准房每晚159元,用信用卡预付了账单。到了那里,接待小姐一查电脑,发现客人预订的房间已经没有了,于是问客人,愿不愿意升等级到259元的房间,但是要多付100元,客人当然不愿意。

接待小姐思考了一下,然后说,那么给你们升级到2500元的高级套房,客人听了觉得奇怪,我已经不愿意多付100元升级,现在却要我升到2500元的套房,这多出来的钱我们更不愿意付了。不过,小姐笑眯眯地说,如果升到2500元的房间是不需要多付钱的,酒店还是按照159元收费。一开始客人以为自己听错了,仔细盘问才知道有这么一件好事,于是全家住了一夜最高级的套房。

史密斯经理解释了这个奇怪的现象:当时我们由于房间紧张,所有的普通房间已经订满了,只剩下259元的房间。259元的房间一般消费者也还是可以接受的,所以销售得出去,但是几千元的豪华套房的销售比较难,没有人预订的话,一般是不会临时来住的,因此我们就干脆给这位客人享用,也能吸引回头客。这样的超值服务客人一定会满意,当客人向朋友介绍这段经历时,就是在给酒店做宣传。

这家酒店管理的新思维,就是宁可让客人占便宜,也不要得罪客人。

第一节 酒店市场营销计划

酒店市场营销计划工作是指酒店行业机构和酒店企业通过自我评价和对目标市场发展态势的分析,确定营销目标和实现营销目标的行动方案的工作过程。反映这些既定目标和行动方案的书面文件就是酒店行业机构和酒店企业的市场营销计划。

一、酒店市场营销计划的类型

一般来说,酒店市场营销计划可以分为两大类:战略性营销计划和战术性营销计划。

(一) 战略性营销计划

战略性营销计划是酒店行业机构或酒店企业的一种长远性规划,通常以三年、五年或更长的时间为一个计划的时期。酒店行业机构或酒店企业的战略性营销计划应与该地区同期内的总体规划、与酒店行业机构或酒店企业同期内的总体经营规划紧密结合,重点解决好以下三个方面的问题:本地区酒店业发展的现状和酒店企业经营的状况如何?今后某一时期内,酒店行业机构或酒店企业要达到的目标是什么?酒店行业机构或酒店企业将如何实现这些目标?酒店行业机构或酒店企业的战略性营销计划主要包括以下内容。

1. 酒店行业机构或酒店企业的战略目标

酒店行业机构或酒店企业的战略目标即一个酒店行业机构或酒店企业对其在将来某一时期内的目标市场、产品范围、销售量、销售增长率、市场份额、销售利润等所做出的大体规定。

2. 酒店行业机构或酒店企业的形象目标

酒店行业机构或酒店企业的形象目标即在市场营销计划中规定本酒店行业机构或本酒店企业在未来时期内应达到的知名度和美誉度。

3. 酒店行业机构或酒店企业的营销预算

酒店行业机构或酒店企业的营销预算即实现营销目标所需花费资金的预算。

4. 实现营销目标的具体措施

实现营销目标的具体措施即为实现既定目标所需采取的各种行动计划。

(二) 战术性营销计划

战术性营销计划又称营销行动计划,酒店行业机构或酒店企业的战术性营销计划总是与酒店行业机构或酒店企业未来短期内市场营销工作的决策有关。酒店行业机构或酒店企业的战术性营销计划主要包括以下内容。

1. 短期内的营销目标

短期内的营销目标主要是以量化的形式,在营销计划中具体规定出酒店行业机构或酒店企业在未来期限内打算实现的销售量、营业额以及其他方面的营销目标。

2. 营销的手段与预算

营销的手段与预算即实现营销目标所涉及的营销组合决策和费用预算。

3. 营销的行动方案

营销的行动方案即营销工作的执行方案,尤其是促销活动的安排与协调措施。

4. 营销的评价与控制

营销的评价与控制主要包括如何对营销活动进行定期的检查、评价和控制等内容。

二、酒店市场营销计划的内容

为了使酒店市场营销战略得以贯彻落实,使酒店经营活动有方向、有步骤地进行,酒店行业机构或酒店企业必须制订严谨的营销计划。酒店市场营销计划主要包括以下内容。

(一)整体营销计划

酒店行业机构或酒店企业的市场营销计划应综合反映其整体经营的构想。酒店行业机构或酒店企业的整体经营计划应包括未来某一时期内的营销任务、发展战略、营销组合决策、投资决策等内容。从计划的时间跨度来看,既可以是年度计划,也可以是长期计划。

(二)部门营销计划

酒店行业机构或酒店企业的部门营销计划是在其整体营销计划的指导下进行的,是酒店行业机构或酒店企业内部的相关部门所制订的本部门的发展和赢利的计划。酒店行业机构或酒店企业的部门营销计划包括市场营销、财务、生产、公关、人力资源开发等部门的计划。从计划的时间跨度来看,既可以是月度、季度、年度计划,也可以是长期计划。

(三)酒店产品管理和发展计划

酒店行业机构或酒店企业的产品管理和发展计划反映了该酒店行业机构或酒店企业酒店产品开发的目标、战略、策略和战术,它包括以下内容:酒店产品生产计划、酒店产品品牌计划、预期酒店产品销售额、预期酒店产品销售增长率、酒店产品销售渠道管理和分销计划、酒店产品的促销计划、酒店产品价格管理和定价计划等。

(四)酒店市场管理计划

有效的酒店市场管理计划能够稳定该酒店行业机构的客源市场,稳定该酒店行业机构的产品供给,稳定该酒店行业机构和酒店企业的经济收入,稳定该酒店行业机构和酒店企业的服务质量和服务水平。酒店行业机构或酒店企业的市场管理计划包括酒店行业机构或酒店企业的营销调研和形象推广、客源的组织与分流、生产原材料的采购与储存、服务质量的跟踪与检查等。

三、酒店市场营销计划的制订

制订合理的营销计划是酒店营销战略有效实施的基本保证。营销计划的内容一旦确定,就应制订出具体的可操作的营销计划。制订酒店市场营销计划的步骤见图12-1。

(一)确定市场营销计划的任务

制订酒店市场营销计划的第一步是确定酒店市场营销的任务。酒店行业机构或酒店企业的市场营销任务必须解决这样一个问题：酒店行业机构或酒店企业试图为谁做什么？酒店的营销任务直接决定了酒店营销的发展方向。

（二）当前营销形势状况的分析

制订酒店市场营销计划的第二步是当前营销形势状况的分析，主要包括以下几个方面的内容。

1. 酒店市场营销背景分析

对酒店市场营销背景的分析，包括对酒店行业机构或酒店企业的市场状况、竞争状况、分销状况等的分析。

（1）市场状况分析。

市场状况分析包括对本酒店行业机构或本酒店企业的市场规模、发展趋势以及本酒店行业机构或本酒店企业的市场占有率的分析。

（2）自身优势和劣势分析。

自身优势和劣势分析包括对酒店行业机构或酒店企业的市场位置、销售渠道、企业形象、产品声誉、财务结构、经济活力及人力资源状况等内容的分析。

（3）产品状况分析。

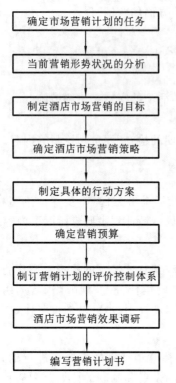

图 12-1　制订酒店市场营销计划的步骤

产品状况分析综合评价本酒店行业机构或酒店企业产品的影响力、价格水平、产品收益等。

（4）竞争状况分析。

竞争状况分析主要是对酒店行业机构或酒店企业的主要竞争者进行辨认，并对其规模、目标、市场份额、产品质量、营销战略等进行分析和描述，以便恰如其分地了解其意图和行为，为酒店行业机构或酒店企业的积极应对提供有效保证。

（5）分销状况分析。

酒店行业机构或酒店企业应了解其产品到达酒店消费者中的销售渠道，密切关注每个分销渠道的发展与变化，关注其他分销商的力量变化，以便做出积极的反映。

2. 宏观环境分析

酒店行业机构或酒店企业的经营是在宏观环境下进行的，酒店行业机构或酒店企业的生存和发展有赖于与宏观环境的有效融合。酒店行业机构或酒店企业的外部环境包括人口、经济、技术、生态、政治、文化等因素。酒店行业机构或酒店企业外部环境因素的变化会给酒店带来新的机会或挑战。

3. SWOT 分析

酒店行业机构或酒店企业在自身优、劣势分析的基础上，对其所面临机会和威胁进行分析，可以使酒店行业机构或酒店企业对自身的发展前景有一个清醒的认识，使其能够扬长避短地进行经营和管理，并能事先做好充分的准备来抓住机会，有效规避风险。

（三）制定酒店市场营销的目标

酒店市场营销目标的制定是在对酒店市场营销现状分析、酒店经营的未来风险和机会预测的基础上进行的，是酒店市场营销计划的核心部分。酒店市场营销目标的制定一般包括财务目标的制定和市场营销目标的制定。

1. 制定酒店市场营销的财务目标

酒店企业的经营，甚至是酒店行业机构工作的开展，都应该确定一定的财务目标，既要确定一个稳定的长期投资收益率，也要确定在本年度内所获取的利润目标。

2. 制定市场营销目标

酒店市场营销的财务目标只有通过一定的营销活动才能完成，因此酒店市场营销的财务目标在经营活动中必须转化为市场营销目标。酒店市场营销目标通常通过以下指标体现出来：销售量（接待量）、销售收入（接待收入）、市场占有率、营销渠道覆盖范围、消费者对其经营新产品的了解程度等。对酒店来说，应具体到住宿率、人均消费额、人均住宿天数、散客比例、团队比例等。

（四）确定酒店市场营销策略

营销策略是一个酒店行业机构或酒店企业用以实现其营销目标的基本方法。具体的市场营销策略的确定是制订酒店市场营销计划的第四步。酒店市场营销策略的确定主要包括以下内容。

（1）根据市场行情和自身的条件及特点，对酒店行业机构或酒店企业进行市场定位。
（2）酒店行业机构或酒店企业目标市场的确定。
（3）对目标市场的调研和分析。
（4）针对目标市场的具体情况，确定酒店行业机构或酒店企业的具体营销策略。

（五）制定具体的行动方案

一旦确定酒店行业机构或酒店企业的市场营销策略，就应该立即制定详细的、可执行的市场营销行动方案，即具体的操作程序。酒店行业机构或酒店企业的行动方案应包括：酒店行业机构或酒店企业要做什么？什么时候做？由谁来做？什么时候完成？成本费用为多少？

（六）确定营销预算

酒店市场营销预算实际上是对酒店营销计划中盈亏的说明。营销预算主要体现在收支两个方面：在收入方面，主要是对预期可以实现收入的预测；在支出方面，主要是预期贯彻执行计划所需要的支出。营销预算一经修正、批准后，即是制订计划以及原材料采购、企业生产、人事调度和营销活动的基础和依据。

（七）制定营销计划的评价控制体系

对酒店市场营销计划的评价包括在计划执行过程中对每一项计划措施执行情况的评价和在计划结束后的总体评价。评价工作的标准就是所制定的计划目标。计划目标和指标制定得越详细、越精确，评价工作越容易、越有效。科学、合理的评价是对营销计划进行有效控制的基础。在营销评价的基础上，酒店行业机构或酒店企业能够及时发现问题，及时找出问题发生的原因,从而能够采取适当的措施加以纠正和改进,达到对营销计划的有效控制。

(八) 酒店市场营销效果调研

严格意义上讲,酒店市场营销效果调研并非营销计划制订的一个独立步骤,它是一项贯穿酒店市场营销全过程的、持续的工作。酒店市场营销效果调研既是对内的又是对外的。收集和分析内部资料可以了解酒店行业机构或酒店企业的现状及过去,有助于找出酒店行业机构或酒店企业的优势和劣势,为今后的工作提供借鉴。外部资料则可了解酒店行业机构或酒店企业所面临的机会和威胁,为其确定今后的发展方向提供依据。其中,外部资料中最重要的是与消费者相关的信息。

(九) 编写营销计划书

制订酒店市场营销计划的最后一步就是编写营销计划书,即将营销计划做成书面形式,形成文本。规范化的营销计划书应包括以下几个方面的内容:

(1) 营销计划书名称;
(2) 营销计划书内容提要;
(3) 当前营销状况分析;
(4) 营销机会和问题分析;
(5) 计划期的营销目标;
(6) 计划期的营销战略;
(7) 营销战略的实施计划;
(8) 费用预算的利润计划;
(9) 营销计划控制措施。

同步案例 知名酒店品牌的"小酒店"

微型酒店的一个关键概念,是为客人设计房间,而大堂则是为当地人设计的。

世界各地的物业以相应的设计来响应这一概念。例如万豪旗下的 Moxy 酒店,就为客人提供特别设计的客房,将普通客房的乐趣压缩到更小的空间。从本质上说,酒店并没有牺牲很多空间,但通过工程设计和室内设计,它们能够容纳很多东西,尽管微型酒店的面积通常只有传统酒店的一半。

Moxy 酒店的全球品牌领导者 Toni Stoeckl 赞同了这种观点:"我们的方法当然是找到一种方法来创建和优化一个舒适的、小而智能的客房的设计,并且真正地为它注入一种充满高端装饰的设计,并允许你个性化它。"微型酒店蓬勃发展的一个重要因素是,它们位于时尚、便利的位置,酒店周围本身就有很多活动,使得这一片区域成为一个目的地。

通过设计,酒店物业自然地融入了这种嘈杂的环境,并通过在较低的楼层和楼上的小房间拥有活跃的社交空间而成为其中的一部分,将"生活"部分集中在酒店公共区域。希尔顿的品牌 Motto 已经在米兰、哥本哈根、墨西哥城以及美国的几个关键地点找到了理想的目的地。

（资料来源：https://mp.weixin.qq.com/s/yb－rSyFvBOhJfRnsi－Uvew.）≥.）

（视频资料：纽约时代广场 Moxy 酒店官方宣传片，https://v.qq.com/x/page/z05950a8jw.html.）

第二节　酒店市场营销组织

　　酒店市场营销组织是指酒店行业机构或酒店企业中全面负责制定酒店市场营销策略、实施酒店营销工作的组织机构或部门。酒店市场营销组织是整个酒店管理体制的重要组成部分，是酒店行业机构的管理者和酒店企业的经营决策者贯彻其市场营销思想、达到其经营目标的主要机制保障。没有这个保障，酒店行业机构或酒店企业所制定的市场营销战略、战术的实施就难以有效进行，其战略目标就难以达到。因此，酒店行业机构或酒店企业应根据市场行情和其自身条件，建立合理、有效的市场营销组织。

一、影响酒店市场营销组织设置的因素

　　一般地，决定酒店行业机构或酒店企业营销组织设置的因素主要有以下五个方面：酒店行业或酒店企业的规模、酒店行业机构或酒店企业的目标市场、酒店产品的特点、酒店行业机构或酒店企业的类型、酒店行业机构的实力或酒店企业的经营状况。

（一）酒店行业或酒店企业的规模

　　一般来说，酒店行业或酒店企业的规模越大，其所涉及的专职部门就会越多，其管理的层次和幅度亦会增大，这也就使得其市场营销组织的规模、层次扩大。

（二）酒店行业机构或酒店企业的目标市场

　　市场营销人员的分工和管辖区域是依据目标市场的产品市场组合来划分的。一般而言，不同的产品细分市场应设立不同的营销职位。市场细分状况直接影响到酒店市场营销组织的规模和层次。

（三）酒店产品的特点

　　若酒店产品的类型单一，酒店行业机构或酒店企业只需针对该类型产品的消费群体设置相应的组织机构，市场营销组织也就相对简单；若酒店产品的类型丰富多样，则酒店行业机构或酒店企业就要根据不同类型产品的消费群体设置组织机构，其市场营销组织的规模和层次也就更复杂。

（四）酒店行业机构或酒店企业的类型

　　酒店行业机构的性质决定了其市场营销组织的设置。若酒店行业机构为政府的行政机

构,其市场营销组织则由政府宏观调控安排;若酒店行业机构为酒店企业自发组合而成,其市场营销组织的规模和层次则由其威信和影响力决定。同时,酒店企业的市场营销组织由其市场定位和营销重点决定。

(五)酒店行业机构的实力或酒店企业的经营状况

建立市场营销组织要花费一定的人力、物力和财力。如果酒店行业机构具有较强的物力和财力,酒店企业的经营状况良好,可投入的资金较多,则其市场营销组织的分工可能会更细,其市场营销组织的规模和层次可能也就越大;如果酒店行业机构或酒店企业的市场营销人员的能力强、管理幅度大,则其营销组织的层次就可能少,其组织的形式就会相对简单。

二、酒店市场营销组织的结构

酒店市场营销组织是根据市场行情和酒店行业机构或酒店企业的具体情况及其特殊需要而设置的。不同的酒店行业机构或酒店企业因其市场侧重点的不同、所提供产品和服务的不同、规模大小、综合实力等原因,所选择的市场营销部的组织形式亦不同。一般来说,酒店市场营销组织有以下四种结构:一是功能型市场营销组织结构;二是区域型市场营销组织结构;三是产品管理型市场营销组织结构;四是市场细分型市场营销组织结构。

(一)功能型市场营销组织结构

这是最常采用的酒店市场营销组织结构形式。在功能型市场营销组织结构中,酒店行业机构或酒店企业按不同的营销活动功能建立相应的职能部门,安排专业人员管理,由酒店市场营销总负责人统一领导。酒店行业机构或酒店企业功能型市场营销组织结构见图12-2。

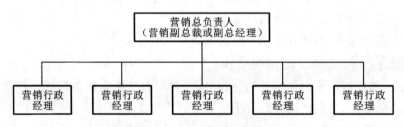

图12-2 功能型市场营销组织结构图

(二)区域型市场营销组织结构

区域型市场营销组织结构是指酒店行业机构或酒店企业按照其客源的地理区域所建立的市场营销组织机构形式。酒店行业机构或酒店企业区域型市场营销组织机构见图12-3。

图12-3中的市场营销组织结构形式是较常见、较简单的市场营销组织结构形式。在这种酒店市场营销组织结构形式中,每名(或若干名)销售人员负责一个特定的地区,作为酒店在该地区的销售代表,开展市场拓展、市场销售等营销工作。区域型市场营销组织结构形式有以下优点。

(1)职责分明。

市场营销的努力程度可以通过与其他地区的销售业绩进行对比来直接进行评价。

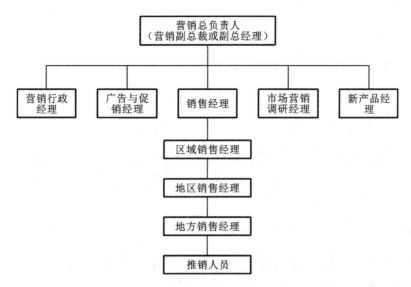

图 12-3 区域型市场营销组织结构

（2）有利于营销人员开展工作。

一方面，营销人员固定对一个地区开展工作，能够充分运用其熟悉环境、关系等的优势，便于营销人员开展工作。另一方面，销售人员固定在一个地区工作，也利于销售人员生活安排的相对稳定，从而有利于其工作效率的提高。

（3）有利于营销成本的节约。

实验证明，营销人员固定在一个地区工作，其差旅费、招待费等支出相对较少，这有利于酒店节约费用，降低成本。但是，区域型市场营销组织形式也有不利的一面。

（三）产品管理型市场营销组织结构

酒店行业机构或酒店企业按照自身产品的特点、类别所建立市场营销组织结构形式就是产品管理型市场营销组织结构。产品管理型市场营销组织结构见图 12-4。

图 12-4 产品管理型市场营销组织结构

产品管理型市场营销组织结构的优点如下。

（1）职责分明，任务清晰，利于提高酒店行业机构或酒店企业的效益。

（2）在进行营销活动时，各类产品的销售均有专人（专门分支机构）负责，这对产品竞争能力的提高、较高销售额的获得有很大帮助。

（3）专人负责产品的销售，有助于产品的深度开发。但是，由于酒店产品的市场效应具有差异性，因此，在采用产品管理型市场营销组织结构形式的过程中，如果沟通不当，缺乏协调，则会产生几个部门争夺同一客户的不利情况，导致销售部门间利益的失衡，影响酒店的团队建设。

（四）市场细分型市场营销组织结构

市场细分型市场营销组织结构见图 12-5。

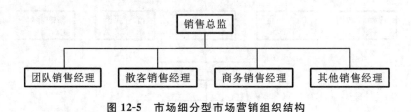

图 12-5　市场细分型市场营销组织结构

三、酒店市场营销部的人事管理

酒店市场营销部的人事管理工作主要包括员工的招聘、选拔、培训、激励和考核，以及员工报酬标准和付薪办法的制定。

（一）招聘和选用营销人员

人员是市场营销管理好坏的决定性因素。目前，酒店市场中的竞争就是围绕着人员展开的。在酒店市场营销工作中，其营销人员的综合素质和工作是否有积极性决定了营销的效果，直接关系到酒店行业机构或酒店企业的声誉和效益。因此，招聘和选用合格的市场营销人员就显得尤为重要。

1. 招聘和选用酒店市场营销人员的程序

招聘和选用酒店市场营销人员的基本目标是以最小的代价去获得能够满足酒店市场需要的、合格的营销人员。一般地，招聘和选用酒店市场营销人员要经过以下三个阶段。

（1）准备阶段。

在此阶段中，酒店行业机构或酒店企业在酒店市场人力资源规划的指导下，根据其实际情况和市场上劳动力资源的状况，拟订招聘计划，确定酒店的用人要求，根据具体岗位的工作需要，通过职务分析的方式来确定用人的数量、类别和能力条件，制定工作说明和工作规程，为下一阶段的工作做好准备。

（2）宣传报名阶段。

此阶段的主要工作是招聘宣传和受理报名。后者的主要目的是通过简单的目测、交谈和验证，确认应聘者的报名资格，通过填写求职申请表，了解求职者的基本情况，为下一步的考核录用工作奠定基础。

（3）挑选录用员工。

这一阶段是招工的关键，主要包括全面考核和择优录用两项工作。人员招聘时的考核工作，一般分四个层次进行，即初试、笔试、面试，最后是体检和政审。

2. 选用酒店市场营销人员的标准

酒店行业机构或酒店企业在招聘和选用营销人员时，必须用严格的标准来选拔和招聘。一般来说，合格的营销人员必须具备以下素质。

(1) 机敏干练，善于应对。
(2) 态度、仪表、修养良好。
(3) 有进取心，不怕困难。
(4) 具有丰富的学识，对企业和工作忠心耿耿。
(5) 善于收集和分析情报。
(6) 善于对外联系，具备良好的沟通能力和交际能力。
(7) 遵守法规，具有良好的道德品质。
(8) 具备一定的业务知识和推销技巧。

实践证明，虽然推销人员之间性格、分析沟通能力、仪表风度、教育程度等存在着很大的差异，但是，成功的酒店市场营销人员普遍具有以下素质：充满活力、善于沟通、有经济头脑、行政管理能力强、有很强的判断力。

(二) 酒店市场营销人员的培训

选拔招聘工作一般只能确定酒店市场营销人员所必须具备的基本条件，要把他们转变成熟练出色的营销人员，还必须进行专门的训练和培训。

1. 培训的目标

酒店行业机构或酒店企业培训的目标是使其市场营销人员具有以下能力。
(1) 能够详细了解酒店行业机构或酒店企业的市场营销计划。
(2) 能够有针对性地收集、准备资料，且能够设计、制订市场营销计划。
(3) 充分掌握酒店行业机构或酒店企业的实际情况，能够有针对性地接待访谈。
(4) 了解客户的需求，掌握销售预订的信用政策等情况。
(5) 能够准确把握产品特点及潜在客户的信息，随时可进行专项调研。
(6) 能够草拟销售文件。
(7) 在进行周密的准备后，能够正确有效地从事销售询问。
(8) 能够撰写访问报告、销售进展情况报告，并且能就有关问题做出解释和分析。
(9) 能使用现代销售电子系统及档案系统。
(10) 能够正确分析和解释酒店的财务报表。

2. 培训的内容

对酒店市场营销人员的培训主要包括以下内容。
(1) 酒店行业机构或酒店企业的基本情况和经营知识。
(2) 酒店产品及分类产品的情况。
(3) 酒店行业机构或酒店企业的客源及其需求特点。
(4) 市场竞争对手的情况。
(5) 市场销售渠道情况。
(6) 酒店市场营销的程序。
(7) 酒店市场营销对营销人员工作的基本要求。
(8) 酒店行业机构或酒店企业的营销理念。

3. 培训的方法

(1) 讲授法。

讲授法是指培训者通过讲授的方式对受训者进行培训的方法,以知识性为主题的培训常采用这种培训方式。

（2）讨论法。

讨论法是指通过对某一专题的讨论,使受训者得到启发,并从中受益的培训方法。讨论法适宜于管理人员的培训或研讨具有一定难度的问题。

（3）案例研讨法。

案例研讨法是指通过对受训者工作中发生的案例或工作中可能发生的情况进行集体的研讨和分析,来提高受训者解决问题的能力培训方法。

（4）角色扮演法。

角色扮演法是指让受训者模拟实际情景,扮演各种角色进行训练的培训方法。这是一种把学习和兴趣结合起来,带有一定游戏性质的培训方法,在酒店市场营销的培训中被广泛采用。

（5）模拟培训法。

模拟培训法是指通过设置与实际工作相仿的环境、程序、设备进行操作演练,以提高受训者的分析问题、处理问题能力和操作熟练度的培训方法。

（6）操作演示法。

操作演示法是指培训者通过操作示范的方式传授相关知识的培训方法。

除了上述的培训方法外,还有一些其他的培训方法,如视听教学法、职务轮换法、参观考察法、自学指导法等。各种培训方法都有其优缺点,培训者应用其长避其短,灵活、恰当地选用。

（三）市场营销人员的激励

激励可以调动员工的工作积极性,能够进一步地推动酒店行业机构或酒店企业的发展。在实际工作中,许多酒店行业机构或酒店企业钱花了不少,也建立并实施了一系列的人员激励措施,却收效甚微,员工对工作还是缺乏热情。那么,如何才能做到有效激励呢?要有效地激励员工,一般要做到以下几点：

一要及时。即提高激励时效性,不论是奖励还是批评都要紧跟事件发生时间,及时实施,避免"延期"激励。

二要公开。公开有利于增加激励的公平性和示范效应,把"点"的激励扩大为"面"的激励。

三要适度。即要根据员工的实际表现确定激励的程度,力求做到精神激励名副其实,物质激励恰如其分。

四要有针对性。就是任何激励内容和激励方式都要针对员工个人的实际需要予以实施,使激励激到"点子"上,通过满足员工需要来提高激励效果。

（四）市场营销人员的报酬

市场营销人员的工作具有很强的独立性、流动性和自主性。他们和其他员工的现场协作较少,且其工作环境很不稳定,酒店行业机构或酒店企业对营销人员的日常控制具有一定的难度。因此,酒店行业机构或酒店企业市场营销人员的报酬制度应当具有更大的灵活性。

一般来说,营销人员的报酬方式通常有固定工资制、分成制和混合制。

(五)市场营销人员的考核评估

1. 考评的标准

酒店行业机构或酒店企业市场营销人员的考核以其绩效为主要标准。反映酒店行业机构或酒店企业市场营销人员绩效的主要指标如下。

(1)每天平均销售访问的次数。

(2)平均每次销售访问的时间。

(3)每天销售所产生的营业收入。

(4)每次销售访问的平均费用。

(5)每次销售访问的招待费用。

(6)每次销售访问得到的合同(客户)的百分比。

(7)每一时间阶段内新客户的增加数。

(8)每一时间阶段失去的老客户数。

(9)销售费用占总成本的百分比。

(10)与本酒店行业机构或酒店企业其他销售人员、其他酒店销售人员的有关指标比较的结果。

2. 考评的方式

酒店行业机构或酒店企业对员工的考评,不仅可以使员工能够根据自己的考评结果进行工作反馈、报酬管理、职务调整和工作改进,而且还能够让其了解自己的优势、不足和应该努力的方向。因此,酒店行业机构或酒店企业每年都要对员工的工作表现进行各种各样的考评。在对市场营销人员的考评过程中,酒店行业机构或酒店企业应注意形成制度化的考评机制。考评应科学地选择评估者,按市场营销人员的实绩来评估,客观公正地评价员工的工作。同时,应与奖惩制度相结合,奖励优秀员工,处罚不合格员工。市场营销人员的考评方法有两种,即通过工作报告制度进行的考评和通过比较工作业绩进行的考评。

同步案例 麦当劳没有老板

麦当劳坚信"从业人员"是公司成败的关键。因此在人才的挑选、训练、升迁及奖惩方面,特别建立了一套完整的管理制度。

为了考察应征者是否具有"麦当劳人"的特质,麦当劳设计了一套周全的问卷,测出应征者是否积极,有无耐力、领导力,沟通技巧如何,以及有无独立决策的能力等。

不论是服务员或是经理的征试,都要经过口试,口试的方法采取"假设的情况",让应征者根据这种情况回答,然后从应征者的反应判断出其是否合乎条件。

麦当劳对员工施以严格、有计划的专业训练。先让他们学习每一个工作站的工作,包括洗马桶、炸薯条等;再学习楼面的清洁维护;然后学习纸上作业,如营业报表、服务员上班表、存货订货表,学习分析店内的成本、利润……

"这里没有谁是老板、谁是员工,大家都替公司做事",麦当劳上上下下的员工,彼此都不互称职衔,一律直呼其名。

"在公开场合表扬,如有建议、批评则在私下进行",这是麦当劳对待员工的一向原则。麦当劳认为唯有下属敢对上司直言,公司才能够前进。

员工的工作表现,随时有管理人员观察、记录,作为奖金多少及加薪多少的依据,并且只要工作表现好,每个人都可以从服务员通过各个阶段训练课程考试往组长、副理、经理等职位晋升。为顾及学习阶段的员工,在管理上,麦当劳尽量避免因重复的工作所引起的情绪上的工作倦怠,并且定期为员工举办娱乐活动。

问题:麦当劳是怎样对员工进行评估的?

分析提示:麦当劳对员工的考核评估是根据管理人员观察、记录,只要工作表现好,每个人都可以从服务员通过各个阶段训练课程考试往上晋升。在这样的激励体制下,员工对工作充满热情和动力,麦当劳的优秀企业文化也成为留住员工的制胜法宝。

(资料来源:饶勇.现代饭店营销创新500例[M].广州:广东旅游出版社,2000.)

第三节 酒店市场营销的实施

酒店市场营销的实施实际上就是酒店市场营销计划的实施。它是一项艰巨而复杂的过程。酒店市场营销计划只有经过实施,才能发挥其作用。可以说,酒店市场营销的关键,在于其计划内容能否切实得到贯彻实施。

酒店市场营销计划的提出和制订,仅仅解决了酒店市场营销活动中"应该做什么"和"为什么这样做"的问题。这只是酒店市场营销管理过程的开始。因此,只有将酒店市场营销计划转化为具体的市场营销方案,投入酒店的日常经营活动之中,才能有效地整合调动酒店的全部资源,实现酒店经营管理的目标。

一、酒店市场营销实施的条件

从市场营销学的意义上讲,酒店市场营销计划的实施就是解决酒店市场营销中"怎样做"的问题。要使"怎样做"的问题得以解决,使酒店市场营销计划得以实施,必须做到以下几个方面。

(一)经营工作的全面协调

酒店市场营销工作只是酒店行业机构或酒店企业经营管理工作中的一个组成部分。酒店市场营销计划实施得成功与否,离不开酒店行业机构或酒店企业其他工作的协调与支持。

例如，某酒店在制订年度营销计划时，预计在开展营销工作后，可以使三个"黄金周"期间前来入住的客人大量增加。于是，该酒店的各相关部门都应提前做好准备。否则，随着客人的大量增加，服务人员人手不足、物资准备不充分等问题势必会抵消酒店在营销方面所做的努力。

（二）目标管理的有效开展

酒店市场营销的有效实施有赖于目标管理的有效开展。在酒店行业机构或酒店企业的营销活动中，每一项工作的开展，都应一定的目标，责任落实到人，保证每一个营销环节都不疏忽，每一项工作都不遗漏。

（三）计划与变化关系的正确处理

酒店市场营销计划并非是一成不变的死规定，它所体现的是酒店行业机构或酒店企业的发展趋势。在计划的实施过程中，当经营环境变化时，酒店行业机构或酒店企业应该能够根据变化来修订营销计划。值得注意的是，在对有关计划安排做出较大调整之前，应当对突然出现的新情况进行认真的分析与评估。

二、酒店市场营销计划实施失败的原因

（一）实施方案不明确具体

一些酒店行业机构或酒店企业的市场营销计划仅仅停留在营销环境分析、营销战略和计划的制定，缺乏明确、具体的实施方案。由于这种酒店市场营销计划缺少执行的严肃性和强制性，因此在执行的过程中，对工作的影响力较弱，常不能起到应有的作用，无法确保预期成果和预期目标的实现，最终导致市场营销实施的失败。这种营销计划只能作为酒店市场营销活动及其管理的参考性依据。

（二）短期目标与长期目标相矛盾

酒店市场营销计划中的营销战略是从酒店行业机构或酒店企业的长期发展的角度来制定的，是市场营销的长期目标，往往要通过若干年的努力才能实现。而计划中的任务和要求等短期目标，则是以月、季度或年度来安排、评价的，同时执行酒店市场营销计划的人员的责、权、利也往往是与短期内的工作任务相联系的。这种状况就带来了这样的问题：在酒店市场营销计划的实施过程中，营销人员常常从自身利益和短期利益出发，只考虑短期目标的完成，对新产品的开发、新市场的开拓等长期目标的实现较为轻视，甚至毫不顾及，从而酒店行业机构或酒店企业的资源配置不当，致使酒店市场营销计划的实施受到损害。

（三）计划与实际相脱离

酒店市场营销计划的制订常是由酒店行业机构或酒店企业的中高层管理人员进行的，而酒店市场营销计划的实施则有很大一部分是由基层营销人员来执行的。因此，若制订酒店市场营销计划的人员不了解计划实施过程中的具体问题，或只考虑总体战略而忽视具体的操作环节，则会产生计划的科学性虽强却缺乏操作性的不良情况。与客观实际相脱离的酒店市场营销计划是无法得到有效执行的。

（四）计划的创新性不足

酒店市场活动内容多、变化大的特点，要求酒店市场营销的战略和计划应适度超前，能

尽可能地适应未来酒店市场需求和营销活动的需要。值得注意的是，在实施适度超前的市场营销战略和营销计划时，必然会在一定程度上打破原有的习惯和规定，从而会遇到一定的阻力，因此，为了确保酒店市场营销的有效实施，应建立必要的制度、机构，为酒店市场营销的实施创造良好的氛围和条件。

同步案例　酒店市场营销策略实施失败分析

很多酒店在尝试新营销策略或手段时，往往是以失败告终的：2015年公众号热潮做公众号，几年下来也有一些粉丝，但订单数却寥寥无几；2017年小程序上线，弄好后结果也是无人问津；2019年全民抖音，拍摄过程很欢乐，点赞量却停留在个位数，让人十分尴尬。

当然这几波热潮中也有少数成功者，不然酒店管理人员也不会去跟风，我们都是看到了成功案例才去做的。但大多数人还是失败了，这是为什么呢？最主要的原因：酒店没有使用适合自己的方案而是在盲目模仿其他酒店。

从营销角度，大体可以将酒店分为两类：①冲动型消费的酒店；②非冲动型消费的酒店。冲动型消费的酒店如度假酒店、旅游地民宿。特征是可以通过刺激让用户产生需求，客人常常是以吃喝玩乐为主，住宿只是辅助。而非冲动型的酒店如商务酒店、精品酒店、小型连锁酒店，客人以刚需型的住宿为主，特征是很难通过刺激来让客人产生需求的。下面分别说说这两种酒店分别适合什么样的营销模式。

对于冲动型消费的酒店来说，客人的行为模式如下：客人无需求→通过刺激产生需求→产生订单。这个和传统电商接近，要么是通过扩大刺激覆盖的人群（流量），要么是提高刺激的成功率（转化率）。我们以成功的星级酒店自助餐为例，看看它们在做的事情：①客人到店引导其关注公众号。本质：扩大推送的覆盖人群，也就是流量。②每月4次推送。本质：提高推送频率，获得更多的流量。③酒店全员营销。本质：通过利益刺激员工分享，获得更多流量。④分销。本质：通过利益刺激消费者，获得更多流量。⑤精美图文、超低价格。本质：通过增加刺激强度，提高转化率。⑥拼团。本质：利用用户社交价值，提高转化率。看过上面这些手段，你再去观察一个高星级酒店的公众号，甚至是一个电商App，就会豁然开朗，它们在做的事情在你看来都是在提高流量和转化率，终极目的都是创造订单。所以对于冲动型消费的酒店来说，能创造订单的营销，都是好营销，具体方法有做公众号、发推送、做抖音、投放CPS（按成交结算）广告等，关注的数据是曝光量和成交量。

再说说非冲动型消费的酒店，非冲动型消费的酒店用上面的方法几乎没有效果。举个类似的例子：医院急诊科属于典型的非冲动型消费，马上中秋节，某医院发个推送说中秋期间急诊打八折，健康人看到推送会去吗？这也是为什么很多酒店公众号有粉丝没成交的原因。

（资料来源：https://mp.weixin.qq.com/s/70Qy6k－p09ToTYLUI2OUkA.）

三、酒店市场营销实施的步骤

酒店市场营销的实施是一个系统工程。从影响酒店市场营销计划的诸多因素和若干方面出发,成功实施酒店市场营销计划一般要经过如图 12-6 所示的步骤。

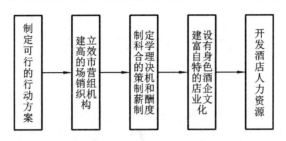

图 12-6　酒店市场营销实施的步骤

（一）制定可行的行动方案

酒店市场营销行动方案必须是详细的、可操作的。在行动方案中,除了应明确酒店市场营销计划实施的关键性要求和任务之外,还应将这些活动内容的责任落实到个人或作业单位。

（二）建立高效的市场营销组织机构

酒店市场营销组织机构是贯彻实施酒店市场营销计划的主导力量。建立和强化酒店市场营销组织,对推动酒店市场营销活动的开展起着决定性的作用。应该注意的是,贯彻实施酒店市场营销计划的组织机构应与营销计划、营销战略的要求一致,与营销环境一致,应符合酒店行业机构或酒店企业自身的特点和要求。

（三）制定科学合理的决策机制和薪酬制度

在市场经济条件下的酒店行业机构和经营的酒店企业,不可能继续实行单一集中的管理制度,而是要适应市场变化的要求,建立科学合理的机制,实行分权管理,科学决策。同时,建立科学、合理的薪酬制度,使酒店市场营销人员能与企业共同盈利、共同成长,从而极大地推动酒店市场营销计划的有效实施。

（四）建设富有自身特色的酒店企业文化

现代企业的发展研究证明:企业文化是现代企业竞争的核心内容之一,企业文化已成为现代企业的重要战略资源,成为企业参与市场竞争的重要竞争手段,它对企业的经营思想、领导风格、员工态度、工作作风等方面起着决定性作用。通过企业文化的建设,酒店行业机构和酒店企业内部能够逐渐形成共同的价值观和基本信念,这些共同的价值观和基本信念将使酒店市场营销计划在相应的企业文化和管理风格的氛围中得到强大的支持,将极大地推动酒店市场营销计划的有效落实。

（五）开发酒店人力资源

酒店市场营销计划的执行在不同程度上涉及企业的所有员工,其实施最终要通过酒店行业机构或酒店企业全体员工的工作和努力来实现。因此,积极地提高酒店人员的综合素

质,有效地开发和运用酒店人力资源,实现人尽其才,是酒店市场营销计划有效实施的原动力。

第四节 酒店市场营销控制

在激烈的市场竞争中,影响市场营销的因素瞬息万变,酒店市场营销工作日益复杂。酒店行业机构或酒店企业在对未来不确定的市场环境拟订市场营销计划时,其所制订的营销计划与实际情况难免会有出入。为了使市场营销计划得到切实有效的实施,维护和保证酒店市场营销计划的严肃性和科学性,在酒店市场营销计划的实施过程中,酒店行业机构或酒店企业必须建立相应的营销控制机制,不断对营销计划进行必要的调整,从而确保酒店市场营销目标的顺利实现。

一、酒店市场营销控制的含义和内容

(一) 酒店市场营销控制的含义

酒店市场营销控制是指酒店行业机构或酒店企业在其产品定位、市场营销调研和市场营销计划的基础上,通过对市场营销计划合理性的检验,对计划实际执行情况的检查和对市场、产品进行的再调研、再定位,不断调整和改进酒店市场营销策略、促进酒店市场营销的有效实施的过程。

从酒店行业机构或酒店企业经营管理的角度出发,酒店市场营销实际上是一种经营管理的综合性策略,具有特定的"投入"和"产出"功能。在酒店行业机构或酒店企业的经营活动中,虽然任何单一的营销策略、促销行为对其总体经营的影响都有一定的局限性,但是酒店市场营销计划局部上的一个小小失误,都可能关系到酒店市场营销的全局,都会影响到酒店市场营销的整体效益。

(二) 酒店市场营销控制的内容

酒店市场营销控制应努力使酒店行业机构或酒店企业在经营目标、经营的时间和空间允许的范围内,合理地调配其人力、物力、财力、技术和信息资源,通过各部门、各层次、各环节的相互配合,使其市场营销与环境的变化同步发展。一般地,酒店市场营销控制主要包括以下四个方面的内容。

(1) 酒店市场营销计划控制。
(2) 酒店营销成本利润控制。
(3) 酒店信誉控制。
(4) 酒店市场营销战略控制。

二、酒店市场营销控制的步骤

酒店市场营销控制是酒店行业机构或酒店企业管理的重要职能之一。如果把酒店市场营销看作计划、实施、控制这样一个周而复始的循环过程,那么,酒店市场营销控制既是前一次循环的结束,又是新一次循环的序曲。一般来说,有效的酒店市场营销控制可以分为五个步骤(见图12-7)。

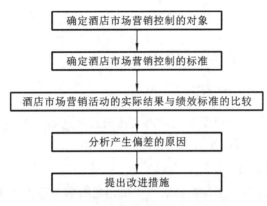

图 12-7 酒店市场营销控制的步骤

(一)确定酒店市场营销控制的对象

进行酒店市场营销控制的第一步是确定酒店市场营销控制的对象,确定哪些内容需要进行营销评估。酒店市场营销工作的执行者应从中选出主要的内容作为评估对象,以此评价营销计划实施的实际效果,并据此确定是否加以改进。酒店市场营销控制的内容很多,例如对营销人员的工作效率、营销广告的传播效果、营销计划的有效性、营销调研工作的有效性等进行控制。由于酒店市场营销控制范围较广,任何控制活动本身都会产生费用支出,因此,在确定酒店市场营销控制的内容、范围时,酒店行业机构或酒店企业的管理者应当注意使控制成本小于控制活动所能带来的效益或可以避免的损失。

(二)确定酒店市场营销控制的标准

酒店市场营销控制的第二步是确定控制的标准,或称为绩效标准。酒店市场营销控制的目标最好是以量化的标准来度量。例如,营销人员的绩效标准为每位推销人员每年增加50个新客户,广告促销的绩效标准为通过广告促销提高10%的营业收入,等等。

(三)酒店市场营销活动的实际结果与绩效标准的比较

酒店市场营销控制的第三步是进行酒店市场营销活动的实际结果与绩效标准的比较。在将酒店市场营销活动的实际结果与绩效标准进行比较时,需要确定比较的频率,即多长时间进行一次比较。比较频率的确定,取决于酒店市场营销控制对象是否经常变动。

(四)分析产生偏差的原因

一般地,产生偏差的原因有两种情况:一是酒店市场营销在实施过程出现问题,这种偏差比较容易分析;二是酒店市场营销计划出了问题,对这种偏差的确认比较困难。如果以上两种情况交织在一起,则会使分析工作难度加大。分析的方法一般有因果分析法、差异分析法。分析的结果大致有以下四类。

(1) 绩效标准定得过高或过低,使营销活动的实际效果与标准没有可比性。

(2) 营销人员的工作不够努力或者营销工作本身造成失误。

(3) 营销绩效标准的确立不尽合理,营销活动本身存在缺陷。

(4) 社会或市场不可控因素的影响。

（五）提出改进措施

酒店市场营销控制的最后一步是,根据偏差产生的原因,提出改进措施。在对酒店市场营销实际效果不理想的市场营销活动进行分析的基础上,提出相应的纠正、改进措施,增强酒店行业机构或酒店企业营销活动的实际效果。

三、酒店市场营销控制的方法

根据市场营销控制的不同侧重点以及市场营销控制的运用范围,酒店市场营销控制一般有年度营销计划控制、盈利性控制、战略性控制三种方法。

（一）年度营销计划控制

酒店市场年度营销计划控制是指酒店行业机构或酒店企业为了确保其顺利实现年度市场营销计划所确定的销售、利润等目标而采取的一系列调控措施。酒店市场年度营销计划控制分为四个步骤,如图 12-8 所示。

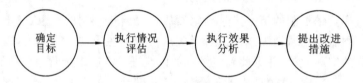

图 12-8　酒店市场年度营销计划控制过程

在年度营销计划的控制中,酒店行业机构或酒店企业的高层管理人员负责控制整个计划的总体执行和实施进度,职能部门和人员控制局部计划的执行情况。其中,酒店行业机构或酒店企业的高层管理人员要总揽全局,做好协调与沟通;酒店行业机构或酒店企业的职能部门和营销人员则做好具体的实施工作。同时,在年度营销计划控制实施的过程中,应做到责任到人、措施得力,使计划进展有保障。只有这样,才能把酒店行业机构或酒店企业内部各方面的责、权、利有机地结合起来,酒店市场年度营销计划的实施才能起到作用,才能确保年度营销计划目标的顺利实现。

（二）盈利性控制

酒店市场营销的盈利性控制是指酒店行业机构或酒店企业通过对各个目标市场、各种主要的服务项目及产品的盈利性进行衡量,来决定其取舍和增减的市场营销控制措施的方法。在盈利性控制的过程中,当对目标市场的盈利性进行评价衡量时,应先将各目标细分市场的营销费用与其销售收入进行比较,确定是否产生利润,然后分析原因采取相应措施。

酒店产品的盈利性是由营业收入、经营成本、产品特色、市场状况等因素决定的。例如,酒店产品的生命周期、产品特色、市场差异性、价格优势以及市场竞争等因素,决定着酒店行业机构或酒店企业产品经营的范围和对产品的取舍。一般来说,酒店市场营销的盈利性控制分为以下几个步骤。

(1) 将总营销费用分摊到各项营销活动中,其中,营销人员的工资、管理费用、折旧等要按一定的会计原理分摊。

(2) 调查各项营销活动的次数,算出每次营销活动的费用。

(3) 将各种营销活动费用分摊到各种产品、细分市场或各种有关中间商的费用中,由此可以对各种产品、各个细分市场、各种中间商的盈利情况进行分析。

(4) 通过分析,了解各种销售途径的销售额、经营费用和盈利状况等酒店市场营销信息,并在这些信息的基础上,修订酒店市场营销计划,使之更为有效。

另外,酒店市场营销的盈利性控制还要求市场营销人员对酒店行业机构或酒店企业的内部管理系统进行探讨,如预算的编制是否合理,广告投入是否过高,管理支出是否过大,促销活动影响是否过小,销售控制是否得当,销售的质量是否下降,等等。

(三) 战略性控制

战略性控制,又称为市场营销审计,是酒店市场营销控制的高层次控制方式。战略性控制是指通过对酒店行业机构或酒店企业的市场营销环境、市场营销目标、营销战略、营销组合、营销方法及人员、营销活动程序等诸方面进行系统、全面的客观评价,检查、分析市场营销中存在的市场机遇和问题,从而为改进、调整、完善酒店市场营销活动提供决策依据的酒店市场营销控制方法。

酒店市场营销目标、营销策略和营销计划常常由于酒店市场营销环境的变化而过时,只有定期对酒店市场营销的总体营销效果进行评估,酒店市场营销人员才能确保酒店市场营销活动有效进行。酒店市场营销战略控制是确保酒店市场营销在决策上的正确性和可行性的一项经常性的工作,它包括以下几方面的内容。

1. 酒店市场营销环境控制

酒店市场营销环境控制包括对微观营销环境的控制和对宏观环境的控制两方面。即通过对酒店市场、消费者、竞争者及其他直接影响企业营销活动的因素,以及对经济、政治、技术、社会等客观的间接影响因素进行分析,提高酒店行业机构或酒店企业自身对市场环境的适应能力。

2. 酒店市场营销策略控制

酒店市场营销策略控制主要是对酒店行业机构或酒店企业营销目标、营销战略,以及当前和预期的营销环境相近程度的检查、分析和改进。

3. 酒店市场营销系统控制

酒店市场营销系统控制主要是对酒店信息收集、计划拟订、营销控制活动过程等的检查、分析和改进。

4. 酒店市场营销组织控制

酒店市场营销组织控制即对酒店行业机构或酒店企业营销组织的合理性和有效性进行分析、改进。

5. 酒店市场营销效果控制

酒店市场营销效果控制即对酒店市场营销中有关单位、项目产品的盈利能力及各项营

销活动的成本收益进行检查、评价和改进。

6. 酒店市场营销职能控制

酒店市场营销职能控制即对酒店市场营销中营销组织的每一因素及其策略运用进行检查、分析和改进。

同步案例　美国酒店界对英国酒店市场的营销

美国酒店界为了开拓英国酒店市场,曾经在英国进行了一场大规模的广告宣传。广告说,入住美国酒店的费用要比你们想象的便宜,1天花15美元就能观赏美国。可是广告的收效甚微。后来,美国酒店人士发现,从表面上看,英国人认为到美国酒店的费用太高是障碍,但他们真正害怕的是美国的那些高耸的摩天大楼、交错复杂的高速公路、缺乏个人感情的消费经济,而令人忧虑的是英国也正在步美国的后尘。了解到这种情况后,美国酒店及时改变了宣传策略,转而宣传科罗拉多大峡谷、黄石公园、尼亚加拉大瀑布等自然风光,结果收效显著。

问题:从营销的角度评析本案例。

分析提示:通过对市场营销计划实施的追踪调查,能够及时发现酒店市场营销计划与实际需求的差异,及时发现问题并进行调整,从而使酒店行业机构或酒店企业所推出的酒店产品能够适应目标顾客的价值观念,受到目标顾客的欢迎,保证了酒店市场营销的有效性。

内容提要

酒店市场营销计划工作是指酒店行业机构和酒店企业通过自我评价和对目标市场发展态势的分析,确定营销目标和实现营销目标的行动方案的工作过程。酒店市场营销计划可以分为两大类:战略性营销计划和战术性营销计划。

酒店市场营销组织是指酒店行业机构或酒店企业中全面负责制定酒店市场营销策略、实施酒店营销工作的组织机构或部门。决定酒店行业机构或酒店企业营销组织设置的因素主要有以下五个方面:酒店行业或酒店企业的规模、酒店行业机构或酒店企业的目标市场、酒店产品的特点、酒店行业机构或酒店企业的类型、酒店行业机构的实力或酒店企业的经营状况。

酒店市场营销的实施实际上就是酒店市场营销计划的实施。使酒店市场营销计划得以实施,必须做到经营工作的全面协调、目标管理的有效开展、计划与变化关系的正确处理。

酒店市场营销控制是指酒店行业机构或酒店企业在其产品定位、市场营销调研和市场营销计划的基础上,通过对市场营销计划合理性的检验,对计划实际执行情况的检查和对市场、产品进行的再调研、再定位,不断调整和改进酒店市场营销策略、促进酒店市场营销有效实施的过程。

▎核心概念

市场营销计划；市场营销组织；市场营销控制；年度营销计划

▎重点实务

市场营销计划与市场营销控制在酒店中的运用。

▎知识训练

一、简答题

1. 营销计划包括哪些内容？
2. 酒店市场营销管理过程是什么？
3. 酒店市场营销形势分析主要分析哪几个方面？
4. 酒店市场营销要进行哪些方面的控制？
5. 酒店市场营销控制的主要环节有哪些？
6. 酒店市场营销控制的方法有哪些？

二、讨论题

1. 酒店行业机构或酒店企业怎样实施营销计划？
2. 酒店行业机构或酒店企业为什么要进行营销控制？

▎能力训练

一、理解与评价

通过案例分析、策划、实践这一过程，充分运用酒店营销这一专业知识，用实践检验从书本中所学的知识，并通过与老师、同学们的交流学习，不断完善自身的专业知识结构。

二、案例分析

酒店营销计划分析

背景与情境：我国南方某省一城市近些年来旅游业发展迅速。1990年，这里规划重点发展旅游业时，只有几家普通旅馆和招待所，仅有的两家宾馆也够不上星级。2010年情况大不一样，由于航线畅通，景点建设有吸引力，国内外游客每年超过1000万人次，以接待国外和国内较高层次的游客为主。无奈宾馆、酒店发展速度更快，不仅房间数超过2万，床位数超过3.5万，一至三星级宾馆、酒店也达35家。在开房率下降、竞争激烈的情况下，刚投入运营的一家大酒店面临着严峻的选择：是卷入新一轮的价格战，还是办出特色。

这家酒店的张经理曾经在省城管理过两家星级酒店，有丰富的实战经验。他的主张是：削价竞争绝非良策，要良性发展，必须突出自身的特色，以分外整洁的环境、周到的服务，让中外游客都承认，这家三星级酒店是名副其实的。

张经理在办公会议上强调，当地酒店业竞争过度，平均开房率不到40%，靠削价竞争是难以消除这种环境威胁的。但是，在全部客源中，国外游客约占15%；国内游客要求住三星级酒店者（包括会议）也不低于此数。这样，星级酒店经营得好，客源不向低档酒店分流，开房率可达50%左右，威胁与机会并存，关键在于如何把握住机会。

在张经理的主持下,办公会议批准了营销部的计划书,要点如下。

(1) 优化客源结构。

重点是发展团队市场,争取新签一批订房协议。

(2) 加强横向联合。

主要是密切与省内外声誉好的旅行社和省内两个客源量大的城市的主要宾馆、酒店协作。

(3) 加强内部管理。

在激励员工、提高士气的基础上,彻底整治所有服务场所和客房的清洁卫生问题,并建立健全各项规章制度,要求格外整洁并常态化,全体服务人员必须热情周到地为顾客提供各项服务。

(4) 严控价格折扣。

在批准的客房定价基础上,除每年有4个月的淡季折扣和大型会议适当折扣外,严格控制任意降价的做法。

问题:

1. 评析这家酒店张经理的酒店计划。
2. 分组讨论酒店在市场竞争中应该怎样有针对性地运用不同的酒店计划。

第十三章 互联网酒店营销

学习目标

通过本章学习,了解酒店＋互联网营销、酒店＋移动营销、酒店＋新媒体营销的发展趋势,熟悉互联网营销、移动营销、新媒体营销的平台与形式。

引例:疫情期间如何利用新媒体做好线上营销?

背景与情境: 2020年春节前后开始,新冠肺炎疫情严重,这段时间,人们被困在家中无法出门,口罩紧缺,酒精紧缺,消毒物品紧缺,很多企业及商家更是负资产运营,面临着随时倒闭的风险。"疫情会对经济造成重大影响""企业无法生存甚至倒闭,裁员潮或将来临"等言论不时出现。企业与其为无法预知的未来担忧,还不如想想如何利用当前形势挽回局面,做好品牌的线上营销,实现逆风翻盘。对企业来说,只有活下去,旗下的员工才能得以继续就业,才能为社会、为国家创造价值。而线上营销要做的就是帮企业活下去,实现更加长远的发展。淘宝和京东在2003年非典肆虐的时候,抓住发展机遇,蓬勃发展。客户虽然被困在家中,但是依然有消费需求,只是消费行为从线下转到了线上,应精准地洞察到客户的需求,并结合自身产品的特点来做营销。餐饮业网红海底捞,在网友们担心它的生存现状时,其在微博发布了一篇怎么用海底捞底料做面的教学视频,海底捞创始人张勇也出现在了视频中,内容虽然简单,但是却利用短视频和众多海底捞的粉丝来了一次隔空互动,接地气的同时又做了品牌营销。此外,一些餐饮品牌,也利用新媒体平台公布了自己为抗疫一线人员提供饮食或者捐献财物的推文,既为抗击疫情出了一份力,同时暖心的举动通过报道之后也获得很多客户的点赞,品牌形象一下子高大起来。

(资料来源:https://baijiahao.baidu.com/s?id=1658203814885812741&wfr=spider&for=pc.)

移动互联网时代的到来,让人与人之间的交流能够跨越时间与空间的限制,

"即时互动"与"信息对称"成为新时代的特征。在PC互联网时代,"客户流量"成为各大商家争夺的热点,"争夺客户时间"是商家竞争的重点。目前,中国移动网民平均每天有一小时花在了微信上,使微信成为移动互联网时代的宠儿,也催生着酒店营销模式的变革。

第一节 酒店＋互联网营销

一、互联网营销形式与优势

(一)互联网营销的形式

酒店互联网营销的形式主要有网上预订、酒店官网、酒店信息管理系统和互联网广告四种,如图13-1所示。

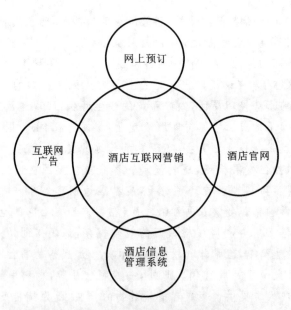

图13-1 酒店互联网营销的四种形式

1. 网上预订

网上预订的方式不仅可以提高接收订单的效率,同时可以缩短订单处理的时间,减少失误,提高客户的体验。利用在线预订,订单会被迅速转移到订单处理点,节省了时间,简化了订单处理流程,让酒店营销人员可以有更多的时间和精力开展更多的销售业务。

酒店通过各种多媒体手段,将客房功能、设备等展示给消费者,消费者在网上预订房间的时候除了填写具体的入住时间以及选择的房间种类之外,还可以根据自己的偏好对酒店提出一些合理的特殊要求,从而在实际入住的时候享受更贴心以及个性化的服务。这样,不仅有利于提高客户的消费体验,还能增强他们对酒店品牌的忠诚度,通过口碑传播带来更多的客户资源。

2. 酒店官网

酒店官网可为消费者提供全面的酒店信息,从而可以让消费者自行查询以及选择。此外,客户也可以查询自己以前的消费记录。酒店员工还可以与客户保持通畅的沟通联络,随时了解客户的需求变化,以便对服务及时做出调整。

酒店拥有自己的独立网站,可降低对在线预订系统的依赖性,同时也开拓了新的互联网营销渠道,有利于提高酒店的销量及对互联网营销的管理水平,加强客户资源管理。

此外,酒店也会拥有更多的定价自主权,有利于满足酒店的定位需求,为其战略奠定坚实的基础。借助互联网方便、快捷的通信方式,酒店也可以开展产品使用的跟踪服务,及时帮助客户解决问题,以此提高网站的访问率。

3. 互联网广告

广告的目的是促进酒店服务和产品的营销,提高酒店的品牌形象,在抓住老客户的同时吸引更多的新客户。互联网在酒店行业的应用,为其带来一种新的广告营销方式。

与其他网站建立连接,增加酒店网站的点击率。利用网络新闻或论坛实现广告目标,比如在某个组织中发起一个话题,将感兴趣的客户吸引到组织中去,通过相关话题的讨论,巧妙插入广告,将广告的内容融进话题讨论中去,或者是直接选择一个恰当的位置展示广告。锁定潜在客户群,通过电子邮件的方式将广告信息发送给他们。

与传统广告形式相比,互联网广告成本低、互动性强、速度快、传播面广,而且能够帮助酒店与客户建立一对一的营销关系。

(二)互联网营销的优势

1. 捕捉客户需求,提供满意服务

酒店作为一个服务行业,其经营目标是从客户需求的满足中获得企业利润的增长。要实现这一目标,就需要掌握客户的实际需求,包括客户在什么时间、什么地点、需要什么样的服务。而通过客户的网络订房行为以及互联网平台上的互动信息,酒店可以详细了解客户的需求状况,据此为客户提供个性化的服务。

借助互联网提供方便、快捷的订房,不仅为酒店输送了更多的网络客户资源,同时也可对网络客户资源实现计算机管理。酒店可通过对客户行为数据的分析,向客户提供精准的个性化服务,较大幅度地提升客户满意度。

2. 建立品牌效应,提高竞争力

信息是酒店的重要战略资源,也是酒店参与行业竞争的重要武器。借助互联网平台,酒店可以获得更多的客户资源和信息,从而形成自己的竞争优势。

在线预订可以将酒店的客户预订服务覆盖到更广阔的范围内,实现异地客房销售。同时,在线预订方式也为酒店开辟了一种新的客源渠道,便于挖掘更多潜在消费群体,在一个更大空间里树立酒店的品牌形象。

二、互联网营销类型与方式

(一) 互联网营销的类型

目前互联网在线旅游服务商主要有五种类型:一是OTA,如携程、艺龙等;二是电商平台,如淘宝等;三是旅游垂直搜索引擎,如去哪儿网等;四是传统酒店自建线上平台,如国旅在线、芒果网等;五是门户网站,如春秋旅游网等。其中,第一、二种类型可以归为中介代理营销类型,其他几种则可归为直销类型。

1. 中介代理

所谓中介代理是指酒店将各种信息发布在携程、艺龙等中介代理网站上,由其代为开展市场营销活动,而酒店则向其支付一定的佣金,属于酒店营销渠道的外包形式。消费者如果点击酒店名称的链接,并不是直接进入酒店界面,而是进入酒店在携程界面的展示。这种模式的好处是中介代理的网络辨识度更高,从而会给酒店带来大量的订单量。但中介代理并非只代理一家酒店,而是代理多家不同区域、位置的酒店,因此就会产生激烈的竞争,特别是在价格方面。另外,客人通过中介代理选择酒店的话,容易培养消费者对中介机构的忠诚,而无法形成对酒店品牌的信赖和忠诚,长此以往会使酒店失去自己独立成长的机会。

2. 直销模式

直销模式就是指酒店或酒店集团自建网络平台销售产品。在国内酒店网络直销中,官网直销和搜索引擎排名是较为流行的模式。通过直销模式,酒店可以与客户直接建立联系,向客户更好地展现自己的产品和服务,同时也可以根据实际情况来调整房间价格,降低空房率。通过持久的直销,酒店也可以树立起自己的品牌形象,获得比较稳定的客源。但是,如果酒店不能跻身搜索引擎排名靠前位置的话,就很难获得理想的销售效果。同时,由于酒店缺乏比较完善的与银行的担保体系,如何降低 No-SHOW 率,也是酒店直销模式面对的难题。

一般而言,直销渠道以协议客户为主,分销渠道销量以OTA为主。规模比较大、服务水平高的酒店,更适用于直销方式。

(二) 新型在线营销方式

目前,新型的在线营销方式主要有移动客户端、社交媒介和团购。

1. 移动客户端

移动互联网的飞速发展以及各种移动智能端的日益普及,为人们带来了一种获取信息的新方式。今天,越来越多的网民开始使用移动智能端进行网络消费,而通过手机端预订酒店的比例也在不断攀升。为了顺应这一趋势,许多酒店预订网站也陆续推出了手机预订功能,在方便客户预订的同时展开了激烈的市场份额争夺。

2. 社交媒介

很多酒店开通了自己的官方微博,在与老客户加强互动的同时,也在不断挖掘潜在的新客户。微博已成为酒店与客户进行交流沟通的一个桥梁,不仅在酒店宣传推广中发挥了重要的作用,而且也有助于酒店树立良好的品牌形象。

微信作为现代的主流社交工具,在酒店营销领域中扮演着越来越重要的角色。很多酒店拥有自己的微信公众号,可以对关注自己微信公众号的客户进行精准的信息推送和点对点的营销。微信订房、订餐在未来会有更大的上升空间,也是酒店网络营销竞争的一个焦点。

3. 团购

为了避免酒店产品价格起伏导致市场形象受损和目标市场客源流失,酒店通常会在常态销售模式外,根据季节变化和经营需要发起团购活动。团购活动凭借其价格优势,成为酒店吸引消费者关注、迅捷提升产品销量的利器。当然,团购活动也会受到消费者群体的特质和思维定式的影响。

知识链接

团购网站在线酒店预订的优劣势

为了更好地布局酒店O2O市场,突破因自身先天不足造成的发展瓶颈,以美团、百度糯米、大众点评等为代表的一众团购网站,将眼光转向了在线酒店预订市场,对以携程、艺龙等为代表的在线旅游平台,发起了挑战。

团购网站布局在线酒店预订有着以下优势:

★ 团购网站有着强大的地面推广队,可以快速整合各种线下资源。例如,美团拥有超过300个城市的分站和8000多名地面推广人员。显然,这些人员的强大资源整合能力,有利于快速地与各地酒店达成在线预订合作。易观智库的数据显示,酒店团购的年度客房成交额达30亿元之巨,且呈现大幅度增长的趋势。而且,酒店团购不断积累的客户流量,也为团购网站布局在线酒店预订提供了广阔的市场开拓空间。

★ 美团等网站有着大量高黏性的客户,为在线酒店预订提供了大量的潜在消费群体。同时,团购网站不断地进行业务跨界,使它们逐渐转型为"吃喝住行一站式的服务平台":客户在团购电影或餐饮的同时,也会顺便看看酒店预订服务。

★ 价格优势是商家吸引消费者的利器之一。不论是美团背后的阿里集团,还是糯米依靠的百度、大众点评依托的腾讯,都有十分雄厚的实力。这使团购网站在进军在线酒店预订市场时,有能力通过价格战,抢夺在线旅游平台的市场份额。

团购网站进军酒店预订虽然有着诸多优势,但团购网站的在线酒店预订布局,肯定不会是一帆风顺的。至少,下面三个方面就是其不得不考虑的问题:

★ 市场份额基本被瓜分完毕,新市场的开拓较为困难。以携程、艺龙为代表的在线旅游平台,已经在多数城市完成了布局,而且多与酒店进行独家合作,这使团购网站很难在当前的市场格局下与更多的酒店特别是那些没有接触过的高端酒店,达成合作意向。

★ 消费者群体的特质,限制了在线高档酒店预订市场的开拓。团购网站以其价格优势聚集起了大量客户,这些客户群体在社会中一般处于中低收入阶层,对价格的变化较为敏感。因此,当团购网站转向在线高档酒店预订市场时,很难吸引到他们的关注。

★消费者的思维定式也影响了在线酒店预订市场的开拓。旅游群体始终是酒店最主要的客户基础。受以往业务范围的影响,消费者对团购的印象更多的是订餐、电影、KTV等饮食和娱乐方面;而提到旅游,则是携程、途牛等专业性的在线旅游平台。这种心理预期,必然不利于团购网站进军在线酒店预订市场。

三、互联网营销的组合策略

传统的酒店营销组合策略就是麦卡锡提出的4P要素,即产品(Product)、价格(Price)、渠道(Place)和促销(Promotion)策略。在互联网营销模式下,4P的内涵和外延都发生了显著的变化(见图13-2)。

图13-2　互联网营销模式中的4P组合策略

（一）互联网营销的产品策略

在互联网时代,客户往往先在网上浏览酒店客房信息后再做出是否预订的决定。如果酒店网页设计得好,就会大大增加消费者预订的可能性。因此,做好网页设计和虚拟客房是酒店产品策略的关键。

1. 网页设计

酒店网页要以设计精致和操作方便为准则。

★酒店主页:以强烈的视觉冲击力给消费者留下深刻的印象。

★网页结构:布局合理、层次分明,让消费者能在较短的时间内找到自己所需要的服务功能。

★网页内容:全面、重点突出,消费者所要了解的信息都可以在网页上找到。

★网页链接:浏览方便,上传和下载速度快,不可出现链接中断以及缺乏图形的情况,尽可能在众多酒店网页中吸引消费者浏览自家的网页。

2. 虚拟客房

消费者在购买产品前需要对产品有一个大致的了解。传统的酒店营销,消费者无法在预订之前对客房有所了解,而互联网与酒店营销的融合,满足了消费者的需求。

酒店可利用互联网构建一间虚拟客房,消费者参观虚拟客房的操作也非常简单。通过参观虚拟客房,消费者可以在预订之前就对客房有所了解。如果消费者对客房的一些设施,如窗帘的颜色、屏风的摆放位置、楼层的高低等不太满意,可以把自己的意见输入计算机。如果酒店能够满足消费者的要求,会再次邀请消费者进入虚拟客房体验。

同步案例　*酒店才是最好的家居卖场*

在互联网购物的冲击下,越来越多的消费者把实体商店当作展示间和试衣间,线下看货,线上买货。如果说,这种通常叫作"showrooming"的行为,让地面商家损失了不少收入,那么却为某个特殊的场所打开了充满商机的大门。

这个场所就是酒店,无论是差旅还是度假,酒店就像旅行者的第二个家,然而与家最大的不同是,家里的东西都是你自己购置的,而酒店则对客房拥有100％的布置权。

过去,酒店顶多利用这个机会推销自有品牌的床具、浴室用品等。如今,越来越多的酒店,特别是精品酒店,开始试水将客房开辟为O2O推销战场,容纳越来越丰富的品牌在这里展示自己的商品。

家居产品的购买,需要亲身体验,而酒店恰恰提供了这样千载难逢的机会,可以让家居品牌的产品与潜在顾客在放松的环境里,反复、亲密接触,极大地增加了购买转化率。

以下是英国《金融时报》笔下关于酒店O2O尝试的几大代表性案例:

Katie和Alex Clarke夫妇将英国Sussex一家18世纪的驿站精心改造为风格优雅的酒店——George in Rye,曾经为电影、电视剧制作布景的特殊经历,让他们两人拥有了不凡的品位,让房间充满令人眼前一亮的舞台氛围,而且每个房间都有自己的特色。络绎不绝的客人跑来询问哪里可以买到客房里摆设的东西:台灯、靠垫、床头板种种。这让Katie和Alex意识到,酒店是推销商品的绝佳场景,于是他们在附近开了一家零售店,引进了Frette品牌的床单和枕头(也是著名的Savoy奢华酒店的供应商),Farrow & Ball油漆和Ren牌护肤品等,所有这些产品同时在他们的酒店房间中使用,房客如果喜欢就可以直接去指定商店购买。这个尝试大获成功,如今他们的商店已经搬到酒店边上更大的地方。客人甚至可以从酒店的供应商处委托定制,比如出自当地设计师之手的缤纷灯罩或乙烯基壁板。

越来越多的酒店开始销售传统服务以外的商品,一方面,这些酒店自己正在演变成生活方式品牌,通过销售自有品牌实现利润最大化。希尔顿、万豪和凯悦酒店都开设了网店,销售从泡泡浴到床具的各类家居用品;另一方面,它们也在成为其他公司推销商品的展示间,为那些门店客流下滑的零售商提供了一条新的通道。

喜达屋集团旗下的Aloft酒店,已经和美国家居内饰零售商Design Within Reach签订合同,在美国20个酒店展示和销售它们的家具,包括扶手椅、吊灯等,价目表就放在房间内客人触手可及的地方。

在欧洲,CitizenM酒店集团与瑞士家具公司Vitra也达成了类似协议,两家的目标顾客有很大重合,都热爱轻奢生活。酒店和家居品牌商各取所需,酒店可自行挑选适合的产品,免费使用在客房里,其中不少是来自顶尖设计师;品牌商则获得免费面向目标顾客展示产品的机会,不仅是展示,更是深度体验。这就是所谓的"活着的展示间"。CitizenM 酒店并不卖这些家具,产品目录放在前台,但没有价格标签,所有家具只能从 Vitra 公司直接购买。尽管如此,酒店还是得到了免费家具之外更多的好处:不少客人在那些家具前留影、自拍,上传到 Instagram,对酒店进行了无偿的宣传。

Ace 酒店与品牌的合作也是创意十足。这家总部设在美国俄勒冈州波特兰的酒店开设了网上商店,自比为"露天跳蚤市场",销售东西包括纽约布鲁克林生产的 2400 美元的定制自行车 Horse Cycles,苏格兰生产的名牌数字收音机 Revo(400 美元),Ace 自有品牌的灰色羊毛毛毯,据说每次上架都会迅速销售一空。

酒店的这些尝试,已经大大超越了传统酒店那些常年销售乏味的字母组合。浴袍、高尔夫雨伞的礼品店,不仅扩大自己的利润来源,获得更高的社交媒体传播,甚至开始承担起推广本地艺术家、工匠和设计师产品的作用。

(资料来源:http://www.360doc.com/content/14/0603/16/535749_383313642.shtml。)

(二) 互联网营销的价格策略

价格是酒店营销管理的关键因素,也是消费者最为关注的问题。互联网的发展,在为消费者提供便利服务的同时,也将酒店客房价格暴露在竞争对手面前。因此,在互联网营销模式下,酒店需科学定价、灵活变价、弹性议价。

1. 科学定价

由于互联网的发展,消费者可以在网上看到其他酒店的客房价格,一定程度上也增加了客房价格的透明度。建立合理的价格体系,科学定价,物超所值,则能够消除消费者在客房价格上的疑虑,让消费者放心预订。

2. 灵活变价

互联网提高了酒店客房价格的透明度,也因此让酒店面临来自竞争对手价格的冲击。酒店可建立客房价格自动调节系统,按照淡旺季的不同消费者流量,通过不同的市场价格来吸引消费者。

3. 弹性议价

弹性议价是指酒店与消费者通过互联网进行商讨,共同制定一个双方都可以接受的客房价格。消费者可以在酒店主页上输入自己认为合理的价位所需客房的楼层、朝向等选项,然后酒店就会针对消费者的要求为其提供满意的客房。

(三) 互联网营销的渠道策略

1. 多种渠道形式

目前,互联网已成为酒店营销的主要渠道。酒店不能只依靠一家渠道来销售产品,而应采取多种渠道形式来进行市场营销,既不被主要渠道捆绑,又可增加酒店在不同渠道上的曝光度。

2. 组建会员网络

会员网络是在虚拟组织基础上建立的网络团体,成员可以免费享受会员服务。酒店的会员网络通常由住过酒店的常客组成。通过与消费者的交流,培养他们对酒店的忠诚度,形成客户黏性。

★在售后服务上,当消费者离开酒店后,酒店的相关人员会通过消费者入住的登记信息,发 E-mail 询问消费者对酒店的意见,也会定期发送最新服务项目并征求消费者的意见。

★酒店会将成员根据职业、城市、阶层进行分类,为他们提供彼此的联系方式,促进消费者之间的交流沟通。

★在节假日,酒店会通过互联网向消费者发送节日祝贺以及精美的贺卡,表达对消费者的尊重和重视,从而让消费者留下深刻印象。

(四)互联网营销的促销策略

1. 电子邮件(E-mail)形式

电子邮件是互联网促销中常用的一种方式,具有成本低、反馈及时、速度快等优点。酒店会成立专职部门对消费者信息进行分析和归类,有针对性地向目标客户投放广告。

2. 专业销售网

专业销售网是指专门销售某种产品的网站,具有省时、高效的特点。消费者可以通过专业销售网查询感兴趣的内容,如旅游地名称、酒店等级等。

3. 公共黄页

公共黄页是专门为公众提供查询服务的网站,如 Yahoo、Infoseek、SOHU 等,消费者只要在查找框内输入关键字,网站就会为消费者提供所需要的信息。但是,公共黄页与专业销售网存在相同的弊端,即酒店网址可能会淹没在众多的信息当中,不易被查找到。

4. 交换旗帜广告

交换旗帜广告就是酒店自己制作一个广告,并归属到酒店行业类型下,然后旗帜广告交换网络就会根据酒店网页图标的被点击次数等量地在其他站点中展示。交换旗帜广告方式的优点在于免费、接触面广、及时统计等,较适合酒店的营销管理。

第二节 酒店+移动营销

一、移动营销方式与意义

移动互联网的出现为人们带来了一种更加便捷的信息获取方式和渠道,同时也因为其可移动以及便捷的属性在信息技术应用领域掀起了一场颠覆性的革命。移动便携性、本地化以及社交等特点和功能的日渐丰富,让移动互联网在酒店行业实现了快速渗透,酒店行业的营销因为其新事物的加入而发生了"改头换面"式的变革。

（一）移动营销的方式

目前,中国有将近5亿人使用移动网络。客户预订酒店的方式也发生了翻天覆地的变化,传统的预订方式几乎被摒弃,人们更喜欢借助移动网络工具,进行网上预订。在旅行的前一天晚上旅客可以躺在床上用手机就把明天的车票、酒店预订好。所以,现在谁能让消费者快速方便的预订,谁就能在这个时代下迅速发展。

1. 微订房

客户可以在社会媒体酒店预订平台进行实名注册,之后便可"一键预订",这种方式拉近了酒店与消费者之间的距离,大大缩短了客户的预订时间。客户在交易平台留下了自己的各种相关信息,这些信息都被酒店纳入数据库中,从而有利于酒店的进一步精细化管理。同时,酒店借助微博这一平台,可以促进酒店面向客户的传播速度,体现酒店的营销策略。北京的开元名都大酒店和歌华开元大酒店分别在各自的新浪微博上开启"微订房"后,就迅捷产生了大量订单,表明了客户对"微订房"这种新营销方式的一种肯定。

2. MSS

MSS不仅包含"快速预订""订单管理""数据统计""促销活动"等核心功能,还包含"客户管理""会员管理""餐饮康体预订"等功能。客户可以通过浏览"酒店介绍""促销活动"和"酒店服务预订"三大板块,用手机方便快捷地预订,并与酒店保持互动。MSS这种低价而便捷的手机预订营销系统,已开始被越来越多的客户所使用,在酒店移动营销中发挥的作用也越来越大。

3. App

大型酒店集团拥有大量的资金和充足的人力资源,都有属于自己的App。酒店通过App可以与客户时刻保持互动,并通过App向客户进行宣传推广和产品促销。在移动互联网时代,酒店业务由PC移至移动端,不仅有助于快速提高OTA的业绩,也有利于实现更高的市场份额。

（二）移动营销的意义

1. 建立酒店直销模式

移动互联网的应用,拉近了酒店和终端客户之间的距离,让酒店可以更详细地了解客户的需求,为他们提供贴心、个性化的服务。智能手机客户端可以实现"上网"和"通话"双功能,客户通过手机客户端不仅可以与酒店进行直接沟通,同时也可以实现随时通话,了解酒店最新的优惠信息,向酒店传递自己的服务要求。这样,OTA中间商的作用没有过去那样突出,而酒店也建立了一个直接通往终端客户的直销渠道。

智能手机客户端除了提供客户预订功能之外,入住酒店的客户也可以通过客户端预订送餐服务和客房用品。这也是酒店从传统的互联网模式走进移动互联网时代实现的一大创新和进步。

2. 减少酒店库存房量

通过智能手机客户端向会员客户发送当天"最后一分钟"房价,促进客房的销售,减少库存房量。这样,不仅可以让客户享受到更多的优惠,也不破坏OTA等渠道合作伙伴的商业规则。

美国的 Hotel Tonight 推出了当天房间短期预订的服务,可以让"最后一分钟"的商旅客户利用该软件搜索附近酒店的空房,从而降低空房率。如果是使用传统的订房网站的话,要就近找到酒店空房比较困难,而利用智能手机客户端就可以,而且还可以更加方便和快捷。

3. 提升客户参与度

在 PC 时代,由于客户不可能随时随地在线,酒店也很难与客户之间实现实时互动。而手机移动终端的出现,可以让客户实现随时在线,酒店也可以加强与客户之间的联系。比如 7 天连锁酒店通过签到获取"点币"的奖励方式鼓励客户参与,从而增强与客户的互动。

4. 提升客户满意度

通过手机智能终端,酒店可以直接与客户建立联系,并利用移动互联网的社交属性,了解客户消费习惯以及爱好,为提供高度定制化的酒店服务创造了条件。在让客户获得极致服务体验同时,增强了客户对酒店品牌的忠诚度。

知识链接 **上线一个月,微信订房流水从 0 到 20 万!**

如何提高酒店客房淡季的入住率一直是酒店从业者的难题。除了打折、降价、做活动,能想到的办法少之又少,即便亏本甩卖仍然收效甚微,反倒顾虑低价会伤害品牌形象。不过,越是在经营淡季,越能看出酒店的经营能力和对顾客的吸引力。

华特酒店是一家集客房、餐饮于一体的精品特色酒店,重视概念及视觉的整体实现。让客人感受城市里的哈尔滨、闹市里的东方小巴黎文化。

一般而言,过了 3 月,哈尔滨的旅游业就进入淡季,酒店的生意也会冷清很多。虽然五月有"五一"小长假,但是游客数量仍然有限,而且游客大多不是酒店的长期客户,预订渠道也多是通过 OTA 进行预订,并未能给小程序带来流量。

1. 坚持自有渠道建设

酒店线上预订所占市场份额不断增加,其中,大部分订单来自 OTA 渠道。随着 OTA 行业的不断整合,已经形成"寡头垄断"局面,几大 OTA 巨头几乎占据了在线预订的所有份额。这也使得 OTA 巨头的经营策略由一开始的"跑马圈地"、高补贴,转变为收割流量红利,不断提高酒店抽佣比例。许多酒店被 OTA 流量捆绑,大部分经营利润被其抽走,但是迫于渠道流量压力,只能继续保持合作关系,陷入了增量不增润的怪圈。

对此,华特酒店将目光瞄准在微信上,使用微信智慧酒店解决方案,在酒店公众号内添加订房入口。通过酒店前台引导客户关注公众号下单,并承诺客户在微信内订房价格不高于任何其他渠道,培养客户在微信公众号内直接下单的习惯。

2. 搭建会员体系

许多单体酒店商家认为会员体系没有必要。相比于连锁酒店品牌,单体酒店的会员权益对一般客户吸引力较小,客户不买账,商家收益低。

不过,华特酒店对酒店会员却是这样理解的,对于大部分酒店来说商旅客户以及本地客户占有很大比例,而这群客户具有较高的品牌忠诚度,复购率极高,十分适合会员营销。针对这些客户,华特酒店在智慧酒店的后台设置了会员卡,领卡客户预订时享受8折优惠,还可以累积消费积分、升级会员,获得更多折扣。即便是游客,华特也会为他们开通会员卡,享受会员折扣,这些客户的口碑效应会吸引许多客户在前往哈尔滨游玩时主动注册酒店会员并下单。虽然OTA对线下酒店的渗透率越来越高,但华特酒店会员渠道订单量仍保持稳中有升。

3. 细分客户群,吸引"回头客"

大多数酒店本身有一个定位,如主题酒店、商务酒店、度假酒店等。但是消费者的标签是十分多元化的,并且消费者本身的消费观念和身份也是处在不断变化之中。如游客、情侣、亲子家庭、本地熟客、商旅客户等等,这些客户对于酒店往往都有不同诉求。针对不同客户群,提供更有针对性的服务,能够瞬间赢得客户好感,将偶然登门的客户转变为长期客户。

在这方面,华特酒店做得十分细致。其利用智慧酒店后台的客户功能为不同客户群体设置了单独的标签,如商旅、游客、亲子等,并针对不同人群制定不同的营销策略。如儿童节马上到来,就可以向亲子标签的客户推送特定的亲子套餐优惠券;在酒店房间充裕的情况下,酒店还会主动为客户升级房型,如给携带孩子的家庭升级亲子套房;在节假日和客户生日当天,自动向客户发放优惠券等。

(资料来源:根据微盟智慧酒店案例整理。)

二、移动营销内核与特征

(一) 移动营销的内核

1. 建立微会员关系

酒店移动营销可以借助手机移动端整合微博、微信等渠道,与消费者建立微会员关系。酒店可通过这些软件工具,向消费者传递产品信息,搭建直销平台,让消费者可以通过平台随时预订酒店,既方便了消费者又增加了酒店的效益。

实行移动互联网营销是顺应了时代的发展,为客户增加了一条可以进行网上预订的渠道,也为酒店行业找到了一条盈利的新出路。在进行移动互联网营销时,除了保证Wi-Fi畅通,还需要产品的周密策划、推送以及与客户维持紧密联系。

2. "病毒性"群发

"病毒性"群发并非植入病毒,而是扩大传播途径,让更多的客户了解酒店产品的特性、优点。"吃垮必胜客"让必胜客流行一时,就是典型的病毒营销案例。

必胜客有一款自助水果沙拉,不限制客人取用的数量,但只能取一次。为了物超所值,消费者都想多拿一点。而一则"吃垮必胜客"的信息就是针对消费者的这种心理在网络上风靡开来,这则信息不仅介绍了如何用必胜客沙拉碗一次盛放7盘沙拉的好办法,还配有真实图片。网友在收到这则信息以后都觉得有用有趣,会立刻转发给自己的亲朋好友,并相约去必胜客一试。实际上这就是个成功的"病毒性"群发营销尝试。

3. 移动广告投放

酒店App除了与相关垂直行业App合作之外,还有一个重要作用就是精准投放移动广告。当然,要使移动广告投放起到实效,一是要对入住酒店的人群进行观察,借助大数据对他们进行分类;二是要通过LBS实现与O2O线上线下的结合;三是要对广告创意和内容不断优化,并确定广告投放的最佳时段;四是要注意将广告的投放重点聚焦在潜在客户身上。

4. 建立平台合作关系

为方便客户查询以及提升酒店网站的客户流量,酒店需要与旅游、团购App合作,借助它们的平台发布酒店信息。这样,客户在查询或者团购的时候,就可以看到酒店网页的信息。如果需要的话,客户还可通过App进行查询预订。规模大、信誉高、服务周全的平台更能提升客户对酒店品牌的信任与依赖,酒店需与这些平台建立绿化带合作关系。

(二)移动营销的特征

1. 便携性

移动互联网让人们可以实现随时随地上网。据美国机构调查,上下班途中以及睡觉前是移动互联网使用人数最多的时段。很多人将在上下班途中使用网络的群体称为"路途中的人群",在这一部分群体中有79%的人会使用移动互联购物消费。这部分群体同样也是酒店行业的消费主体。移动互联网的便携性给酒店的移动营销带来了可能,客户可以随时随地查询酒店的信息并进行预订,实现了酒店与客户的连接。

2. 本地化

本地化是移动互联网的另一个重要特征,其自带的LBS定位导航功能受到了众多商家的欢迎。通过这一项功能,商家可以更容易获取客户的当前位置,从而对客户进行有效的信息推送,增加客户到店消费的成功率。预订营销的Booking(预订)功能,可以帮助酒店有效提升客房的入住率。根据洲际酒店集团的数据,有大约65%的客户都是在预订当晚或第二天入住酒店的。这也就意味着很多客户都会就近选择酒店。因此,移动互联网可以使酒店更多地定位服务,锁定一部分潜在的消费群体,然后进行有效的信息推送,让旅行者可以更便捷地就近选择入住的酒店。

3. 社交化

在移动互联网功能中,微信成为近些年较受欢迎的一种社交化应用软件,也成了酒店行业重点掘金的一个地域。微信在酒店行业的应用意味着越来越多的客户会通过微信这个社交化的即时通信工具去挑选和预订酒店,分享酒店的体验等。微信作为手机端社交化的重要通信工具,不仅给客户带来了更加便利的消费体验,而且给酒店营销带来了一个新的机遇。

同步案例 与时俱进的喜达屋移动技术

喜达屋推出了"Keyless"新功能,可以用手机当房卡,即不需要使用门卡,通过手机就可以将门锁打开进入房间,喜达屋由此也成为在全球范围内第一家实现手机开锁的智能入住酒店。喜达屋集团的相关负责人表示:"我们并不是为了标新立异才发明这些,只是想通过技术创新更加方便消费者、满足消费者。"

喜达屋一直很注重数字创新,利用技术促进业务的发展。为了提升客户体验,喜达屋在预订酒店、行政规划,以及在实际过程中的客房体验中都融入了移动科技领域的创新成果。喜达屋集团大中华区总裁透漏:到目前为止,喜达屋投入酒店数字和移动化系统上的资金达5亿美元,喜达屋除了为一些"基本款"——iPhone、iPad和Android系统定做了App,还为Apple Watch定做了App,成为第一个为Apple Watch定做App的酒店。此外,喜达屋推出Google Glass的测试版,这些都成为喜达屋获得更多高端客户关注的有效渠道。

三、酒店的App营销策略

(一) 酒店App创意营销

1. 开发酒店App手机客户端

智能手机具有随时、随地、随身都可携带的便利性。现在,几乎每人都有智能手机,手机成为人与人之间、企业与客户之间保持联系、促进交流的重要工具。App应用在中国也已普及,各酒店可以自己开发手机客户端。这样,消费者下载酒店手机客户端,便可成为酒店的固定客户,从而实现酒店的精准营销。

2. 利用其他App做广告宣传

现在,手机成为人们日常生活中必不可少的工具。无论是在大街上,还是在地铁中,人们几乎每时每刻都在关注着自己的手机,而忽略了周围的横幅广告或电子广告。App广告与传统互联网广告的不同之处在于:点击率不再相当于广告的到达率。当消费者长期停留于某个页面时,客户端的App广告就会显示出来。即使消费者不点开,动态的广告效果也可以将内容尽情地展示出来,使消费者产生印象。App的这种营销效果是电视、报纸所不能比拟的。

酒店会下载知名的应用程序并植入广告,当消费者在体验这些应用程序时,这些广告形式就会停留在应用程序的附近,从而引起消费者对酒店的注意。如果消费者对其感兴趣,就会点开链接,随之出现的是一个新的浏览器页面,即酒店的广告页面,由此增加消费者对酒店的印象,提升酒店品牌知名度。

3. 与专业酒店预订App合作

App不仅具有游戏娱乐等功能,更具有实用性的工具功能,消费者可通过这类实用性的App,获得海量、准确、时效性的信息。目前,酒店预订App的应用已经越来越普遍,这些App应用程序都可以满足消费者酒店查询、房态查询、电话预订等需求。酒店注重与专业酒店预订App合作,可为消费者提供准时的房态及房价信息。

(二) 快捷酒店App营销策略

由于手机本身所具有的方便快捷、可随身携带的特点,所以客户更多时候会选择利用手机来办理事情,酒店应充分利用手机App,有效地开展广告宣传和促销推广,迎合客户的需求,实现精准营销。

1. 基于LBS技术的酒店类App

基于LBS技术的酒店类App凭借专业性、位置服务性成为首选。比如,"连锁酒店管家",该手机 App 上汇集了多家经济型酒店的信息,当客户到达某个地方时,只需用手机定位搜索,就可获得周边快捷酒店的相关信息,比如地理位置、酒店房价、是否有空余房间,还有到达酒店的路线等。

通常,这类手机应用平台的营销方法就是开展优惠、促销活动,吸引更多来到当地的消费者到酒店。

2. 社区类 App 酒店客户开发

社区类 App 客户互动性高、黏度高,酒店可利用手机 App 先将目标客户吸引到酒店的特定页面上,如果客户预订酒店并入住,酒店就会为客户提供优惠或折扣,长久性吸引客户。社区类手机应用平台主要是通过激发客户兴趣、发展好友关系和与客户保持互动来开展营销活动。

酒店可以通过多种 App,增加好友数量,获得更多的关注,从而获得更大的市场影响力。移动互联网的发展让人们更加方便、快捷地获取信息,也为酒店营销活动带来了新的机遇。

(三)单体酒店 App 营销策略

1. 酒店手机 App 营销推广

所谓单体酒店,是相对于连锁经营酒店而言,也是目前酒店业的主体。单体酒店要将其手机 App 推广出去,最能见到成效的场所当属其酒店内部。无论是前台、客房,还是餐厅、电梯,只要是消费者能到达的地方都应放上下载手机 App 的二维码,并附使用 App 可以享受打折的促销信息。

在经过一段时间的推广后,酒店手机 App 的客户会越来越多且越来越稳定。那时,手机 App 就会架起单体酒店与客户之间的桥梁,使得酒店推出的新服务项目与促销活动能够及时地推送给客户,客户也能够在第一时间了解到酒店产品与服务的信息。

2. 酒店手机网站营销推广

手机网站与手机 App 之间的差别主要是目标受众群体的不同。对于单体酒店而言,手机 App 的目标受众很明确,就是曾经到酒店消费过的人群,而手机网站的目标受众则更为广泛,包括大量潜在的消费者。

当然,酒店手机网站营销推广面临的难题,就是单体酒店众多,消费者不可能都记在脑海里。因此,需要通过提升酒店手机搜索引擎的排名,让客户能够快速检索并访问。

第三节 酒店+新媒体营销

新媒体是随着时代发展而不断变化的一个概念,也是相对于传统媒体而言的。具体来说,新媒体就是利用数字技术、互联网技术等,借助宽带、无线通信、卫星等通道以及电脑、手机等终端,形成一种传播新渠道,为客户传递各种媒体信息。在新媒体时代下,多样化的媒体形态为酒店提供了多种选择,新媒体营销方式也逐渐成为酒店营销的重要方式之一。

一、新媒体营销平台与特性

(一)新媒体营销的平台

酒店新媒体营销的平台主要有以下几种类型,如图13-3所示。

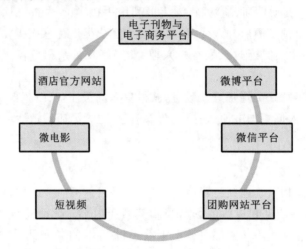

图13-3 酒店新媒体营销的平台

1. 电子刊物与电子商务平台

电子刊物突破纸媒的传播局限,以其丰富的内容、生动的表现形式、快速的传播等特点备受人们青睐,这也成为酒店营销的一种新形式。酒店同可靠的网络杂志平台合作,选取热门杂志在适当的位置植入酒店的信息,可以取得不错的营销效果。

电子商务平台也是酒店展示自己服务和产品的理想渠道。电子商务平台往往拥有完整的营销系统,如宣传、交易、客户服务等。酒店与电子商务平台的联合不但能提升产品和服务的销量,还能由此进行产品推广,扩大市场范围。

2. 微博与微信平台

微博拥有较大的流量和极为活跃的交流频率,信息传播高效便捷,终端可在电脑和移动设备端自由切换。同时,微博具有较强的互动性,客户之间很容易因为某个共同关注点而成为一个社交群体。酒店借助这个平台进行营销,不但可以及时获得消费者反馈的消息,还能在与消费者交流过程中拉近相互间关系,提升消费者对品牌的认同度。

当然,由于微博客户群数量庞大、层次不一,无论从消费观念、经济实力还是年龄和经历上都有着较大的差异。因此,需要针对不用特点客户群进行准确定位,找到有消费需求的目标人群,并对目标人群推送迎合其习惯和偏好的信息和内容。

同微博相比,酒店对微信平台的利用率还不是很高,拥有自己官方微信的酒店较少。因此,在微信平台上酒店还有很大的营销空间。随着移动互联网的发展,人们对移动终端的认可度越来越高,尤其是商旅人士数量的增多,对移动网需求更大。在微信上可以"情怀营销"

为主,与消费者保持连续不断的联系,不断吸引消费者加入互动。

3. 团购网站平台

团购网站平台是具有极大营销价值的平台。团购能给消费者提供价格上的优惠,吸引大量消费者。酒店采用团购网站平台开展营销,可借助价格优势吸引消费者,降低客房的闲置率。当然,团购也会带来的酒店利润空间被压缩的情况。所以,大多数酒店选择与团购网站进行合作,主要用途还在于扩大酒店的知名度,以此来进行宣传。

同步案例
和谁一起晚餐,
郑州山西乔东家酒店
微博营销案例解读

4. 微电影与短视频

微电影是指专门在新媒体平台上播放的微影片,可填补人们的零碎时间。这种影片虽然投资较低,规模较小,但具备完整的策划和系统支持。在新媒体营销时代,微电影也被看作一种有效的营销渠道,酒店企业可以把酒店信息、历史故事等融入视频中。借助视频的直观性、微电影的故事性展示出来,能够起到具有娱乐性和观赏性的宣传效果。微电影的广告植入更加不露痕迹,以故事本身明显的叙事风格融合广告信息,使观众在潜移默化中接受品牌相关信息。微电影的时间很短,但是紧凑完整的故事情节、灵活的播放渠道,以及广泛的受众人群等都使其成为有效的营销途径。作为一种视频形式,微电影很巧妙地避免了传统广告单方面传递信息的说教,而是从故事角度出发诠释企业文化,电影的特质使其能够吸引更多的观众。

同步案例　酒店短视频"C位出道"指南

消费群体的年轻化,消费模式的升级换代,给品牌酒店带来了新的机遇。现在,除了微博、微信,大家都开始在想如何利用抖音做营销,甚至有些酒店直接设置了抖音运营岗,专业运营酒店抖音号。

一、什么样的酒店适合做抖音营销?

1. 空间场景多,装修风格独特(抖音爆红的网红酒店打卡)

这类酒店风格突出,根据年轻人的爱好打造多种类型,如王者荣耀电竞屋、动漫主题房、鬼屋、特色泳池等。为了适合拍照或拍视频,这些房间或场所都具备足够的亮点和热度,遇到新奇的事物,年轻人才会发圈、发微博、发抖音,触发体验传播效应的临界点,往往能为酒店带来不经意的大量曝光。

2. 成熟的业务系统和好口碑的连锁酒店

连锁品牌的酒店,财大气粗,推广起来丝毫不含糊。特色不够,故事来凑,情怀、情感、情趣,各种有趣的故事引导大众前来打卡跟拍,来的人多了,传播效果也就好了。如七天、如家、格林豪泰这种类型的连锁酒店,就有通过抖音定位打卡,进行短视频的传播,但这一切的前提,还是离不开优质好故事(内容)。

3. 体验式消费服务的酒店

对于很多单体酒店来说,装修风格已经确定,"推倒重来"可能性不大,也没有连锁酒店的会员群体,想拍抖音,切入点在哪里?比如酒店自带一些有趣好玩的智能设备,或者主动提供差异化服务,服务越是有创意,客人惊喜越大,情感上的共鸣,自然会换来朋友圈和抖音的点赞,口碑传播渠道,无形中已经建成。

二、酒店本身如何创造内容

1. 了解抖音的推荐机制

首先,我们要知道抖音的流量推荐原理,推荐要素有三个:完播率、重播率、稀缺性,新开的抖音号内容可能还不是很完善,虽然可以发60秒视频了,但是不建议那么长时间,可以参考下面的五条小建议。

时间的秒拍:15—21秒。

音乐的匹配:瞬间带入、匹配场景、主题。

文字的力量:"糙老爷们的公主梦"。

互动的魅力:跟进、持续、拉反差。

镜头的切换:3个为准,首镜3秒,其余4秒。

抖音流量推荐的首次推荐量为300,二次推荐3000,三次推荐1.2万—1.5万,以此类推,多次推荐的推荐量需求成倍增加,推荐越多点赞越多,视频越容易火起来。

2. 内容中要有故事

很多酒店的抖音内容就是打扫房间,套套被子的,或者来一段热门音乐和舞蹈模仿,甚至简单粗暴地把各个酒店房间拍一遍。这样的内容,上传之后播放量和点击量都惨不忍睹,传播效果依然达不到预期。

就抖音创作数据来说,火的视频大多都带有剧情,甚至不管什么剧情,只要有故事,那么你已经打败了90%的抖音用户。剧情类拍摄创作门槛比较高,但可以利用人们的猎奇心理,尝试去拍摄一些好玩的视频。比如,跟前台对一个暗号,就可以得到一杯可乐或者一杯爆米花。

创意总是有的,消费者就喜欢惊喜、好玩、天天见的可代入场景,慢慢地酒店也就达到了营销的目的。毋庸置疑,抖音凭借其强大的用户基础和基于算法的智能分发,给品牌带来了较大范围的流量和较大程度曝光,但并非适用于所有酒店。在快速发展的互联网时代,酒店除了抓住机会营销自己,更重要的还是要做好自己的服务与产品,这样才能不"掉粉"。毕竟,被抖音圈粉千里迢迢来感受酒店的顾客,都是带着极大期望的,一旦落差过大,留给酒店的就只能是昙花一现的客流高峰和点评上的差评。

(资料来源:https://www.sohu.com/a/326733753_260483.)

短视频一般是指在互联网新媒体上传播时长在5分钟以内的视频传播。和传统的图文相比,短视频不仅轻量化,还有信息量大、表现力强、直观性好等特点。人们通过碎片时间来浏览短视频,通过弹幕、评论、分享进行社交互动,让短视频具备了病毒性传播的潜力,这样的传播能力,大大增加了短视频的影响力。从2013年快手视频被大家所熟知,到2017年抖音、火山小视频等短视频软件被人疯狂刷屏。短视频已经从过去的老土风变得越来越时尚、越来越被大众所接受(见图13-4)。

图13-4 短视频平台

视频比文字更具有视觉冲击,更能够让人印象深刻。看短视频时人们的心情会比较放松,这也是短视频的一大优点。除此之外,短视频能够更加灵活地传达品牌形象和产品效果,更深入地将其植入人们脑海中,这也是短视频营销手段中最成功的地方。同时,它还可以延伸出人的空间想象力,所以人们会对短视频比较感兴趣,从而减少对广告的排斥。由于每个人都会对新鲜事物感到好奇,所以客户一般会比较容易接受新的事物,甚至去模仿新的事物。因此很多客户很有可能会根据视频广告去模仿这段视频,制造一段新的视频,这样就无形中就提高了视频的宣传力度,从而达到了营销的目的。当然,短视频营销的专业性较强,需要具备专业的编导、策划、脚本,有的还会需要摄像师、音响师、灯光师等。

同步案例 OTA运营案例——短视频如何打造网红酒店?

2019年国庆期间,根据文旅部发布的数据,全国共接待国内游客7.82亿人次。如何从几十万家酒店同行中脱颖而出,争抢到最多的顾客呢?短视频营销或许是个新利器。

★天然爆点

2018年的夏天,伴随着酒店自动窗帘的缓缓拉开,壮观的布达拉宫随即映入眼帘,这样的场景视频立马在抖音上火了,短短一个月便让拉萨平措康桑酒店成为网红酒店,众多进藏游客慕名而来。

很快平措康桑短视频在抖音上的播放量就已经过千万,2019年8月该酒店的出租率达99.99%,Revpar领跑拉萨市场,甚至超过多家国际五星级酒店。平措康桑之所以能在抖音上拥有如此高的曝光量就是因为它的爆点不是其他酒店能简单复制的。同理,拥有绝佳的地理位置、独特的景观或其他卖点的酒店,一定要将其运营为自己的爆点,并体现在短视频创作上。而好的爆点会直接激发出消费者的拍摄和分享欲望,从而增加酒店的收益。图13-5所示为拉萨平措康桑观景酒店抖音界面。

图 13-5　拉萨平措康桑观景酒店抖音界面

★拍摄场景

除了天然爆点,酒店还要善于创造方便消费者拍摄的场景。平措康桑最直接的设计就是将窗户当作一个画框,布达拉宫就是画面本身,随着日出阳光到夜间灯光的变换,可以产生不同风格的风景图画;另外房间配备的全部是电动窗帘,产生一种帷幕拉开好景呈现的感觉。除了窗户和电动窗帘的处理,酒店在靠窗处用较为精巧的茶桌代替传统的沙发,也是为了方便住客沏茶和拍摄。

在平措康桑可以尽情享受拉萨的美景、阳光,也可以独坐休闲吧静享美好时光。尤其是在 2019 年 5 月上旬,酒店的顶楼观景餐厅调整优化完毕后,拥有大落地窗下 180 度无死角的布达拉宫景观,成为遮挡最少、视野最开阔的拍照观景好去处。餐厅中庭增加了电子琴,晚上夜幕降临时,布达拉宫的灯光亮起来,多才多艺的客人可以在餐厅即兴发挥边弹边唱,又是一道亮丽的风景线。

★拍摄脚本

为了抓住短视频营销的红利,平措康桑在产品设计的时候就考虑了消费者发抖音时的场景,预埋好拍摄脚本。

酒店在设计初期,在房间细节和酒店的功能区域布局了多项面向流量设计的产品。比如所有房间的窗户做加大处理,尽可能保留最多的完整面。酒店不仅为所有房间配置了电动窗帘,在进门处还设置了一个电动窗帘的开关,如此客人进门后,就增添一种随着走近窗帘慢慢打开的仪式感。事实证明这一创造性的改动非常有效,几乎所有的消费者,都按照酒店设计的脚本进行拍摄:推门,进房间,窗帘自动打开,镜头推向窗外,布达拉宫尽在眼前。

正是观景房型独特的景观体验,使得平措康桑的客人都自觉自发地打开抖音拍摄,记录着这样震撼心灵的一幕幕场景,而这样的画面也吸引着四面八方的游人来到平措康桑。

平措康桑一直以来都明确抖音是需要发力的一个渠道,酒店自己坚持输出视频内容,客人看到后也会模仿,渐渐地平措康桑酒店成为网红打卡店。

短视频的参与门槛非常低,消费者创造内容的水平也参差不齐,为了让消费者产出的内容保持一个较高的水平,酒店应该提前找到一个完整的拍摄线路,并转化为脚本,最终体现在酒店产品设计上,让消费者不用长时间去纠结如何创造内容,而是迅捷生成优质短视频。

(二)新媒体营销的特性

新媒体营销的特性如下。

1. 互动性

新媒体能够建立一个迅捷的交流平台,在平台上酒店和消费者可以进行双向互动,也在无形之中为酒店做了品牌推广。酒店在平台上发布服务、设施、安全等信息并与消费者进行交流,在交流中了解消费者的真实需求,针对消费者提出的愿望和意见及时进行改进;而消费者则可以针对酒店的服务、安全、满意度等问题与其他消费者进行交流。在这个过程中酒店不需要做额外的华丽宣传,营销效应自然产生。

2. 复杂性

复杂性是指信息内容和信息传播的复杂性。新媒体时代下的舆论环境极为复杂,信息量庞大且良莠不齐,消费者也逐渐产生了信息接受的警惕性。这种情况也无疑影响了酒店信息传递的效果。因此,酒店必须树立起良好的品牌形象,注意大众舆论的引导,及时维护企业形象。酒店在营销宣传过程中应当对话题具有掌控权,掌控话题议论的尺度,引导舆论朝向对酒店有利的方向发展。

3. 多样性

多样化是指媒体形态的多样化,如微博、微信、网络视频、电子刊物等,这些平台为酒店营销提供了形式丰富的载体。在互联网环境下,各个载体联系密切,整个营销过程立体化,在消费者周围形成一个完整的宣传情境,容易从不同角度引发其消费热度。成本的降低也为酒店营销宣传带来了性价比的优势,不仅使酒店在营销投入方面大大减轻负担,也为后期持续进行新媒体营销提供了可能,这也是新媒体能够迅速提高市场占有比重的原因之一。

二、酒店新媒体平台的应用

酒店新媒体平台的应用,主要包括酒店"微订房"和App的使用。

(一)酒店"微订房"的应用

酒店借助新媒体平台采用"微订房",可以大大提升酒店预订的便利性,同时也方便客房

订单管理和预订的更改和取消。其应用的好处主要体现在以下几点。

1. 社交媒体实名制的推广

消费者如果想通过社会媒体平台预订酒店产品和服务,需要先进行实名注册,通过审核之后才能使用社交媒体的预订功能。客户采取实名制,除了迎合社交媒体交互以及共享的基本属性外,也会将自己的交易记录以及偏好等数据留下来,从而形成一个庞大的 CRM 系统。酒店可以通过 CRM 系统,获取客户的入住喜好以及习惯,为酒店的精准营销提供重要参考依据。

2. 与客户建立互动关系

酒店传统的订房方式较难满足客户对即时互动以及分享的需求。依靠现代通信技术的"微订房"方式,很好地满足了客户在这一方面的需求。客户可以通过预订平台了解更多的酒店信息,同时也可以在最短的时间里得到服务响应。在预订过程中,客户之间还可以进行交流和互动,减少信息不对称的现象产生。

3. 打破分销渠道独占局面

"微订房"方式的出现对酒店来说也是一个重要的营销方式,尤其是对于那些位置比较偏远的酒店。通常这些酒店的房价比较低,而且缺乏推广和营销能力,都是依靠代理商来保证客房销量的。"微订房"方式打破了分销渠道独占局面,让酒店可以直接与客户保持接触,降低了对分销渠道的依赖性。渠道费用支出的减少,也为酒店提升价格吸引力和利润空间带来了可能。

(二) 社会化媒体+移动 App 的应用

国际上,一些酒店将社会化媒体与移动应用营销完美结合,走上了一条新时代的创新发展之路。美国多家酒店在 Facebook 上建了酒店 App 预订模块,凯悦酒店集团为客户提供 App 手机订房、退房等服务,希尔顿酒店的移动 App 刚上线就产生了 60 多万次的下载量。

1. 挖掘客户深度需求

社会化媒体+移动 App 的应用,可以使酒店与客户顺畅地进行交流互动,而且社会化媒体的即时互通也使客户与企业建立的交流关系超出了预订交易的价值。在社会化媒体的帮助下,酒店能发掘客户的个人偏好信息、消费需求等潜在的消费价值,能为客户提供多元化的个性化服务,从而提升客户对品牌的忠诚度。

2. 占据市场竞争优势

消费者对于社会化媒体平台上提供旅游服务有着庞大的需求,由全球旅游业权威机构 PhoCus Wright 进行的一项调查显示,13%的社会化媒体客户会在这些平台上购买旅游及相关服务,35%的智能客户希望社会化媒体平台开设手机预订旅游服务。社会化媒体为酒店提供了一个与客户建立有效连接、夺回被在线旅行社占有客户资源的机遇。移动 App 订房功能的应用,也使酒店在价格决策上获得足够的话语权,避免酒店陷入竞争市场的价格战困境。

3. 提升对客服务水准

借助社会化媒体,酒店无论是与消费者直接交流沟通,还是通过分析客户数据发掘潜在价值,都可获得一种有效的改善客户产品以及服务的机遇。移动营销满足酒店随时随地为消费者提供服务的需求,消费者也可以利用碎片化的时间寻找所需要的产品及服务。酒店的智能手机应用可以让客户即时完成房间预订、修改及退订,为二者之间构建了一座紧密联系的桥梁。酒店还可通过 App 提供菜单搜索功能,让客户可以方便寻找和选择。

三、新媒体营销策略与原则

（一）酒店新媒体营销的策略

酒店新媒体营销的策略,可以反映在如图 13-6 所示的七个方面。

图 13-6　酒店新媒体营销策略

1. 品牌营销策略

互联网营销的重点之一就是借助互联网的各个渠道和各个平台迅速树立起酒店的品牌形象,并不断扩大品牌影响。酒店可在互联网上实行一系列的推广措施,对酒店的品牌进行营销推广,逐步把品牌形象推入公众视野并获得公众认可。

2. 网页推广策略

酒店需非常重视官网的建立和维护,并在网页建设过程中针对消费者的需求进行持续的调整,不断提高网站的人性化程度。官网要结构完整、信息丰富,从酒店介绍到服务类型、预订信息应有尽有。同时,需与酒店管理系统对接,使线上收到的预订信息能够及时应用于酒店经营过程。

3. 产品组合策略

酒店需要推出独具特色的产品组合,以吸引目标市场客户的注意力。除了酒店完善的功能产品外,考究的内部装潢、完备的设施设备和个性化的服务,都可以为酒店带来较好的声誉。

4. 差别定价策略

酒店需要根据不同季节、不同产品设计富有层次的阶梯式价格体系,并根据市场需求的变化及时进行动态价格调整,使酒店的价格具有较大的灵活性和浮动性,提升酒店产品的竞争能力。

5. 优惠促销策略

酒店可适时推出优惠促销活动,如配合三八妇女节、六一儿童节、圣诞节、情人节等的促销活动,还可以常客俱乐部的形式,笼络一批长期消费者,以各种会员活动鼓励客户经常往来。

6. 线上渠道策略

网络直销模式省去了其他销售环节,打破了生产商、经销商和消费者之间的障碍,为交易的实现提供了更为便捷高效的途径。同时,在成本控制方面,网上直销也功不可没。酒店需要充分利用线上销售的优势,积极借助网上交易平台开展营销活动。

7. 客服沟通策略

酒店在营销活动过程中与客户的互动是十分重要的,而互联网较为显著的特征之一就是可以进行互动交流。在网络销售模式中,酒店需设立专业团队,通过实时的网络监控,了解消费者信心,在与消费者交流过程中提高消费者对酒店产品与服务的满意度。

(二)酒店新媒体营销的原则

酒店开展新媒体营销需要遵循以下三项原则。

1. 保持低成本优势

酒店对于新媒体平台等社会化媒体营销渠道的开发,应遵循"合理利润求长效"的理念,贯彻互联网"免费使用"的原则,坚持低成本的应用。酒店可通过增值服务获得流量以及客户,提高客户对酒店品牌的忠诚度。同时,开辟低成本的分销渠道,让客户获得酒店新技术带来的服务体验。保持低成本优势,是各种社会化媒体营销渠道迅速普及的重要保证,也是酒店新媒体营销成功的关键之一。

2. 坚持平台开放性

社会媒体营销平台应该贯彻平台开放性的原则,免费提供开放性的、标准化的接口。一端连着社会媒体平台,另一端连着酒店的管理系统,同时将线上业务各个环节打通,构建一个开放型的产业链。

3. 保护客户的隐私

只有在隐私方面有了安全感之后,客户才会放心地使用社会媒体平台。随着社会化媒体的广泛应用,未来会出现更多像"微订房"一样的酒店预订应用。这些社会化媒体平台需要保护客户隐私,从客户需求出发提供更安全、更贴心的服务和产品,才会有持续健康发展的生命力。

内容提要

移动互联网时代的到来,让人与人之间的交流能够跨越时间与空间的限制,在PC互联网时代,手机App、新媒体的出现,催生着酒店营销模式的变革。"客户流量"成为酒店营销争夺的热点,"争夺客户时间"是酒店营销竞争的重点。

核心概念

网上预订;互联网广告;移动客户端;社交媒介;团购;微订房

重点实务

熟悉互联网营销的类型与方式,掌握互联网营销的组合策略,知晓移动营销的方式和内核,了解新媒体平台类型与应用方法,掌握新媒体营销的策略。

知识训练

一、简答题

1. 酒店的互联网营销主要有哪几种形式?
2. 酒店新媒体营销平台主要有哪几种类型?

二、讨论题

1. 如何应用酒店"微订房"的营销手段?
2. 如何应用酒店App的营销手段?

能力训练

一、理解与评价

移动互联网时代,酒店如何通过App进行创意营销?单体酒店如何实施App营销?快捷酒店如何实施App营销?

二、案例分析

四季酒店的品牌社交:与消费者实现"零距离"互动

背景与情境: 随着在线社区、博客、百科以及其他一些互联网社交平台的发展,社会化营销也开始成为各行各业的促销手段,尤其是以旅游酒店为代表的服务业。消费者在体验之后,有了更多的消费心得,也更具有发言权,并通过社交平台传播。根据SAS和宾夕法尼亚大学的研究报告显示,客户点评影响着消费者的购买决策,从而影响酒店的营业额。由于UGC的存在,价格透明转向价值透明,消费者可以更直接地了解到酒店的价值。因此,酒店必须以内容为王,重点营销酒店的服务以及设施,以此才能保持市场竞争力。

对于酒店等服务行业来说,如何利用大数据,及时地了解消费者的需求,并且如何为他们提供个性化、定制化的服务是酒店等服务行业都面临的问题。

四季酒店是一家国际性的奢华酒店管理集团,创立于1961年,它依托互联网的优势为客户讲故事,进行内容营销,与客户交流沟通,为其提供优质的体验。四季酒店在经营过程中,也多次尝试通过社交媒体平台营销。

1. 社会化营销在品牌战略中的地位

例如,在Twitter上举办虚拟品酒会。通过Facebook与粉丝及时交流沟通,了解他们的需求,参与Foursquare和Gowalla基于位置服务的App应用,并在Youtube上发布信息,使"四季酒店"成为搜索关键词。

四季酒店将一半的精力放在数字媒体平台上,通过社交媒体平台营销,拉近与消费者的距离,满足他们的长尾需求,以此形成客户黏性和忠诚度。四季酒店在数字营销上的投入超过营销总支出的50%,每家酒店都会配有一位社交媒体经理,有的酒店甚至有多位。社交媒体经理不仅负责解答消费者的疑惑和投诉,还要与消费者交流沟通,为他们提供最新的信息。通过社交媒体与社交经理交流的客户既可以不在酒店内,也可以是入住酒店的客人。

在互联网还没有普及的时代,他们通过打电话反馈自己的需求,而现在只需通过 Twitter 或者博客来反馈。

虽然酒店在实施社会化营销时的策略点不同,但实施的初衷都是使整个企业参与进来,而不是某个人或者某个部门独立运营。

2. 专业团队运营管理社交平台

2009 年,四季酒店开始着手实施社会化营销,创建自有品牌,同年,消费者也开始期望能随时随地地与其品牌进行互动。因此,四季酒店专门设立部门,负责运营社交平台,及时了解消费者的需求,与其交流沟通。

目前,四季酒店已在主流的门户网站上创建了自有品牌,并投入大量的精力管理数据,与消费者互动,如 Facebook、Youtube、Twitter、Tumblr 等,通过这些社交平台及时了解消费者的需求。

对于酒店管理来说,具备专业的平台运营部门,管理客户的评分和点评体系以及数据分析能力等是提高酒店品牌影响力和盈利的关键。因此,四季酒店在不同的社交媒体上注册账号,获取消费者在这些平台上反馈的信息,及时地了解他们的需求,并与消费者沟通互动,挖掘潜在需求,抓住行业的发展趋势,不断地完善自身,为消费者提供个性化、定制化的服务。

3. 极具效果的内容策略

四季酒店之所以能为消费者提供个性化的服务,离不开它专门成立的社交平台运营部门,负责与消费者互动沟通,及时了解他们的需求,为消费者提供优质的服务。四季酒店社交平台的内容策略由两部分组成:客户生成内容和线上线下渠道提供极致的体验,而消费者在参与不同活动的过程中,会与不同的品牌交流互动,体验个性化服务。

例如,四季酒店在策划婚礼筹划专题时,通过专门开设的 Twitter 和 Pinterest 向消费者提供来自酒店专业人士的建议以及在四季酒店举行婚礼的新娘的故事,为消费者提供个性化、定制化的服务。

2013 年,四季酒店举办 Maxine 畅游曼哈顿竞猜活动,以商旅群体为消费对象,专门为其打造家庭周末旅行的活动方案,并投入大量的资源,启用大量的社交平台,如 Pinterest、Twitter、Instagram 和 Tumblr 等。

四季酒店以照片和酒店的形式为消费者提供个性化和定制化的服务,入住酒店的消费者可以近距离与 Maxine 交流。通过 Maxine 畅游曼哈顿竞猜活动,酒店可以及时了解消费者的需求,并为其提供精准的服务。Maxine 畅游曼哈顿竞猜活动的举办实现了酒店的预想:四季酒店的周末收入同比增长了 5%,Facebook F 粉丝数增长了 10%,Twitter 的粉丝数增长了 19%。

除此之外,四季酒店还在社交媒体平台上"打造其视觉资产",在一些新的平台,推送内容,发挥应有效用。如 Instagram 和 Tumblr 等推送内容,发挥应有效用。同时,酒店还与餐饮业和夜生活中的"超级明星"达成战略协议,共同为消费者提供极致的服务。

毋庸置疑,四季酒店作为一个奢侈豪华的连锁酒店集团,它的成功离不开它为消费者提供个性化、定制化的服务,消费者至上的经营理念以及不断创新的品牌文化,入驻四季酒店的消费者能够拥有完美的睡眠质量,体验到独特的当地生活,真正体验到宾至如归。而通过社交媒体讲故事以及与消费者的互动,更是让消费者在不同的活动中体验到酒店独特的品牌文化。

(资料来源:http://www.sohu.com/a/642884_111850.)

问题:

1. 四季酒店成功运营社会化平台的关键是什么?
2. 在互联网时代,四季酒店在为消费者提供个性化、定制化服务方面有何创意?

第十四章
酒店市场营销创新

学习目标

通过本章学习,了解酒店市场营销发展的趋势,懂得整合营销的基本概念,掌握关系营销的主要内容,熟悉网络营销的方法,知晓绿色营销的特点,掌握最新的微营销方法。

引例:全季跨界营销的尝试

背景与情境:以不久前全季酒店的二维码T恤为例,为了实现与粉丝之间的有序互动,全季在草莓音乐节上推出了一款"会说话"的二维码T恤。这款T恤是全季酒店结合好声音的创意营销产品,能够实现"与粉丝交朋友""玩起来"的功能。T恤上印二维码很常见,但与众不同的是当粉丝扫描二维码后,竟然会直接聆听到全季四位"好声音"代言明星们的声音,与偶像一对一聊天,相当于一个可穿戴的音乐App。

对于全季的跨界营销,业内人士认为,全季酒店的目标客户主要是25~40岁的人群,他们正处于事业上升期,生活节奏非常快,经常奔波在不同的城市,酒店就成为日常消费品之一;他们大多经济较为宽裕,价格不是选择酒店的唯一考虑因素,更关注物质背后所获得的价值利益和情感归属;他们追求自己的生活方式,要求高品质的消费体验,这也许不再是酒店的"硬件设备"和"服务态度"所能满足的,而可能是触动他们内心的一种微妙的"族群标签",让他们在品牌中找到被认同和容纳的归属感。

如何与这些相对特别的用户进行对话,通过情感沟通建立他们对品牌的信任感,找出双方更亲密的链接关系,也许是全季酒店近两年来一直努力探索,不断尝试创新创意营销的初衷。"会说话"的二维码T恤,以时尚有趣的扫码方式吸引受众主动扫描关注,同时又赋予T恤"可穿戴式音乐App"的特殊体验,让偶像陪在粉丝身边,随时随地和粉丝聊天,这给予目标人群前所未有的消费体验,又更好地维系了全季酒店和粉丝的关系。

(资料来源:http://www.808so.com/scyxlw/qcyxlw/bylwfw51449616463.html.)

第一节 跨界营销

随着人们生活水平的提高,消费需求越来越深化和泛化,消费者不再只是追求产品的核心价值,而是更多地关注其附加价值。大量个性化需求的出现,使得传统商品和商品的传统功能不足以满足新的需要。在竞争日趋激烈的今天,产品同质化、市场同质化越来越严重。企业在传统领域长期积累的产品竞争优势正在被信息革命、技术革命所消弭。为了寻求新的优势,越来越多的企业寻找市场战略"伙伴",希望与目标市场趋同的品牌跨行业建立一种合作共赢关系,以获取竞争资源,充分发掘竞争潜力,因此跨界营销在近年来越来越多地为营销界所认同。

一、跨界营销的含义

跨界营销是依据不同产业、产品、环境、偏好的消费者之间所拥有的共性、联系的消费特征,把一些原本没有任何联系的要素进行渗透、融合与延展,彰显出一种与众不同的生活态度、审美情趣或者价值观念,以赢取目标消费者的好感,从而实现跨界企业的市场和利润最大化的新型营销模式[1]。在营销思维模式上实现了由产品中心向用户中心的转移,真正确保了用户为中心的营销理念[2]。

跨界营销是一种新的营销思维模式,它打破了行业营销固有的藩篱,是一种真正跨行业合作的共赢,并从以往的"单打独斗"走向了"团队作战"。将"跨界"这个热门词汇引申到营销界,则代表一种新的生活态度与审美方式的融合。

二、跨界营销的特点

(一)延伸产品功效和应用范围

各个行业间界限正在逐步被打破,在一个大的概念范围内,行业之间早已是你中有我、我中有你,我们在很多的时候难以分辨一款产品应该属于哪个行业,比如我们熟悉的康王洗

---

[1] 苏华.跨界营销 联盟制胜[J].企业管理,2010(5).
[2] 邓勇兵.跨界营销:体验的综合诠释[J].中国市场,2007(42).

发产品,当你认为它属于日化用品时其实它也从属药品行业。

(二)满足新型消费群体的需求

人们的消费需求已经扩散到越来越多的领域,对任何一款产品的需求不再仅仅要求满足功能上基本的需求,而是渴望体现一种生活方式、个人价值或自身的品位,对于购买宝马的消费群体来讲,其理由可能就是在于消费者个人的品位而已。

(三)企业对消费群体细分的改变

市场竞争的背后是产品的同质化、市场行为的模仿化和竞争的无序化等,迫使企业由过去关注企业更多转向关注消费者,因而对于整体市场和消费者的细分方式走出传统的按年龄、收入或地域特征进行划分的营销行为,改变为按照生活方式、学历、教育程度、个人品位、身份等深层次更精准化的指标来定义和解释消费者。

(四)提升品牌的竞争优势

一个企业、一个品牌、一个产品单打独斗的时代早已结束,因为任何一个优秀的品牌,由于特征的单一性,受"外部性"的影响多,尤其是当出现具有替代性的竞争品牌时,就更会遭到干扰了,企业所付出的成本也会大幅增加。基于以上原因,跨界营销通过行业与行业之间的相互渗透和相互融合,品牌与品牌之间的相互映衬和相互诠释,实现了品牌从平面到立体[①],由表层进入纵深,从被动接受转为主动认可,由视觉、听觉的实践体验到联想的转变,使企业整体品牌形象和品牌联想更具张力,对合作双方均有裨益,让各自品牌在目标消费者群体中得到一致的认可,从而改变了传统营销模式下,品牌单兵作战易受外界竞争品牌影响而削弱品牌穿透力、影响力的弊端,同时也解决了品牌与消费者多方面的融合问题,因此在近年来越来越多地被营销界所认同。

三、跨界营销的实施策略

(一)选择中青年目标市场群体作为营销对象

中青年年龄段的人群追求时尚和潮流,收入水平和受教育程度较高,职业基本以企业中级管理者和白领为主,即便是大学生,也是将来的白领群体和管理者。这些人群正处于生命周期的成长期和成熟期,对酒店产品重复消费的需求量大,且朋友圈广泛,可发挥口碑宣传的效果。

(二)尊重市场消费者喜好选择合作伙伴

合作伙伴的选择是跨界营销能否实现市场占领的关键。酒店跨界合作对象的领域有家居、时尚、影视、食品、餐饮、美妆、电商、环保、专业服务、服饰、交通运输等。在考虑跨界对象选择的时候,应优先考虑消费者感兴趣的领域,再根据酒店自身的定位和特点选择与本品牌目标群体相一致、品牌文化理念相和谐的非酒店品牌,同时结合不同跨界营销策略的特点及其对品牌知名度的影响来设计营销方案。

---

① 王唤明.跨界营销 微利时代下的营销之道[J].中国畜牧业,2012(12).

(三)运用品牌联想创新思维实现产品跨界

中档酒店的产品主要有前台、客房和餐饮服务等,产品组合包括会议组合、婚礼组合、周末组合等,考虑到产品跨界的可行性,酒店可以以客房和服务为产品跨界的突破口,打造与众不同的跨界产品组合方式。以全季跨界小米为例,全季与小米共同开发了智慧酒店系统,将小米智能家居解决方案应用在了酒店。对于客房,小米智慧家可以根据消费者的设定自动调节灯光亮度和室内温度。对于服务,全季酒店提供的小爱音箱,不仅可以接受语音控制来播放歌曲,还可以用来查询酒店信息。全季与小米在产品上的跨界创造了充满科技感与智能化的产品组合,发展了酒店产品组合的深度。这一极具创新性的跨界案例吸引了媒体的广泛报道,从而博得目标群体的关注,提高了全季的品牌知名度。

除了产品组合的跨界手段以外,包装作为有效的品牌提示之一,在酒店产品跨界的众多手段中也要被重视。在产品跨界中,酒店可以以非酒店品牌中比较受欢迎的产品为载体,将酒店的主题色彩、Logo、品牌理念,展现在备受欢迎的非酒店品牌的产品包装上,让酒店的形象、文化内涵在消费者的心中留下深刻的记忆点,从而进一步加强品牌回忆。以丽枫跨界时尚品牌 Lebaag voyage 例,丽枫联合 Lebaag voyage 定制了一款完美融合了实用性与艺术性的手提袋和折叠贝壳包,将"丽能量"这一品牌理念通过艺术的形式在包装上展现出来,使得消费者对丽枫的品牌文化有了更深的认识。

酒店要想提升品牌知名度,在激烈的市场竞争中立于不败之地,在进行跨界营销时,必须把握好跨界营销的策略与品牌知名度之间影响的侧重关系,有所选择地运用各种跨界营销的策略,从而提升自身的品牌知名度,同时为建立良好的品牌资产奠定基础。

同步案例 *酒店、时尚商业的跨界营销*

酒店作为商业地产,有着天然和商业联合的基因。很多酒店物业往往有大型的综合体、写字楼做配套,精准连接着消费群体。现在有很多高端酒店都开展了和奢侈品牌的互动合作。大家首先想到的就是酒店备品,诸多高端酒店里都采用了大量的国际品牌,如 Bvlgari、Aesop、Ferragamo、Le Labo 等,也渐渐成为各家的特色。

除此之外,高端酒店的下午茶产品,往往是双方合作较容易契合的点,也是最容易出彩之处。

一是使用时尚品牌的消费群体,往往都是星级酒店的常客,两者的受众群体重合是双方合作的强劲基础。

二是时尚品牌的演绎,需要诸多创意的呈现,在酒店产品中,餐饮是最容易出现变化的,当然这也需要强大又有创意的厨师团队,能够和时尚品牌相配合,做出让双方都满意的产品(见图 14-1)。

但是和时尚奢侈品牌合作下午茶并不是酒店唯一的选项,如最近广州 W 酒店和喜茶的合作,就非常有亮点。在这次以"灵感"为主题的合作中,推出了灵感手提袋、联名行李牌、限量 VIP 黑金卡、灵感礼盒,还推出了"灵感专线",客人在活动期间入住酒店,有机会获赠由专人送至身边的"灵感之茶"。

(a) 深圳君悦酒店×三宅之褶

(b) 北京瑜舍酒店×Jo Malone

(c) 广州W酒店×喜茶

图 14-1 品牌跨界营销

  W 酒店是一个吸引年轻人的奢华酒店品牌,喜茶在年轻群体中的影响力自是不用说,最深的印象无非是"排队太难"。两者的联合细想倒是有不少趣味,可能有不少人会认为,喜茶这个品牌很年轻,能和广州 W 酒店合作,对于自身品牌调性是不小的提升,喜茶虽然年轻却非常有创意,广州 W 酒店此次能够和一个年轻品牌大胆合作,倒是符合 W 不羁的气质,让人眼前一亮。

  (资料来源:https://www.sohu.com/a/155534663_395910.)

  (视频资源:各大奢侈品牌都纷纷跨界酒店行业,https://haokan.baidu.com/v? vid=10921268681424774 2231&pd=bjh&fr=bjhauthor&type=video.)

四、跨界营销的原则

在现实的实施过程中,很多企业采取跨界营销并没有达到企业所预想的结果,这其中存在的原因主要表现在两个方面:一是将跨界营销简单地理解为联合促销,单纯地认为任何两个不同行业品牌的联合采取互助的促销就是跨界营销;二是在实施的过程中忽视了对双方各自品牌、产品、消费群体、资源等方面的研究,使跨界营销在实施的过程中无法实现预期的想法。因此,对于企业来讲,实施跨界营销需要在对跨界营销正确认识的前提下,遵循以下原则。

(一)资源相匹配原则

所谓资源相匹配指的是两个不同品牌的企业在进行跨界营销时,两个企业在品牌、实力、营销思路和能力、企业战略、消费群体、市场地位等方面应该具有的共性和对等性,只有具备这种共性和对等性,跨界营销才能发挥协同效应。互联网运动品牌 Keep 就宣布与著名酒店品牌威斯汀合作,双方通过"内在契合,外在联合"的全新跨界营销理念为商务和旅游出行人士带来运动体验的大幅提升,覆盖客房、户外跑步、健身中心等酒店场景的深度的关联打开了跨界营销的全新思维方向。

(二)品牌效应叠加原则

品牌效应叠加是指两个品牌在优劣势上进行相互补充,将各自已经确立的市场人气和品牌内涵互相转移到对方品牌身上或者传播效应互相累加,从而丰富品牌的内涵和提升品牌整体影响力。

对于每一个品牌来讲,其都诠释着一种文化或者一种方式、理念,是目标消费群体个性体现的一个组成部分,但是这种特征单一,同时由于竞争品牌和外界因素的干扰,品牌对于文化或者方式、理念的诠释效果就会减弱,而通过跨界营销就可以避免这样的问题,如我们常说"英雄配好剑"这句话的道理一样,如果将"英雄"和"好剑"视为两个不同的品牌,那么"英雄"只有配上"好剑"才能体现"英雄"的英武,而"好剑"只有被"英雄"所用,其威力才能得到淋漓尽致的发挥,两者相互补充才能互相衬托,相得益彰,发挥各自的作用。反之则不会起到好的作用,只是在浪费各自的价值。

(三)消费群体一致性原则

每个品牌都有一定的消费群体,每个品牌都在准确地定位目标消费群体。跨界营销的实施品牌或合作企业由于所处行业的不同、品牌的不同、产品的不同,其要想跨界营销得以实施,就必须要求双方企业或者品牌具备一致性或者重复消费群体,消费群体的一致性也可以表现在消费特性、消费理念上的相同等。如亚朵与财经作家吴晓波联手打造的亚朵S·吴酒店,一个是自媒体社群的意见领袖,一个是传统行业的变革者,两者结合,双方的消费群体都面向有文化积淀的新中产。

(四)品牌非竞争性原则

跨界营销的目的在于通过合作丰富各自产品或品牌的内涵,实现双方在品牌或产品销售上的提升,达到双赢的结果,即参与跨界营销的企业或品牌应是互惠互利、互相借势增长的共生关系而不是此消彼长的竞争关系,因此这就需要进行合作的企业在品牌上不具备竞

争性,只有不具备竞争性这样不同企业才有合作的可能,否则跨界营销就成为行业联盟了。

（五）非产品功能性互补原则

非产品功能性互补原则指进行跨界合作的企业,在产品属性上要具备相对独立性,合作不是对各自产品在功能进行相互的补充,如相机和胶卷、复印机与耗材,而是产品能够本身相互独立存在,各取所需,是基于一种共性和共同的特质,如基于产品本身以外的互补如渠道、品牌内涵、产品人气或者消费群体。

（六）品牌理念一致性原则

"跨界"代表一种新锐的生活态度与审美方式的融合。跨界合作对于品牌的最大益处,是让原本毫不相干的元素,相互渗透、相互融合,从而给品牌一种立体感和纵深感。可以建立"跨界"关系的不同品牌,是互补性而非竞争性的品牌。这里所说的互补,并非功能上的互补,而是用户体验上的互补。品牌作为一种文化的载体,其代表特定的消费群体,体现着消费群体的文化等诸多方面的特征,品牌理念的一致性就是指参与双方的品牌在内涵上有着一致或者相似的诉求点或代表有相同的消费群体、特征,只有品牌理念保持一致性,才能在跨界营销的实施过程中产生由 A 品牌联想到 B 品牌的作用,实现两个品牌的相关联或者在两个品牌之间在特定的时候画上等号。

（七）以用户为中心原则

从 4C 到 4P,现代营销的工作中心出现了一个巨大的转变,企业的一切营销行为都从过去围绕企业和企业产品为中心向以消费者为中心转变,从过去关注自身向关注消费者转变。关注消费者需求、提供消费所需才是企业真正的目的,企业更多强调消费者的体验和感受,因此对于跨界营销来说,只有将所有的工作基于这一点,才会发挥其作用。

我们应该看到跨界营销作为一种营销方式,其本质的核心在于"创新",目的在于通过创新解决新的营销环境中存在的问题,实现合作双方的共赢。

同步案例 IP 酒店模式的实践者,亚朵酒店成功跨界

亚朵 S·吴酒店是亚朵与财经作家吴晓波联手打造的,是中国住宿行业首次引入 IP 和社群的概念。一个是自媒体社群的意见领袖,一个是传统行业的变革者,两者的结合,无疑是对社群经济这一新兴商业模式的一次大胆探索。不过,伫立在金融街的并不是第一家,第一家亚朵 S·吴酒店坐落在杭州。2016 年 11 月,在"浓妆淡抹总相宜"的西子湖畔,IP 酒店首次揭开它的神秘面纱。从产品经济到体验经济,现在我们进入了一个"想象力经济"的时代。从亚朵 S·吴酒店开始,我们到底可以想象些什么?

1. 中产崛起催生"知识消费"

越来越多的新中产正在为自己的文化资本进行投资,其中一个重要途径就是读书。亚朵从创业之初就把阅读作为两大人文主题之一。每家亚朵酒店都标配了一家名为竹居的免费流动图书馆(见图 14-2),让人们可以随手翻阅或免费借走。

从财经作家成功蜕变为意见领袖的吴晓波,已经是中产社群中的流量担当,据

图 14-2 竹居

其介绍,在 2014 年创办吴晓波频道时,他就非常明确自己服务的对象是企业家、创业者和职场白领这三个群体,目前吴晓波频道积累了 200 多万粉丝,在全国范围内有 80 多个书友会。

人文酒店与财经"网红"的两相情愿,成就了中国首家 IP 酒店。据亚朵创始人耶律胤介绍,亚朵的主要客户群体的年龄集中在 32 岁左右,有 5 到 10 年的工作经验,追求生活品质,也有较强的消费能力,两者的用户群体具有高度的重合性,且亚朵从成立之初就主打"人文"特色,提供客户个性化的住宿体验,也聚集了相当大的粉丝群体。而用户量边界被延伸,才有引爆的机会和资格,这样超级 IP 吴晓波和酒店业新锐亚朵的合作,可以实现 IP 吴晓波与其用户的深度连接,提升 IP 段位,与此同时,亚朵酒店依托 IP 效应,可以实现本身 IP 化。

2. 后"O2O"模式呼之欲出

传统意义上的 IP 合作更多的是"我提钱,你交货",而亚朵 S·吴的诞生是一种反传统的 IP 合作,两者在运营、内容、周边等不同形态方面,形成全方位的深层次合作,而且贴合性显著。单从运营层次来说,两个品牌经过联合之后,用户入住亚朵 S·吴酒店,会看到蓝狮子的书籍在"竹居"中扮演着重要角色,并且还可以体验来自吴晓波频道"美好的店"的精选产品。进入亚朵 S·吴酒店的客房,摆在你面前的是吴酒和巴九灵茶,人文、温暖、有趣的氛围,让你浸入其中。

亚朵创始人耶律胤曾说这种场景是 O2O 演进的产物,亚朵会一直通过各个产品渗透到客群的多个空间,希望带领用户感知一种生活方式,彻底打破线上线下的传统束缚,实现体验式消费情景。"亚朵生活馆"正是这样一个后 O2O 的商业模式,但与吴晓波的合作,则为这种模式融入了全新的元素。亚朵酒店与吴晓波社群会员的权益打通,满足用户不同场景的需求,从而提升用户体验。吴晓波会员有了线下阅读和参与读书会活动的据点,而亚朵会员则有了更多积累文化资本的途径。

亚朵市场负责人透露,亚朵S·吴酒店内每天仅吴晓波周边产品的销售量就达2000元左右,这无疑证明了两者跨界融合的正确,能让作品受益,让IP的价值得到充分释放。

3.新物种仍在进化

亚朵对IP酒店这一新物种的探索才刚刚开始。继亚朵S·吴试水成功后,亚朵很快就在上海打造了第二家IP酒店THE DRAMA,源于百老汇的神剧《Sleep no more》,上演数年来场场爆满,在全球都受到追捧。SMG引进此剧后,亚朵与其达成合作,成就中国第一家戏剧主题酒店,作为一款划时代的酒店产品,THE DRAMA集合戏剧、黑胶、电影等艺术周边,通过艺术展览、市集、演出等方式,重新定义酒店住宿空间。亚朵品牌创始人耶律胤也赋予THE DRAMA颇为崇高的使命:"我相信戏剧元素的介入为日益趋同的酒店行业注入了全新的概念与可能性,使得酒店从住宿工具进化成了装载体验内容的目的地,乃至于变身成为一道城市文化景观。"

耶律胤认为,"IP+酒店"的模式能够成立,就是因为二者在人流、数据流、服务流上是共通的,也完美地契合亚朵"经营人群"的理念。亚朵所合作的IP,不仅仅是品牌本身具有某种效应,其也具备调动社群的能力。目前,亚朵在不断寻找热门社群IP,给酒店品牌本身赋予IP特质,比如亚朵酒店将会相继与电商类头牌合作消费场景酒店、与音乐类知名IP合作音乐主题酒店等,"亚朵品牌"本身就将逐步进化成为控制流量话语权的"超级IP"。

这种进化预示着,"亚朵品牌"进可作为跳开行业红海的新物种而独享增值红利,退可作为具备场景载体优势的社群运营平台,深耕细作,独占鳌头。亚朵又荣获了"最佳跨界酒店品牌"和"2017中国新锐酒店品牌"两个大奖,还入选《中国企业家》颁发的"2017年未来之星百强企业"成为中国酒店业优秀的品牌榜样,这是对文化创新的支持,也预示着亚朵代表着酒店业的发展趋势。

(资料来源:https://wenku.baidu.com/view/4194668e5ff7ba0d4a7302768-e9951e79b896939.html?fr=search.)

(视频资料:亚朵酒店宣传片 https://haokan.baidu.com/v?vid=976653988436724105&pd=bjh&fr=bjhauthor&type=video.)

第二节 关系营销

传统的市场营销理论认为:市场营销的实质是,企业利用内部可控的资源对外部不可控因素做出的积极的动态反应,这种反应促进了产品的销售,只要营销组合策略应用得当,产品销售就有了根本的保证。随着市场竞争的日益激烈和市场营销组合策略的广泛应用,人们发现:许多经过精心策划的市场营销组合计划实施后难以达到预期的效果。在这种情况下,西方学术界和企业界开始积极探索适应现代竞争要求的营销理论和方法。于是,以系统论为基本思想、将企业置身于社会经济大环境中来考察企业的市场营销活动的关系营销理念应运而生。

一、关系营销的含义

对关系营销的研究始于20世纪70年代,是由发源于北欧的诺丁服务营销学派以及产业营销学派首先提出并发展起来的。随着计算机信息技术的迅速普及、战略营销联盟的兴起与推广,关系营销在80年代和90年代吸引了众多营销学者的研究兴趣,学派纷呈。比较有代表性的关系营销理论主要有英澳学派的六市场模型,美国学者摩根和亨特的投入-信任理论,瑞典学者古姆松的30R理论,芬兰学者格朗鲁斯的价值、交换和对话过程理论,美国著名学者科特勒的全面营销理论以及美国学者谢斯的关系营销演变理论等。这些理论以多视角和从不同的侧面对关系营销进行了探索,有力地推动了关系营销研究的深入,也为企业寻求改善营销业绩和在新竞争环境下的有效营销方法提供了进一步保证。

综合以上学派的观点,关系营销定义可以简单地用一句话概括:关系营销是指企业与消费者、供销商、竞争者、内部员工、政府机构和社会组织发生互相作用,建立和发展良好关系的过程。

关系营销理念认为,正确处理企业与相关个人及组织的关系是企业营销的核心,是企业成败的关键。

二、关系营销的特点

与传统营销理论相比较,关系营销理念也具有自身特点,两者对比详见表14-1。

表14-1 关系营销理念与传统营销理论对比表

关系营销理念	传统营销理论
以关系为导向	以交易为导向
认为消费者是具有较大差异的个体	认为消费者是同质的
注重信息的双向沟通	单向的信息沟通
注重互利互惠、长期发展	考虑企业自身的利益
以关系为核心	以价格为核心
营销活动的各个环节紧密联系	营销活动由各个单一事件组成
产品价值包括产品自身价值和服务	产品价值只包括产品自身价值

(一)信息沟通的双向性

社会学认为关系是信息和情感交流的有机渠道,良好的关系即是渠道畅通,恶化的关系即是渠道阻滞,中断的关系则是渠道堵塞。交流应该是双向的,既可以由企业开始,也可以由营销对象开始。广泛的信息交流和信息共享,可以使企业赢得支持和合作。

传统营销理论认为市场中交易双方的主动性不同,即存在"积极的卖方"和"消极的买方",买卖双方是各自独立的因素,市场营销就是卖方(企业)的单方行为,卖方(企业)用产品、价格、促销等营销组合手段刺激买方(消费者)购买。关系营销理念认为市场并不都是由"积极的卖方"和"消极的买方"组成,具有特定需求的买方也存在寻找合适的供应商的过程,双方是互动的关系。因此,企业在自己发布信息的同时,也从消费者身上获得信息。这种信息的获得是双向的。

(二)营销活动的互利性

传统营销活动中,市场价格机制发挥着绝对的作用,供应商与消费者都是完全的理性"经济人",追求短期利益的最大化。而关系营销则是以"关系"为核心,认为供应商和消费者在交易中不但要得到经济价值,还追求经济价值以外的其他价值,二者是有限理性的"社会人",强调信任与承诺,追求互惠。

关系营销的基础,在于交易双方之间有利益上的互补。如果没有各自利益的实现和满足,双方都不会建立良好的关系。关系建立在互利的基础上,要求互相了解对方的利益要求,寻求双方利益的共同点,并努力使双方的共同利益得到实现。真正的关系营销是达到关系双方互利互惠的境界。同时,关系营销强调:在竞争性的市场上,明智的营销管理者应与利益相关者建立长期的、彼此信任的、互利的关系。这可以是关系一方自愿或主动地调整自己的行为;也可以是关系双方都调整自己的行为,以实现相互适应。各具优势的关系双方,互相取长补短,联合行动,协同动作去实现对双方都有益的共同目标,可以说是关系营销的最高形态。

(三)交易活动的关联性

传统营销理论认为,营销的交易活动是由具体的单个交易事件组成,各个交易活动之间不产生相互作用。关系营销则认为,供求双方的交易是连续过程,大量的交易都是重复进行的,前一次的交易往往对以后的交易活动产生作用。如果消费者有一次满意的购买体验,也就是在购买中得到超过预期的价值,那么,他就会把这种体验带到下次的交易活动中去。一次购买行为只是双方关系序列中的一部分。

(四)信息反馈的及时性

关系营销要求建立专门的部门,用以追踪利益相关者的态度。关系营销要求企业能够进行信息反馈的循环,连接关系双方,企业由此了解到环境的动态变化,根据合作方提供的信息,以改进产品和技术。信息的及时反馈,使关系营销具有动态的应变性,有利于挖掘新的市场机会。

(五)产品价值的附加性

传统营销理论强调产品的实体价值,而关系营销认为产品的价值既包括实体价值,也包括附在实体产品之上的服务,如按照消费者的要求定制产品、从与供应商接触过程中得到的愉快感和咨询服务等。传统营销理论中,产品的价值来源于产品交易活动完成后供应商、消费者、分销商在价值链上的分配,而关系营销注重新价值的创造。关系营销认为,消费者购买产品并不单纯依据价格的高低,还要考虑其他因素,如可保证的稳定供货、良好的售后服务等。

(六)强调消费者的个体差异

传统营销理论认为,市场是由同质性的无关紧要的个体消费者组成的,至少在同一个细分市场是如此。关系营销认为市场并不是由大批无关紧要的个体消费者组成。每个消费者是需求、欲望、购买能力差异很大的个体,应针对这些差异来开展营销活动。同时,对企业来说,每个消费者对企业的价值也是不同的,市场营销学的"20/80"理论,即企业80%的利润来自20%的消费者,充分说明卖方(企业)不应对每个消费者都同等对待,应将有价值的关键客户和其他客户区别对待。

与传统营销理论相比,关系营销理念是市场营销学研究范式的根本转变。但关系营销的应用在获得收益的同时,也要充分考虑其成本。关系营销与传统营销并不是绝对对立的,两者各有适用条件,并在一定条件下可以演化和兼容。

三、关系营销的内容

关系营销把一切内部和外部利益相关者纳入研究范围,用系统的方法考察企业所有活动及其相互关系。在此理论指导下,企业的营销策略可分解为消费者关系营销策略、供销商关系营销策略、竞争者关系营销策略、员工关系营销策略、影响者关系营销策略。其中员工关系营销是关系营销的基础,消费者关系营销是关系营销的核心和归宿。

同步案例
56%客人不想和机器人互动,谁来给酒店智能浇一盆冷水?

(一)消费者关系营销策略

消费者是企业生存与发展的基础,是市场竞争的根本所在。只有企业为消费者提供了满意的产品和服务,才能使消费者对产品进而对企业产生信赖感,成为企业的忠诚消费者。菲利普·科特勒指出:"忠诚的顾客是酒店最宝贵的财富,现在日益重视设计出最好的关系组合以争取和保持顾客。好的顾客就是资产,只要管理得当和为其服务,他们就能转为公司丰厚的终身利益来源。在紧张的竞争市场中,公司的首要业务任务,就是持续地用最优的方法满足他们的需要,以保持顾客的忠诚度。"美国的商业研究报告指出,多次光顾的消费者比初次登门者可为企业多带来20%—80%的利润;固定消费者增加5%,企业利润将增加25%。

酒店可以通过以下几个方面的努力,来建立与消费者的良好关系,促使其成为忠诚消费者。

1. 树立以消费者为中心的观念

酒店的一切计划和策略应以消费者为中心,正确地确定目标市场的需求与欲望,比竞争者更有效地提供目标市场所要求的满足。以消费者为中心的观念包括:

(1)宾客至上。酒店要把消费者放在经营管理体系中的第一位,站在消费者立场上研究、开发产品,预先把消费者的"不满意"从设计、制造和供应过程中去除,使消费者在心理上对酒店产生认同和归属感,进而形成满意的消费者群体网络效应。

(2)顾客永远是对的。这是消费者满意管理的重要表现。其中包括三层意思:第一,消费者是商品的购买者,不是麻烦制造者;第二,消费者最了解自己的需求、爱好,这恰恰是酒店需要搜集的信息;第三,由于消费者有"天然的一致性",同一个消费者争吵就是同所有的消费者争吵。

(3)一切为了顾客。"一切为了顾客"要求一切从消费者的角度考虑,想消费者之所想,急消费者之所急,消费者的需要就是酒店的需要。酒店要充分了解消费者的需要,重视消费者的意见,让消费者参与决策,不断完善产品服务体系,最大限度地使消费者满意。

2. 了解消费者的需要,提高消费者的满意度

了解消费者的需要是酒店提高消费者满意度的前提。通常消费者的需要分为以下四个层次。

(1)期望型需求,即消费者期待所提供的产品的质量必须是有竞争力的且符合进入市场的标准。

(2)表达型需求,即消费者表达出所需产品或服务的具体特性。这些特性也正是酒店为满足消费者所愿意提供的。

(3)未表达型需求,即消费者对酒店的产品或服务特性不做表述。但这些未表述的要求却十分重要。

(4)兴奋型需求,即消费者需要意想不到的产品或服务。这些产品独一无二,不同于其他竞争产品。一个以消费者需求为导向的酒店,必须定期跟踪消费者的满意水平并确立改进的目标。消费者满意或愉快是酒店未来利润的最好指示器。

3. 建立消费者关系管理系统,培养消费者的忠诚度

要提高消费者的满意度,建立消费者对企业和产品品牌的忠诚,企业必须以"消费者为中心"来管理他们的价值链以及整个价值让渡系统。在关系营销模式下,企业的目标不仅是要赢得消费者,更重要的是维系消费者,保持消费者比吸引消费者对扩大企业利益更见成效。企业必须对不同的细分市场或不同的消费者,采取不同的营销策略和营销投入。菲利普·科特勒认为,这种投入必须在区分与消费者之间的五种不同程度的关系前提下进行。这五种不同程度的关系:一是基本型,销售人员把产品销售出去就不再与消费者接触;二是被动型,销售人员把产品销售出去并鼓动消费者在遇到问题或有意见时给企业打电话;三是负责型,销售人员在产品销售后不久打电话给消费者,检查产品是否符合消费者的期望,销售人员同时向消费者寻求有关产品改进的各种建议,以及任何特殊的缺陷与不足;四是能动型,企业销售人员不断给消费者打电话,给消费者提供有关改进产品用途的建议或关于有用的新产品信息;五是伙伴型,企业不断地与消费者共同努力,寻求消费者合理开支的方法或帮助消费者更好地进行购买。大多数企业在市场规模很大且企业的单位利润很小的情况下,实行基本型营销。在消费者很少而边际利润很高的情况下,大多数企业将转向伙伴型市场营销,建立长期、稳定的关系,把消费者当作自家人对待。选择哪种类型,绝大部分依赖于企业对消费者终生价值与为吸引和维系这些消费者所要求的成本的对比估计。

同步案例 泰国东方酒店的关系营销

酒店关系管理并非只是一套软件系统,而是以会员服务意识为核心,贯穿于所有经营环节的一整套全面完善的服务理念和服务体系,是一种企业文化。

泰国的东方酒店堪称亚洲酒店之最,几乎天天客满,不提前一个月预订是很难有入住机会的,而且客人大多来自西方发达国家,又有人妖表演,是不是泰国东方酒店在这方面下了功夫?错了,其靠的是真功夫,是非同寻常的客户服务。

泰国东方酒店的客户服务到底好到什么程度呢?我们不妨通过一个实例来感受一下。一位朋友因公务经常出差泰国,并下榻在东方酒店,第一次入住时,良好的酒店环境和服务就给他留下了深刻的印象。当他第二次入住时,几个细节更使他对酒店的好感迅速升级。

那天早上,在他走出房门准备去餐厅时,楼层服务生恭敬地问道:"于先生是要用早餐吗?"于先生很奇怪,反问:"你怎么知道我姓于?"服务生说:"我们酒店规定,晚上要背熟所有客人的姓名。"这令于先生大吃一惊,因为他频繁往返于世界各地,入住过无数高星级酒店,但这种情况还是第一次碰到。于先生高兴地乘电梯下到餐厅所在的楼层,刚刚走出电梯门,餐厅的服务生说:"于先生,里边请。"于先生更加疑惑,因为服务生并没有看到他的房卡,就问:"你知道我姓于?"服务生答:"上面电话刚刚下来,说您已经下楼了。"如此高的效率让于先生再次大吃一惊。

于先生刚进餐厅,服务小姐微笑着说:"于先生还要老位置吗?"于先生的惊讶再次升级,心想:"尽管我不是第一次在这里吃饭,但最近的一次也有一年多了,难道这里的服务小姐的记忆力那么好?"看到于先生惊讶的目光,服务小姐主动解释说:"我刚刚查过电脑记录资料,您在去年的8月8日在靠近第二个窗口的位子用过早餐。"于先生听后兴奋地说:"老位子,老位子!"服务小姐接着问:"老菜单,一个三明治,一杯咖啡,一只鸡蛋?"现在于先生已经不再惊讶了,"老菜单,就要老菜单!"于先生已经兴奋到了极点。

上餐时餐厅赠送了于先生一碟小菜,由于这种小菜于先生是第一次看到,就问道:"这是什么?"服务生后退两步说:"这是我们特有的××小菜。"服务生为什么要先后退两步呢?他是怕自己说话时口水不小心落在客人的食物上,这种细致的服务不要说在一般的酒店,就是在美国最好的酒店里于先生都没有见过,这一次早餐给于先生留下了终生难忘的印象。

后来,由于业务调整的原因,于先生有3年的时间没有再到泰国去。在于先生生日的时候,突然收到一封东方酒店发来的生日贺卡,里面还附了一封短信,内容是:亲爱的于先生,您已经有3年没有来过我们这里了,我们全体人员都非常想念您,希望能再次见到您。今天是您的生日,祝您生日愉快。于先生当时激动得热泪盈眶,发誓如果再去泰国,绝对不会到任何其他的酒店,一定要住在东方酒店,而且要说服所有的朋友也像他一样选择。于先生看了一下信封,上面贴着一枚6元的邮票。6元钱就这样买到了一颗心。

问题:从关系营销的角度评析本案例。

分析提示:东方酒店非常重视培养忠实的客户,并且建立了一套完善的客户关系管理体系,使客户入住后可以得到无微不至的人性化服务。世界各国的20多万人曾经入住过那里,用他们的话说,只要每天有1/10的老顾客光顾酒店就会永远客满。这就是东方酒店的成功秘诀。

（二）供销商关系营销策略

传统营销理论认为,供应商和分销商会使酒店的收益降低。因为供应商提供原材料的费用和产品由分销商所销售而产生的分销费用构成了酒店产品的成本。事实上,酒店与供应商和分销商之间除了存在着竞争外,也存在着共同的利益。因此,关系营销理念认为,在竞争日趋激烈的市场环境中,酒店应该与供应商、分销商建立起长期的、彼此信任的互利关系。现代信息技术的应用,进一步确保了这种关系的建立和维护。酒店的供销商关系营销策略主要包括以下几种。

1. 以求实为本,不断增进酒店与供销商的相互了解

关系营销理念认为,酒店应该让供销商充分了解酒店的实力,培养供销商对酒店的信心,同时必须让供销商充分了解酒店的营销战略,特别是要将酒店的战略目标、营销计划充分地传达给经销商,从而使供销商制定有利于本酒店的销售计划,树立与酒店长期合作的信念。另外,为了表达对消费者需求的关心,赢得消费者的信任,许多酒店还通过分销商来建立消费者对酒店的信任,并向消费者保证,他们能够通过分销商享受到周到的服务。这往往需要分销商密切配合酒店的经营战略,采取利益一致的行动,通过分销商来提高消费者满意度。

2. 讲究信用,互利互惠

关系营销认为,酒店和供销商之间必须保持供销的畅通和平衡,在实现酒店利益的同时保证供应商应得的利益。供应商所提供的生产要素的质量和数量以及价格等,直接影响到酒店的生产经营情况,酒店要维持正常的生产经营活动,就必须依靠供应商的支持,良好的供应商关系有助于酒店摆脱原材料缺乏和价格不稳定的困境。这就要求酒店对待供销商的态度不应为市场供求波动所左右,而应从长远利益出发,重视建立与供应商之间长期互惠互利的关系。事实证明,长期享受公平待遇的供应商常常愿意为企业提供紧急服务。

3. 诚意合作,共同发展

关系营销认为,建立企业与供销商之间的良好关系,必须以诚相待,共同解决供应与销售中存在的问题。一方面,酒店应积极提供各种资料与建议,促进采购、收货、营销、会计等部门与供销商的合作。另一方面,供销商在与酒店的交往中,随着对酒店生产经营情况的逐渐熟悉,会善意地提出产品的改进意见和减低产品成本的措施,酒店应接受并考虑供销商所提的意见和建议,及时予以合理解决,从而促进酒店经营和生产水平的提高。

（三）竞争者关系营销策略

在传统营销观念中,酒店与酒店的竞争是一场不宣而战的特殊战争,是你死我活的竞争。在这种营销观念的指导下,酒店有时为了取得竞争上的优势,不惜采取低价倾销的策略,使得酒店与竞争者两败俱伤。关系营销理念认为,在当今日趋激烈的市场竞争中,视竞争对手为仇敌,彼此势不两立的竞争观念已经过时,酒店之间不仅存在着竞争,还存在着合作的可能。竞争者关系营销策略主要包括以下形式。

1. 入市合作

最典型的入市合作是市场调查合作和市场进入合作。市场调查是整个营销活动的起点,是获取决策信息和决策依据的途径。但由于工作量太大、专业性太强、费用太高,往往令

中小酒店望而却步,酒店间联合起来,就可以避免以上各种不足。

2. 产品和促销合作

最常见的是功能型和品牌型的促销组合。如摄像机配上电池同时销售,就是典型的功能型的组合。品牌组合的形式多种多样,如著名的制造商与著名的销售商连用品牌、普通制造商与著名销售商同用品牌、普通制造商依托著名的销售商连用品牌、普通的制造商与同档次的制造商共同打造品牌等。

(四)员工关系营销策略

员工关系营销是酒店关系营销的基础。可以说没有良好的员工关系,就没有酒店的有效经营。酒店只有首先处理好自己内部的员工关系,上下左右关系融洽、协调,全体员工团结一致、齐心协力,才能在资源的转化过程中实现价值的最大化,成功地"外求发展"。员工关系营销策略主要包括以下内容。

1. 造就共同的文化价值观念

造就一个具有挑战性的、统一的、独一无二的并且让人信服的信念,可以让员工凝为一体,激励员工不断奋发向上。

2. 满足员工的需要

关系营销理念认为,满足员工不断增长的物质需求,能够促使酒店具有光明的发展前景;满足员工对酒店的情感需要,能够促使酒店内部的人际关系融洽;满足员工的成就感,为员工提供实现个人价值和充分成长的机会,能够促使酒店不断强大、信息不断更新。

3. 建立良好的酒店沟通气氛

在信息社会中,不但酒店的外部存在着大量的信息交换关系,在酒店内部也充满了互相传递信息的沟通活动。关系营销理念认为,在酒店的内部沟通过程中,酒店领导要作风民主、平易近人,要善于倾听不同的意见,鼓励下属大胆提出批评和建议,消除沟通中的地位障碍,这样才能形成轻松和谐的沟通环境和氛围,才能促进酒店的发展。

知识链接　　　　　香格里拉的营销之道

香格里拉是国际著名的大型酒店连锁集团,它的经营策略很好地体现了酒店关系营销的内容:香格里拉始终如一地把顾客满意当成企业经营思想的核心,并围绕它把其经营哲学浓缩于一句话"由体贴入微的员工提供的亚洲式接待"。

香格里拉有8项指导原则:

(1)我们将在所有关系中表现真诚与体贴;

(2)我们将在每次与顾客接触中尽可能为其提供更多的服务;

(3)我们将保持服务的一致性;

(4)我们确保我们的服务过程能使顾客感到友好,员工感到轻松;

(5)我们希望每一位高层管理人员都尽可能地多与顾客接触;

(6)我们确保决策点就在与顾客接触的现场;

(7)我们将为我们的员工创造一个能使他们的个人、事业目标均得以实现的

环境;

(8) 客人的满意是我们事业的动力。

顾客服务与住房承诺方面,则体现了酒店在承诺、信任原则上的坚持。香格里拉酒店的回头客很多。酒店鼓励员工与客人交朋友,员工可以自由地同客人进行私人的交流。

在对待顾客投诉时,绝不说"不",全体员工达成共识,即"我们不必分清谁对谁错,只需分清什么是对什么是错"。让客人在心理上感觉他"赢"了,而我们在事实上做对了,这是最圆满的结局。每个员工时刻提醒自己多为客人着想,不仅在服务的具体功能上,而且在服务的心理效果上满足顾客。香格里拉酒店重视来自世界不同地区、不同国家客人的生活习惯和文化传统的差异,有针对性地提供不同的服务。如对日本客人提出"背对背"的服务:客房服务员必须等客人离开客房后再打扫整理客房,避免与客人直接碰面。酒店为客人设立个人档案并长期保存,作为为客人提供个性化服务的依据。

(香格里拉酒店宣传视频:https://www.shangri-la.com/cn/shanghai/pudongshangrila/.)

(五) 影响者关系营销策略

关系营销理念认为,任何一个酒店都不可能独立地提供营运过程中所有必要的资源,它必须通过银行获得资金,从社会招聘人员,与科研机构进行交易和合作,通过经销商分销产品,与广告公司联合进行促销和媒介沟通。不仅如此,酒店还需要被更广义的相关人员所接受,包括同行酒店、社会公众、媒介、政府、消费者组织、环境保护团体等等。因此,酒店不仅要注意酒店内部的员工关系、酒店和顾客关系、酒店与合作者的关系,还必须拓宽视野,注意酒店与股东的关系,酒店与政府的关系,酒店与媒介、社区、国际公众、名流、金融机构、学校、慈善团体、宗教团体等的关系。这些关系都是酒店经营管理的影响者,是保障酒店生存与发展的事业共同体。简而言之,就是一个酒店要生存和发展,不仅要生产出好的产品,还要迎合市场的需要,同时还能被政府和社会各个阶层所欣赏,取得公众的信任,在社会上塑造一个令人满意、尊敬的形象。影响者关系营销策略主要包括以下内容。

1. 开展宣传活动

开展宣传活动即运用大众媒介和内部沟通方法来开展宣传工作,树立良好的企业形象。其基本形式包括举办展览会、经验和技术交流会、座谈会、新闻报道、记者专访、记者招待会等。

2. 开展服务营销

开展服务营销即通过向公众提供各种形式的实惠服务,强化企业信誉和形象。同时,通过设身处地为消费者着想和热情、周到的售前、售中、售后服务,为消费者当参谋,为消费者提供全方位的服务,使消费者在得到最大限度满足的同时,在心中留下对酒店的良好印象。

3. 开展公益活动

开展公益活动即通过举办各种社会性、公益性、赞助性活动,塑造酒店形象,扩大酒店的社会影响,提高酒店社会声誉,赢得公众的支持。

四、关系营销理念对酒店市场营销的借鉴意义

酒店业是典型的服务业,酒店业中的机构和企业是通过人与人的接触来获得效益的。关系营销理念强调的就是这种人与人之间良好关系的建立和维护,因此,将关系营销理念运用到酒店市场营销中,进行酒店关系营销,能够起到协调酒店行业机构或酒店企业与公众的关系,为酒店行业机构或酒店企业赢得公众的好感,塑造酒店行业机构或酒店企业的良好形象,显示酒店行业机构或酒店企业实力,增加酒店行业机构或酒店企业影响的积极作用。酒店行业机构或酒店企业的关系营销应包括以下内容。

(一)在互利互惠的基础上,开展公平竞争,谋求相互的合作与发展

酒店行业机构或酒店企业应明确,单一的酒店行业机构或酒店企业知名度虽然是公众认识自己的前提条件,但并非是赢得公众的可靠条件。酒店行业机构或酒店企业的竞争不能计较一时一地的得失,不能寄希望于一两次轰动效应所带来的微不足道的形象效果,而是应从长远考虑,注重整体形象,注重信誉。

(二)通过关系营销减少酒店市场营销中的不确定性因素

酒店行业机构或酒店企业在变化急剧的环境下面临很大的不确定性。从供应商方面看,供应商可能根据市场情况提高价格使酒店行业机构或酒店企业付出更高的成本,供应商也可能转向更加有利的客户而使酒店行业机构或酒店企业不得不面对更换供应商的成本和不确定性,特别是因不确定性而使原材料供应中断最终让消费者遭受的重大损失。为了减少这种不确定性,酒店行业机构或酒店企业可以采用关系营销的方法,即充分运用企业与供应商、分销商建立的长期的、彼此信任的互利关系来避免或减少不确定性。

(三)通过关系营销来降低酒店交易成本

在关系营销中,有以下几种减少交易成本的方式。

(1)确定有限的供应商数量来减少交易成本,包括花费较少的时间收集信息和评估新的供应商,谈判、协调、行为的控制和检查等。

(2)因双方行为协调而降低单位成本,以及共同学习、经济规模交易等来降低成本。

(3)由于供应商之间转换的减少而降低的运作成本,其中包括双方磨合成本。

(四)通过关系营销来塑造公众欢迎的形象

为了赢得政府、社区、顾客等公众的支持,从而造成良好的生存和发展环境,酒店行业机构或酒店企业往往会通过无偿出资来帮助社会福利事业、慈善事业、公益事业等,以此来证实酒店行业机构或酒店企业为社会所尽的义务和承担的责任,增进与公众的感情和联系。值得注意的是,"政府公众"这一特殊公众,是综合协调、规范组织行为的权力机构。酒店行业机构或酒店企业是否受政府各类部门的欢迎,或者说,企业在它们心中形象如何,直接关系到企业的命运。从"政府公众"的立场看,受欢迎的酒店行业机构或酒店企业形象至少有三个要素,即以国家利益为重的模范、遵纪守法的公民、有良好经济效益的经营者。

同步案例　酒店营销新招，给一只毛绒兔子做SPA

爱尔兰豪华酒店Adare Manor近日在其FB账户发布了系列照片，照片的主角是一只毛绒玩具兔子，这只兔子在酒店内享受各种贵宾级的待遇，比如高级客房、用餐服务，对了，还有专人SPA服务（见图14-3）。

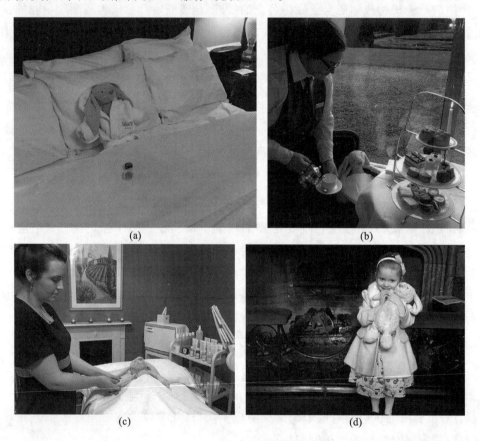

图14-3　Adare Manor酒店给兔子做SPA

事情的原因是什么呢？原来是一名叫凯特·霍根的小女孩在离店的时候把心爱的毛绒玩具落在酒店，于是，酒店用这一系列的服务，来对待小姑娘的毛绒玩具，通过社交网络可以让小姑娘了解到在她不在的这几天，她的毛绒玩具都是如何被对待的，这个举动俘获小女孩芳心的同时也俘获了大量网友的点赞和分享。

问题：从关系营销的角度评析本案例。

分析提示：Adare Manor酒店通过这个举动获得了广大网民的点赞支持，并收获了广大网友的好评。社交媒体增加流量是一大趋势，酒店的关系营销应将更多的资源转移到线上和移动端，让客人在入住前、入住中和入住后都参与到社交网络中。通过社交平台与客人的随时互动，可以增进了解并获得更好的评价。

第三节 绿色营销

随着可持续发展观念的不断深入人心,绿色营销这一充分体现可持续发展的营销理念正在扮演着越来越重要的角色。如果说可持续发展是世界各国发展的必然抉择,那么,绿色营销则是企业实施可持续发展战略的重要方面。绿色营销理念正渐渐成为21世纪世界市场营销的主潮流。

一、绿色营销的含义

可持续发展是当今全球共同关注的话题,它要求人类必须将社会经济的发展控制在自然资源和环境能够支撑的范围内,不搞资源和环境的"透支"。从环保和资源有效运用出发到绿色营销的形成,与可持续发展的思路密切相关。通过绿色营销,可以使可持续发展的思想贯穿于企业的营销活动中。

绿色营销是指企业以环境保护观念作为其经营哲学思想,以绿色文化为其价值观念,以消费者的绿色消费为中心和出发点,通过市场调查、产品开发、市场定位和分销以及售后服务等一系列经营活动,将企业经济利益、消费者需求和环境利益相结合,实现企业可持续发展的营销策略。绿色营销是在绿色消费的驱动下产生的。所谓绿色消费,是指消费者意识到环境恶化已经影响其生活质量及生活方式,要求企业生产、销售对环境影响最小的绿色产品,以减少危害环境的消费。

绿色营销的目标是合理地刺激当前消费,使之转变为可持续消费。绿色营销观念认为,企业不应单纯地把消费者看成是实现利润的手段和工具,消极地去发现和满足消费者需求,而是要积极主动地引导消费者进行合理消费。

二、绿色营销的特点

现代市场营销的基本观念是以消费者需要为企业经营活动的出发点和归宿。如果我们说这一观念的产生相对于以往的生产观念、产品观念、推销观念而言是一次企业经营思想上的革命,那么,绿色营销观念将掀起企业经营管理领域的一场新的革命。绿色营销的变革具有如下几个方面的显著特征。

(一) 绿色营销以绿色消费需求作为市场导向

绿色营销是以绿色消费需求为市场导向的。它是满足市场的绿色需求并产生绿色效益的一种整体经营过程。绿色营销是在市场营销基础上发展起来的一种新的营销观念,它使企业营销步入了集企业责任与社会责任为一体的理性化发展阶段。

（二）绿色营销以绿色文化观念作为价值导向

绿色营销是以绿色文化观念为价值导向的，旨在使人与自然和谐发展、共存共荣。绿色营销以可持续发展观为基础，注重社会责任和社会道德，提倡既要满足当代人的需要，又不对后代人发展构成危害并为其发展创造条件。

（三）与绿色营销相伴随的是全社会经济观念和经济行为的转变

由于缺乏生态平衡的观念，那种对自然资源采取杀鸡取卵、竭泽而渔的方法，以追求一己的、一时的高效益、高速度的经济增长的传统生产方式和企业行为，已经造成环境污染和生态破坏。严峻的现实要求我们必须由单纯追求经济目标向追求"经济—生态"双重目标转变，由简单的资源配置行为逐步向"可持续发展战略"转变，企业应该越来越理智、克制、合理地实施其行为。

（四）绿色营销是建立在一种全新生产方式基础上的营销策略

目前，社会的生产方式主要是从两种不同的技术途径中选择，即在"黑色技术"与"绿色技术"之间做出选择。"黑色技术"是传统工业遗留下来的机器、石油和电子线路，而"绿色技术"则是生态工程和基因工程相结合的全新的生产方式。虽然黑色技术永远也不会被抛弃，但随着"绿色科技"（或称"高科技的绿色化"）地位的不断加强，一个涉及环境协调、环保、节能的"绿色产业"将登上21世纪的舞台，从而使人类的生产方式出现根本性的变革。绿色营销正是建立在"绿色技术"这种全新的生产方式基础上的。

（五）绿色营销需要全社会的参与和互动

随着人类生态保护意识的提高和对高质量生活渴求的增强，绿色营销这一倡导绿色消费的营销策略正被社会广泛接纳。要有效地实施绿色营销，就需要在全社会培育和强化绿色消费意识和绿色营销观念，只有企业个体的行为是远远不够的，它需要全社会的参与和互动，需要政府在环保政策和法规等方面加强对绿色营销的管理和促进。

三、影响绿色营销的主要因素

（一）影响绿色营销的内部因素

影响绿色营销的内部因素有以下八个方面。

1. 产品（product）

绿色营销中的产品在生产、使用及丢弃时应具有安全性，企业使用的原材料和包装要有利于环境保护。

2. 价格（price）

产品价格要反映绿色成本，并且是能让消费者接受的绿色价格。

3. 分销（place）

选择具有绿色信誉的分销渠道来分销产品。

4. 促销（promotion）

采用绿色媒体宣传绿色信息，并对绿色信息的传播进行监测。

5. 提供信息(providing information)

提供同环保有关并能激发市场营销者重视可持续发展的全新观念的国内外绿色信息。

6. 过程(processes)

控制原材料、能源消耗过程以及废弃物的产生和处理过程,以有利于优化环境。

7. 政策(policies)

制定及实施鼓励、监测、评估和保护环境的政策。

8. 人员(people)

人员即企业的营销人员。企业应该培养了解有关环境的各种议题、认识企业在环保中的表现及在绿色营销中善于宣传的营销人员。

同步案例 上海取消一次性用品,酒店面临"新危机"

2019年,上海市文化和旅游局规定酒店取消一次性用品(见图14-4),酒店取消提供一次性用品,最大的问题是给旅客带来了不便。像北京、上海这类高频次的差旅城市,很多人忘记或者根本不知道需要自带牙刷等用品。旅客不方便,酒店添麻烦,但绿色环保是酒店未来发展的必然趋势,酒店方面如何化解这次危机,也是需要考虑的。

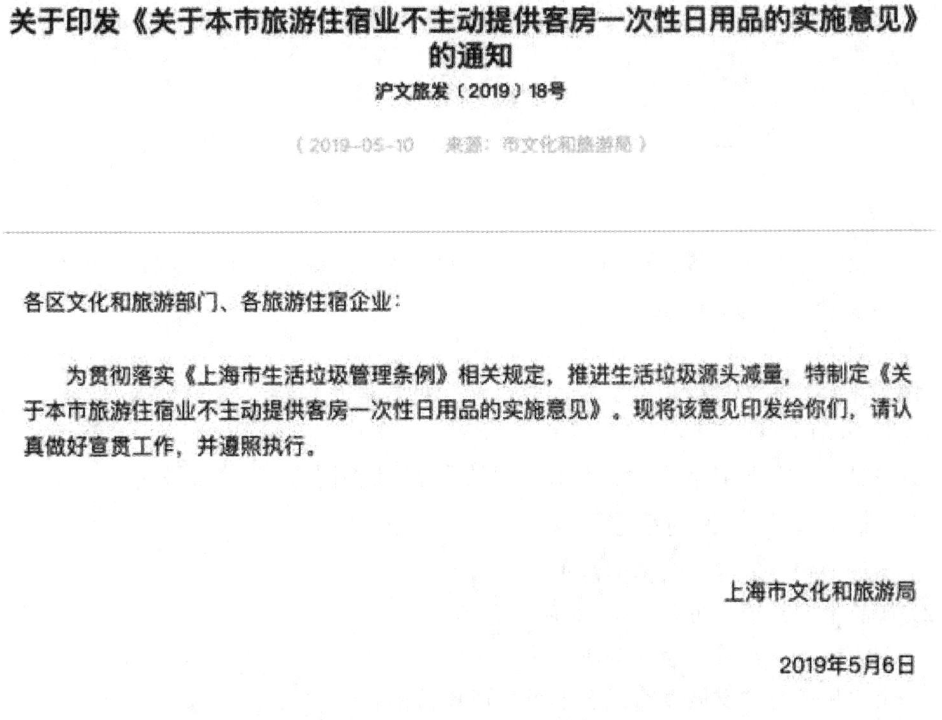

关于印发《关于本市旅游住宿业不主动提供客房一次性日用品的实施意见》的通知

沪文旅发〔2019〕18号

(2019-05-10 来源:市文化和旅游局)

各区文化和旅游部门、各旅游住宿企业:

为贯彻落实《上海市生活垃圾管理条例》相关规定,推进生活垃圾源头减量,特制定《关于本市旅游住宿业不主动提供客房一次性日用品的实施意见》。现将该意见印发给你们,请认真做好宣贯工作,并遵照执行。

上海市文化和旅游局

2019年5月6日

图14-4 上海市文化和旅游局对酒店取消一次性用品的通知

方法一:做好通知工作,引导客人养成环保意识

为了避免入住的客人没有提前获知相关的政策变动,忘记自备日用品;又或者是将对政策的不满发泄在酒店身上,提前做好相关的宣传和告知,就非常重要。上

海各大酒店都表示收到了有关部门的通知,酒店可在客人入住前以短信的形式做出告知,并在酒店的大堂、客房和官方网站上贴出相应的提示。

方法二:降低房价费用,让住客感到获利

其实有些旅客也会有这样的心理:有些客房内的物品我没有使用,但是还是要为其买单。"7天"连锁酒店,在几年前取消了客房内一次性用品的供应,同时基础房价下降18元,相当于是将这些用品的费用从房价中剔除,也获得了不少旅客的欢迎。但是对于中高端的酒店来说,这些优质的一次性用品原本就是其亮点之一。

上海市出台的这项政策,对于酒店和旅客来说,都有不小的影响。但酒店的绿色环保之路还很漫长,希望在不远的将来,会有更便捷也更经济环保的措施来改善现状。

(资料来源:http://fashion.sina.com.cn/l/ds/2019-05-23/1537/doc-ihvhiqay0809931.shtml.)

(二)影响绿色营销的外部因素

1. 付费消费者(paying customers)

企业要了解消费者对绿色问题的关心程度及对绿色产品的需求程度。

2. 供应商(providers)

供应商对绿色主张的关心程度、企业对绿色原材料的需求状况,直接关系到企业绿色营销的发展。

3. 政府官员(politicians)

政府官员可通过行政方式对企业的经营活动施加压力,通过立法形式制约企业的绿色营销。

4. 问题(problems)

经常了解和掌握企业绿色营销中存在的问题,诸如判断企业或其竞争对手的营销活动是否同环境及社会问题有联系。

5. 预测(predictions)

预测未来环境保护的发展趋势及其对企业绿色营销的影响。

6. 伙伴(partners)

加强企业与对环境具有重大影响的组织的联系,改善同这些组织的关系。

(三)影响绿色营销的综合因素

(1)满足消费者对绿色营销的需求。

(2)产品生产及使用过程安全、对环境有利。

(3)企业绿色营销策略为社会所接受。

(4)企业从可持续发展战略高度来组织市场营销。

四、绿色营销理念对酒店市场营销的借鉴意义

当前,尽管我国的许多酒店企业已开始树立绿色营销的观念,并在营销实践方面取得了良好开端,但从整体来看,大多数酒店企业的绿色营销意识还没有确立,与发达国家相比,我

国的酒店企业在绿色计划的制订、绿色技术的应用和绿色促销等方面还存在着一定的差距。因此,我国酒店企业发展绿色营销应着重从以下几方面入手。

第一,树立绿色营销观念,加强绿色管理。酒店企业经营要勇于迎接绿色时代的挑战,全面树立绿色营销的观念。酒店企业绿色观念的树立可以通过加强绿色管理来进行。绿色管理是将环保观念融于酒店企业经营管理之中的一种管理方式,其目的是将环保意识渗透到企业经营管理的各个方面。酒店企业必须做好两方面的工作,才能有效实施绿色管理:一方面,要建立企业环境管理新体系,将强制企业搞好生态环保工作变成企业自觉搞好生态环保工作;另一方面,通过全员环境教育,提高企业全体员工的环境保护意识。

第二,收集绿色信息,制订绿色营销计划。绿色信息包括绿色消费、绿色科技、绿色资源、绿色产品开发、绿色法规、绿色价格、绿色市场规模等信息。绿色营销计划包括绿色产品开发计划、环保投资计划、绿色培训计划、绿色形象塑造计划,等等。收集绿色信息,制订绿色营销计划是开展绿色营销的基础。

第三,通过技术创新开发绿色产品。技术创新不仅使绿色产品得以迅速普及,而且还将促使其生产成本大幅度下降,从而使绿色营销成为一种"经济"行为。同时,酒店企业应明确:作为社会的一分子,应积极应用绿色技术,开展技术创新,开发、生产出更多的符合环保要求、无公害的或危害较小并有利于资源再生的绿色产品,为提高我国消费者对绿色产品的整体消费水平做出贡献。

第四,开展绿色促销活动,引导绿色消费。通过这些活动的开展,引导消费者选择有利于个人健康和人类生态平衡的包括绿色食品在内的绿色产品,从而推动人与自然的和谐发展,最终实现可持续发展。

同步案例 酒店丢弃的香皂发挥了更大的价值

长期以来,酒店的一次性用品每年都会造成巨大的浪费。有数据统计,2018年全国大约有44万家酒店,而每家酒店每天大约有5千克的一次性香皂被丢弃。一年下来,44万家酒店丢弃的香皂超过了40万吨。如果每吨香皂按照2万元来计算,这就是80亿元的浪费。

美国有个小伙子肖恩·赛普勒将这些被丢弃肥皂利用起来,让1000万孩子免于死亡。他成立的非营利性组织CTW(Clean the World,净化世界)与5000家国际酒店合作,免费发放4500多万块肥皂。别小看这些肥皂,它们被用于拯救那些因为贫穷而无法购买肥皂,却死于肺炎和腹泻疾病的儿童们,只要简单的洗手,就可以避免1/3的呼吸道疾病、1/2的痢疾,死亡率减少60%。在肖恩及志愿者伙伴的努力下,5岁以下儿童在腹泻和肺炎上的死亡率下降了35%,拯救了全球1000多万孩子。

但在国内,我们虽然还没有类似的组织和回收机构,但我们可以先通过相应的政策,从源头控制浪费的产生。

(资料来源:http://fashion.sina.com.cn/l/ds/2019-05-23/1537/doc-ihvhiqay0809931.shtml.)

内容提要

跨界营销是依据不同产业、产品、环境、偏好的消费者之间所拥有的共性、相互联系的消费特征,把一些原本没有任何联系的要素进行渗透、融合与延展,彰显出一种与众不同的生活态度、审美情趣或者价值观念,以赢取目标消费者的好感,从而实现跨界企业的市场和利润最大化的新型营销模式[1]。在营销思维模式上实现了由产品中心向用户中心的转移,真正确保了用户为中心的营销理念[2]。

关系营销定义可以简单地用一句话概括:关系营销是指企业与消费者、供销商、竞争者、内部员工、政府机构和社会组织发生相互作用,建立和发展良好关系的过程。关系营销理念认为正确处理企业与相关个人及组织的关系是企业营销的核心,是企业成败的关键。

绿色营销是指企业以环境保护观念作为其经营哲学思想,以绿色文化为其价值观念,以消费者的绿色消费为中心和出发点,通过市场调查、产品开发、市场定位和分销以及售后服务等一系列经营活动,将企业经济利益、消费者需求和环境利益相结合,实现企业可持续发展的营销策略。

核心概念

跨界营销;关系营销;绿色营销

重点实务

运用所学的市场营销创新理论,解决酒店工作中出现的新问题。

知识训练

一、简答题

1. 什么是跨界营销?有何特点?
2. 什么是关系营销?有何特点?
3. 关系营销的主要内容有哪些?
4. 什么是绿色营销?有何特点?

二、讨论题

1. 新形势下酒店应如何做好跨界营销?
2. 绿色营销的运用对酒店企业有何意义?

---

[1] 苏华.跨界营销 联盟制胜[J].企业管理,2010(5).
[2] 邓勇兵.跨界营销:体验的综合诠释[J].中国市场,2007(42).

> 能力训练

一、理解与评价

为什么很多酒店都特别注重公共关系营销,公共关系营销相对于其他的营销方式最大的优势是什么?举例说明酒店采用公共关系营销策略的时机有哪些?

二、案例分析

上海酒店取消一次性用品是否要推广

背景与情境: 2019年,上海市文化和旅游局的一条规定,让不少酒店从业人员议论纷纷。这意味着,从2019年7月1日起,上海旅游住宿业将不主动提供牙刷、梳子、剃须刀、鞋擦、浴擦、指甲锉这6件一次性日用品。而且酒店如果违规提供被发现,也将被依法处罚。这条出台意见也使上海成为全国首个立法限制使用一次性用品的城市。本次政策中提到的六小件指的是牙刷、梳子、浴擦、剃须刀、指甲锉、鞋擦,而像牙膏、沐浴液、拖鞋等物品并没在名单内。这些多半客房内可以被循环和重复使用的消耗品,而且由于超过100毫升的液体是不能被随身带上飞机的,所以牙膏、沐浴液等一次性用品没有在目录中。

上海市文旅局表示这个名单在日后也可能会根据实际情况有所变化。而规定中还提到了"不主动提供",意思是酒店不主动将这些物品放在客房中,但是如果客人有需要,可以要求酒店免费提供。当然,如果是酒店的便利店内售卖非一次性用品,还是需要收费的。本次上海出台的条例是具有强制性的文件,是从环保角度出发,希望可以推广至全国其他省份。

(资料来源:http://fashion.sina.com.cn/l/ds/2019-05-23/1537/doc-ihvhiqay0809931.shtml.)

问题:

1. 小组讨论,上海酒店取消一次性用品是否值得推广?
2. 企业应如何树立绿色营销观念?

一、《市场营销原理》

作者:(美)科特勒,(美)阿姆斯特朗著,郭国庆等译。

书籍介绍:《市场营销原理》一书的目标是为市场营销基础课程提供一本最新、最实用、信息丰富且令人兴奋的教材。这也是它在全球范围内一直被广泛采用,从众多教材中脱颖而出的原因所在。

菲利普·科特勒是美国西北大学凯洛格管理学院国际营销学教授,曾获得芝加哥大学经济学硕士学位和麻省理工学院经济学博士学位。科特勒出版了许多成功的著作,在一流刊物上发表了百余篇论文,而且作为营销领域的杰出领先者,获得过众多奖项,他是唯一获得三次"阿尔法卡帕普西奖"的学者。

二、《战略品牌管理(第4版)》

作者:(美)凯勒著,卢泰宏、吴水龙译。

书籍介绍:品牌管理领域的经典著作,自出版以来,广受美国和世界许多商学院及企业界的好评。凯文·莱恩·凯勒教授所著的《战略品牌管理(第4版)》系统地总结和阐述了有关品牌的战略管理方面的诸多问题,包括品牌为什么重要,品牌向消费者展示了什么,企业应该如何管理品牌等。

凯文·莱恩·凯勒是美国达特茅斯大学塔克商学院营销学教授,国际公认的品牌建设和战略品牌管理等研究领域的领导者之一。代表作《战略品牌管理》被誉为"品牌圣经"。

三、《市场营销原理》(亚洲版)

作者:(美)科特勒等著,何志毅等译。

书籍介绍:菲利普·科特勒、加里·阿姆斯特朗、洪瑞云、梁绍明、陈振忠所著的《市场营销原理(亚洲版·第2版)》是市场营销大师科特勒等人专门针对亚洲营销专业的学生和教师编写的一本经典教材。本书强调:营销是一门极具创造性和管理盈利性的客户关系的科学与艺术,营销人员必须高度重视客户关系。针对这一主题,在各章进行具体讨论。同时,本书还强调:要建立有生命力的品牌和品牌资产;要重视企业社会责任营销;互联网时代,不能忽视在线营销的重要性。书中有丰富的有关亚洲企业的案例,特别是中国公司的营销实践与故事,分析视角独特、新颖。

四、《影响力》(经典版)

作者:(美)西奥迪尼著,闾佳译。

书籍介绍:自出版以来,《影响力》(经典版)就一直是较为畅销的图书。由于它的影响,"劝说"得以成为一门科学。无论你是普通人还是为某一产品或事业、观点游说的人,这都是一本最基本的书,是你理解人们心理的基石。在这本书中,心理学家西奥迪尼为我们解释了为什么有些人极具说服力,而我们总是容易上当受骗。隐藏在冲动地顺从他人行为背后的六大心理秘籍,正是这一切的根源。那些劝说高手们,总是熟练地运用它们,让我们就范。

主要参考文献 References

[1] [美]菲利普·科特勒,加里·阿姆斯特朗,[新]洪瑞云,等.市场营销原理(亚洲版·第2版)[M].向志毅,赵占波,译.北京:中国人民大学出版社,2003.

[2] [英]维克多·密德尔敦.旅游营销学[M].向萍,等,译.北京:中国旅游出版社,2001.

[3] [美]罗伯特·C.刘易斯.酒店市场营销和管理案例:第二版[M].郭淑梅,译.大连:大连理工大学出版社,2003.

[4] 朱承强.饭店管理实证研究——从投资决策到经营管理[M].上海:上海交通大学出版社,2013.

[5] 马勇,周明.服务营销[M].北京:北京大学出版社,2009.

[6] 王怡然,沈超,钱幼森.现代饭店营销策划书与案例[M].沈阳:辽宁科学技术出版社,2001.

[7] 田雅琳.酒店市场营销实务[M].北京:人民邮电出版社,2010.

[8] 吴建安.市场营销[M].北京:高等教育出版社,2000.

[9] 景奉杰.市场营销调研[M].北京:高等教育出版社,2001.

[10] 仇向阳,朱志坚.营销管理[M].北京:石油工业出版社,2003.

[11] 朱承强.现代饭店管理[M].北京:高等教育出版社,2003.

教学支持说明

高等职业教育"十四五"规划旅游大类精品教材系华中科技大学出版社"十四五"规划重点教材。

为了改善教学效果,提高教材的使用效率,满足高校授课教师的教学需求,本套教材备有与纸质教材配套的教学课件(PPT电子教案)和拓展资源(案例库、习题库、视频等)。

为保证本教学课件及相关教学资料仅为教材使用者所得,我们将向使用本套教材的高校授课教师和学生免费赠送教学课件或者相关教学资料,烦请授课教师和学生通过邮件或加入旅游专家俱乐部QQ群等方式与我们联系,获取"教学课件资源申请表"文档并认真准确填写后发给我们,我们的联系方式如下:

E-mail:lyzjjlb@163.com

旅游专家俱乐部QQ群号:306110199

旅游专家俱乐部QQ群二维码:

群名称:旅游专家俱乐部
群　号:306110199

教学课件资源申请表

填表时间：_____年___月___日

1. 以下内容请教师按实际情况写，★为必填项。
2. 学生根据个人情况如实填写，相关内容可以酌情调整提交。

★姓名		★性别	□男 □女	出生年月		★职务	
						★职称	□教授 □副教授 □讲师 □助教
★学校				★院/系			
★教研室				★专业			
★办公电话			家庭电话			★移动电话	
★E-mail（请填写清晰）						★QQ号/微信号	
★联系地址						★邮编	

★现在主授课程情况	学生人数	教材所属出版社	教材满意度
课程一			□满意 □一般 □不满意
课程二			□满意 □一般 □不满意
课程三			□满意 □一般 □不满意
其　他			□满意 □一般 □不满意
教 材 出 版 信 息			
方向一	□准备写 □写作中 □已成稿 □已出版待修订 □有讲义		
方向二	□准备写 □写作中 □已成稿 □已出版待修订 □有讲义		
方向三	□准备写 □写作中 □已成稿 □已出版待修订 □有讲义		

请教师认真填写表格下列内容，提供索取课件配套教材的相关信息，我社根据每位教师/学生填表信息的完整性、授课情况与索取课件的相关性，以及教材使用的情况赠送教材的配套课件及相关教学资源。

ISBN(书号)	书名	作者	索取课件简要说明	学生人数（如选作教材）
			□教学　□参考	
			□教学　□参考	

★您对与课件配套的纸质教材的意见和建议，希望提供哪些配套教学资源：